实用主义与美国思想文化研究

丛书主编　刘放桐　陈亚军

后现代政治话语

新实用主义与后马克思主义

董山民　著

復旦大學出版社

国家出版基金
上海市新闻出版专项资金
复旦大学哲学学院
复旦大学杜威中心
资助出版

教育部人文社会科学青年项目（批准号：11YJC720009）
结项成果

总 序

刘放桐　陈亚军

在西方传入中国的诸多哲学思潮中,若论影响之巨大,经历之坎坷,除马克思主义外,大概没有哪一个可以和实用主义相比。从一百年前的热捧,到二十世纪五十年代的鞭笞,再到近二三十年来的正视,中国思想学术界对待实用主义的姿态,经历了令人晕眩的大转变,其中折射出国人对待实用主义的复杂心态。不久前《杜威全集》(38卷)中文版的问世,向人们传递出这样一个消息:经过老一辈学者的筚路蓝缕、几代学人的不懈努力,中国学界对于实用主义的译介已经取得了令人瞩目的成就,实用主义研究正在进入一个新的历史时期。

值此时刻,人们自然会问,如此关注实用主义,意义何在?我们的回答是:

首先,实用主义乃美国思想文化的理论基础。从开国元勋到民主、共和两党领袖,从心系国家大事的硕学鸿儒到只关心衣食住行的贩夫走卒,美国人所奉行的基本哲学,归根结底,是实用主义。可以说,要弄清当今美国的社会、思想、文化,乃至政治、法律、外交等等,离开对实用主义的深入理解,只能停留在皮毛。欲了解美国,不能不了解实用主义。

其次,实用主义乃现代西方哲学转型的先驱。西方哲学从古典到现代的转向,说到底,就是理性主义传统向实践主义传统的转向,知识论传统向生存论传统的转向。二元式的思维方式被整体论的思维方式所取代,对超验世界的眷恋被对生活世界的关注所取代。在这一转向中,实用主义和马克思、维特根斯坦、海德格尔等相互呼应、殊途同归。理解现代西方哲学的基本精神,从研究实用主义入手,不失为一条可行的路径。

再次,实用主义乃中国传统哲学的知音。与西方哲学传统不同,中国哲学从来没有产生出建立在二元思维方式基础上的基础主义、本质主义、表象主义。中国哲学传统所关注的天人合一、生活世界及伦理实践出发点,与实用主义有着极其相近的旨趣和追求。研究实用主义与中国传统哲学的异同,既有助于增强中国哲学的自信,也有助于改进中国哲学的缺憾。

最后,实用主义乃马克思主义的最佳对话者。同为现代哲学转型的典范,实用主义与马克思主义在一系列基本问题上有着大体相似的主张。它们从同一个方向批判西方哲学传统,又从同一个方向为未来哲学的发展指明了道路。虽然途径有差别,话语有不同,观点也不无分歧,但它们的基本精神是相通的。研究实用主义不仅有助于理解马克思主义的深刻内涵,同时也有助于看清马克思主义的学术生命力,并为其进一步发展提供可能的思想资源。

与绝大多数其他西方哲学形态不同,实用主义从来就不是一种学院派哲学。这不仅表现在实用主义者们拒斥哲学与社会生活的割裂,而且也表现在实用主义深深影响了美国社会文化各个层面的事实。杜威在这一方面堪称表率。他的哲学早已越过学院围墙,渗透到美国文化土壤的方方面面。实用主义与美国思想文化紧密相连,唇齿相依。一方面,固然可以说,理解美国思想文化不能不理解实用主义;而另一方面,也必须说,理解实用主义不能不理解美国思想文化。因此,我们认为,研究实用主义不可与研究美国思想文化脱钩。正是基于这一考虑,本研究系列的视野,比起一般的实用主义研究,要更加开阔:实用主义是这一视野的焦点,而美国思想文化则构成了这一焦点的"穗边"。

或许应该说明的是,作为一种哲学思维方式,实用主义虽然起源于美国,但绝不限于美国。早在二十世纪初,尼采就已经被称作"德国第一位实用主义者",而法国的柏格森与实用主义者的思想上的相近,也在他与詹姆斯的相互欣赏中表露无遗。再后来,无论是英国的维特根斯坦,还是德国的海德格尔、哈贝马斯、阿佩尔、伽达默尔,或是法国的福柯、德里达,无不透露出浓重的实用主义气息。称不称他们为实用主义者,其实无关紧要。实用主义早已存在"在那里",对于它的"在那里"的研究,同样是本系列所欲涵盖的。

　　本研究系列旨在全面展示我国学术界实用主义乃至美国思想文化的研究成果,为进一步的对话与交流、切磋与互动,提供一个良好的平台。感谢复旦大学出版社和复旦大学哲学学院的大力支持,没有这些支持,就不会有本系列研究成果的及时问世。

　　最后,我们也期待着学术界各位同仁的鼎力相助。让我们共同努力,将我国的实用主义研究提升到一个新的水平。

目 录

001 / **绪论**
008 / 第一节　罗蒂、拉克劳-墨菲与后现代政治
023 / 第二节　全书结构与内容安排

038 / **第一章　实在论和反实在论及其后果**
039 / 第一节　实在论和反实在论简史
052 / 第二节　罗蒂和拉克劳-墨菲的反实在论

077 / **第二章　本体论转向及其两种新形式**
077 / 第一节　马克思的"本体论转向"
107 / 第二节　语言实用主义和话语实在论

131 / **第三章　后现代政治话语的路径**
136 / 第一节　反本质主义和反基础主义
158 / 第二节　罗蒂的公私两分和拉克劳-墨菲的"决定论的终结"

185 / **第四章　罗蒂的政治自由主义**
186 / 第一节　反讽主义者和自由民主的公民
195 / 第二节　最低纲领的自由主义及其局限

213 / **第五章　拉克劳-墨菲的领导权政治**
216 / 第一节　激进民主的主体：从结构地位到主体立场

230 / 第二节　激进民主的策略：从决定论到领导权争夺

253 / 第六章　当代资本主义的权力与危机
257 / 第一节　当代资本主义的权力构成
275 / 第二节　当代资本主义世界的危机

290 / 第七章　新社会运动的源起和激进民主
292 / 第一节　资本主义的调整及其局限
308 / 第二节　新社会运动和激进民主

323 / **参考文献**

绪　论

从某种意义上说,现代政治从霍布斯那里起步,到马克思那里终结①。如果说,霍布斯的政治思想承接马基雅维利,在从事有关政治问题的思考时进一步把宗教的和道德的因素剥离了出去,从而以更加世俗的眼光看待主权的生成以及权力的运作,让自由主义得以孕育和发展;马克思则更加犀利地去蔽了笼罩在自由主义那里的意识形态,加深了对政治权力的科学分析,让政治的理解更加清晰地建立在经济的基础之上。因此,自由主义的政治哲学,实际上,在马克思那里显现真实面目的同时,也意味着占据主导地位的自由主义的现代政治的终结。这种终结是以政治失去道德外衣和法权辩护的样式出现的。它让人们看到,在启蒙理性推进的历史浪潮中,契约论的宗教背景其实是站不住脚的,真正的契约只有在真实的权力结构和权力斗争中才可能得到解释。换用马克思的话来说,契约并不需要神学的中介,无须假定上帝存在,其实是现实阶级斗争的产物。在我看来,马克思的意识形态批判为理解西方的政治思想史提供了新的着眼点,即要在现实的具体的生产方式那里理解国家政治权力的秘密,而不是像黑格尔

---

① 罗尔斯在《政治哲学史》中重点介绍了包括霍布斯、洛克、休谟、卢梭、密尔、马克思在内的六位政治思想家的著作,认为:"把霍布斯及对霍布斯的回应作为思考现代的道德和政治哲学之起点是有益的……霍布斯的著作在知识界引起了强烈的反响。霍布斯被他的批评者视为现代背叛基督教信仰的主要代表。"(参见约翰·罗尔斯:《政治哲学史》,杨通进等译,北京:中国社会科学出版社,2011年,第24页)对于马克思的政治哲学,罗尔斯这样评论:"鉴于马克思的生活处境,他作为一位理论经济学家和资本主义政治社会学家的成就是非凡的,事实上可以说是英雄般。"(同上书,第331—332页)从某种意义上说,马克思回到了共和主义传统,作为与自由主义不同的政治思潮,共和主义在马基雅维利那里得到了很好的表达。斯金纳说:"迄今为止,我们已经倾尽全力以实例说明在多大程度上可以把马基雅维里的《论集》说成是对共和政治思想的悠久传统的一种比较正统的贡献。"(昆廷·斯金纳:《现代政治思想的基础》,奚瑞森、亚方译,南京:译林出版社,2011年,第193页)

那样,承认理念及其先验国家的优先性①,放弃现实的斗争,沉迷于对理念和天国的幻想。

对于马克思的政治思想遗产,左翼政治家或左翼思想家并没有充分地认识到,很多马克思主义者对马克思丰富的政治思想只是作了漫画式的处理。他们中有些人只是抓住了马克思表面的个别术语,或者某些公式化的命题,甚至还有部分人有意误解马克思的观点。譬如,曾经在苏联占据主导地位的斯大林主义把马克思的历史唯物主义理解为线性的历史发展观,即使在前面加上辩证的词汇,仍然掩盖不了机械的底色。还有一些学者以"技术决定论"为标签,错误地标示马克思对整个历史和资本主义的批判②。无论是不加区别地套用自然因果律的历史决定论,还是把"技术"凸显出来以解释人类发展的规律,其实,都偏离了马克思对资本主义的总体性批判。马克思对历史上出现的资本主义的批判在很多地方运用了复杂性方法,因此,任何对马克思的还原性解读或发挥,都无法真正地理解马克思。不过,这样的故事在西方已经被叙述了好长时间。比如,20世纪20年代兴起的西方马克思主义,特别是卢卡奇和柯尔施的"马克思主义",其对马克思的改造,有一个基本判断:马克思对人类历史进行了客观性的叙述,即所谓的历史必然性学说。卢卡奇、柯尔施与马克思不同的是,他们的学说试图突出"主体性",即在马克思思想中重新发现哲学和文化成分,试图从无产阶级的"主体性"方面大做文章。后来,这种思想在葛兰西那里以

---

① 黑格尔认为:"国家是绝对自在自为的理性东西,因为它是实体性意志的现实,它在被提升到普遍性的特殊自我意识中具有这种现实性。这个实体性的统一是绝对的不受推动的自身目的,在这个自身目的中自由达到它的最高权利,正如这个最终目的对单个人具有最高权利一样,成为国家成员是单个人的最高义务。"(参见黑格尔:《法哲学原理》,范扬、张企泰译,北京:商务印书馆,1961年,第297—298页)必须说明的是,根据阿维纳瑞的研究,"黑格尔的理论无论如何都不能解释为指向某一现存的国家。黑格尔讨论的是国家的理念,任何现存的国家都只能接近这个理念"(参见阿维纳瑞:《黑格尔的现代国家理论》,朱学平、王兴赛译,北京:知识产权出版社,2016年,第225—226页)。
② 路易·阿尔都塞指出:"这种想法(以技术和经济为主题理解马克思的历史哲学——引者注)最终必定把历史的辩证法彻底地降低为产生一系列生产方式的辩证法,实际上也降低为产生各种生产技术的辩证法。这些尝试在马克思主义的历史上有自己的专有名称,叫做经济主义,甚至技术主义。"(路易·阿尔都塞:《保卫马克思》,顾良译,第97页)

"霸权的争夺"为主题出现,进而在拉克劳和墨菲那里达到顶点。20世纪60—70年代法国结构主义者阿尔都塞以"多元决定论"的观点来解读马克思主义。他在谈到马克思对黑格尔的超越时说:"根据马克思主义的历史经验,一切矛盾在历史实践中都以多元决定的矛盾出现;这种多元决定正是马克思的矛盾与黑格尔的矛盾相比所具有的特殊性;黑格尔辩证法的简单性来源于黑格尔的世界观,特别是来自在世界观中得到反映的历史观。"[①]后来,阿尔都塞的学生们的学说基本上都笼罩在阿尔都塞主义的影响之下。

拉克劳和墨菲一定程度上消化了葛兰西、阿尔都塞等前人的思想,并对马克思的资本主义批判——政治经济学是其基石——采取了全然颠覆的态度,在此基础上,他们提出了多元主体和领导权(霸权,hegemony)争夺为主导的激进民主思想,这就是以他们为旗手的"后马克思主义"[②]。对于各种各样的后马克思主义和后现代政治思潮,加拿大左翼马克思主义者学者艾伦·梅克森斯·伍德这样评论:

> "后马克思主义"已经让位于对后现代主义的崇拜,让位于后现代主义的偶然性、破碎性和异质性,让位于对所有整体性、系统性、结构、过程和"宏大叙事"的敌意。但是,如果把这种敌意扩展到那种作为社会制度的资本主义,就无法阻止这些思潮把"市场"作为一种普遍而必然的自然法则。它们否认思维的系统统一性,坚持"总体化"认识的不

[①] 路易·阿尔都塞:《保卫马克思》,顾良译,第95页。
[②] 我赞成曾枝盛教授的如下看法:"我们通常所说的'后马克思主义',应当是20世纪60年代之后,受后结构主义或解构主义影响的后现代主义的马克思主义,其生成期限也应当从那时算起,这种后马克思主义的诞生日当从带有'后现代主义'印记的后马克思主义算起,具体来说,当从恩斯特·拉克劳和尚塔尔·墨菲公开发表的《霸权与社会主义的策略》算起,或更加精确些,至多从其相关相近的著作算起。"(见曾枝盛主编:《后马克思主义——解构还是僭越?》,北京:北京师范大学出版社,2015年,第8页)这种后马克思主义就是狭义的后马克思主义,也是严格意义上的后马克思主义。尽管后马克思主义这个词早就被丹尼尔·贝尔、波兰尼、麦克弗森等人使用过。但是,他们在使用这个词时并不是主张一种理论上真正的反叛,或者大幅度改写马克思的学说,而只是一种时间概念,表明在这之后马克思主义出现了某种非原则性的变化。

可能性，从而荒诞地封闭了通往整体性认识事物的批判性路径。在此，后现代主义的破坏性和偶然性与最终的"宏大叙事"——历史的终结，结成了一个奇异的联盟。①

罗蒂自然也站在后现代主义的阵营中。在很多问题上，他声援德里达、墨菲、拉克劳等欧陆思想家。艾伦·梅克森斯·伍德的意思非常明显：后现代主义者们在对他们心中的两个宏大叙事——一是马克思的"资本主义必然被社会主义取代"的革命叙事，二是市场资本主义及其价值是人类历史的终结——的讨论中采取了双重标准。他们不打算认可马克思对资本主义的总体性批判，认为马克思的历史哲学是理应被果断抛弃的"宏大叙事"，但是，他们却对人类历史上偶然发展起来的市场资本主义及其制度深信不疑，并赋予其永恒的价值。这是明显的双重标准，也是后现代主义逻辑上不连贯、理论中自我矛盾的地方。奇怪的是，他们居然安之若素。这样做的原因很可能是，他们没有意识到大卫·李嘉图、约翰·密尔等学者阐发的政治经济学，即为资本主义辩护的国民经济学，何尝不是一种意识形态。国民经济学家把自然分工和自由交换当成一种人类生活的本性②，把经济从人类实践的总体中独立出来，相应地，把处于复杂社会关系中的"人"抽象为市场经济的竞争者。可是，这种处理不一定站得住脚。在马克思看来，"在自由竞争中自由的并不是个人，而是资本。只要以资本为基础的生产还是发展社会生产力所必需的、因而是最适当的形式，个人在资本的纯粹条件范围内的运动，就表现为个人的自由，然而，人们又通过不断回顾被自由竞争所摧毁的那些限制来把这种自由教条地宣扬为自由。

---

① 艾伦·梅克森斯·伍德：《民主反对资本主义——重建历史唯物主义》，吕薇洲、刘海霞等译，重庆：重庆出版社，2007年，第1—2页。
② 马克思指出："另一方面，由此产生一种荒谬的看法，把自由竞争看成是人类自由的终极发展，认为否定自由竞争就等于否定个人自由，等于否定以个人自由为基础的社会生产。"（参见《马克思恩格斯文集》第8卷，北京：人民出版社，2009年，第180页）

绪　论

自由竞争是资本的现实发展"①。英国作家迪福笔下的"鲁滨逊"是资产阶级个人的隐喻,也是文学家的意识形态。在马克思主义者看来,任何意识形态的基本品质都具有虚假性和欺骗性,那些以"解构"自居的人,居然在这个地方停止了挥舞他们手中犀利的手术刀。

其实,在这种双重标准的叙事中,人们可以非常容易地从罗蒂和拉克劳-墨菲的著作中嗅出浓郁的后现代政治味道,同时,人们也能发现其中混合着马克思所开创的左派政治的气息。奇妙地结合在一起的后现代政治和左派政治,其实,在基本的理论气质上并不完全同调。目前,左派政治之中存在两种路线:一种仍然坚守马克思主义的总体性批判,代表人物有艾伦·梅克森斯·伍德②;另外一条路线则已经放弃或限制了总体性思想,其主要理论不同程度地接受了后现代思潮。伍德称之为"新社会主义",其基本思想倾向是:以话语批判替代对资本主义真实的社会实在的批判,其中有拉克劳、墨菲等。不管是伍德,还是罗蒂、拉克劳-墨菲,他们以何种角度、受哪种思潮的影响,来重构经典马克思主义的历史动力学和革命叙事,都不可能回避马克思对资本主义的基本判断:在资本主义市场经济和剥削普遍存在、平均利润率下降的条件下,资本主义的运行让人类忍受着极

---

① 《马克思恩格斯文集》第8卷,北京:人民出版社,2009年,第178页。马克思认为,个人,从而也是进行生产的个人,就越表现为不独立,从属于一个较大的整体。在亚当·斯密、李嘉图那里,个人,出于研究的需要,被抽象出复杂的市民社会关系,得到让人无法理解的自由交换的"本性"。但是,这种抽象的结果是,历史,特别是资本主义的发展史得不到清晰的理解。在马克思这里,从具体的物质生产中理解人,把人放在多重关系和矛盾中进行合法的抽象,才能把握资本主义全部社会关系及其阶级对抗的成因。有趣的是,马克思提到的"鲁滨逊式的故事"被马克斯·韦伯在《社会科学方法论》中提到。马克斯·韦伯认为马克思讽刺的亚当·斯密、大卫·李嘉图等政治经济学家们的研究方法其实是一种理想类型。

② 在《保卫历史——马克思主义与后现代主义》一书的导论中,伍德说:"因此我们打算出部论文集,以表明历史唯物主义能以比当今思想理论和政治思潮更为有效、更具说服力、更不受传统思想束缚的方式论及不同倾向的理论。我们是要说明我们这些人不应该放弃自己的阵地。"(参见埃伦·梅克辛斯·伍德、约翰·贝拉米·福斯特:《保卫历史——马克思主义与后现代主义》,郝名玮译,北京:社会科学文献出版社,2009年,第18页)根据国内学者尚庆飞的介绍,艾伦·伍德可说是英语国家中杰出的马克思主义学者之一,也是目前西方新左派阵营中一位较为活跃的人物。其主要著作有《民主反对资本主义——重建历史唯物主义》《政治理论和资本主义的形成》(参见艾伦·伍德:《新社会主义》,尚庆飞译,南京:江苏人民出版社,2005年,"译者附记")。

大的价值损失,包括自尊和自由的牺牲、共同体解体、阶级冲突无休无止。实际上,马克思去世以后,人类不得不严肃地面对马克思的思想遗产,无论是以消极的方式,还是以积极的方式,都绕不开,回避不了,因为马克思谋求的事业服务于这个星球上最大多数人。英国第三条道路的理论教父安东尼·吉登斯认为:

> 马克思主义以前也被宣判过死刑,但却不止一次从骨灰中爬起,而且已经是那些试图挑战它的思想流派使她获得新生,因此,在过去的岁月里,出现了如黑格尔主义的马克思主义、人道主义的马克思主义、现象学马克思主义、结构主义马克思主义等等。与其他领域一样,知识文化领域也不乏这样的时尚:或许尘埃落定之后,那些一度对马克思充满幻灭感的人又重新回到了马克思。当世界上所有国家出现前所未有的危机时,当财富和权力的不平等之鸿沟足够宽阔之日,在这些情况下,可以肯定马克思主义仍将存在其该在的地方。①

其实,不止吉登斯这么看,那些希望以马克思的理论来理解社会和社会变革的人尤其如此认为。这样的工作,对那些试图运用马克思主义理论解决实际问题的人来说,可能会更加紧迫和沉重。整个 20 世纪,这个星球上的多数人可能都处在马克思主义思想和社会主义实践的影响之中。解除思想负担的途径之一,是以更加理性的方式面对马克思向全人类从事智力活动的人发出的挑战,即如何在制度设计和道德培育中超越必然陷入周期性危机的资本主义及其文化矛盾②。马克思很早就不满足于只是打破

---

① 安东尼·吉登斯:《历史唯物主义的当代批判》第二版序言,郭忠华译,上海:上海译文出版社,2010 年,第 4 页。
② 丹尼尔·贝尔认为资本主义的文化存在这样的矛盾:"如今,在文化上(如果不是道德的话)证明资本主义正当的是享乐主义,即以享乐为生活方式。在当今普遍流行的自由主义风气中,文化意象的模本就是现代主义的冲动,其意识形态原理是将冲动探求作为行为方式。这就是资本主义的文化矛盾。这就是导致现代性之双重羁绊的原因。"(丹尼尔·贝尔:《资本主义文化矛盾》,严蓓雯译,南京:江苏人民出版社,2007 年,第 20 页)按照马克斯·韦伯在《新教(转下页)

绪　论

封建人身依附关系的政治革命和意识形态革命——这种革命可以在法国大革命的旗帜上看到,而是要追求基于经济基础之上的社会革命。从某种意义上说,马克思与主张平等一旦在政治领域开始就会在其他领域不断推进的托克维尔,一定是心智相通的①。

需要提醒的是,马克思主义学说从来就不是现成的教条,不是放之四海而皆准的真理,而只是行动的指南,一些时刻准备引导我们面对实际问题得以思考的酵母,违背这一点的人将会在现实中遭受不可克服的困难,从而耽误了人类解放的事业。因此,秉承这一信念,20世纪以来,东方和西方很多思想家和从事革命的实践家(还有兼具两种身份的)面对具体的形势和情景分别在理论和实践上做出了调整和回应。列宁在19世纪末、20世纪初的俄国,毛泽东在20世纪30—40年代的中国,分别领导各自国家的人民进行革命,并取得了胜利。欧洲大陆上,比如德国和匈牙利等国,除了发生了几次不那么成功的社会主义革命外,思想理论界取得的成就令世人瞩目。狭义的西方马克思主义(卢卡奇、柯尔施、葛兰西等三人为代表)、法兰克福学派、以阿尔都塞为代表的法国结构主义、拉康的精神分析学说、东欧新马克思主义、后马克思主义、南斯拉夫的实践派等思潮纷纷登台亮相;而在大洋彼岸的美国则出现了悉尼·胡克的实用主义的马克思主义、福斯特的生态马克思主义以及柯亨、罗默、埃尔斯特为主要阐释人的分析马克思主义。他们批判性地筛选了马克思主义的思想资源,为这条思潮长河增加了新鲜的水系。当然,实际汇入进来的学派并不限于上面提到的,但是,它们的宗

(接上页)伦理和资本主义精神》中表述的观点,资本主义是在一种克勤克俭的伦理模式下成长起来的,可以说,没有节制欲望的冲动和意志,就没有资本的积累和扩张;而现在资本主义要取得持续发展,却要以享乐主义作为伦理的规范,因此,资本主义文化内部出现了激烈的伦理冲突。

① 托克维尔与马克思一样不再相信可以在人之外找到完全可靠的权威,他说:"生活在这个平等时代的人,不会把他们所信服的智力权威置于超人的位置,或到人类之外的地方去寻找这个权威。他们通常都是从自己身上或者从自己的同类那里汲取真理的源泉。这便足以证明,在这样的时代,不可能建立新的宗教……我们可以预言,民主国家的人民不会轻易相信神的使者,敢于嘲笑冒出来的先知,并要从人类本身当中而不是到人类之外寻找自己信仰的主宰。"(托克维尔:《论美国的民主》,董果良译,北京:商务印书馆,1996年,第625—626页)

旨无不是寻求获得在诠释马克思思想上的可靠地位,争取在文化上树立道德和知识的领导权,进而在实践中指导左派革命或民主事业。

接下来,我将以罗蒂为代表的新实用主义,以拉克劳、墨菲为代表的后马克思主义为中心,讨论当代西方部分左翼对革命政治或民主的看法。笔者坚持认为,他们的论述具有比较浓厚的后现代政治的气息,涉及的问题事关人类社会和政治组织形式的前途,因此,值得认真对待。

第一节 罗蒂、拉克劳-墨菲与后现代政治

在各种回应马克思主义和社会主义运动的人物中,理查德·罗蒂和恩斯特·拉克劳、尚塔尔·墨菲就是其中的翘楚。他们分别代表新实用主义和后马克思主义的立场。

罗蒂似乎天生就与马克思主义有缘。1931年罗蒂出生在一个"老派的社会主义家庭",父母都是美国共产党员。他们有一段时间与美国实用主义的马克思主义者代表人物悉尼·胡克共事。悉尼·胡克去过德国和苏联,在当时苏维埃俄国的马克思恩格斯学院学习过[①],此前,也是美国古典实用主义大师约翰·杜威的学生。根据罗蒂的回忆,小时候自己家里宾客盈门,客人中甚至包括约翰·杜威这样的教育领域的权威和社会名流。罗蒂清晰地记得自己给杜威拿过三明治。这位尊敬的长者曾经为"托洛茨基案"几次奔赴墨西哥城。在12岁左右的时候,罗蒂还帮助父母在地铁上传送具有社会主义色彩的宣传品[②]。这些经历多少影响了成年罗蒂的政

[①] 根据康奈尔·韦斯特的研究,"胡克贪婪地阅读马克思和马克思主义传统中的著作(包括翻译列宁的东西)。在柏林、慕尼黑以及莫斯科的马克思恩格斯学院学习之后,他成为美国纽约大学中第一个马克思主义哲学教授"(参见康奈尔·韦斯特:《美国人对哲学的逃避——实用主义谱系》,董山民译,南京:南京大学出版社,2016年,第168页)。
[②] 根据罗蒂的学术自传记载:"在我12岁那年的冬天,我成了一名义务勤务员,从格拉默西公园对面的工人维护小组办公室(我父母在那里的办公室工作)取出通信草稿,把它们送到附近的诺曼托马斯办公室。……在地铁里,我会浏览一下我带着的这些文件。"(参见理查德·罗蒂:《后形而上学希望——新实用主义社会、政治和法律哲学》,黄勇编,张国清译,上海:上海译文出版社,2003年,第393页)

治立场和政治思想,当他1998年在《筑就我们的国家——20世纪美国左派思想》这样的演讲中推崇行动主义的"改革左派"时,我们就毫无理由感到诧异了。

拉克劳1935年出生在阿根廷,后来辗转定居在英国。在一次访谈中,拉克劳说:"我最初的政治经历是在阿根廷。事实上,直到1969年我才去了欧洲。因此,我起初走向马克思主义、社会主义,都发生在20世纪60年代的阿根廷的学生运动中和政治运动中。"①从参加阿根廷左翼运动中走出来的拉克劳形成了他的敏感性,这帮助他自然地关注经典马克思主义和社会主义运动的命运。后来的几次变故,一度触动了他思想的转变,特别是来自西方马克思主义的理论创新。在马克思主义思想史中占据独特地位的意大利人安东尼·葛兰西的影响让他的转变更加彻底。拉克劳基于自己的思考和实践,对葛兰西的霸权思想做出了特别的理解和发挥,最终使得他走向了后马克思主义的道路②。

同样的,来自英国的热血女性墨菲青年时代也紧紧地与左派政治关联在一起。经过实际政治生活洗礼的墨菲后来把自己的理论思考与左翼运动进行密切的结合。20世纪60年代,墨菲去了哥伦比亚,目睹了第三世界国家的政治斗争。在鲁汶大学和巴黎大学学习期间,除了跟随阿尔都塞从事哲学研究外,墨菲积极参加具有左翼色彩的学生运动,这就让墨菲产生了重构经典马克思主义的念头。

理解罗蒂和拉克劳、墨菲,我们不得不涉及的另一个理论背景是,后现代主义的产生和迅速流行,且在很短的时间内逐渐占据了知识生产的主线。德里达的解构主义、福柯的谱系学、利奥塔的"后现代知识状况"……

---

① 周凡、李惠斌主编:《后马克思主义》,北京:中央编译出版社,2007年,第177页。
② 2001年恩斯特·拉克劳、尚塔尔·墨菲在《领导权与社会主义的策略——走向激进民主政治》第二版(185年第一版)序言中明确地肯定了葛兰西的学说是他们后马克思主义的出发点:"只有葛兰西——其在墨索里尼的监狱中的著述——这个孤立的例子,能被用来作为一个新的出发点,他的著述中包含的阵地战、历史集团、集体意志、领导权、知识分子和道德领导这些新概念,是我们在《领导权与社会主义的策略——走向激进民主政治》中进行思考的出发点。"(参见恩斯特·拉克劳、尚塔尔·墨菲:《领导权与社会主义的策略——走向激进民主政治》,鉴传今、尹树广译,哈尔滨:黑龙江人民出版社,2003年,第3页)

都从不同程度上影响了罗蒂、拉克劳和墨菲的思想。濡染在同样的理论氛围中的罗蒂和拉克劳、墨菲,理论上逐渐接近,他们开始彼此了解对方的人格、哲学及其政治观点,就一些共同关心的问题发表评论,有时甚至进行激烈的思想交锋①。这一切是让我把他们三个放在一起进行讨论的表层理由。拉克劳和墨菲被国内外学术界合称为后马克思主义的旗帜性人物。由于他们两人的思想几乎没有原则性的差异,在中国大陆学术界他们被简称为"拉克劳-墨菲"。或许,让我这样做的深层理由之一,是他们都以积极的方式面对马克思和马克思主义。其主要做法是,不让一个学说变成僵死的教条和象牙塔里供人把玩的古董,而是让一种学说与时代的问题结合起来,细致地探究经典学说对于当前问题获得理论上解决的可能性和适用性。但是,这样做的一个风险在于,理解前人及其思想有一个伽达默尔所说的"视界融合"和"效果历史"的过程,在这个过程中,理解者的经验和理论素养将会影响甚至涂改这一"融合"和"历史",从而会让一种深刻的思想流于简单化和戏剧化。要避免这一结果,时代和历史将会在深刻的背景中对那些试图超越先行者的人进行暗示,暗示他们不可随意而只能以自身深厚的理论和非凡的视野来理解前人,在此基础上进行艰难的重建工作,否则,歪曲和误解在所难免②。

众所周知,在实用主义谱系中,罗蒂占据着独特的位置。他在成名作《哲学和自然之镜》中以分析哲学的方式完成了对分析哲学的反叛,在终结一切具有形而上学实在论特质的基础上开启了他的教化哲学(edification philosophy)之旅。其实,早在罗蒂觉得分析哲学很重要且值得学习的时候,就已经对分析哲学,甚至哲学本身的前途疑虑重重。在为自己主编的《语言转向》一书所写的序言中,罗蒂写道:

---

① 尚塔尔·墨菲曾经编了一部书,集中了罗蒂、德里达、拉克劳之间的对话和交锋。参见 Chantal Mouffe, *Deconstruction and Pragmatism*, London and New York, Routledge, 1996。这本书收集了罗蒂、西蒙、德里达、拉克劳以及墨菲的批评和回应性文章,总共七篇。
② 伍德在《新社会主义》中多次提到拉克劳和墨菲对马克思的误解,譬如,"除了对于马克思的完全误读以外,这一论断的震撼之处在于,其所主张的对技术决定主义的攻击正是基于关于经济的技术主义定义"(艾伦·伍德:《新社会主义》,尚庆飞译,第100页)。

绪　论

难道语言学转向注定要承受此前"哲学中的革命"同样的命运？在这一先行的部分中，会达到一种相对悲观的结论，语言哲学家把哲学转向"严格科学"的努力注定失败。这种悲观主义的东西究竟还要走多远？倘若语言哲学不可能是严格科学，如果语言哲学仅有批判的、(实质上)辩证的功能，那么，它的未来是什么？假设所有的传统问题都走过了自己的生命历程，都消融了——在这个意义上，没有人可以思考有关这些问题的任何程式，它可以免于语言哲学家对之进行的批判。这是不是意味着哲学将走向终结——哲学家会不会让他们自己失去工作？"后哲学的"文化是不是真的来临了？①

对包括分析哲学在内的系统哲学的放弃，倡导"在人类谈话中的哲学"，即教化哲学，这种立场在他的成名作《哲学和自然之镜》中表达得尤其明显：

如果我们不把认知看作应由科学家或哲学家加以描述的本质，而是看作一种按照通常标准去相信的权利，那么我们就安然通向把谈话看作最终境遇之途了。知识应当在这一境遇中被理解。我们的重点从人与其研究对象的关系，转变到可以互相替换的诸多证明标准之间的关系，并由这里逐渐转变到构成思想史的那些标准中的实际变化。②

也许，罗蒂倡导的"后哲学文化"和"教化哲学"③实际上对学院哲学家采取了反叛的姿态，其更多的文章和主张甚至让职业哲学家陷入了危机。

---

① Richard Rorty, "Introduction: Meta-philosophical Difficulties of Linguistic Philosophy," *The Linguistic Turn: Recent Essays in Philosophical Method*, ed. Richard Rorty (Chicago, 1967), pp. 33 - 34.
② 理查德·罗蒂：《哲学和自然之镜》，李幼蒸译，北京：商务印书馆，2003年，第363页。
③ edification philosophy，李幼蒸翻译为"教化哲学"，还可以翻译为启迪哲学。罗蒂说："把教化哲学看做对智慧的爱的一种方式，就是把它看作防止谈话蜕化为研究、蜕化为一种观点交换的企图。教化哲学家永远也不能使哲学终结，但是他们能有助于防止哲学走向牢靠的科学大道。"(参见理查德·罗蒂：《哲学和自然之镜》，李幼蒸译，第348页)

这一切彻底触怒了哲学界很多人,后来就连罗蒂自己在耶鲁求学时的导师亨普尔也对罗蒂略感失望①。但是,在罗蒂看来,分析哲学无非"镜式哲学"的新形式,即试图通过以语言分析置换笛卡尔的心灵、洛克的观念,仍然沉迷在以知识论为中心的基础主义的迷梦之中,与德里达所指斥的"逻各斯中心主义"一样。分析哲学及其变种,在罗蒂看来仍然是一种理智上的受虐倾向,无益于人类从各种非人格因素的"实在"中解放出来、获得自由。戏剧性的是,从分析哲学反叛出来,打算把欧陆哲学与分析哲学嫁接起来的罗蒂,并没有得到德里达、利奥塔等人的肯定和欢迎。更加让人困惑不解的是,罗蒂政治上的左倾立场,让很多美国自由派知识分子感到不快,加之罗蒂毫不留情地批评"文化左派"(那些埋首书斋,进行概念游戏,不顾现实生活的"学院左派"),似乎让美国的左翼政治活动家很不满意。这一切让罗蒂陷入孤军奋战的窘境中不能安心。我国研究实用主义的专家陈亚军注意到了罗蒂的"夹心饼"状况:"罗蒂把自己置于夹缝之中。他既在哲学界名声不佳,又得罪了后现代的文化批评家们。晚年的罗蒂,虽然所到之处,总是受到人们加倍的关注,但可以想见,他的内心一定是孤独的。人们在热烈欢迎他的同时,又以击倒他为荣耀。"②罗蒂曾经在学术自传中这样刻画自己的尴尬:"倘若有人以为最佳的思想处境是受到政治右派和政治左派两面相等的力量攻击的处境的话,那么我恰好处于这样的一个处境当中。"③造成罗蒂处于这种处境的根本原因在于:他试图重新塑造哲学的形象,让哲学放弃知识体系中至尊的地位,成为文学文化的一种,直接让哲学参与文化政治学的竞争。在政治上,他一方面不满于资本主义带来的不平等,另一方面却并不质疑资本主义的基本经济制度,不反对市场

---

① 罗蒂曾经在一次访谈时说:"亨普尔看了我的《偶然、反讽与团结》一书,给我写信说,实际上'你已经背叛了我所赞同的一切。'从那以后,他真的不喜欢我了。我现在仍然为此感到难过。"(参见 *Take Care of Freedom and Truth Will Take Care of Itself*, Eduardo Mendieta, ed. Stanford: Stanford University Press, 2006, p.1)
② 陈亚军:《形而上学与社会希望——罗蒂哲学研究》,南京:江苏人民出版社,2009年,第11页。
③ 理查德·罗蒂:《后形而上学希望——新实用主义社会、政治和法律哲学》,黄勇编,张国清译,第389页。

原教旨主义的神话,而只是试图消除或改善资本主义的市场原教旨主义带来的负面结果,即在政治自由主义的狭小道场中做文章。人们发现罗蒂相比他的哲学英雄之一杜威,其政治立场已经严重倒退①。

罗蒂在这样做的时候,试图打通和连接被大西洋两岸的学术界人为分裂的欧陆哲学和英美哲学,前者以海德格尔、伽达默尔、德里达为代表,后者则以罗素、刘易斯、奎因等分析哲学家为代表。在政治问题上,跟成年时期的普特南不一样,罗蒂并不忽视马克思主义诞生以来社会主义运动和左翼政治产生的巨大影响,这种影响同时体现在实际政治生活和理论建设的过程中,包括卢卡奇、葛兰西在内的西方马克思主义者、列宁等左翼思想家经常进入罗蒂的视野。在罗蒂的著作中,他经常对左派作家,譬如纳博科夫、哈维尔,发表评论;对于拉克劳、墨菲,罗蒂在积极回应人们对解构主义和实用主义的疑问时,多次在论文中直接赞赏拉克劳和墨菲以反本质主义的方式探讨激进革命和社会运动发生之基础的做法。为了做到这些,罗蒂勤于阅读,因此,他留给人们的另一个印象是:博闻强记。在他的著作和论文中,罗蒂可以随心所欲地引用自己读到的任何东西,涉及文学、新闻报告、哲学、物理学等文献。更让人嫉妒的是,罗蒂可以把读到的很多东西融进自己的新实用主义中,并做到不留痕迹的切换。实用主义过渡时期的哲学家及其思想,像刘易斯的"概念的实用主义"、塞拉斯对"所与神话"的抛弃、奎因对经验主义两个教条的批判、戴维森对形式和内容二分之拒斥、古德曼的构造实在学说……无不以另外的形式暗含或直接呈现在罗蒂的论文或著作中。这种风格的罗蒂,无疑像极了柏林笔下的"狐狸型思想家"②。

---

① 舒斯特曼指出罗蒂的消极自由偏离了杜威对个体行动能力和选择能力,即积极自由的强调,走向了自由主义偏右的立场。参见 Richard Shusterman, "Pragmatism and Liberalism Between Dewey and Rorty", in *Political Theory*, Vol. 22, No. 3, Aug., 1994。
② 伯林在《刺猬与狐狸》一文中这样解释"狐狸":"另一边的人追逐许多目的,而诸多目的往往互无关联,甚至经常彼此矛盾,纵使有所联系,亦属于由某种心理或生理原因而做的事实层面的联系,非道德或美学原则;他们的生活、行动与观念是离心、而不是向心式的;他们的思想或零散、或散漫,在许多层次上运动,博取百家千般经验与对象的实相与本质,而未有意或无意把这些实相与本质融入或排斥于某个始终不变的、无所不包、有时自相矛盾又不完全、有时(转下页)

罗蒂在打造自己哲学品牌的过程中经常向他的前人求教，吸取多样化的思想资源。有趣的是，罗蒂在吸收的同时，也向皮尔士、詹姆斯、杜威等人发起攻击，进行精神上的"弑父"。譬如，对于杜威的"经验"概念，罗蒂认为那是一种让人遗憾的形而上学残余，同样的批评适用于詹姆斯的"宗教经验"概念。罗蒂的这种做法让欧美学术界热闹非凡。譬如，罗蒂对戴维森"内容和图式之区分为经验主义第三教条"之思想的改用，遭到了本人的澄清，而与普特南的实在论和反实在论以及相对主义之争，无疑是新实用主义家族内部发生的让人回味无穷的事件①。由于罗蒂的学术品格和思想个性，无论在分析哲学界，还是在比较文学圈，乃至政治哲学界，都引起了无穷无尽的话题。可以说，没有罗蒂，就没有20世纪后半期哲学界别开生面的学术氛围。从某种意义上说，他触动了坚若磐石的传统哲学及其现代形式，让人类智力上的骄傲蒙上了耻辱的阴影。但是，由于其涉猎太广，很多地方的论证并不严谨，遭人诟病之处不少。尽管如此，其贡献却不容忽视。诚如英国社会学家齐格蒙特·鲍曼所说："罗蒂是伟大的，因为在他之后，人们不再以旧的方式对事务进行思考。"②可以说，实用主义在某种意义上因为罗蒂"反实在论"的决绝姿态而复兴，这种复兴还体现在罗蒂与杜威一样让政治作为重要的主题进入实用主义的大厦中③。

有趣的是，拉克劳-墨菲合著《领导权与社会主义的策略——走向激进民主政治》对马克思主义发展史上群星的征引和理解，同样引起了当代左翼思想家广泛、深入，甚至激烈的争论。拉克劳、墨菲对历史唯物主义的后

（接上页）则狂热的一元内在识见。"（以赛亚·伯林：《俄国思想家》，彭淮栋译，南京：译林出版社，2001年，第25—26页）

① 普特南曾经在《真理、理性和历史》一书中批评罗蒂走向了"文化相对主义"，而理查德·罗蒂则在《真理和进步》中以《希拉里·普特南和相对主义的威胁》一文回应了普特南的指责。对于普特南和罗蒂之争，我国实用主义专家陈亚军在《普特南和罗蒂的"实在论"之争留下了什么》中进行了详细而清晰的阐述和说明。
② 齐格蒙·鲍曼：《后现代性及其缺憾》，郇建立、李静韬译，南京：学林出版社，2001年，第97—98页。
③ 韦斯特这样评价罗蒂的哲学在政治上带来的影响："罗蒂的新实用主义仅仅是从自由的资产阶级的资本主义社会拆除了哲学的支柱，而并不要求改变我们的文化和政治。"（参见康乃尔·韦斯特：《美国人对哲学的逃避——实用主义谱系》，董山民译，第313页）

现代式阐释和拆解,让很多左派思想家和作家如鲠在喉,甚至于愤怒不已。英国左翼思想家诺曼·杰拉斯就是其中的一位。在拉克劳-墨菲的著作出炉不久,杰拉斯就发表了长篇驳斥性的文章《后马克思主义?》。其中有这么一段锋利激烈的文字:"在当前特殊情况下,他们业已取得的思想和政治成果,即后马克思主义这个标签,无疑比'非马克思主义'这一选择更让拉克劳和莫菲①依依不舍。它使人们觉得这是一个前进的运动,而不是要改变颜色,使人觉得它旨在提高和进步,而且所有这些都用话语理论的绚丽外表装饰了起来。我的论点是,在这个后马克思主义的核心地带,存在着一个学术真空,这是我经过深思熟虑才选用的一个词语:既是一个理论的真空,也是一个标准的真空,围绕着它的不过是一些十分陈旧的观点、偏见和漫画式的歪曲。"②拉克劳和墨菲面对杰拉斯的挑衅做出了带有不满情绪的回应,写了《无须认错的后马克思主义》,可以说是针锋相对。丹尼尔·麦吉认为:"他们对激进民主的呼吁最终既不是一种理论,也不是一种政治;既不是一套真理主张,也不是一种具体的规范性'策略'。而是一种认同或'启发'的表演行为,一种成为某种被称为'后马克思主义'之物的企图。"③还有一些学者的批评接踵而至,对拉克劳和墨菲的回应穷追不舍,譬如格雷戈尔·麦克伦南发表了《后马克思主义和现代主义理论探讨中的四个过错》。当然也有作家认为拉克劳和墨菲对卢森堡等马克思主义者的征用,淹没了索列尔、金蒂莱等人,声明要"从拉克劳和墨菲那里拯救葛兰西"。艾伦·梅克森斯·伍德则直接把拉克劳-墨菲的学说指斥为一种新

---

① 对于 Chantal Mouffe,国内学者在翻译的时候有好几种表达,尹树广、鉴传今在《领导权与社会主义的策略——走向激进民主政治》一书中把它翻译为查特尔·墨菲,而孔明安、刘振怡则翻译为尚塔尔·墨菲;中央编译局周凡却翻译为尚塔尔·莫菲;另外还有译为尚塔尔·墨菲的。本文并不对译名最终裁决,以后在行文中,除了引用周凡的文字外,统一用尚塔尔·墨菲来表达。细心的读者应该注意到了国内对 Ernesto Laclau 的译名也有分歧,譬如孔明安等人翻译为恩斯特·拉克劳,而周凡则译为欧内斯托·拉克劳。分歧主要在名,而不是在姓上。本书统一翻译为恩斯特·拉克劳,特此说明。
② 周凡主编:《后马克思主义:批判与辩护》,北京:中央编译出版社,2007年,第52页。
③ 丹尼尔·麦吉:《后马克思主义:知识分子的鸦片》,载周凡主编:《后马克思主义:批判与辩护》,第325—326页。

修正主义:"总而言之,新修正主义代表的是一种拥有政治原则的思潮。这些原则拒斥了阶级政治的首要性,寄希望于由'新社会运动'来进行的'民主斗争'。"①《后马克思主义思想史》的作者斯图亚特·西姆公允地指出:"我们还把拉克劳和墨菲置于这一时期左翼思想实验和再定位的大潮流之中。我们可以发现以一种同拉克劳和墨菲互补的方式发展的后马克思主义倾向。拉克劳和墨菲不应被视为孤立的人物,而应被视为左翼一种日益发展的趋势的高调代表。"②在马克思主义实践遇到麻烦的时节,西姆对此甚至认为,马克思主义是这一危机的一部分,而不是解决这一危机的可能的方法③。其实,并不是马克思主义出了问题,而是人们在理解马克思的思想典范时,没有把它只是当作典范之一,而是对他提出了超越语境的要求,完全忽视了结合时代的变化顺势而行。

一般而言,对经典马克思主义及其变种的任何解决方案都很容易"一石激起千重浪",何况拉克劳和墨菲在相关文章和论著中表述的观点与正统马克思主义表面上大相径庭、格格不入,甚至有点异端邪说的味道。其实,在很多人看来,拉克劳和墨菲反叛经典马克思主义,不仅表现在对历史唯物主义基本命题和观点的摧毁性解读上,而且他们用来做到这一点的手段和武器似乎更加让人难以释怀。人们可以在他们的著作和论文中读到大量的解构主义,准拉康主义的精神分析,还有对福柯后结构主义的过度使用。人们甚至可以在他们的著述中读到时髦的话语理论。

与罗蒂一样,拉克劳和墨菲非常欣赏后期维特根斯坦的语用学,在著述中多处直接或间接引用《哲学研究》中的片段。他们都吸取了维特根斯坦的反本质主义和拒绝传统形而上学的决绝态度,因为维特根斯坦这个桥梁,罗蒂和拉克劳、墨菲得以连接起来,形成思想和政治行动中的左翼。拉克劳多次表示对罗蒂认识论立场的认同和赞赏。在一次访谈中,彼德问拉克劳该如何评价自己的后马克思主义与新实用主义的关系,拉克劳这样回

---

① 艾伦·伍德:《新社会主义》,尚庆飞译,第 3 页。
② 斯图亚特·西姆:《后马克思主义思想史》,吕增奎、陈红译,南京:江苏人民出版社,2011 年,第 20 页。
③ 同上书,第 21 页。

应:"至于实用主义,我认为把它与领导权逻辑联系起来是有用的。我总是考虑,在许多方面,葛兰西集体认同的领导权概念的构成与美国实用主义的一些观点非常接近……总体上,我同情罗蒂的认识论立场,但在很大程度上,我个人并不赞同他的政治观点。"①从这一句话可以看出,拉克劳和罗蒂的政治观点是不同的,在正文中,读者将会看到更加详细的对罗蒂和拉克劳-墨菲政治观点之知识基础的讨论。这里不打算赘述。

质言之,拉克劳和墨菲在左翼或者马克思主义阵营中捅破的马蜂窝丝毫不比罗蒂在实用主义家族中惹出来的麻烦少。反叛性地创新是他们学术思想的共同特征和志趣,很多时候,拉克劳-墨菲和罗蒂都非常娴熟地在前人的文本中挑选对自己的哲学品牌或政治立场有用的词句和观点,在声称感谢或致敬他人的同时截取其观点和思想片段,并能够巧妙地把截取出来的片段衔接到自己编织的锦缎中,有时甚至做了创造性的运用。罗蒂在阐释他的"启迪哲学"时,正面发起攻击的对手经常是有实在论倾向的思想体系,即使是他奉为心目中的哲学英雄的杜威都无法幸免。同样地,拉克劳和墨菲在提出自己的激进民主政治的理论时锋芒直指所有沾染了总体性色彩的学说,即使像葛兰西和阿尔都塞这样的他们奉为思想圭臬的人物,也难逃拆解。尽管如此,罗蒂和拉克劳、墨菲仍然行进在西方哲学和政治左翼的思想队伍中,他们对人类曾经面对的、现在和将来仍然需要面对的问题提出了新的解决办法。用罗蒂的话说,哲学需要不断地变换自己的外观形象,人类到目前为止,甚至将来都没有一种权威的语言可以宣告它可以得到对世界和社会最终的描述②。而拉克劳和墨菲则提出:"只要我

---

① 恩斯特·拉克劳:《我们时代革命的新反思》,孔明安、刘振怡译,哈尔滨:黑龙江人民出版社,2006年,第265页。
② 在长篇论文中,罗蒂坚持认为:"在这样的社会中,知识分子的任务之一,就是帮助公民伙伴们抱定我们还没有一种确当的语言的想法去生活,并使他们放弃认为我们外面存在着某个我们应当'与之适应'的东西的想法。就是说,我们要避免科学主义的断言,因为它不假思索地假定了我们现在对社会的本质或善的本质已经有了牢固信念的把握,它也就是承认,我们用来表达我们共有确信和希望的语言注定是要被废弃的,我们终将需要新的隐喻,新的逻辑空间,新的行话,将不会存在一个思想的最终休息之处,也没有一个作为严格科学的社会哲学。"(参见理查德·罗蒂:《后哲学文化》,黄勇编译,上海:上海译文出版社,2004年,第37页)

们拒绝优先化的普遍阶级本体论立场基础上的任何认识论特权,就可能真正讨论马克思主义范畴的现实有效性程度。在这一点上,我们明确地指出,现在我们正处于后马克思主义领域,不再可能去主张马克思主义阐述的主体性和阶级概念,也不可能继续那种关于资本主义发展历史过程的幻象,当然也不能再继续没有对抗的共产主义透明社会这个概念。"① 可以看出,无论是罗蒂,还是拉克劳、墨菲,他们都持有一种反基础主义和反本质主义的立场。

而这种反本质主义和质疑基础主义的姿态和思潮与 20 世纪初哲学的转向密切相关。德国古典哲学在青年黑格尔派和马克思的批判下走向终结,而实证主义和逻辑实证主义从更加细致的技术层面加速了思辨体系的崩溃。作为形而上学的哲学,一方面被斥责为无意义,另一方面被指摘为让活生生的人成为理性的俘虏,然而理性自身从笛卡尔到黑格尔都从未得到清晰的说明。"理性"可理解的那一层含义,即工具理性、计算主义,在马克斯·韦伯的阐述下显得冰冷无情。阿多尔诺和霍克海默这样批判"理性":"每一种彻底粉碎自然奴役的尝试都只会在打破自然的过程中,更深地陷入到自然的束缚之中。这就是欧洲文明的发展途径。抽象,这种启蒙工具,把它的对象像命运一样当作它必须予以拒斥的观念而加以彻底清算。抽象的同一性支配使得每一种自然事物变成可以再现的,并把这一切都用到工业的支配过程中,在这两种支配下,正是获得自由的人最终变成了'群氓',黑格尔称他们是启蒙的结果。"②

中世纪以来,理性和信仰的张力让西方文明内部孕育了自由和压制相互纠缠的种子,革命的火苗似乎经常从中冒出。到了 19 世纪中后期,这颗种子蕴含了两个层面的内容:一个是精神层面的,作为日益向科学靠拢的现象学和分析哲学,逐渐蚕食着黑格尔主义的地盘;另一层面是实践层面

---

① 恩斯特·拉克劳、尚塔尔·墨菲:《领导权与社会主义的策略——走向激进民主政治》,尹树广、鉴传今译,第 4 页。
② 马克斯·霍克海默、西奥多·阿道尔诺:《启蒙辩证法》,渠敬东、曹卫东译,上海:上海人民出版社,2003 年,第 10—11 页。

的,即马克思在自然科学取得巨大成功、经济科学方法论不断数理化的鼓舞下,决心放弃解释世界的工作,而推进改造世界的事业①。马克思之后,哲学的轴心不再按照笛卡尔设定的绕着知识论旋转,而是直面生产及其构建起来的社会本体。也就是说:"马克思从他自己的历史分析中认识到,不是意识的批判,而是革命实践才是改造世界的力量。"②在科学取代神学成为文化主宰的背景下,20世纪的西方哲学为了挣得自己的地盘,做出了调整,出现了两类转向,其一是语言学转向,其二是实践哲学转向。"语言学转向"为"实践哲学转向"提供了锐利的工具,而"实践哲学转向"则为"语言学转向"提供了内容。从德里达、利奥塔等人所反对的逻各斯中心主义转换为海德格尔、萨特等人倡导的基本本体论和存在主义,简略地说,就是从知识范式转移为生存论范式。我们可以从哲学转向中明显地嗅出文明激变的气息,普遍的社会危机之中仍然艰难地孕育着新的希望。

从某种意义上说,罗蒂的新实用主义和拉克劳-墨菲的后马克思主义就是发生在这两次重要转向之后的典型事件。一方面,罗蒂新实用主义的核心是"语言实在论"(Linguistic Realism),而拉克劳-墨菲的后马克思主义以"话语实在论"(Discursive Realism)为基础,这都是在语言学转向之后发生并逐渐成熟起来的学说。另一方面,罗蒂表示有关人性之本质的知识的任何谈论都与人类政治变革没有推理性的关系,即知识变迁和政治变革是平行的,前者并不是后者的逻辑前件。拉克劳和墨菲也坚持认为,"作为使某些社会秩序总体化为否定性的一系列象征意义的想象存在,对所有左翼思想的构造是绝对必要的"③。因此,罗蒂建议文化左派放弃书斋里的解构游戏,投身真正的实践活动,而拉克劳和墨菲也主张思想家参与"新社会运动"。罗蒂和拉克劳、墨菲的思想和主张,其实是人类面临危机时

---

① 马克思那句著名的断言:"哲学家们只是用不同的方式解释世界,问题在于改变世界。"(参见《马克思恩格斯文集》第1卷,北京:人民出版社,2009年,第502页)
② 戴晖:《费尔巴哈、马克思和尼采》,北京:人民出版社,2015年,第52页。
③ 恩斯特·拉克劳、尚塔尔·墨菲:《领导权与社会主义的策略——走向激进民主政治》,尹树广、鉴传今译,第214页。

所做出的敏捷反应,姑且不论他们勾画的方案能否取得预期的成功,但是,在旧的解释性工具和常规知识还在发挥作用、新的工具系统和知识生产尚未明朗化的背景下,他们至少让我们看到了问题、尝试了新的可能。

1989年罗蒂出版《偶然、反讽和团结》后,其关注的重心已经转移,接下来发表的论文和谈话多数具有政治哲学的外观,即使是就专门的哲学问题发表的看法,罗蒂都希望能够迁移到现实问题中去。比如,罗蒂谈到了911事件之后的美国,建议美国在恐怖主义力量广泛而强大的地方采取国际合作的方式处理问题①。在《真理和进步》的序言中罗蒂写道:"在这里,我论辩道,这种进步不应该被看做人类观点向大写的道德真理的会聚,或看做是更大的合理性的开始,而应该看做是我们的能力——把人们之间越来越多的差异看做在道德上是不相干的能力——的增长。这种能力——把人们之间的宗教、民族、性别、种族、经济地位等的差异看做与他们之间互惠协作的可能性无关,看做与减轻他们的痛苦的需要无关的东西——自启蒙运动以来已经得到极大的增长。它已经创造了人类共同体,这种共同体比以前人们认为可能的共同体具有更大的包容性。"②可以说,罗蒂为我们刻画了道德、政治进步的路线,并把它与哲学上知识问题的讨论区别了开来,认为前者和后者没有关系。一切都是偶然的,即语言是偶然的,自我是偶然的,自由主义也是偶然的。罗蒂对社会进步之基础的看法得到了拉克劳和墨菲的赞赏。

"偶然性逻辑"在拉克劳和墨菲的思想体系中同样占据了重要的位置。拉克劳和墨菲主张:"在这一意义上,似真性逻辑(the logic of verisimilitude)实质上是公开的、民主的。正因为如此,激进民主社会的首要条件就是要承认社会的一切价值都具有偶然性和完全的开放性——在

---

① Richard Rorty, *Take Care of Freedom and Truth Will Take Care of Itself*, Stanford, California, Stanford University Press, 2006, pp. 116-117.
② 理查德·罗蒂:《真理和进步》,杨玉成译,北京:华夏出版社,2003年,第11页。

这种意义上,也就是要抛弃对单一基础的渴望。"①对勘 1985 年拉克劳、墨菲合著的《领导权与社会主义的策略——走向激进民主政治》和罗蒂反叛分析哲学后的著作,包括《真理和进步》(1998 年)、《哲学和社会希望》(1999 年)、《文化政治学》(2007 年)等,对于理解和把握两者的政治哲学或政治思想是有益的。可以这么说,罗蒂与拉克劳-墨菲各自独立地为左派革命的路径指出了努力的方向、提供了崭新的理由。我之所以说,罗蒂和拉克劳-墨菲仍然是左翼思想家,基本理由是,他们从未放弃、完全离开马克思留下的思想遗产和政治遗产,变革或革命依然占据着他们思想的主线②。我国学者张旭东在评价罗蒂的《筑就我们的国家:20 世纪美国左派思想》时这样解释"罗蒂为什么要当美国左派":

> 正因为罗蒂把社会正义看做"美国民主"的题中之义和民族更新的必要条件,所以他一再强调左翼不但得有具体的、行之有效的改革方案,还要高举爱国主义的旗帜,激发大众对"美国民主"的自豪感和参与感,力争主导国家政治生活的主流……传统马克思主义者往往认为资产阶级的社会改革家客观上是反动的,罗蒂对此颇不以为然。他指出,那种认为真正的社会改革只能是自上而下的看法并不符合美国实际。美国进步社会运动的历史充满了"自上而下"的改良方案和"自下而上"变革努力的结合。③

很明显,罗蒂要做的美国左派是倡导并积极参加渐进式改革、完善美

---

① 恩斯特·拉克劳、尚塔尔·墨菲:《无须认错的后马克思主义》,载周凡主编:《后马克思主义:批判与辩护》,第 130 页。
② 拉克劳和墨菲指出了后马克思主义在解释革命问题上与马克思主义的不同之处:"与马克思主义作为普遍阶级的无产阶级概念不同,因为它并不来源于国家消亡和政治终结带来的人类最终的和解,相反,领导权连接是根本性的政治。"(参见恩斯特·拉克劳、尚塔尔·墨菲:《领导权与社会主义的策略——走向激进民主政治》,尹树广、鉴传今译,第 8 页)
③ 理查德·罗蒂:《筑就我们的国家:20 世纪美国左派思想》,黄宗英译,北京:三联书店,2006 年,第 123 页。

国式民主、释放爱国主义实践热情的左派,这种左派不同于马克思主义诞生以来的革命左派,因此,作为左派的罗蒂是有保留的。拉克劳和墨菲虽然被责备放弃了马克思主义的基本观点,却仍然声称自己是真正忠诚于马克思主义的。虽然在理论形态上拉克劳和墨菲对经典马克思主义的有关学说做了大幅度的修正,但是,他们没有放弃激进的姿态,甚至认为僵死地守护过时的教条,不顾已经发生巨变的资本主义现实的人,才是真正的背叛马克思的人。到底什么样的对待前人学说的方式才是真正革命的左派?在正文中,我将详细地提供答案。记住下面两段话,对于理解罗蒂和拉克、墨菲的左派立场是有益的:

> 也许有一天,人们会发现,渐进式改革累加起来竟然带来了革命性的变革。有朝一日,这些改革可能会产生一种现在还无法想象的非市场经济,决策层人选的范围可能会扩大许多倍。如果其他国家也进行了类似的改革。所有这些改革可能会导致国际联邦或世界政府的出现……我们不能只去设想一个完全不同的制度,只去设想一种完全不同的思考人类生活和事务的方式,而不对现有制度进行渐进式的改革。①

> 当今世界上的社会斗争状况将为政治乐观论提供多重根据。至少,它们为民主激进化创造了前提条件,激进民主愈益成为建构新左派的参考点。我们面临的任务是社会行动者的愈益碎片化,但这并非是丧失了的"普遍阶级"的原因,而必须是进行斗争和新选择的源泉。碎片化带来的一个结果是:这些问题成为各种不同斗争的集合点,它要求更多的自主性,以及伴随着这些要求所面临的政治制度。②

罗蒂在哲学上是激进的,而政治上则左右摇摆、争议颇多。在美国的

---

① 理查德·罗蒂:《筑就我们的国家:20世纪美国左派思想》,黄宗英译,第77页。
② 恩斯特·拉克劳:《我们时代革命的新反思》,孔明安、刘振怡译,第101页。

保守派或者传统的自由主义者看来,罗蒂无疑更加靠近左翼立场,但是,在激进的左派看来,罗蒂主张改善主义,对资本主义的基本制度和价值也抱持温和的态度,清楚地显示了他的"右派"身份。拉克劳和墨菲的姿态看起来更加激烈,但是,他们对马克思革命叙事的拒绝,对新社会运动的推崇,却暗示了其革命学说徒有激进的外观,其内在本身则如同很多批评者指出的那样,是妥协和保守的。

以上论述只是纲领性地勾勒了罗蒂新实用主义的政治学说和拉克劳-墨菲的后马克思主义的轮廓,具体论证将出现在正文中。因此,接下来安排全书的内容,它将对读者理解本书的观点及其路径有所裨益。

第二节 全书结构与内容安排

在当代西方哲学的圈子里,罗蒂是公认的反实在论者。但是,要真正辨明罗蒂这一身份恐怕没有那么容易。由于实在论在西方哲学史上源远流长,表现形式多样,派别繁多,鉴于此,把罗蒂归为哪一类反实在论可能都是困难的,需要反复斟酌,给出有力的证据,方才让人信服。同样的,拉克劳和墨菲曾被杰拉斯等批评者贴上唯心主义、观念论者等具有反实在论色彩的标签。拉克劳和墨菲在《领导权与社会主义的策略》《我们时代革命的新反思》《政治的回归》《民粹主义中的理性》等著作中经常征用沾染了浓郁后现代性气息的思想,譬如拉康的精神分析学说,德里达的解构主义,福柯的后结构主义……而这些思想经常被视为对现代性的反叛,具有反实在论的倾向,因此,拉克劳和墨菲也面临着反实在论的指责。可是,这些标签是否真的适用于他们呢,恐怕得悉心甄别。

实在论到底是什么意思?反实在论又如何定义?回答这两个问题对于进一步讨论罗蒂和拉克劳-墨菲的变革话语和政治思想,相当重要。实在论和反实在论本身可以作为独立的学术问题,具有非凡的价值。在哲学本体论的意义上,首先确定"何物存在",就可以为接下来能讨论什么做了铺垫,反之,就会言之无物,徒添修辞,毫无意义。在讨论实在论和反实在论的问题时,罗蒂的语言实用主义势必成为标靶。我们知道,罗蒂在美国实用主义谱系中占据特殊的位置,又是当代美国哲学界公开承认自己新实用主义身份的哲学家。罗蒂相对于古典实用主义者的优势是,他从事哲学思考的时代,分析哲学和现象学都已经非常成熟,因此,在备选研究方法上,罗蒂有了更大的回旋余地和选择空间。奎因、古德曼、戴维森、塞拉斯代表实用主义在美国发展的新形式,事实上,他们已经为罗蒂搭建了俯瞰哲学地形的平台。因此,罗蒂能够游刃有余地在分析哲学和实用主义那里穿梭。例如,罗蒂对杜威、詹姆斯思想的判断和评价,从属于自己的哲学运思,经常语出惊人。在罗蒂看来,彻底消除一切形而上学实在论的残余,是开启新世界的出发点,而新世界观的成立对于政治讨论和制度建设,特别是社会变革需要遵循什么样的理性原则至关重要。因此,他无法忍受杜威《经验和自然》中留下的形而上学余绪,也对詹姆斯想要保持实在论的姿态感到不满。同样的故事发生在罗蒂对奎因、戴维森、普特南的叙述和评价那里。罗蒂对实在论的拒绝,通往他的私人和公共的区分,也通向他的最低纲领的自由主义。反实在论、私人与公共领域的区分以及最低纲领的自由主义之间存在逻辑推理关系。与最低纲领的自由主义相关的正义和自由论题,在罗蒂的政治谋划中占据中心性的地位。因此,我们必须弄清罗蒂的反实在论立场及其应用。可以看到一个有趣的学术景观:拒绝政治学说知识论基础的罗蒂为人类自由找到了另一道路,即信任、情感和想象力。

由于本书的主要内容是辨正罗蒂和拉克劳-墨菲的后现代政治思想,因此,笔者不能撇开后者而孤立地讨论罗蒂的反实在论及其后果,必须同时研究拉克劳和墨菲的相关思想与论证。与罗蒂重构实用主义学说一样,拉克劳和墨菲也是从重构经典马克思主义的学说开始的。在他们的棱镜中,马克思和恩格斯都是现代哲学的典型代表,即使马克思开启了哲学的实践转向,说到底,马克思仍然没有完全创造出一套谈论哲学问题的新术语系统,依然不得不运用德国古典哲学和现代科学的行话。在马克思为数不多的哲学著作中,人们不难发现,康德、黑格尔、鲍威尔、斯特劳斯等幽灵般地连续不断地进入马克思的文本。马克思主义中保留下来的现代性哲

绪　论

学话语经过科尔施、卢卡奇、葛兰西、阿尔都塞等人的诠释、清理和发挥,逐渐走到了后现代思想的边缘,这为拉克劳和墨菲的重建提供了必要的契机和入口。在拉克劳和墨菲看来,马克思主义中存在的"决定论""本质主义"和"必然性逻辑"并不是马克思本人的局限,而是那个时代整体的知识生产状况与水平造成的。拉克劳、墨菲认为马克思、恩格斯,甚至列宁,都没有机会运用现代哲学的分析工具和现象学方法,而分析哲学和现象学,作为20世纪许多重要哲学流派和方法的母体,是在马克思主义的经典作家去世多年之后才盛行于世的。拉克劳和墨菲站在思想巨人——胡塞尔、海德格尔、维特根斯坦——的肩膀上,充分地领会并运用了新的方法,为政治思想的转换和发展做出了努力。位于拉克劳、墨菲的后马克思主义方法论思想核心的是"话语理论"。与话语理论紧密相连的"后结构主义",与罗蒂的"语言实用主义"有异曲同工之妙。

讨论实在论和反实在论将是笔者运思最好的起点,从这里出发为政治上的应用提供较好的理论前提。第一章将会从两个方面讨论上述问题,一个是方法论上的,对罗蒂和新实用主义和拉克劳-墨菲的后马克思主义做一个思想史的分析。这一分析将会涉及与本书主题有关的人物及其思想,譬如詹姆斯、杜威、维特根斯坦、塞拉斯、古德曼等,以及与拉克劳、墨菲有思想血缘关系的维特根斯坦、葛兰西、阿尔都塞、拉康、德里达、福柯等。维特根斯坦在罗蒂和拉克劳-墨菲的视野或思想构成中都占据了独特的位置,对于本书的讨论至关重要。另一个部分内容就是简述西方哲学史上讨论实在论和反实在论的历史,通过这种讨论,我们可以找准罗蒂和拉克劳、墨菲在西方哲学史上的位置,为他们的政治哲学的推理确定逻辑前提。

第二章的重要内容就是阐述马克思在西方哲学史上的独特地位。这种独特地位通过马克思本人的"本体论的实践转向"呈现出来,因此,我花费很多笔墨分析、引述马克思原著中的相关论述,并在叙述的同时适当结合实用主义者,特别是詹姆斯的思想,以资佐证。这样的讨论,有利于人们更加清晰而全面地理解马克思,以映照拉克劳和墨菲对马克思所进行的批判的是非得失。

第三章主要是从正面阐述罗蒂和拉克劳-墨菲反实在论及其可能带来的政治后果。在实在论和反实在论被阐述清楚且其应用性后果逐渐浮现出来之后,我们就可以考察罗蒂和拉克劳、墨菲的理论策略了。罗蒂在他的成名作《哲学和自然之镜》中花费了将近四分之三的笔墨,用来瓦解在他之前一切形式的"镜式哲学",可谓酣畅淋漓。在他看来,"镜式哲学"的核心就在于形而上学和基础主义以各种形式出现,然后逐渐走向没落和衰败。从柏拉图主义到尼采主义,要么以理性基础,要么以意志为基础,都没有真正地克服人类以一劳永逸的方式为知识奠基的渴望。以柏拉图主义为知识圭臬的政治思想家们相信了基础主义的构想,试图把人类社会的运行和制度安排建立在牢固的基础之上。柏拉图的善知识,中世纪神学家们的启示真理以及现代科学知识纷纷出场,试图扮演文化中核心地位的角色,为其他人类生活形式找到确定性的路径。可是,这一切在罗蒂看来都会一如既往、无可挽回地走向失败。罗蒂心目中的哲学英雄杜威、维特根斯坦和海德格尔,试图从这样的轨道上撤离下来,转入一种"后哲学文化",但是他们也不同程度地染上了基础主义和形而上学的疾病。罗蒂并不满意他的英雄们所做的工作,于是提出了他的新实用主义思想,具体体现在他的"后哲学文化"设计中。《实用主义的后果》(1982年)中对这一点表达得最为明显。在著名的《世界的完全丧失》("The world well lost")一文的结尾,罗蒂说道:

> 我想要表明的是,角度的转换是放弃接受性和自生性、直观和概念之区分的自然后果,更一般地说,它也是扔掉"表象"概念、杜威所谓的"旁观者理论"以及海德格尔的"自然和观念同一化"等观念所带来的结果。因为这些唯心主义者们保持了一般的图像,并且让自己不停地重新定义"客观知识",他们赠与观念论和融贯论一个糟糕的名称,而给实在论和符合论取了好的名字。但是,如果我们能够明白融贯论和符合论都不过是竞争性的琐屑无聊之物,那么,我们最终就会超越实在论和观念论之争,然后来到这样的地方,用维特根斯坦的话来说,

绪　论

*只要我们想，那就可以不再生造哲学。*①

　　摧毁了传统"镜式哲学"之后，罗蒂开始自己的"后哲学文化"设计。在新实用主义的旗帜下，在纯粹哲学领域，罗蒂以语言为中心构建他的语言实用主义和现代唯名论的思想。对于知识问题，罗蒂不再相信任何元叙事和基础主义，走向解构主义，以重新描述为策略，试图相信人类的对话所交织而成的信念之网。对于真理问题，他取融贯论之长，却并不留恋其中，而是更加靠近实用主义对真理的看法，但也不驻足古典实用主义的经验层次的水平，因为语言对罗蒂而言意义非凡。罗蒂认为，语言之外"真相"本不存在。那些离开人的意图和活动的所谓"实在"，如果不是人类渴望安慰的反应，就是因权力追逐而带来的人造物。世界并不独立于人，能够对发生在主体间的争论扮演终极的中立仲裁者的角色。因此，普遍主义的高度只是一种修辞而已，并无知识的意义②，协同性应该取代"客观性"。与传统哲学试图以神目或灵魂之眼为人类确定根基的做法不同，罗蒂以反讽的策略来看待人类知识的生产，用更加有趣来替代更加真实的谈法。在他的实用主义策略之下，一切知识都失去了真理的美名，唯独剩下的是一支支即将被代替的隐喻的机动部队（尼采语）。罗蒂不但去掉了一切基础主义，还斩断了必然性的逻辑链条，让偶然性与人类的自由和希望取得暂时性的联系，把人类置于无定型的语言游戏之中，并在此前提下设计他的政治路线图。根据这个路线图，人们发现，罗蒂的政治路线与有关人的本性的知识的路线是平行的，后者并不为前者提供基础。相反，作为生产知识的哲学家应该是人类的仆人，而不是主人。

---

① Richard Rorty, *Consequences of Pragmatism*, Minneapolis, Minnesota University Press, 1982, p.17.
② 罗蒂说："我把杜威看做是我的哲学英雄。其理由是，我认为，哲学家布尔乔亚化自身，不想要抵达柏拉图和尼采各自面对的精神层面，这对哲学家来说可能是个不错的想法。的确，他们最好不再根据各种层面来思考，不再把他们的想象升华到更高或挖掘到更深的层面。为了展开这一见解，我现在从升华为超越纯粹人类的普世框架的普遍主义隐喻，转向降落到人类灵魂最底层的浪漫主义隐喻。"（理查德·罗蒂：《文化政治学》，张国清译，北京：北京大学出版社，2011年，第90页）

在罗蒂的《实用主义的后果》出版三年后,拉克劳和墨菲出版了被称为后马克思主义"圣经"的著作——《领导权与社会主义的策略——走向激进民主政治》。可以说,这本书基本上凝结了拉克劳和墨菲思想的精华,两人曾经参与过的左翼政治的实践也被曲折地表达在字里行间。著作声言要对经典马克思主义的著作进行创造性的阅读:"相对立地,我们在自己对马克思主义文本的研究中试图恢复马克思主义的多样性,在相当大的不同种类和相互矛盾的程度上掌握众多话语序列——它们构造了自己内部的结构和丰富性,使自己有幸成为政治分析的参照点。对伟大理性传统的超越从来不会发生在突然崩溃的形式之中,但是河水流动的方式在于:形成于共同的根源,在各个方向上扩展并且与别的源头下的河流汇合。这就是为什么那些经典马克思主义领域中产生的话语能够帮助新左派进行思考的原因:通过它们遗赠的一些概念,改变或废弃另外一些,并且在塑造社会多样性的无尽解放话语的交互文本中冲淡自己。"①这一段说明拉克劳、墨菲仍然打算在马克思主义的河流中工作,只不过他们要全力撬动斯大林主义对正统马克思主义解释权的垄断。因为他们认为,那些垄断经典马克思主义文本解释权的人其实是在暗中反对马克思。在他们看来,这种做法极大地损害了马克思主义面对现实问题能够展示出来的活力,垄断性人间的权威一旦取代了天界的声音,同样也是思想创新和现实解放运动的障碍和不幸。拉克劳和墨菲承受着被扣上新修正主义帽子的风险,打算援引葛兰西、阿尔都塞、拉康等人的思想,让他们的思考来帮助已经遭遇了严重理论危机的马克思主义。拉克劳在1990年出版的《我们时代革命的新反思》中说:"如果再也听不到'上帝'的声音,那么,我们就赋予自己的声音一种新的威严。如果我们的行为不再是由外在于我们的法庭(如历史、教条和政党)来评判,那么我们就可以开始反思我们思维和行为的局限性,甚至去重新审视我们自身的缺点。容忍不是一种可有可无的美德,它是我们认识人

---

① 恩斯特·拉克劳、尚塔尔·墨菲:《领导权与社会主义的策略——走向激进民主政治》,尹树广、鉴传今译,第5页。

类环境得以开始的起点,具有一种本体论的功能。"①这与罗蒂的反实在论和反基础主义几乎是一样的腔调。

与罗蒂不同的是,拉克劳和墨菲并没有从更加宏大的视野和深远的历史角度来根本性地扭转文化发展脉络,但是,后者更加集中地讨论马克思主义的发展史,对经典马克思主义的思想做了深入的理解,并形成了颇具争议的判词。"话语"是拉克劳和墨菲的基本方法,与罗蒂的"反讽理论"具有同样的地位。在话语的撬动下,经典马克思主义的历史哲学和革命学说遭到了严重的挑战。当然,这里存在误读,但是,也有振聋发聩的阐发。这一部分我将全力展开分析性的论述,辨正观点和立场的是非及其理由。

对罗蒂和拉克劳、墨菲政治哲学具体内容的讨论也将在第四章和第五章全面呈现。在第四章中,我将从两个方面批判罗蒂的政治自由主义。主要从如下两个方面展开:一个是社会变革的主体问题,另一个是社会变革的路径问题。同样的策略适用于对第五章中对拉克劳和墨菲后马克思主义的分析。读者将会在这两章看到高密度的概念分析,从罗蒂的反讽、偶然、协同、隐喻、重描、会话、信念、实在等,到拉克劳和墨菲的话语、语境、错位、连接(链接)、霸权、缝合、解构、多元决定、对抗……可能会让人眼花缭乱、目不暇接。由于这些概念分析对于理解他们的思想相当重要,因此,分析的过程将会繁杂、琐屑。除了概念分析以外,分析的方法将会用到对基本命题和观点的探讨中。在这一章中,我们可以看到罗蒂和拉克劳-墨菲在政治观点上存在的分歧。

在分析了罗蒂和拉克劳、墨菲的基本政治哲学概念之后,我们将联系当代资本主义的现实,分析资本主义权力关系的新变化,为推动新型的政治运动准备条件。

倘若黑格尔的观点"哲学是密涅瓦(又译"密纳发")的猫头鹰"②是正

---

① 恩斯特·拉克劳:《我们时代革命的新反思》,孔明安、刘振怡译,第5页。
② 黑格尔说:"当哲学把它的灰色绘成灰色的时候,这一切生活形态就变老了。对灰色绘成灰色,不能使生活形态变得年青,而只能作为认识的对象。密纳发的猫头鹰要等黄昏到来,才会起飞。"(黑格尔:《法哲学原理》,第14页)

确的,那么,罗蒂和拉克劳-墨菲的思想可能就集中反映了信息和消费资本主义时代——成熟的资本主义——最新的社会问题和权力关系。成熟的资本主义社会已经无需、也无法在自由民主这样的价值观上推进。福山相信:"历史终结并不是说生老病死这一自然循环会终结,也不是说重大事件不再发生了或报道重大事件的报纸从此销声匿迹了,确切地讲,它是指构成历史的最基本的原则和制度可能不再进步了,原因在于所有真正的大问题都已经得到了解决。"① 根据福山的看法,人类似乎进入了没有基本性对抗的美好时代,马克思主义似乎失去了市场,革命的话语应该被搁置起来。可是,德里达提醒我们说,"马克思的幽灵"依然存在,它似乎根植在人类社会的本性之中。罗蒂在评述德里达的相关思想时说:"对德里达来说,关于马克思最为重要的是:他让我们了解了正义的可能性。'正义'在德里达的思想中保持着独特的位置。这个意味着终极浪漫主义希望的名称,是唯一伟大的、不可解构的、不允许我们反讽的东西。正义的思想,德里达有时称之为'即将来临的民主',徘徊在欧洲大地。"② 马克思之所以永远在场,是因为压迫性权力关系的存在,导致自由在阶级之间不平衡地分布,作为解放理论的马克思主义就有用武之地。用拉克劳和墨菲的话说,社会永远不可能走向透明化,对抗的在场让政治永远不会终结。对抗就像妥协一样都是政治的生命线。

当下资本主义(有人用"后资本主义"③来表达)呈现了三种新型的权力关系:第一,生产和消费竞争着对人类行为的主导权,因此,生产和消费的冲突在不断地塑造新型的社会交往关系。生产范式似乎逐渐减少了对社会的影响力,消费主义的兴起让人类逐渐失去了主宰自己命运的自主能

---

① 弗朗西斯·福山:《历史的终结及最后之人》,黄胜强、徐铭原译,北京:中国社会科学出版社,2003年,"代序",第3页。
② Richard Rorty, *Philosophy and Social Hope*, New York, The Penguin Group, 1999, p. 212.
③ 对于"后资本主义",1959年拉尔夫·达伦多夫在《工业社会中的阶级和阶级冲突》中有一章叫做"后资本主义设置中的阶级"。1993年美国著名管理学家彼得·德鲁克出版社了《后资本主义社会》一书,阐释了知识在新型的社会形态中的地位,它取代资本、劳动力、土地,成为支配性的资源和生产要素。之后,更多人使用了"后资本主义"这个时髦的概念。

罗蒂以为私人领域和公共领域的界限被明确界定以后,很多被马克思主义者视为政治不正当的领域将会逐渐消失,因此,阿伦特意义上的公共空间的行动将会丧失发生的动力。即使发生了,那也是一种偏离轨道的、试图把私人领域的问题转化为公共领域的擅越之举。如果人们看不到行动的界限,不恰当地,甚至极大地扩大使用公共权力,以此来解决私人身上发生的问题,那么,社会冲突的形式将会空前激烈,从而政治公共空间会变得拥挤,人类共同体势必走向分裂和敌对,而这时罗蒂主张的不断地扩大"我们"范围的正义将会严重受挫。在拉克劳和墨菲看来,罗蒂没有看到"私人领域和公共领域"的划分并没有知识上永固的基础,相反,它们的边界一直在不断地移动中,这就是对抗永恒存在的秘密,经济根本无法解决政治上的问题。这一章我将通过讨论双方在资本、行动以及公共空间问题上的差异,全面地检讨新实用主义和后马克思主义变革或革命理论的优势和不足,从而让更好的变革模式呈现出来。

不管罗蒂和拉克劳、墨菲在政治上持有何种不同的观点,我都把他们放置在左派的行列,他们为社会变革和变迁给出的知识上的理由将得到充分的尊重。而这一切都是在与经典马克思主义者、狭义的西方马克思主义、法兰克福学派、结构主义的马克思主义进行理论对话的过程中实现的。在从事这一理论探索的过程中,我们纳入鲜活的现实经验,同时,在最新的理论争论的时代背景下,展开这一艰难的革命理论探索。或许这一探索的结果不是那么受欢迎,但有一点是肯定的,那就是理由被给出了,而左派不是,也不能仅仅依靠激情就能够昂首存在。

第一章
实在论和反实在论及其后果

实在论和反实在论在西方分析哲学传统中是一个非常经典的论题。罗蒂曾经在《哲学和自然之镜》的导论中说:"哲学家们常常把他们的学科看成是讨论某些经久不变的永恒性领域的问题——这些问题是人们一思索就会涌现出来的。其中,有些问题关乎人类存在物和其他存在物之间的区别,并被综括为那些考虑心与身关系的问题。另一些问题则关乎认知要求的合法性,并被综括为有关知识基础的问题。"① 其实,罗蒂把实在论问题分成为了两个互相关联的部分,一是有没有一个大写的"实在"(reality),或"世界本身"(world itself)? 二是独立于世界之外的人能否认知"实在",即人类知识有没有合法性的基础? 1972 年罗蒂发表著名文章《世界完全消失》("The well lost world")后,就在不停地回应人们把他作为反实在论典型的指控。有些指控只是一种误解,而有些指控的措词非常严厉。可以说,罗蒂享受了古希腊的智者、近代贝克莱一样的待遇。这样有点悲惨的故事同样发生在后马克思主义的旗手拉克劳和墨菲那里。杰拉斯批判的火力相当猛烈,以至于拉克劳、墨菲认为他对自己的批判完全超出了学术讨论的范围,演化成了谩骂和攻击②。罗蒂曾经被斥责为反智主义者,提倡一种粗俗的实用主义③。还有些批评相对温和,更加重视

---

① 理查德·罗蒂:《哲学和自然之镜》,李幼蒸译,北京:商务印书馆,2003 年,第 1 页。
② 拉克劳和墨菲在回应杰拉斯的文章中这样说:当然,对杰拉斯运用这样的语言、运用如此大量带有浓厚个人偏好的论战方式作何等的评价,还是交由读者去决定。至于我们自己,只能说我们不准备加入到辱骂与反辱骂的游戏中。相关论述参见周凡主编:《后马克思主义:批判和辩护》,北京:中央编译出版社,2007 年,第 104 页。
③ 海尔曼·萨特康普编辑的《罗蒂和实用主义——哲学家对批评家的回应》收录了苏珊·哈克的论文《粗俗的实用主义:一种无益教化的见解》,其中哈克说:"结果,罗蒂要求原来的知识论者全身心地投入到隐藏着某种犬儒主义的'教化'哲学中去,它将摧毁的不仅是知识论,(转下页)

第一章 实在论和反实在论及其后果

学理①。

很多时候,人与人之间的争论是在缺乏对彼此运思的一些基本推理前提进行充分了解的情况下发生的。发生在达米特、法莱尔与罗蒂之间的争论如此,出现在杰拉斯和拉克劳、墨菲那里的"交战"也复如是。实在论和反实在论到底是如何定义的?它们之间的分歧到底在哪里?这些分歧将会带来什么样的学理歧异,甚至产生实践上何种不同的结果?回答这些问题将是本章最主要的工作,对问题的呈现、分析和解答必将构成这一部分的主要内容。在叙述上述争论的过程中,我会逐渐加入一些双方频繁用到的术语和命题,而这些命题或术语在罗蒂和拉克劳、墨菲那里也有不同的理解,因此,额外的工作是,我需要把他们对这些术语或命题的理解做必要的交代和说明,这样一来,势必增加读者阅读的困难。但为了本书的主题,在笔者看来,这些工作都是非常必要的。

第一节 实在论和反实在论简史

在罗蒂的学术生涯中,"相对主义""反实在论"等标签经常困扰着他。处于这种情况下的罗蒂有时还相当冷静,但误解很严重的时候,也感到很不满。他撰写了为数不少的文章来澄清问题,回应指摘,但是,效果并不好。其中一个原因就是,其他人与罗蒂对实在论的理解是不同的,相应地,"反实在论"这个概念似乎也成了火上浇油的东西。因此,先弄清楚罗蒂的"实在论"(realism)和"反实在论"(anti-realism)应该是讨论这个问题比较好的出发点。

英语单词 reality 与 real 在西方哲学中具有特别的含义。最著名的表

(接上页)不仅是'系统哲学',而且是一般研究本身……这样,正如我的题目所提示的那样,这不是一种有益教化的见解。"(海尔曼·萨特康普编:《罗蒂和实用主义——哲学家对批评家的回应》,张国清译,北京:商务印书馆,2003年,第170页)

① 可以参见海尔曼·萨特康普主编的《罗蒂和实用主义——哲学家对批评家的回应》中的其他文章。譬如法莱尔的《罗蒂和反实在论》,同上书,第208页。

达莫过于黑格尔的名言:"凡是合乎理性的东西都是现实的,凡是现实的东西都是合乎理性的。"①在黑格尔的思想体系中,实在和合理似乎是一个东西的两种术语呈现形式,实在(reality)是合理性(rationality)的真实表达。按照黑格尔的逻辑学,何为实在? 换言之,什么是真实存在的东西? 那就是体现了理性的东西。对于没有经过任何哲学训练的人来说,对于"何为实在"这个问题,一个最直接的回答是自然本身是实在的,譬如日月星辰、山川河流、树木花草,这些东西在相信常识的人看来,都是实在的,不会有什么争议。倘若我们扩大眼界,看看周围,我们或许就会发现存在一些不一样的实在,桌椅板凳、汽车轮船、高楼大厦,不一而足。差别出现了,后者多少与人有关,即都是人类为了满足需要,达到某个目的而鼓捣出来的,是渗透了人的价值需要的人造物。它们有些与"自然之物"更加接近一些,有些则距离更远,距离远的看起来更加模糊些,以致普通人看不出它们与自然的连续性。还有一些实在,可能更加不为人所察觉,但却真真切切的存在,譬如风俗习惯、仪轨规矩、法律制度,西方曾用 ethos 来表述。如果说,这一些东西多少还有必须遵循的共同的东西,那么人们的偏好、审美趣味,甚至精神意向,可能就大相径庭了。这一些是不是实在呢? 倘若不是,那么,把他们与前三类划分出来的标准是什么? 界线又在哪里? ……这些问题恐怕就不那么好回答了。

哲学家们在讨论实在论、非实在论,甚至反实在论等问题的时候经常要陷入下述困境:他不得不以认知的方式来讨论实在的东西,换句有点哲学意味的话说,就是不得不以认识论的路径来回应本体论的问题。罗蒂在《哲学和自然之镜》中谈到"本体论的裂隙"②。根据这种观点,人们倘若承认了笛卡尔为近代哲学确定的心物二元论和知识论话语,那么,永远就会存在一个心与物之间的裂隙。或许从未经历过哲学思考的人说:"我们都在世界上,这还有疑问吗?"这是未经任何理论污染的赤子之见,根本无所

---

① 黑格尔:《法哲学原理》,范扬、张启泰译,北京:商务印书馆,2010 年,"序言",第 11 页。
② 理查德·罗蒂:《哲学和自然之镜》,李幼蒸译,第 28 页。

谓对错。他不必为自己的观点承担论证的责任。可是,如果是哲学家提出这样的命题,他的对手肯定会问:"有什么理由证明你在世界之上呢?您说的'世界'是什么意思呢?"不会被问到理由,也不会给出理由和论证的普通人,其实是相信自己"在世界上";而那些被算作哲学家或试图加入这一行列的人这样说,那就是知道自己"在世界上",即他的话得有根据。杜威把后者称为哲学家的问题,即哲学家们标榜自己的身份时必须要回答的问题。可是,这样制造问题的同时,哲学家们陷入了源源不断的问题之流。承不承认世界独立存在?有没有一个人们必须揭示出来的"实在本身"?倘若人们只在感官范围,或者增加一点,在知觉那里讨论世界本身,会不会犯词项扩大的错误?因为感觉器官再好的人看到的都是世界的一部分,譬如一段河流,一座山脉,一片树林,一座礼堂,一件器皿,一毫升汽水,一元硬币,一条规章,一丝不安,等等,而现代物理学的研究告诉我们,我们能看到的物质其实占据存在很少的一部分,光线照射过来时,在某些神秘的地方发生了偏转。使得光线偏转的被证明不是"物质",那又是什么呢?人们猜测说,那是暗物质。仅仅根据感官或者感官的放大——各种仪器,哲学家怎么能说自己看到了世界本身?而且居然还能透过"现象"看到"本质"?不但如此,人们甚至声称能够发现客观的因果联系,即看到一个事务出现,有另一个现象继起,我们居然认为前者是后者的原因。可是,人类是不是陷入了一种理智的狂妄?他能够有理由证明自己的感觉是可靠的,自己的推理和想象是合理的吗?他又是如何界定可靠和合理呢?有没有可能自高自大的人类一直在自己制造出来的东西中丧失了批判和反思的能力,身处玻璃瓶居然说自己看到了世界?他甚至都没有资格提到"世界",更不能说自己还能发现世界的规律,居然还能利用这样的规律,达致自由。倘若碰巧来了一个外星人,当他们能够听懂人类的语言后,会不会觉得好笑?

对此,罗蒂谨慎地说:

> 我们在构造一种洛克式的观念和一种柏拉图式的形式时,正是通过了同一过程。我们从某种事物中直接提出一种单个的性质(关于

红、痛苦和善的性质），并把它看成本身就是一个述谓的主词，而且或许也是一个原因效验的场所。柏拉图的形式只是在孤立中被考虑的性质，并被看成承担因果关系。一种现象的实体正好也是这样。①

这样看来，"实在问题"并不简单，至少包含两个方面的内容：其一，实在的构成和实在的本质；其二，可以按照何种方式来把握实在。这两个方面不能孤立起来得到明确的理解，就是说"何物存在"这个问题离不开"何以知道何物存在"。古希腊智者派从逻辑上驳斥了前者，自然也就消解了后者。而现代的奎因则说"何物存在"的问题可以通过"本体论承诺"来获得解决。罗蒂曾经以古代的智者自居，还自诩为"现代的牛虻"，可以说，他不会同意奎因的观点。而面对杰拉斯对自己就是唯心主义者的指责，拉克劳和墨菲则极力辩解自己的非唯心主义属性。在自辩的时候，他们认为需要区别观念论（唯心主义）和实在论，而不是观念论和唯物主义：

> 外在于思想的对象世界是存在还是不存在的问题，在杰拉斯的整个讨论中，这是他犯得最多的一个错误。因为在这里，并不是观念论与唯物主义之间的区分，而是观念论（idealism）和实在论（realism）之间的区别。例如，亚里士多德的哲学——他的哲学在 materialism 这一术语的任何可能的意义上都不是唯物主义的——显然是实在论的。柏拉图的哲学也可以这么说，因为对柏拉图而言，Ideas 存在于神圣之地……在此意义上，整个古代哲学都是实在论，因为它并不质疑外在于思想的世界之存在——它认为外在于思想的世界之存在乃是理所当然的。如果要寻找"外部实在完全附属于思想"这一观念，我们须得进到近代历史，从诸如贝克莱之类的哲学中去获取。②

---

① 理查德·罗蒂：《哲学和自然之镜》，李幼蒸译，第30页。
② 周凡主编：《后马克思主义：批判和辩护》，第111页。

第一章 实在论和反实在论及其后果

杰拉斯当然并不会那么容易地接受拉克劳和墨菲的自辩。事实上,简单地区别观念论和实在论、观念论和唯物主义,并不能从实在论及其相关的问题中全身而退,与实在论相关的概念,譬如基础主义和反基础主义、本质主义和反本质主义必将如影随形。因此,他们与罗蒂一样,被贴了"反本质主义""反基础主义"的标签。但是,实质上,本质主义和反本质主义或基础主义和反基础主义等问题是"实在论和反实在论"这一问题衍生出来的二级问题,要摆脱唯心主义的标签,就无法绕过对实在论和反实在论之争的回答。

我们现在检索一下西方哲学史上"实在论"的代表性观点及其主要历史形态的演变和沿革。

罗蒂眼中第一个实在论的代表是柏拉图主义的"形式说"①,普特南称之为"形而上学实在论"②。这种"实在论"把有关实在的谈论置放在本体的追踪上,就是要在感官对象的背后发现"世界本身"的大道,在柏拉图那里就是对"可见世界"和"可思世界"进行分离。根据柏拉图的划分,现象世界背后是理型的世界,前者是可生可灭的,而后者是不生不灭的。前者是虚幻的,而后者则是真实的,因此,柏拉图的实在是"灵魂之眼"所看到的世界。亚里士多德虽然批评了柏拉图主义的论证,但是并没有放弃柏拉图的

---

① 罗蒂指出:"我们在构造一种洛克的观念和一种柏拉图的'形式'时,正是通过了同一个过程,我们从某种事物中直接提出一种单个的性质(关于红、痛苦和善的性质),并把它看成本身似乎就是一个述谓的主词,而且或许也是一个原因效验的场所。柏拉图的形式只是在孤立中考虑的性质,并被看成能够承担因果关系。一种现象的实体正好也是这样。"(参见理查德·罗蒂:《哲学和自然之镜》,李幼蒸译,第 29—30 页。也可以参见 Hilary Putnam, *The Many Faces of Realism*, LaSalle, Illinois, Open Court Publishing Company, 1987, p. 37)

② 1976 年普特南在就任美国哲学协会主席的演讲中首次提出形而上学实在论和内在实在论之区分,后来体现在 1981 年出版的名著《理性、真理与历史》中。对于形而上学实在论,普特南说:"这两种哲学观点之一,是形而上学实在论的观点。根据这种观点,世界是由不依赖于心灵之对象的某种确定的总和构成的。对世界的存在方式,只有一个真实的、全面的描述。真理不外乎是词语或思想符号与外部事物和事物集之间的某种符合关系。这种观点我将称为'外在论'观点,因为它最推崇的是一种上帝的眼光。"而对于内在实在论,普特南说:"我将称这种观点为内在论观点,因为这种观点的特征在于,在它看来,构成世界的对象是什么这个问题,只有在某个理论或某种描述之内提出,才有意义。"(参见希拉里·普特南:《理性、真理与历史》,童世骏、李光程译,上海:译文出版社,2005 年,第 55 页)

结论。他虽然强调"个体"的第一实体之地位,但是,仍然相信普遍项的存在。因此,亚里士多德只不过是另一种形式的实在论者,以更加经验的方式谈论实在,承认实在界的层次性,而并不否认实在本身。柏拉图和亚里士多德之后神学实在论占据了哲学家和神学家的头脑。在奥古斯丁那里,"世俗之城"只是"上帝之城"的人间投影,它只是承担让人认知到自己的有罪之身的地位,最终的结果必须是对世俗的超越。换言之,前者只是后者的影像。与柏拉图主义不同的是,中世纪的神学家和哲学家在谈论真实的世界时,以信仰取代理性,让理性成为工具,而且他们对世界本身的讨论大多都有宗教的、道德的目的。正因为如此,维特根斯坦在《哲学研究》的开头就运用了奥古斯丁的故事[1]。维特根斯坦至少想要说明一点,我们对语义学的研究总是离不开人类的生活形式,因此,有关世界的讨论并不仅仅为了知识,而是为了实际的生活。不管是柏拉图、亚里士多德,还是奥古斯丁,他们都承认实在的世界,即世界如其所示,只不过他们都把实在表述为"非物质性"。与这一路径不同是自然哲学家走的道路,一路上有泰勒斯、德谟克利特、伊壁鸠鲁、卢克莱修等哲学家。这一派哲学家尽管也做了思维上的抽象,但是,他们似乎更加相信"眼见为实",即使把世界的终端,或者实在,归结为原子,也都染有近现代物理学世界观的色彩。用马克思的话说,他们的观点是一种天才的猜测。原子存在,原子在运动,原子在做偏斜运动……这一切似乎构成了另一种形而上学的实在论的基本理论内容。这种观点,在现代物理学取得重大突破后,譬如量子力学,遭到了严厉的批判。其实,这些批判是无关紧要的。因为德谟克利特不是在物理学上讨论实在,而是在哲学上界定什么是实在或者实在的东西。德谟克利特们尽管被马克思主义者视为古代朴素的唯物主义者,但毕竟是唯物主义者,他们

---

[1] 维特根斯坦可能没有读过什么哲学史上的名著,但是他曾经喜欢奥古斯丁和詹姆斯带有心理学内容的著作,譬如奥古斯丁的《忏悔录》和威廉·詹姆斯的《宗教经验种种》。在《哲学研究》中他说:"奥古斯丁,《忏悔录》卷一第八节:'当成年人称谓某个对象,同时转向这个对象的时候,我会对此有所觉察,并明了当他们要指向这个对象的时候,他们就发出声音,通过这个声音来指称它。"(参见维特根斯坦:《哲学研究》,陈嘉映译,上海:上海人民出版社,2001年,第1页)

毕竟相信"实在"在那里。而且他们的工作可能启发了像普特南这样的一度相信科学实在论的分析哲学家,尽管后者后来还是放弃了科学实在论①。这样的实在论之所以还是形而上学的实在论,在罗蒂看来,根本原因还在于他们都没有充分的理由告诉人们世界真的是原子构成的,而只是对理性做出了越出边界的使用。他们在感觉经验之后出现了认知的跳跃,把适应一种目的和语境的暂时的构想当成了世界本身,也就是詹姆斯所说的"信仰致命的一跃"。

笛卡尔承诺的"心物二元"是传统形而上学实在论的另一种形式,不过,不同于柏拉图的是,笛卡尔以更加理性的方式论证了"自我"在"上帝"的帮衬下确立了实体的地位,附带也确定了"物"的合法性,心物二元自此滥觞。物的实体地位之确立,虽然离不开心的帮助,但是,被依赖的"心"却无法得到清晰的解释了。更加严重的是,"心"的实体地位一经确立,带来的问题也就绵延不绝了。它如同幽灵一样躲藏在身体或世界的某一部分之内。自我(笛卡尔)、反省的主体(洛克)、感觉的复合作用者(贝克莱)、一束知觉(休谟)……接踵而来;心素说、观念说、知觉学、印象说等试图对"心"进行清晰地说明,最终的结果是,更多的概念产生了,问题的解决变得更加困难。斯宾诺莎加剧了"实体"学说的复杂性,到康德那里,引进更多的概念来解释两个彼此独立的"实体"似乎不可避免。各种"划界"成了康德不得不从事的工作,于是"现象"和"物自体"之分离产生了。其实,康德的"现象"和"物自体"只是柏拉图主义的近代版本,而后来的维特根斯坦的可说和不可说的,又是康德的现象界和本体论的语言哲学版。黑格尔第一次不同于以往的哲学家敏锐地看到了被其他哲学家忽视的时间概念。他

---

① 对于普特南放弃"科学实在论",我国学者陈亚军指出:"1972年,普特南将他的思考写成长文《"意义"的意义》。此文章中,他放弃了词与对象相对应的观点,认为科学实在论无助于解决指称问题。对于科学实在论来说,出路只有两个:要么将指称还原为物理科学所使用的概念,以此对应于对象。这条路在普特南看来已经走不通。要么承认奎因所说的,这种对应只是一种幻想,没有任何确定的指称关系。这篇文章引起强烈反响,因为它标志着在指称问题上,普特南开始放弃科学实在论的主张而转向奎因的实用主义立场。"(参见陈亚军:《实用主义:从皮尔士到普特南》,长沙:湖南教育出版社,1999年,第255页)

第一次让人们从动态和时间的角度看待实在问题。只不过,他留下了一个神秘的概念——绝对观念,使得"实在"裹上了厚厚的外衣。尽管如此,在罗蒂看来,黑格尔实际上超越了实在论的传统谈法,已经走在了反实在论的边缘。离开了时间和空间这对先天的直观形式,我们不能理解实在,这是康德的贡献;而没有历史和变动,也无法看清实在,这就是黑格尔的意义。达尔文及其学说的出现戏剧性地改变了这一切,因为在科学逐渐取代神学、科学家取代牧师成为文化的主宰后,黑格尔的"精神"具有了可理解的形象。杜威充分利用了达尔文主义对于理解黑格尔主义的意义,黑格尔主义在他那里被自然化了。罗蒂曾经在一次访谈中这样评价杜威与黑格尔之间的关系以及前者的特别贡献:

> 在我年轻的时候,杜威是美国哲学中主要的知识人物,他经常被称为民主哲学家、新政时期的民主哲学家、美国民主的知识分子。如果有人在 1950 年代前进入美国的大学,没有谁会不知道他的。我认为杜威是个了不起的人物。他以福音派基督徒的形象面世,然后成为一个黑格尔主义者,之后,杜威阅读了达尔文的东西,且逐渐地把此前的基督教的东西改装成为置于达尔文和黑格尔之间的东西。他的哲学是一种黑格尔的自然化——没有在自然和精神之间出现缝隙的黑格尔,就好像黑格尔的哲学就是一种世俗化的基督教,因而杜威那种基督的社会希望便结合了一种达尔文主义的看待人类的方式。①

黑格尔被罗蒂视为原始实用主义者②,其中的一个理由是,罗蒂认为黑格尔不再脱离主体的历史参与来谈论实在了。黑格尔所谓"实体即主体",之所以是原始的实用主义,不是成熟的实用主义者,那是因为黑格尔

---

① Richard Rorty, *Take Care of Freedom and Truth Will Take Care of Itself*, Eduardo Mendieta, ed. Stanford. ,California: Stanford University Press, 2006, p. 34.
② 理查德·罗蒂:《后形而上学希望——新实用主义社会、政治和法律哲学》,黄勇编,张国清译,上海:上海译文出版社,2003 年,第 373、374 页。

的"精神"依然给人们一种异名上帝的印象,它似乎在人之外,与人没有关系。

逻辑实证主义兴起后,实在论的另一种形式是罗素和维也纳学派所代表的,美国的新实在论者恰恰也在这一阵营中。这一代实在论比前辈高明的地方在于,他们试图用更加清晰的语言来表达人们对实在的信誓是有根据和理由的。现代自然科学似乎帮了他们的大忙。可是,在罗蒂看来,他们仍然犯了把手段当做目的的错误,换句话说,他们以为去掉了人为因素的干扰,把认知世界的镜子擦得更加干净了,世界的本来面目就会呈现了,殊不知他们只不过是在貌似更加清晰的棱镜下看到了"真实的世界"或"实在的本身"。世界本身并没有在罗素、卡尔纳普那里得到更加有力的辩护,只不过人类发现了更加符合现有目的的工具而已。改进的不是看或思考的对象,而是看或思考的方式而已。马赫的"中立要素论"、詹姆斯的"彻底经验主义"、罗素的中立一元论无不是人类试图接近世界的理论工具或者说"概念框架",它们不是世界,更不是实在本身。用精确的人工语言取代笛卡尔的心、贝克莱的感觉、休谟的印象、康德的先验自我、黑格尔的精神或绝对理念……并没有从根本上摆脱预先设定世界存在、实在在那里,然后通过某种工具告诉我们世界在那里的既有思维模式。这种模式预先从认识论路径进入本体论问题的讨论,从根本上制造了问题,而不是消除或解决了问题。实在论走了上千年之后,仍然没有走出悬而未决的迷案!

与实在论者承认一个独立于人却真实存在——要么是物质性的,要么是非物质性的,譬如心、绝对观念——的观点不同,反实在论者却始终承认并强调人的视角对于世界的构成性作用。古希腊的智者、现代的贝克莱、当代的罗蒂和古德曼就组成了坚定的实在论的反对派,某种意义上的詹姆斯和杜威也都可以计入其内①。虽然詹姆斯和杜威并不会承认自己是那

---

① 詹姆斯说:"实体这观点所表示的,仅仅是结合这件事本身。在这结合的背后并没有任何东西。"(参见威廉·詹姆士:《实用主义》,陈羽纶、孙瑞禾译,北京:商务印书馆,1997年,第47页)

样的反实在论者,其经验概念或自然概念试图在其中扮演调和的角色,而这种调和显示了詹姆斯和杜威在这个问题上的犹豫不决。这也是罗蒂对他们学说中的形而上学残余不满意的地方。与詹姆斯、杜威不同的是,古希腊智者派重要人物普罗泰戈拉说:"人是万物的尺度,是存在的事物存在的尺度,是不存在的事物不存在的尺度,问题是晦涩的,人生是短促的。"另一位智者高尔吉亚则提出了三个经典的命题:无物存在,即使有物存在也不可知,即使可知也无法告诉他人。无论对于普罗泰戈拉,还是高尔吉亚,他们都觉得没有足够的理由在人的视角之外断定世界的存在,即使那样的世界存在,对人类而言也是虚无和毫无意义。如果每个人都在理智上保持足够的诚实,他就不会轻率地做出超出自身视角的断言,任何类似的断言都很可能是非法的。近代反实在论者的代表贝克莱的著名命题是:"存在就是被感知。"在贝克莱看来,我们能做出任何断言的基础,是我们自己的感觉印象,感觉印象与世界本身可能一致,也可能不一致,在我、知觉印象和世界之间存在断裂,这种断裂是真实存在的。为了克服这样的断裂,休谟甚至限制了理性能力的范围,而把心理学的东西拿进来考虑因果关系的必然性问题。这是西方哲学史上第一次自觉地把人与世界的因果关系和人对于世界的认知关系进行初步的区分。康德为了解决他的三个问题之一"我能认识什么",不得不在"先验自我",即主体方面下足工夫。也许我们能够清晰地理解他的时间和空间概念,譬如时间是一种内知觉,而空间是一种外知觉,也可以按照严格的演绎得到十二范畴,但是,康德对感性杂多依然不能做理性的断定,"对象"只能在主体这边才能获得可以理解的形式。罗蒂曾经提到在康德那里存在"自生性"(spontaneity)与"接受性"(receptivity)之间的张力[①],其实也就是康德本人并未明确意识到的他的哲学存在问题的表征之一。

在罗蒂看来,康德之所以没有走出实在论的迷魂圈,关键的步骤在于,

---

① Richard Rorty, *Consequences of Pragmatism*, Minneapolis, Minnesota University Press, 1982, p. 3.

康德仍然在"意识哲学"的范式中打转。不过,康德已经意识到这个问题了。在他的哲学中,康德已经有初步的把意识和心理问题转化为逻辑和语言问题的萌芽。现象学的先驱者布伦塔诺、斯图姆福把康德的思想火花发展为燎原之势。康德之后的黑格尔走到了思辨哲学的尽头,而马克思则放弃了对形而上学实在论的追问,直接以社会本体论取代了那种无穷倒退、永无休止的形而上学追问。这是西方哲学史中一次伟大的转换,可以叫做"哲学本体论的实践转向",在《德意志意识形态》中马克思、恩格斯断定:"在思辨终止的地方,在现实生活面前,正是描述人们实践活动和实际发展过程的真正的实证科学开始的地方。关于意识的空话将终止,它们一定会被真正的知识所代替。对现实的改造会使独立的哲学失去生存环境,能够取而代之的充其量不过是对人类历史发展的考察中抽象出来的最一般的概括。这些抽象本身离开了现实的历史就没有任何价值。"[①]

反实在论走的另外一条路线是分析哲学的路线,我们可以清晰地在后期维特根斯坦和古德曼那里发现更加严密的形式。根据罗蒂的研究,戴维森在反实在论问题上态度暧昧:一方面戴维森破除了经验主义的第三教条,即图式和内容的二分,但是,戴维森仍然给予大多数信念为真以某种语言之外的基础(可能是世界,戴维森没有清晰地说明)。这种观点可能是罗蒂略感失望的,因为戴维森已经接近走到了罗蒂所赞同的"语言实用主义"的边缘。这种情况在古德曼那里有所转变。古德曼和塞拉斯是罗蒂反实在论最好的理论盟友,虽然前者可能并不乐意完全站在罗蒂这一边。古德曼的反实在论调子在《世界所是的方式》一文中显得特别刺耳:

> 我们必须面对的是这样的事实,甚至最真的描述都接近于复制世界(reproducing)所是的方式……因为它具有清晰的来源,构造的路径,等等。它们当中没有任何一个描述了"世界的特征"。因此,许多哲学家主张,如果系统性的描述提出了一种任意的人造秩序,那么,我

[①] 《马克思恩格斯文集》第1卷,北京:人民出版社,2009年,第526页。

们就应该使得我们的描述变得非系统化,以让它们更好地与世界取得一致。现在这里默许的假设就是:一个难以令人满意的描述的各个方面恰好就是那些方面——它们的描述也不是对世界进行描述的可信图画。①

之所以找不到对世界描述的可信图画,其中的原因可能有两个:其一,根本就没有真正的世界本身的样子;其二,从某个样式切入对世界描述的任何企图都是不完全的,其实,也无需考虑完全或不完全的问题。判断一个描述是否可信的标准根本没有办法在世界那里找到,因为有认知意义的世界本身都离不开描述的样式。要断定世界存在,如果不陷入循环论证,几乎是毫无办法的。根据古德曼的看法,与其谈论世界所是,还不如谈论世界所示的方式②。实在论在古德曼那里似乎没有什么重要的位置。戴维森和古德曼之所以得到罗蒂的青睐,重要的原因是,戴维森和古德曼已经不知不觉中靠近了自己的语言实用主义。

以上探讨的实在论问题是有没有离开人的独立的"世界"或"实在",倘若我们扩大视野考虑一下另一种情况,或许我们就会更加不相信存在一种与人无关的"实在",一切人造物、一切制度安排……其实就是麦克道尔所说的第二自然,似乎与人的活动,包括意图、情绪、目的,更加相关。在政治社会哲学中讨论这样的"社会实在或历史实在"似乎更有真实性。这种"人造的实在"似乎更加不利于传统形而上学实在论所得到的任何辩护。相反,反实在论的证据可以得到更多的认可。其实,早在马克思的《1844年经济学哲学手稿》中"人化自然"的概念就已经解决了实在论的基本问题:

---

① Nelson Goodman, *Problem and Projects*, New York: Bobbs-Merrill, 1972. p. 29.
② 古德曼认为:"如果再现是对对象的一种分类而不是模仿,是一种刻画特征而不是复制,那么它就不是一种被动的报道。对象不是像一个温顺的模特那样,让其特征纯然独立而突出,以便供我们去赞赏和描绘。……对象自身不是现成的,而是一种把握世界的方式的结果。图像的制作,通常参与制作被描绘的东西。对象和它的方方面面依赖于组织;各种类型的标记就是组织的工具。"(参见纳尔逊·古德曼:《艺术的语言——通往符号理论的道路》,彭锋译,北京:北京大学出版社,2013年,第27—28页)

第一章　实在论和反实在论及其后果

> 我们看到，工业的历史和工业的已经生成的对象性的存在，是一本打开了的关于人的本质力量的书，是感性地摆在我们面前的人的心理学，对这种心理学人们至今还没有从它同人的本质的联系，而总是仅仅从外在的有用性这种关系来理解……①

> 在人类历史中即在人类社会的形成过程中生成的自然界，是人的现实的自然界；因此，通过工业——尽管以异化的形式——形成的自然界，是真正的、人本学的自然界。②

马克思的意思很明确：没有任何与人的生产活动脱离却有意义向人类呈现的"实在"。从以上的叙述可以看出，有利于罗蒂和拉克劳、墨菲的是：人们不得不从认知的角度讨论本体论的问题，因此有关世界或实在的讨论都是在某种视角下进行的。倘若非视角的世界想要存在，那也不是通过认知的途径得到的，而是以信念的方式获得的。换句话说，"世界存在"这个命题不是知识的命题，而是在表达一个命题态度。

以上就是实在论和反实在论这两个术语呈现自己的形式。人们知道，"叙述的方式"毕竟不是分析的方式，因为完全能够按照另一种叙事的方式谈论实在论的问题。因此，接下来我们看看罗蒂和拉克劳-墨菲如何以分析的方式论证他们的反实在论立场及其相关的反本质主义和反基础主义。通过这种分析，我们逐渐明白，罗蒂并不是要坚守反实在论的立场，而是说，他要放弃实在论和反实在论这样的谈法，尽量不要让这些话语在哲学讨论中占据重要的位置③。作为哲学术语，实在论和反实在论应该被更加

---

① 马克思：《1844年经济学哲学手稿》，北京：人民出版社，2000年，第88页。
② 同上书，第89页。
③ 罗蒂在回应法莱尔时说："但是'失落的世界'是在23年之前写成的。我后来一直致力于阐述一种不再摇摆于主体和客体、心灵和世界之间的立场，但是那种立场又被试图取消在它们之间进行比较的努力取代。可以说，我一直试图把我们和世界都予以抛弃。而法莱尔把我理解成以牺牲世界为代价，千方百计地我们发扬光大的那种人，并希望以一种'温和实在论'来协调两者的平等，而我想要终止使用'我们-世界'的对照，并因此放弃'实在论-反实在论'话题。"（海尔曼·萨特康普编：《罗蒂和实用主义——哲学家对批评家的回应》，张国清译，"序言"，第10—11页）

有趣的术语取代。人们只要能够区别"指称"和"谈论",放弃这样的术语并不带来思想上的损失。

第二节 罗蒂和拉克劳-墨菲的反实在论

在回应批评者指责的过程中,罗蒂和拉克劳-墨菲都花费了大量的笔墨讨论与实在论相关的一系列问题,譬如反本质主义和反基础主义。严格地说,反基础主义和反本质主义都是从反实在论中衍生出来的问题。前者是探究事物所谓的本性,即一事物成为自身的构成性要素;后者则为一切可靠的知识提供基础,这个基础可能来自世界,也可能来自主体自身,譬如笛卡尔的心、康德先验直观形式等。可以说,无论是本质主义还是基础主义,都是传统哲学的基本论域,它们都从属于人类以何种方式处理遭遇到的一切问题。以概念把握思想对象,必然遵循奥卡姆剃刀原则,但是,在罗蒂和拉克劳看来,本质主义和基础主义等概念在简化人类思维活动的同时,却非法地断定、缩减了很多丰富的东西,尤其在社会历史领域造成了认知性的错误,并使得人类的实践活动陷入了误区和盲目,因此,彻底地驳倒实在论及其相关的本质主义和基础主义,在理论和实践上都具有非凡的意义。

罗蒂和拉克劳-墨菲从事这一艰巨的工作时都不约而同地征用了后期维特根斯坦的思想。由于罗蒂曾经长期在美国分析哲学的重镇普林斯顿大学工作,自觉地掌握了比较成熟的分析哲学技术,因此,罗蒂对实在论的批判沿着两条道路前进,第一条就是在回应和反驳一些分析哲学家的论辩中;第二条就是运用叙述的方法。然而,仅仅阅读过维特根斯坦《哲学研究》的拉克劳和墨菲对实在论的反驳就显得有点局促而技术性不足,经常在关键的论证环节留下逻辑模糊之处,使得反对他的人并不信服他们的结论。下面我先从罗蒂的论证开始,然后穿插、附带地讨论拉克劳和墨菲对同样论题的分析。

第一章　实在论和反实在论及其后果

一、反实在论的技术路径

　　围绕实在论和反实在论之争的有"意义理论"和"真理或知识"等论题。意义到底来自哪里？有关指称理论的讨论首先卷入进来。对意义问题和指称理论形成的代表性观点是语义外在论和语义内在论。语义内在论和语义外在论又直接关联着世界还是人类构成语义基础的问题。因此，我们发现了一组缠绕在一起的问题群。相应的，围绕真理和知识的也是一连串的问题，真理符合论把命题真假的标准放在世界那里，然而，融贯论者并不这么看，他们认为真理与世界没有关系，而是理论内部是否融洽连贯的问题。当然，实用主义者对真理问题则另有一番说辞。这里不准备赘述。至于知识问题，到底是语言与世界之间的因果关系，还是命题之间的证明关系，是知识的构成性要件？可以说，限于主客二分模式的笛卡尔以来的知识问题困扰着一代又一代哲学家。康德超越休谟和笛卡尔提出了先天综合判断如何可能的问题，试图解决这个难题。但是，罗蒂曾经指出康德在这个问题上的局限：

> 　　语言不像先天综合，它似乎适合作为"自然的"研究领域；但与内省心理学不同，语言分析似乎为先天真理提供了保证。说一种物质实体是通过在先天概念下的多重直观的综合而构成的，似乎是"形而上学的"，而说关于这类实体的任何有意义论述可根据现象主义的假设加以表述，似乎既是必然真的，在方法论上也是非神秘化的。康德教导说，先天知识得以可能的唯一方式是，它是有关我们参与（我们自发性能力的参与）知识对象构成的知识。经罗素和C. I. 刘易斯改述后，它变成这样的观点，每一种真语句都既包含了我们的参与（以组成项的意义的形式），又包含了世界的参与（以感觉直觉事实的形式）。[①]

---

① 理查德·罗蒂：《哲学和自然之镜》，李幼蒸译，第242页。

罗蒂看到了康德思想中残余的心理主义,是因为康德没有办法使用现代语言和逻辑技术,而在没有这些逻辑技术且被充分运用的情况下就无法清楚地说明先天范畴的来源和性质,只能遗憾地留下心理主义的尾巴。幸运的是,莱布尼茨之后,逻辑工具在胡塞尔和弗雷格那里得到了进一步的锻造,以至于逻辑实证主义可以充分利用现代逻辑清除了康德的经验心理主义。在罗蒂看来,如果说康德的先天形式和范畴为经验心理主义留出了地盘,那么,罗素则对感觉材料(塞拉斯批判的所与)做出了太多的让步。为了同时克服经验心理和感觉材料,罗蒂发展了他独特的语言实用主义,对实在论进行批判。

罗蒂对实在论的反驳从两条路径开始。第一,罗蒂充分地利用了19世纪末、20世纪初西方哲学的语言转向,发展出崭新的语言观,再结合古典实用主义的基本精神。第二,罗蒂从社会实践角度看待实在问题,借助了塞拉斯对因果关系和证明关系的区分和布兰顿对社会存在本体论的研究成果,从而彻底抛弃了传统哲学的模式。罗蒂做到这一点的关键是,把维特根斯坦的语用学发展到了极限,破除了语义外在论,把对语言的独特理解融入了本体论和知识论的讨论。

我们先从第一条路径开始分析罗蒂的反实在论论证。

实用主义的核心,是拒绝接受符合论的真理观,以及"真的信念是对实在的精确表象"这种看法。而浪漫主义的核心,则是"想象力优先于理性"这一论题——断言理性只能追随想象力开拓的道路前进。这两种运动都是对如下这种看法的反对:有某种非人类事物在那里存在,而人类则需要与它接触。……

我打算从真正的实在者的形而上学的、存在-神学的探索开始。常识在一事物表面的颜色和其真实的颜色之间、在天体表面的运动和它们真实的运动之间、在乳脂替代品和真正的奶油之间、在真假劳力士表之间做出区分。但只有那些研习过哲学的人才会追问,是否真劳力士表真的是实在的。[除了研习哲学的人之外]没有人认真对待柏

第一章 实在论和反实在论及其后果

拉图在以大写字母"R"[开头]的实在(Reality)和以大写字母"A"[开头]的表面现象(Appearance)之间作出的区分。这一区分是形而上学的宪章。

巴门尼德通过构想出以大写字母"R"开头的实在的观念,发起了西方哲学传统。①

"大写的实在""实在本身""世界如其所是"……读者可以在罗蒂几乎每一部著作和文章读到这类字眼。罗蒂为什么对实在论的论题如此感兴趣?有两个原因,对实在论问题的看法通往另外两个问题:与本质主义相关的本体论,与基础主义相关的知识论,而这两个问题关系到他的新实用主义思想的成毁得失。就像普特南曾经指出的,看起来罗蒂似乎给人这样的感觉:他因接触不到大写的实在,索性就拒绝了大写的实在,是一种求之不得的无奈。也许在反复的、激烈的反实在论的言辞背后隐藏了罗蒂深深的实在论焦虑②,就是说,罗蒂的反实在论是另一种形式的实在论,罗蒂的反叛恰好是镜像。对于普特南的这个指责,罗蒂肯定是不会接受的。接触不到,可能是因为工具不好,但也有另一个可能,那就是根本就没有那个东西存在。这里的"那个东西"只是空洞的能指,它发生在我们的语言中,而并不承诺"实体"。在罗蒂看来,普特南有没有可能混淆了指称和谈论呢?前者对应对象,后者则可能没有对象在那里。形而上学实在论因为囿于指称的魔镜,把自己心理上的需求当成了真实的实在。

罗蒂从对真理符合论进行讨伐开始寻找反实在论的突破口。一般而言,讨论实在论问题必然卷入真理符合论和知识论中的基础主义。符合论

---

① 理查德·罗蒂:《实用主义哲学》,林南译,上海:上海译文出版社,2009年,第16页。
② 普特南曾经不无讽刺地说:"为什么罗蒂为无法保证我们的语言表象外在事物而如此烦恼? 显然,罗蒂对这一保证的追求是如此强烈,以至于在发现这一保证是'不可能'的时候,他觉得只能得出我们的语言不表象任何事物的结论。正是在罗蒂的这一观点中,人们窥见了失望的形而上学实在论的冲动的痕迹。"(引文出自陈亚军:《普特南与罗蒂的对话:实在论给我们留下些什么》,载《世界哲学》2003年第1期,第77页。原文出自 Hilary Putnam, *Word and Life*, Cambridge, Massachusetts: Harvard University Press, 1994, p. 299)

必然预设两个观点：其一，存在一个基本事实，其二，认知可以接触到事实本身。讨论真理符合论必然陷入认知和认知对象两分的原始逻辑起点。而认知经常会与某个主体联系在一起，而在主体的对面似乎有某个对应物。通过下面一段话，罗蒂试图在"真理问题"上运用分析技术展开自己的立场：

(1) 没有办法把亚里士多德词汇中的有关部分翻译成伽利略词汇中的有关部分，虽然各自可以学习对方的词汇。

(2) 因此没有办法根据用伽利略的词汇构成的信念来驳斥亚里士多德的观点，或者相反。

(3) 这样，亚里士多德的观点和伽利略的观点都必须看成是真的，因此，"真"一词的用法必定是相对于词汇的。

(4) 世界使信念为真。

(5) 但同时一个世界不可能使亚里士多德和伽利略都为真，因此必定是不同的世界使它们为真。①

罗蒂认为，质疑从(2)到(3)，就可以驳倒(5)的推论；直接否定(4)也可以做到否定推论(5)。他这两步推理的关键是：如何看待有关"真"的论说与世界之间的关系。下面我尝试理一下论证的思路。

根据(2)我们知道：伽利略的词汇形成的信念不同于亚里士多德的词汇构成的信念，两种信念不能通约。之所以不能通约，是因为词汇及其信念不同。如果伽利略和亚里士多德所用的词汇及其信念都是关于同一个世界的，在对同一个世界的描述有两种不同或矛盾的信念的情况下，有如下情况：

① 伽利略的为真，亚里士多德的为假。

② 亚里士多德的为真，伽利略的为假。

---

① 理查德·罗蒂：《后哲学文化》，黄勇译，上海：译文出版社，2004年，第53页。

③ 伽利略的为假,亚里士多德的为假。

④ 伽利略的为真,亚里士多德的为真。

根据形式逻辑,伽利略的和亚里士多德的词汇及其信念可以同假,但它们必定不能同时为真,因为世界是信念真假唯一的最终的判准,就像一个萝卜一个坑一样。现在我们如何判断,到底伽利略是错的,还是亚里士多德是错的呢?有两种路径,第一,我们让世界自己说话,说伽利略是错的,或者说亚里士多德是错的;第二个办法是,让伽利略和亚里士多德之外的科学家来做居间裁判。我们先看第二条办法的具体操作:借助牛顿,或者爱因斯坦来判断。只有我们预设牛顿或爱因斯坦是正确的,才能以牛顿和爱因斯坦的判断为标准——如果我们还认为牛顿和爱因斯坦的论说都是与亚里士多德、伽利略的论说一样的都是信念的话——来识别伽利略和亚里士多德信念的真假对错。读者马上会发现,我们似乎没有足够的理由相信牛顿或爱因斯坦是正确的,因为他们与伽利略和亚里士多德一样处在同样的地位,即囿于自己的科学知识和观察条件而无法站在世界之外,看自己的论说是否符合世界。倘若我们这里不允许牛顿或爱因斯坦有真理独占者的地位,世界也不能加入进来帮帮,我们必将引入现代的某科学家,或者未来的 X 科学家。但是,不管引入多少科学家,都无法提供权威性的判断。

再来看第一条路径。人们很快就会发现第一条路径也走不通。因为世界不会说人类的语言,即使说话,我们人类也听不明白世界在说什么。在真理问题上,世界无法帮助我们,尽管世界很多时候可以惩罚人类。看来,从世界、牛顿、爱因斯坦那里我们都无法判断亚里士多德和伽利略到底孰是谁非。亚里士多德和伽利略也无法说自己的论说是真的。人类在真理问题上似乎陷入了僵局。

罗蒂认为,僵局的形成是因为人类的两个预设:1.世界存在且为能表达对错的标准,即(4)世界使信念为真。2.论说或词汇在符合世界,即语言再现(表象)了世界。在罗蒂看来,这两个预设恰恰都是有疑问的。前者显然陷入乞题,后者陷入符合标准缺乏的困境。更加要命的是一旦人们接受了这样的预设,就意味着陷入内部主义的困境。打破这种僵局的办法,要么承认世界之外上帝的存在,要么根据罗蒂的建议,我们放弃这一套过时的词汇,不再从再现论和实在论的陈词滥调看问题,就是说,再现论或实在论作为一种学说,无所谓对错,而是不适合。于是,罗蒂提出以下几条:

(1)"真"并不具有说明的用途。

(2)我们理解了信念和世界的关系,我们也就是理解了应该知道的关于信念与世界关系的一切;我们具有的关于怎样运用像"关于"和"对……为真"这样的词的知识,乃是对语言行为的"自然主义"说明的一个附带结果。

(3)在信念和世界之间不存在"被造成为真"的关系。

(4)实在论和反实在论之间的争论是无谓的,因为这种争论假定了一个空洞的、错误的"被造成为真"的信念的观念。①

罗蒂这几点既取消了非人类的世界,也取消了符合论意义上具有说明功能的"真理"。罗蒂认为,这是一条通过没有"世界"的世界观,没有"真理"的真理观,即对真理的看法。罗蒂的世界是离不开语言的世界,罗蒂的真理也是离不开语言的真理。要理解或进一步接受罗蒂的观点就得理解他对塞拉斯的借用。

罗蒂对塞拉斯的拒斥所与神话的借用,主要用在对基础主义知识论的反驳中,而这一反驳间接涉及了实在论的问题。塞拉斯和罗蒂一样认为,洛克和罗素等基础主义者在知识问题上都混淆了说明关系和证明关系。我们可以用如下命题来做一番演示:

(1)存在一个X,X刺激人的眼睛。

(2)X在视网膜上或其他位置留下影像情节Y。

(3)Y来自X,但Y不等于X。

---

① 理查德·罗蒂:《后哲学文化》,黄勇译,第198—199页。

第一章　实在论和反实在论及其后果

(4) Y 是一个情节(感官生理上发生的东西),X 是感觉材料。

现在我们说明一下(1)—(4)之间的逻辑关系。X 与视网膜(或其他可能的感觉器官及其层次、位置)发生了相互作用,认知者把 X 认作为 Z,到这一步时,认知还没有发生,只是作用和反作用,是外物 X 与感官(也是一种物)之间发生的,X 在感觉器官及其成像位置留下的 Y 之间也只是一种说明关系,即我们用 X 来说明 Y 是如何发生的。罗蒂称之为因果关系,就像杯子与桌子之间发生的因果性关系那样。但是,当我们用命题来陈述 Y 的时候,譬如,X 是一枝红色的玫瑰,"红色的玫瑰"这五个汉字给出的认知意义,显然不是 X 提供的,它处在人类迄今为止发展起来的概念空间之中。这个命题的真假绝不能在世界那里找到底本,而必须在其他概念和概念构成的命题系统中得到证明。人们非常容易注意到 X 在这里发挥的作用,但是,并不明白 X 到底扮演了什么角色。在塞拉斯和罗蒂看来,它绝对不提供证明关系的逻辑构件。因此,证明关系并不发生在世界和语言那里,而是发生在语言和命题那里。X 与 Y 之间只是一种说明关系,而 Y 是什么,则必须放在语言和命题的网络中。戴维森的下面一段话也可以作为罗蒂观点的佐证:

> 一个感觉与一个信念之间的关系不可能是逻辑上的关系,因为感觉不是信念或其他命题态度。在这种情况下,这是什么样的关系呢?我认为,答案是显而易见的:这种关系是因果关系。感觉造成某些信念,在这种涵义上,它们是这些信念的基础或根据。但是,对一个信念的因果解释并没有表明这个信念被辨明的方式和原因。[①]

戴维森明确地认为因果关系不是证明关系,即单纯的信念不是知识。罗蒂通过批判洛克"在说明和证明之间的混淆"和康德"在述谓和综合之间的混淆"来说明知识的秘密,从而抛弃了世界在知识论上能扮演的地位,间

[①] 唐纳德·戴维森:《真理、意义和方法》,牟博选编,北京:商务印书馆,2008年,第344页。

接反驳了一种实在论。对于洛克,罗蒂说:

> 但是,洛克并不把"……的知识"(knowledge that)看作是主要的知识形式。他像亚里士多德一样把"关于……的知识"(knowledge of)看作先于"……的知识",因此,就是把知识看作人与对象之间、而非人与命题之间的关系。①

罗蒂与大多数知识论研究者一样认为知识是被证明了的信念,但是,洛克只看到了观念与世界之间的说明关系,并误以为这种关系是证明关系。知识承诺了信念、世界和命题之间的三角关系,而洛克只看到了其中的一对关系。对于康德,罗蒂认为康德半途而废了,根本原因在于康德的"综合"概念保留着心理主义残余:

> 对康德来说,提出一种"知识论"概念的企图,只是向这样一种知识概念前进了一半,即那种基本上是"……的认知"(knowing that)而非"关于……的认知"(knowing of)的概念,也就是达到朝向不以知觉为模型的认知概念的中途。然而,不幸的是,康德进行这种转变的方式仍然停留在笛卡尔的框架内,它的措辞仍然像是对我们如何从内部空间达到外部空间这个问题的回答。他的自相矛盾的回答是,外部空间是由栖息于内部空间的观念(Vorstellungen)所构成的。②

从罗蒂批判洛克和康德的知识观可以看出,他决心把"实在"逐出有关知识问题的讨论。在这个问题上,塞拉斯成了罗蒂最为可靠的盟军。塞拉斯在现代西方西方哲学中以破除"所与神话"而闻名于世。塞拉斯做到这一点的关键步骤在于把我们对世界的谈论转换为了"语言学问题"

---

① 理查德·罗蒂:《哲学和自然之镜》,李幼蒸译,第130页。
② 同上书,第137页。

(linguistic affairs)。罗蒂深刻地领会了塞拉斯的精神,并对后者的语言观做了进一步的发挥。

由此,罗蒂认为有关世界的谈论,其实是有关某种语言的谈论,虽然在非认知的意义上,他仍然相信世界是存在的,但是,即使存在这样的世界,也与本质主义和基础主义都没有关系。有意义的谈论必须在运用语言的社会实践中进行,而有意义的谈论是反驳实在论的利器。因此,那种离开语言和语义去讨论世界,在罗蒂看来是没有意义的。因为在那里世界一片虚无(nothingness)。我们可以在后马克思主义者拉克劳和墨菲那里看到同样的观点。

二、反实在论的语言路径

罗蒂对实在论展开反驳的第二条路径是全面推进新的语言观,形成语言实用主义,这一点在拉克劳和墨菲那里可以找到相应的论述。

拉克劳和墨菲首选区别了存在(being)和实存(existence)。在回应杰拉斯的批评时,他们说:

> 也就是说,格拉斯混淆了对象的历史的、变化的存在(being)和该对象非历史的、不变化的实体性(ens)之间的成分区别。现今,在我们与世界相交过程中,给予我们的对象从来不是作为纯实体,而是永远在语境的链接中给我们。①

在拉克劳、墨菲这里仍然存在一个区分:历史中的变化的存在(being)和非历史的、不变化的实体性(ens)。也就是说,柏拉图的现象世界和理念世界、康德的现象和物自体,残留在拉克劳和墨菲的头脑中。针对这一段

---

① 恩斯特·拉克劳:《我们时代革命的新反思》,孔明安、刘振怡译,哈尔滨:黑龙江人民出版社,2006年,第125页。

话,罗蒂会说,我们从什么通道知道有一个非历史的、不变化的纯实体呢?离开具体的语境和历史能否有意义地谈论"对象"?拉克劳和墨菲的这个区分,在罗蒂看来,明显混淆了谈论(talking about)和指称(包括能指和所指)。"谈论"可以是没有指示对象的"空谈",被用于谈论的术语是"空洞的能指"。

这种区分可能产生的另一个问题是,把谈论者和"实存"的复杂关系简化为唯一的认知关系了。其实,发生在世界与我们之间的关系可不只是认知关系,而还有其他关系,认知关系只是其中比较重要的关系而已。近代以来知识论的兴起,其代表人物笛卡尔和洛克是不是拔高了认知和真理这样的平常之物,从而夸大了真理和知识在人类实践生活中的地位了呢?罗蒂并不认为知识论以实在论为前提是有决定性的理由的,也否认存在"非历史的、不变的实体性",即纯实体。纯实体这个词,在罗蒂看来完全是没有用的。根据实用主义准则,这个词无法带来有意义的差别,应该被放弃。但是,拉克劳和墨菲坚持这种区别,并保留"非历史的、不变的实体性(ens)"。这说明,没有受过分析哲学训练的拉克劳和墨菲并没有区别知识和信念。其实,他们的"纯实体"只是一种未经证明的信念。由此,我们发现在总体态度上,罗蒂和拉克劳-墨菲取得了一致,但是在具体细节和给出论证的路径上双方并不相同。拉克劳和墨菲进一步说:

> 即使我们假定社会与话语之间完全是等同的,那么,对有关自然世界、天文、生物和物理事实,我们可以说些什么呢,显然,它们并不能融入到由人类建构的意义总体性之中。答案是,自然事实也是话语事实。这样说是由于这一简单原因,即自然观念并非早已有之的某物,不是可以从事物表象那里来加以理解的某物,而是其本身就是漫长复杂的历史和社会建构的结果。把某物称为一个自然对象,就是某种思考它的方式,即该事物是建立在分类系统的基础之上。①

---

① 恩斯特·拉克劳:《我们时代革命的新反思》,孔明安、刘振怡译,第124页。

第一章　实在论和反实在论及其后果

这段话中"其本身就是漫长复杂的历史和社会建构的结果",可能受到了马克思"人化自然"思想的影响。但是,更加引人注目的是"话语"这个词。它很可能是杰拉斯指斥拉克劳和墨菲的思想为"唯心主义"的缘由。对于"话语",拉克劳和墨菲解释道:"我们把任何建立在要素之间关系的事件称之为链接,而那些要素的认同被视为链接实践的结果,来自链接实践的结构总体化,我们称之为话语。"①分析这段话,我们不难发现"话语"等于链接实践得以发生的结构总体化。事物从分散的、无序的、混沌的状态朝向结构化的运动,让这一运动发生和构成秩序、有了意义的动力,在拉克劳和墨菲看来,就是"话语"。人们发现,这里存在两个空间,一个是零散的无关联的、无意义的元素或环节,在它们的背后——不知在什么地方——有一种神秘的力量,被拉克劳和墨菲叫做"话语",话语是"分类系统",也是让零散的东西得以构序的能力系统。曾枝盛指出:"只有当这个对象与其他对象之间建立了关系系统,并且建构这一关系系统的内在原因不是对象的物质性实质,而是社会,那么这一关系系统就是他们所说的话语。"②曾枝盛把对象建立关系的内在动力归结为"社会",也就是把"意义和秩序"之形成的动力因素放在人类社会这边,即分析哲学所谓的"内在论"。这非常类似后面我将要论述到的罗蒂的"社会实践"观。

拉克劳和墨菲并没有清晰地阐明"话语"的含义,但是,其意图倒是呈现得比较明朗了。用一个更加含混的词汇"话语"来解释常识,这是哲学家工作的特点。可是,分析哲学家觉得有必要把"含混"说清楚。其实,拉克劳和墨菲的"分类系统"其实就是分析哲学家塞拉斯的"理性的逻辑空间"③。孤立的对象是无法呈现自身的"意义"的,只有放在"理性的逻辑空

---

① 恩斯特·拉克劳、尚塔尔·墨菲:《领导权与社会主义的策略——走向激进民主政治》,尹树广、鉴传今译,哈尔滨:黑龙江人民出版社,2003年,第114页。
② 曾枝盛主编:《后马克思主义——解构还是僭越?》,北京:北京师范大学出版社,2015年,第173页。
③ 塞拉斯说:"这个要点在于,刻画一个情节(episode)或一个状态(state)时,我们不是对情节或状态给出一个经验上的描摹(description),我们是在把它放入一个理性的逻辑空间,辨明或者能够辨明某人所说的东西。"(Wilfrid Sellars, *Empiricism and the Philosophy of Mind*, Cambridge, Massachusetts: Harvard University Press, 1997, p.76)

间",或者"概念空间"中方才让人明白其含义。被常识误解颇深的贝克莱,其臭名昭著的断言"存在就是被感知",不是说存在之物是被感觉生造出来的,而是说,"存在之物"对于我们人类具有认知的意义,离不开"感知",我们能合法说出来的只有"知觉本身",不多不少。"自然事实"在人类的"分类系统"(拉克劳、墨菲)或罗蒂的"语言"之外根本就没有认知或其他实际意义。对罗蒂来说,"自然事实""自然种类"等"空洞的信念"并不在实际生发的语境中占据实质性的逻辑空间。在罗蒂看来,传统形而上学家以表现或再现(representation)的方式处理实际生活中遇到的麻烦,本来只是打算要它们临时扮演角色、起到提示作用的,但是,历史却不断地把它们沉积下来,典范化了,以致后来人对之产生了错觉,觉得它们就是接触了"实在"的"知识"。罗蒂认为,这是字面意义本义化的过程,也是隐喻变成本义的过程。罗蒂甚至认为,一切非经证明的对世界的描述,看起来是知识,其实,都是隐喻。比如,有下述两个命题:

(1) 夏洛克是放高利贷者

(2) 夏洛克是毒蛇

对于这两个外表看起来相同的汉语句子,我们不会认为(1)"夏洛克是放高利贷者"是隐喻,但我们会把(2)"夏洛克是毒蛇"当作隐喻。在罗蒂主义者看来,汉语(1)也是隐喻,只不过比较隐秘罢了。"高利贷者"中的"高",本义是空间上的距离大,用在金融学中,转义为利息率大。"比值"用空间距离来表达,难道不是隐喻的说法?人类生活中很多词汇,其实都是从隐喻转换过来的,只不过转换的环节比较复杂,导致难以被识别罢了。原因之一就是,我们很难把其"理性的逻辑空间"完整而清晰地构架起来,即没有在命题系统中进行辨别。日常生活中人们没有遇到问题时,他们"以言行事",所持的信念也没有遭到危机,自然而然地,人们把本来只是信念(通过隐喻表达)的东西当作了知识,但是,一旦遇到了问题,他们才会停下来检验自己的"信念"。

不可否认的是,非反思的社会生活让非凡却非法的语义转换发生了,语言与世界(姑且还用这个词)打交道的过程中发生的作用与反作用,被人们用语言表达后,哲学家们对之进行了典范化处理,把它们做成了"知识"。这种知识可以映照世界,甚至揭示世界的本质和规律。"世界本身""实在"和人类或其他生物使用"语言",本来是发生在同一平面上的关系,现在却变成了不同层面、具有垂直性的关系了。语言的形而上学用法取代了语言的日常用法,而且有一些语言比另外一些更加能够接触到"世界本身",譬如物理学的语言,高于另一些语言,譬如文学语言,这种"语言等级制"在柏拉图那里就已经被初步搭建,所谓"艺术是模仿的模仿",就道出了其中的秘密。有些语言,比如数学语言,就是罗蒂说的"特殊表象",在人类的文章中占据了至尊者的地位。"透过现象看本质""深刻"等词汇就是这种思想的体现。描述、刻画、书写等呈现对象、世界、规律、逻各斯的词汇,在人们那里似乎意味着映照或抓住了某个东西。下述一段话,罗蒂清晰地把这种从柏拉图以来一直绵延至今的"镜式隐喻"表达出来了:

> 我们是这一客观主义传统的子孙,这个传统的中心假设是,我们必须尽可能长久地跨出我们的社会局限,以便根据某种超越它的东西来考察它,这也就是说,这个超然物是我们社会与每一个其他的实在的和可能的人类社会所共同具有的。这个传统梦想着这样一种最终将达到的社会,它将超越自然和社会的区别;这个社会将展现一种不受地域限制的共同体,因为它表现出一种非历史的人性。①

人类总想摆脱自己的社会性和历史性,超出这些条件以得到客观性的知识。但是,人们不知道,他们引以为傲的"以世界、经验、实在本身之基础的客观知识",其实不过是一种维特根斯坦式的"生活形式"的表达,也只能算一种词汇系统。他们运用的这些词汇系统也是帮助人类开展各种活动的计算系统。人类在谈真理的时候,并不是拿那些命题与世界去对照,而只能把它们与一套自己创造出来的另一套词汇进行对照。罗蒂说:

---

① 理查德·罗蒂:《哲学和自然之镜》,李幼蒸译,第408—409页。

如果实在论者想作任何不属于那种"静止式"的说明,他们就必须描述两部分机制,并表明它们是怎样互相关联的。它们必将分离某些并不为文化其他部分共有的导致可靠性的方法,进而分离出与这些方法相一致的世界的特征。可以说,他们需要两套可以完全独立描述的齿轮,而且它们的构造应显示得清清楚楚,使我们可以看到它们究竟是怎样互相咬合的。①

根据这段话,实在论者的困难在于,他们必须创造出一种"不为文化其他部分共有的导致可靠性的方法",然后把与这些方法取得了一致的世界有意义地分离出来。上述引文中"与世界取得一致的方法",实际上是一种"私人语言",它与人类的文化没有关系,只是世界本己的"语言"。"世界本己的语言"并不存在于既有任何人类文化的语言命题系统或塞拉斯的"理性的逻辑空间"中。根据维特根斯坦对"私人语言"的驳斥,我们知道,人类没有办法在伽利略、爱因斯坦、波尔等物理学家的"术语和公式"之外找到"世界本身"的语言。没有任何参考系或"理性的逻辑空间"的实在论者发明的"方法",由于根本没有办法查验自己的"正误",也就没有办法判断有没有与世界取得一致。这样的"私人语言"是无法被创制出来的。"沉默的世界"无法借助实在论者为它创造出来的"语言",以查验出亚里士多德、伽利略等人的正误。实在论者唯一可走的路只能是,把亚里士多德的、伽利略的与其他物理学家的理论进行对堪。学说之间可以对照,可以严格地论证,双方都要在学术共同体的道德约束下给出理由,向对方,或第三方说话,并为自己的观点辩护。倘若我们认为爱因斯坦是正确的,那就是意味着我们要在爱因斯坦所在的学术共同体之内看到支持者的证词,或者等待爱因斯坦之后的天才提出另一套更加具有解释力或预测能力的学说,以确定爱因斯坦理论的边界。

---

① 理查德·罗蒂:《后哲学文化》,黄勇译,第61页。

第一章 实在论和反实在论及其后果

按照罗蒂以及罗蒂眼中的杜威的观点,我们对自然事实的确定,其实是认知的结果,而不是认知的前提,即不是有一个 X 使得命题 Y 为真,而是命题 Y 得到共同体辩护之后,才确认 X 的语境性存在。而共同体的辩护显然不需要世界帮忙,而是一种运用语言的社会实践。历史上所谓的"客观知识",即似乎与人的主观性没有任何关系的知识,其实都是哲学家们把生活抽象化、普遍化的产物①。罗蒂斩钉截铁地说:"我们想超越自己,即超越我们在其中进行思考和自我批评的语言的、或其他的传统,并把我们自己与某个绝对的东西相比较,乃是不可能的。"②皮尔士和"内在实在论"时期的普特南可能与罗蒂的行为主义知识论的立场更加接近。前者认为,在科学家共同体探讨的终点存在意见的会聚,而普特南则假设了理想状态下的合理的可接受性。但是,罗蒂并不认同皮尔士和普特南的观点。在罗蒂看来,他们对形而上学有所期待和让步,仍然相信有所谓探究的终点、理想的可接受的合理性,以及在这些条件下人类将会获得终极的真理。从某种意义上,区分了"语境真理"和"超语境真理"之分的皮尔士和普特南站在实在论和反实在论之间的某个地方。现在看来,这可能也是皮尔士和普特南想要站的位置。

罗蒂对皮尔士、普特南在真理和知识问题上给世界、经验以位置表示不满,关键在于他对戴维森的语言观做了有利于自己的改造。维特根斯坦曾经说过:"本质在语法中道出自身。"③戴维森从中受到启发,试图打破"形式和内容的二分",提出"我们关于世界的大多数的信念都是真的",而且这种"真"并不以世界为基础,而是从融贯的立场上得到确证的,即我们的众多信念无需对应或借助"世界"作为基础或中介而为真,信念在信念之网中占据的位置让我们的大部分信念为真,戴维森以此在本体论和知识论

---

① 陈亚军:《实用主义:从皮尔士到普特南》,第234页。陈亚军用罗蒂常用的种族中心主义来描述这种立场:"种族中心主义并不是主张每一种信念都同样的真,——这仍然是在用旁观者的强调说话。它所主张的是,任何信念,要判断其真假,好坏,其根据并不在我们的文化共同体之外,而只能在它之内。"(理查德·罗蒂:《后哲学文化》,黄勇译,第232页)
② 理查德·罗蒂:《后哲学文化》,黄勇译,第9页。
③ 维特根斯坦:《哲学研究》,陈嘉映译,第178页。

等论题上走向了整体主义。

戴维森不肯言明的是,在他那里,语言就是世界,语言在世界之中,而不是作为一种外在于世界的东西,回过头来与世界接触。语言与世界并不是再现或映照关系,而是同一个世界之内不同部分之间相互作用的关系,只是因为它仿佛来自人类,似乎就成了极其神秘的特别的东西,而其他生物是没有的。我们不会认为鸟鸣(如果鸣叫是一种语言)在世界之外,相应的,在鸟看来(如果鸟能够认知),人的语言也不在世界之外。语言和世界的对立,完全是哲学家的虚构,是近代以来骄傲的人类中心主义的一种表现。在心灵哲学家那里,意识与语言纠缠在一起的事实,也让语言越发显得神秘,似乎与笛卡尔式的"心灵"实体有某种关联。其实,从詹姆斯[①]、杜威[②]到戴维森,心灵作为实体的地位已经遭到了去除。但是,戴维森并不像罗蒂那样走向极端的反实在论。戴维森承认"温和的实在论":认为约束说话人的信念并让信念为真的东西是实在的。戴维森曾经这样说:

> 阻碍彻底的感觉怀疑主义的,在我看来,是这样一个事实:在普通的、方法论上最基本的事例中,我们必须把一个信念的对象看作这个信念的原因。而且,作为解释者,我们必须把它们看成它们实际上所是的东西。沟通开始于原因的聚合:如果真的信念是由同样的事件和对象系统地造成的,那么你的话所指的就是我的话所指的。[③]

[①] 詹姆斯说:"过去二十年来我曾对'意识'之是不是一种实体表示过怀疑,过去七八年来我曾对我的学生提出过这样的一个意见,即意识是不存在的,并且打算告诉他们在经验的实在里面有着同意识的实用价值相等的东西。现在我觉得把意识公开地、普遍地抛弃掉的时机已经成熟了。"(参见威廉·詹姆斯:《彻底的经验主义》,庞景仁译,上海:上海人民出版社,2006年,第2页)
[②] 杜威的心灵概念来自黑格尔的"客观的心灵",后来杜威去掉了其绝对唯心主义的色彩,提出了心灵是一种意义系统的去实体化的心灵观。参见张立成:《杜威的心灵哲学》,北京:中国社会科学出版社,2011年,第118—119页。
[③] 理查德·罗蒂:《后哲学文化》,黄勇译,第206页。

第一章　实在论和反实在论及其后果

戴维森的这段话提出了著名的"三角关系",即你、我和世界。很显然,世界在戴维森那里是有地位的。但是,戴维森并没有坚持到底①。在一篇讨论罗蒂的反实在论的文章中弗兰克·法莱尔指出了戴维森的"温和实在论"及其与罗蒂"反实在论"的区别:

> 即使在关注别人信念的时候,我们仍然保持着对于世界的关注,我们努力地获得一幅更好的世界图画。我们把自己融入与世界的这样一种关系之中。它将使我们更有可能去了解它的真相。对于戴维森来说,在提供类语句实体。那些实体已经事先把真理赐给某些信念而非其他信念的意义上,世界不可能是我们的标准。但是在如下意义上,它仍然是一个标准:我们的信念试图从整体上使自己能够自圆其说,并且在它将影响我们的实践的意义上,它仍然是一个标准。罗蒂不允许世界成为信念的任何一种意义上的标准;结果,为信念提供标准只是一些假想而已。对罗蒂来说,世界只是我们的话语的影子,而对戴维森来说,语言之所以是有意义的,是因为通过实在事物的戏剧性表现,那个影子塑造了语言。②

很显然,戴维森认为哪怕是影子,它也是语言的基础,而在罗蒂的"哲学世界"里"世界彻底消失了"。关键是,前者仍然相信世界对对话双方产生了约束,而罗蒂则把自己的实用主义推向了"语言实用主义"。

语言实用主义用一种全新的眼光看待语言和实用主义,导致罗蒂在实用主义家族中处于非常独特的位置。由于罗蒂极端的立场,因此与普特

---

① 戴志祥指出了戴维森在这个问题上的矛盾:"在语言和世界的关系上,戴维森在《论"概念图式"这个观念》一文中的两种说法似乎是自相矛盾的:一方面,戴维森认为,没有任何东西。不管是经验,还是表面摩擦,还是世界,能使句子为真。罗蒂认为这是反实在论的;另一方面,戴维森又主张,在抛弃了图式和内容的二元论之后,我们没有抛弃世界,而是重新建立了与日常对象的直接联系,罗蒂认为这是实在论的。"(戴志祥:《经验论的第三个教条》,载《科学技术与辩证法》1997年第14卷第3期,第30页)
② 海尔曼·萨特康普编:《罗蒂和实用主义——哲学家对批评家的回应》,张国清译,第214页。

南、麦克道尔,甚至自己的学生布兰顿等人纷争不断。语言实用主义的核心在于:语言不再是用来表述和再现世界的图画,而是人类用来处理各种事态和问题的工具。语言不再承担单一的描述功能,还具有其他功能,比如以言行事或述行功能。我国实用主义研究专家陈亚军指出:

> 罗蒂用语言共同体成员的"意见一致"回答了语言意义的来源问题,用放弃"世界"的方式回答了语言和世界的关系问题。语言以及共同体成员的语言实践,成了哲学探讨的唯一对象。在这种视野下,古典实用主义的"经验"概念遭到废黜。①

"语言"在罗蒂那里就像太阳一样,照到哪里那里亮,就像拉克劳和墨菲的"话语"一样,让一切具有意义、成为"存在"。而"经验"在罗蒂那里彻底失去了理论地位,而发生这一切的关键在于罗蒂对语言的看法。从语言观的这种转变出发,使用不同的语言带来不同的结果,是一种社会实践,一种遵守实践规范的过程。在罗蒂这里,由于"语言转向",实用主义走向了具有更多相对主义色彩的新实用主义。这让普特南、麦克道尔、伯恩斯坦等人非常不安,因为毕竟丢弃了世界,一切都漂浮无根。而在罗蒂看来,我们不要再讨论世界是什么,不再纠结我们能否察看世界的大道,诸如,实在、符合、再现、认知等概念,它们都不过是镜式哲学或系统哲学的词汇,它们在历史上曾经发挥了重要的作用,而现在这一套词汇应该被置换了,因为它们不再有用或有趣,已经阻碍了人们的探究实践。

对于语言实用主义有一种比较可靠的理解:它仍然秉承古典实用主义的基本精神——向前生活,向后理解;遵守皮尔士准则——反对一切形而上学。但是,与古典实用主义不同的是,罗蒂抛弃了"经验",锻造了"语言"——一种具有本体论地位的语言。罗蒂的语言实用主义就是古典实用

---

① 陈亚军:《超越经验主义与理性主义》,南京:江苏人民出版社,2014年,第13页。

第一章 实在论和反实在论及其后果

主义对行为及其后果的认可加上具有本体论意义的"语言"①。倘若要进一步推进探究实践,罗蒂认为,语言实用主义是回到比较诚实的立场的唯一办法,是新时代哲学所需要的新的词汇系统,它可以给我们提供更加有益的处理问题的工具。罗蒂坚持认为,设若我们能够转变对语言的看法,那么就会改变谈论有关"实在"的一系列词汇:

> 这种戴维森主义看待语言的方式,使我们可以不像笛卡尔的认识论传统,特别是康德为基础的唯心主义传统把思想实体化那样把语言实体化。因为它使我们不再把语言看作主体和客体之间的中间物,也不是我们用于形成实在图画的手段,而是作为人类行为的一部分。根据这种观点,表达句子的行为就是人类为了应对环境而做的事情之一。②

"语言就是行为",与人类走路、用锤子做工一样。读者可以从这段话嗅出罗蒂浓烈的实用主义气息,同样地,不难察觉,体现在这段话中的语言观似乎与语言的惯常用法大相径庭。为了避免人们把语言实体化,罗蒂补充说:"杜威把语言作为工具而不是作为图画的观点本来是对的,但是我们必须小心,不要以为这个类比是在标明,我们可以把工具,即语言,与它的使用者分离开来,并研究其与实现我们的目的是否适当的问题。因为这种看法的一个前提是,可以以某种方式把语言独立起来,以便把它与别的东西比较。"③语言既是工具,却又无法实体化,这样的观点肯定会冲击我们

---

① 在国内陈亚军教授比较早地用"语言实用主义"来标识罗蒂的新思想。他指出了罗蒂有点矛盾和犹豫的立场:"当罗蒂强调语言的实践-历史维度时,他是一个黑格尔式的实用主义者,这时语言成了人类实践史的一部分。语言的意义在时间中不断更新,这种更新和世界并不分离;语言并不是世界的表象,而是世界的一部分。当罗蒂强调语言的自我融贯,强调语言的不可超越时,尽管罗蒂既不赞成康德的哲学路线……但实际上,他不知不觉又重新回到康德所搭建的哲学舞台上,回到一切还原为语言分析的哲学套路上,回到传统认识论的出发点上。"(陈亚军:《"世界"的失而复得——新实用主义三大家的理论主题转换》,载《中国社会科学》2012年第1期,第29页)
② 理查德·罗蒂:《后哲学文化》,黄勇译,第206页。
③ 同上。

原有的观点。从某种意义上,似乎与海德格尔的"语言是存在的家"有异曲同工之妙。其实,20 世纪以来,语言观的革命已经在人类诸多生活领域带来了革命性的变化,重新审视语言确实很有必要。

我把罗蒂的这种语言观叫做"语言行为主义"。对于罗蒂的语言行为主义理论,我们可以在拉克劳和墨菲的"话语"理论那里听到呼应。拉克劳和墨菲区分了 discursive 和 discourse。前者指一种话语组织活动,具体指在散乱事物或言语碎片中建构逻辑关系,具有意义的过程;而后者指具体的话语,譬如马克思的革命话语,奥地利学派的经济学话语,波尔等人的量子力学话语。但是,拉克劳-墨菲在使用这两个词的时候并不严格,显得随意。有时在 discursive 前面加定冠词 the 构成 the discursive,有时用 discourse 指一种超出话语指向话语环境的总体性:

> 让我们通过确认话语的地位来结束对该问题的讨论。如果任何对象之所是(being)——不同于对象之所在(existence)——乃是在话语内构成的,那么就不可能按照对象之所是(being)而把话语与任何其他的实在(reality)领域分开。因此话语性(the discursive)并不是诸对象之中的一个对象(尽管具体的话语理当是对象),而是一种理论视域。因而,关于话语观念的某些问题是没有意义的,因为这些问题只能针对话语视域之内的对象提出,而不能就话语视域本身提出。①

这段话中的有些翻译有待商榷②。考虑到 discursive 的形容词性质,我把它翻译为话语性,而把具有名词性质的后者 discourse 翻译为话语,把

---

① 理查德·罗蒂:《后哲学文化》,黄勇译,第 206 页。
② 孔明安在他与刘振怡合译的《我们时代革命的新反思》第 127 页把 the discursive 翻译为语境。但是我们知道,语境一般用来翻译 context,就是说话的情景或上下文,如果把 the discursive 翻译为"语境",如果下文出现了 context,怎么办?因此我建议不能翻译为语境,翻译为话语性肯定也会带来混乱。因此我建议翻译为话语性的东西,或话语场境。这个翻译更加适合拉克劳和墨菲想要表达的意思,话语场境不是一种对象,而是一种理论视域,是一种包括具体话语和话语活动的总体性的东西。孔明安和刘振怡的译文可以参看中译本《我们时代革命的新反思》,第 127—128 页。

加了定冠词的 the discursive 翻译为话语场境。受到维特根斯坦后期哲学影响的拉克劳和墨菲感染了浓厚的反本质主义思维,维特根斯坦从语义学转换到语用学的思路启发了拉克劳和墨菲:

> 正如我们所坚决主张的那样,只有在某种话语构造之内,或者用维特根斯坦的说法,只有在语言游戏之内,事物才是其所是(being)。当然,如果现在还问投射物的存在是否是石头的真实存在的一部分,就很荒唐了(尽管在柏拉图的形而上学中,这一问题有一定的合理性);显然,答案是:它取决于我们使用石头的方式。同样的理由,如果问一个人原子结构是否是外在于一切科学理论的"物质的真正存在",那也是很荒唐的(回答是,原子理论是我们对某些物质进行分类的方法,但是,说不定将来就会出现其他的概念形式)。换句话说,"真"、事实或另外其他的有关对象的真实性,都是在理论和话语背景(discursive context)之内构成的,一切语境之外的真理观念都是毫无意义的。[1]

维特根斯坦曾经在《哲学研究》中通过对"游戏"等概念的分析得出了反本质主义的结论,提出了"家族相似"的学说。确定一个"词"的含义之前必须得确定某个词的语用学场境,就是维特根斯坦所说的"周边场境",然而人们对"周边场境"的确定却不能给出理性的理由,而只是一种实践上的需要,受到当下目的的约束。下面引用的三段话基本上能够体现维特根斯坦的语用学观点:

> 因而我要说:当他忽然知道怎么继续下去,当他忽然理解了那个规律,他也许有一种特殊的体验——如果我问他:"你忽然掌握了那个规律

---

[1] Ernest Laclau, *New Reflection on the Revolution of Our Time*, London, Verso, 1990, pp. 103,104.

的时候,发生了什么?"他会描述那种体验,类似于我们上面描述的那样——但对我们来说,那使得他在这样一种情况下有道理说他理解了、他知道如何继续了的东西,乃是他具有这样一种体验时所处的周边情况。①

为了特定的实用目的而改革语言,为了避免实际实用中的误解而改善我们的术语,这些当然是可能的。但这些不是我们必须处理的事情。让我们操心的那种迷乱发生在语言仿佛是在空转的时候,而不是它正常工作的时候。②

伴随着语言一起学到了"疼痛"这个概念。③

是否真正理解某个东西的标准必须是在特定的周边情况下确定,理解或学会并不是发生在心里的一个情节(用塞拉斯的话说),而是能够转化为一种具体的行为,即在实践语境中能够以行得通的方式做事,譬如,在下棋时挪动棋子,做数学题时娴熟地运用公式运算,而不是心里发生的忽然的"豁然开朗"。诉诸"心灵实体"并不能令人信服。同样地,像"疼痛"这类词的用法,它并不描述实际疼痛发生时心里或身体部位上出现的状况,那种报告的状况没有办法成为一种"知识",而必须要在人们普遍的使用语言的活动中正确使用它,也就是遵守语言实践的规则。当人们用生理学或高分子化学术语来描述疼痛时,他们是在遵守生理学或高分子化学的规则,而当他们如果用心理学或量子力学的语言表述疼痛时,就是在遵守心理学或量子力学的术语规则。人们用"疼痛"这个模糊的词,只是"以言行事"而已。拉克劳和墨菲很好地利用了维特根斯坦的语用学,他们甚至做了某种程度的发挥:

一个词语的使用是一个行为过程——在此意义上,这一行为过程

---

① 维特根斯坦:《哲学研究》,陈嘉映译,第93页。
② 同上书,第78页。
③ 同上书,第181页。

构成了语用学部分;另一方面,意义仅仅是在这个词语的实际使用的语境中生成的。在此意义上,其语义学完全取决于其语用学,即使二者要被区分开来,也仅仅限于在这种分析的意义上才可以区分。这就是说,在我们的术语学中,每一身份或话语对象都是在语境中形成的。①

罗蒂在这一点上走得更远。他认为人类漫长的历史中发展起来的语言符号系统,类似于珊瑚礁的形成,一定实际使用中的声音被固定下来,慢慢地仿佛成为了揭示了世界上事物本质的东西,即词汇的本义化,实际上,它们都是一堆堆进化起来的隐喻,传统的实在论者说:"这是一个杯子!",以为自己揭示了某种"实在",在罗蒂看来,"杯子"与那些语言学家讲的隐喻没有区别,譬如:"他就是精灵!"两个句子看起来不一样,即前者描述的是一个事实,而后者其实是"他像精灵一样",这种区别在罗蒂那里根本就不存在,用"像"来表达,是一种比喻,语言学中叫做明喻。其实,罗蒂说,这个"像"与"是"只是词汇及其用法的不同,而不是本体上的不同,并没有一个事实上的"人",必须要被再现的"人",作为这样说话的基础。不要把语言看做揭示实在及其本质的秘密通道,而要把语言看成人类活动或游戏的一部分。"真假问题"最好被置换为工具是否好用的问题。就像詹姆斯说的:"真只是善的一种。"语言实用主义呼之欲出!罗蒂主张:

> 想象力是语言之源,而思想如果没有语言就是不可能的。对这样的思想的反感促使哲学家们受到这样一种需要的困扰:要获取通达实在的某种道路,这种道路没有被语言的使用中介过,并先于语言的使用。因此,在去除存在论之前,我们就必须先去除对这样的非语言式通道的希望。②

为了去除这一串不太好的看法,我们不要把理性当作一种探索真

---

① 周凡主编:《后马克思主义:批评与辩护》,第107页。
② 理查德·罗蒂:《实用主义哲学》,林南译,第18—19页。

理的机能,而是要把它当作一种社会实践——将社会规范推行到符号和声音的使用上。这样一来,就使得运用语言而不是鸣叫成为完成事情的一种方式成为可能。成为理性的,就是服从这些规范。①

质言之,罗蒂把语言行为融为一体,成为实践活动本身。罗蒂说:"根据这种观点,语言不是一组表象,而是一组声音和符号,人们以各种多少可以预见的方式来协调自己的活动。不存在任何关于语言和实在的关系的问题,正如不存在任何关于思想和实在的关系问题。没有任何思想不在语言中,因为思想不过就是具有信念和愿望,就是说,具有可以用句子表示的行为习惯。"②简而言之,人类使用语言的过程中所用到的词汇,不是理论的词汇,而是实践的词汇;不是沉思的词汇,而是行动的词汇。

在对语言的看法上,都受到维特根斯坦深刻影响的罗蒂和拉克劳、墨菲走到了一起。不仅如此,他们还由此走向了共同的反实在论的道路。不同的是,罗蒂借助布兰顿的推理主义走向了强调社会优先的社会本体论,而后者则借助拉康的精神分析理论走向了"大他者"。如果罗蒂那里也有本体论(ontology),那就是语言共同体内部的社会本体论,这几乎走到了马克思本体论思想的边缘。而对于这一点,拉克劳和墨菲的认知就有点弱了,他们认为马克思实际上是承认思想之外的实在的③。其实,马克思本人对这样的形而上学几乎毫无兴趣,物质生产及其生产关系才是马克思历史唯物主义的起点。对马克思的这种误认,导致拉克劳和墨菲在阐述自己的后马克思主义革命学说的时候陷入了一系列混乱,从某种程度上削弱了自己思想中建构的内容。

---

① 理查德·罗蒂:《实用主义哲学》,林南译,第19页。
② 理查德·罗蒂:《后哲学文化》,黄勇译,"作者序",第5页。
③ 拉克劳和墨菲说:"在一定的意义上,马克思无疑仍然处在观念论的领域之内——这就是说,处在最终肯定实在的合理性这一范围之内。……因为,观念论之所以是观念论者,并不在于肯定历史运动的规律是这种规律而不是那种规律,而在于这么一种信念:存在着一种可以从观念上加以把握的最终运动规律。断定实在对于概念的透明性,也就等于断定:实在是形式(the real is form)。"(周凡主编:《后马克思主义:批评与辩护》,第113页)

第二章
本体论转向及其两种新形式

罗蒂在阐述"语言实用主义"时几乎走到了新实用主义语言学派的极端,即以文化政治学来取代传统哲学的纷争。"世界"不再构成语言的约束项,"经验"也不再牵引语言共同体之内的话语实践。用罗蒂最喜欢的话来说,就是人类在本体问题和知识问题上无需为对话伙伴之外的任何 X 负责,这个 X 可以指代上帝、世界、经验、实在等。语言构成独立的世界,在语言之外"真"并不存在。拉克劳和墨菲借用了后现代主义和拉康精神分析学说,在他们的本体论学说中同样去除了不受"话语"约束的有关"世界""实在"的谈论,他们提出了一种建立在德里达"延异"学说之上的"话语政治学"。罗蒂的文化政治学和拉克劳、墨菲的话语政治学分享了维特根斯坦的后期哲学。接下来,我将从三个方面进行详细地讨论,以此尝试一种与马克思主义社会实践本体论相通的罗蒂或拉克劳-墨菲式的新型本体论。在展开论述的时候,我们先了解一下马克思的"本体论的转向"及其论证思路。

第一节 马克思的"本体论转向"

一、本体论及其转向

众所周知,马克思在西方哲学传统中占据特别的位置,人们可以从有关本体论的角度理解马克思的这种独特位置。可以说,马克思改变了西方哲学对本体论的谈法。国内马克思学研究专家深刻地认识到了马克思在本体论当中实现的这种"转变"。俞吾金认为,人们经常从时间角度讨论世界是如何发生的,往往忘记了从逻辑在先的角度讨论世界的本质:"当传统的马克思主义哲学的研究者们喋喋不休地谈论世界的起源、人的诞生、人和世界之间的关系时,他们谈论的只是自然科学意义上的世界,而不是哲学意义上的世界。因为哲学意义上的世界不但无法与人分离,而且它本身就是人的生存活动的展示方式。"① 俞吾金所批评的观点,即一种本体论的探讨方式,实质上是一种物理还原主义的路子,是罗蒂所谓的"视觉隐喻"产生的后果之一。核心问题出在,这一看待本体论的方式把"存在者"当成了"存在"。在马克思看来,正确的做法是跳出以认识论棱镜研究本体论的做法,承认"人在世界中",或者说,在人的实践活动中谈论本体论问题,不在形而上学或思辨的意义上进行。这样做的一个积极后果是,不再把反思的结果当成反思的前提。而一旦把"人"考虑进来,"本体论"的谈论很快就会脱离自然科学和还原论的思路,价值或意义问题将会被合理地接纳进来,从而使得本体论变成"人的问题"。这也是国内学者徐长福讨论马克思本体论的路径。徐长福说:"在我看来,马克思所说的实践(praxis)首先是一个价值概念,并且是一个表达世界的价值本质和人的终极价值的概念,我称之为价值本体。……所谓价值本体,也就是价值上归根到底应该或应该是。本体论(ontology)由 logos(theory)加 ont(being)构成,直译就是'是论'或实在论,研究'是之为是'或'实是之为实是'(being qua being),其所回答的问题是'世界归根到底是什么'的问题。依此,所谓价值本体论,其所研究的就是'应是之为应是',即'世界归根到底应该是什么'或'人归根到底应该把什么作为价值上的阿基米德点'的问题。这种本体论也不妨名之为'应是论'。"②

可以说,马克思对本体论的看法影响了 20 世纪的大哲学家海德格尔。俞吾金在讨论马克思的这一"本体论"时敏锐地引入了海德格尔的基本本体论思想。这种本体论一个根本性的变化在于,不把世界分割为独立的两

---

① 俞吾金:《重新理解马克思》,北京:北京师范大学出版社,2005 年,第 192 页。
② 徐长福:《马克思的实践首先是一个价值本体概念》,载《哲学动态》2003 年第 6 期。

第二章 本体论转向及其两种新形式

部分,也就是说突破笛卡尔以来的认识论的模式,而是把人放在世界中,从而揭示人之存在的"意义本体"。用罗蒂的话说,社会学意义上的语言实践使得世界开显其"真"。其实,康德在他的道德学说中提出三个公设(意志自由,灵魂不灭,上帝存在)就是这种本体论的最初形式。众所周知,康德的"物自体"根本不在经验之内,因此无法通过知性把握。实质上,"物自体"是康德先验自我的构造物,是信仰的对象,属于先验性的东西。正是在对物自体即信仰对象的阐述中,康德提出了自己的意志本体论学说,成为新型实践哲学思想的核心。同样的,我们知道,从詹姆斯、杜威到罗蒂,实用主义者无不深受达尔文主义的影响。达尔文主义一个鲜明的特征是,不把世界想象为固定不变的,而是在发生中的、流转不居的活动过程。表现在哲学上就是,不再从知识论的路子探讨哲学,而是从生存论的角度探讨哲学上的概念和命题,譬如本体论、知识论等。这种转变的重要意义在于,近代自笛卡尔以来的知识论不再占据核心位置,相反,哲学思考的核心问题之一是,人类在某种生存"目的"的牵引下才讨论认知问题。根据这种观点,知识甚至都不是第一级的哲学焦点。那种康德式的问题,譬如"知识是如何可能的"被打破了,焦点问题转变为"我们为何要讨论知识",换句话说,讨论知识有什么意义?这种转变导致本体论话语的转变。在以知识为讨论中心的哲学话语中,知识是独立的领域,它先验地预设了认知者和认知对象。形而上的"第一因"就是认知者要把握的世界的始基,即第一前提。很显然,这是杜威所拒斥的哲学家式的问题,而不是真正的与人的生活实践有关的"人的问题"。哲学家从讨论"哲学家的问题"到讨论"人的问题",其重要意义在于,抽象而孤立地讨论世界的本体是什么就再也没有积极的意义了。有意义的哲学工作变成了什么东西对于我们各种生存问题的解决具有意义。这样一来,意义的始基取代了世界的始基,这就是本体论的转换!我们可以在马克思的著作中清晰地看到马克思与之相应的本体论转换。简而言之,马克思不再纠缠黑格尔的"精神"和"概念的辩证法",直接面对资本主义的生产方式及其社会关系。在传统哲学家那里一直存在的终极实在是什么的难题,在马克思这里就转化为人类从事什么样的活动是重要的问题,知的问题本质上是行的问题衍生出来的。"行"关切到活动的生命的意义,其成为中心,那就意味着本体论的重大转换。换言之,价值本体或者意义本体问题凸显出来了。

归纳一下以上论述,我们可以从两个方面探讨本体论:一是第一因的追寻,可以理解为世界从何而来;二是意义的逻辑起点,即价值依存的阿基米德点。根据这种观点来看传统的"物质本体论",自然显得粗糙。与"物质本体论"相提并论的是,唯心主义所主张的"精神本体论",贝克莱、黑格尔可以说是其典型代表。无论把世界的第一因归结为物质,还是归结为精神,在马克思看来,都在做一种毫无意义的猜谜游戏,也是一种形而上学的自寻烦恼。这种做法迟早会与神相会,让自己拔高到"上帝视角"上去。很显然,这种做法是徒劳的,对于现实问题的解决毫无意义。

马克思从人的实践活动出发来讨论本体论问题,可以说,开创了本体论研究的新时代。无独有偶,美国实用主义的崛起几乎走了与马克思一样的道路。以前人们不会认为实用主义是马克思主义的朋友,庸俗的资产阶级学说无论如何不会是无产阶级的朋友。但是,如果我们暂时悬隔己见,面对理论事实,不难发现马克思主义和实用主义并不是在所有问题上完全不同,至少在"本体论"问题上具有相通之处,或者说有最小公约数。

从某种意义上说,詹姆斯、杜威也是从批判传统哲学的形而上学起步的。根据培里的记载,詹姆斯试图建立一种形而上学的体系,名曰"彻底经验主义"①,也就是他的本体论;而杜威强调自然和文化的互动,从具有文化和观念意义的经验出发,构造了经验的自然主义②。从这种本体论出发,杜威和詹姆斯确定我们的思想对象和意义的发端。可是,詹姆斯和杜威的这种转变,仍然紧紧地扣住"经验"概念(某种意义上与文化异名而同

---

① Ralph Barton Perry, *The Thought and Character of William James*, Mass: Harvard University Press, 1948, p.277.
② 陈亚军认为:"要理解杜威的经验概念,就必须把它置于达尔文和黑格尔之间。经验这个概念既有达尔文生物进化论的底色,又有黑格尔精神现象学的影子。如果我们忽略了它的达尔文的一面,经验就会沦为神秘的、思辨的产物,而如果我们忽略了它的黑格尔的一面,经验概念就会沦为纯生物的自然所有。"(参见陈亚军:《超越经验主义与理性主义》,第7页)

义),尽管"行"的问题,或者说,规范的问题,进一步成为哲学思考的中心,但在他们的思想后裔罗蒂看来,其本体论转换却是不彻底的。罗蒂认为詹姆斯、杜威仍然给神秘的"经验世界"留下了位置,传统形而上学实在论的尾巴没有完全割干净。

现在的问题是,马克思如何具体地建构他的本体论呢?我们从马克思留下的文献中不难了解一个基本的事实,即马克思很少直接用到本体论概念。其原因可能与马克思对哲学的看法,也就是说,与马克思的元哲学观有密切的关系。尽管马克思没有明确地论述本体论,但我们不能由此轻易地断定在马克思的思想体系中本体论没有其相应的地位。

要理解马克思的"本体论转向"思想首先需要明白马克思的哲学观。关于这个问题,马克思曾经有两个著名的论断。第一个论断在《〈黑格尔法哲学批判〉导言》中。马克思写作此文的背景是,鲍威尔等人认为对宗教的批判是德国新生的前提。面对德国思想界囿于思辨和宗教批判的现实,马克思说:"一句话,你们不能使哲学成为现实,就不能消灭哲学。"①对于另外一个论断,大家耳熟能详,那就是马克思在《关于费尔巴哈的提纲》中所说的:"哲学家们只是用不同的方式解释世界,而问题在于改变世界。"②马克思对费尔巴哈的一个看法是,后者只是批评了宗教本身,而根本没有触及宗教产生的社会基础。哲学如果停留在一种宗教批判的阶段,那就意味着哲学的意义非常有限。很明显,这样的哲学在马克思这里是被拒斥的东西,马克思之所以如是想,部分原因是,马克思认为哲学作为意识形态之一妨碍了人们直接地面对物质生活的基本现实,耽于思辨形而上的"第一因"的追问。而这种哲学在马克思看来根本没能理解人类精神及其发展的实质。马克思认为哲学概念和命题其实都是在生活实践中产生出来的第二级的东西,所谓的本质和始基在马克思看来都是脱离生活实践的空想家的臆造,它们不但不能帮助解决现实的问题,反而会阻止人们穿过观念的迷

---

① 《马克思恩格斯文集》第 1 卷,北京:人民出版社,2009 年,第 10 页。
② 同上书,第 506 页。

雾直面现实中的利益和矛盾。

马克思的思想在实用主义那里产生了回响。受到达尔文和柏格森深刻影响的詹姆斯和罗蒂认为，实在世界并不是静止在那里等待认知者去发现和复制，理性主义者用概念切割对象其实已经让世界流失了。詹姆斯说："一种哲学，只有高尚纯洁而说不出别的什么来，那就永远不能满足经验主义者的心。它好像是一座矫揉造作的纪念碑。"①罗蒂会问，那种认定世界的始基是物质或者精神的人是如何得到这个结论的呢？在詹姆斯、杜威等实用主义者看来，在很多情况下，传统形而上学家们把"确定性的寻求"这种心理上的需要及其结果转换为了世界的本体。在《德意志意识形态》中，马克思说："在思辨终止的地方，在现实生活面前，正是描述人们实践活动和实际发展过程的真正的实证科学开始的地方，关于意识的空话将终止，它们一定会被真正的知识代替。对现实的描述会使独立的哲学失去生存环境，能够取而代之的充其量不过是从对人类历史发展的考察中抽象出来的最一般的结果的概括。这些抽象本身离开了现实的历史就没有任何价值。"②离开了现实的历史的"实在"并不能被真正地理解。哲学的理性主义构造，"不能解释具体的世界，它完全是另外一回事，它是一种替代物、一种补救办法、一种逃避的方法"③。更进一步的是，要求改造世界的马克思认为："对实践的唯物主义者即共产主义者来说，全部问题都在于使现存世界革命化，实际地反对并改变现存的事物。"④企图用思想把握世界及其本体，或者像传统形而上学家那样试图找到解释世界的始基，在马克思看来都会走向神秘主义。马克思在《1844年经济学哲学手稿》中嘲笑了这种"神秘主义"：

---

① 威廉·詹姆士：《实用主义》，陈羽伦、孙瑞禾译，北京：商务印书馆，1997年，第15页。詹姆斯与注释中的威廉·詹姆士为同一人，这里遵从原书译者的译名。
② 《马克思恩格斯文集》第1卷，第526页。
③ 威廉·詹姆士：《实用主义》，陈羽伦、孙瑞禾译，第15页。
④ 《马克思恩格斯文集》第1卷，第527页。

第二章 本体论转向及其两种新形式

但是,你会回答说:我向你承认这个循环运动,那么你也要向我承认那个无限的过程。这过程驱使我不断追问,直到我提出问题:谁生出了第一个人和整个自然界?[①]

你的问题本身就是抽象的产物。请问一下自己,你是怎样想到这个问题的;请你问一下自己,你的问题是不是来自一个因为荒谬而使我无法回答的观点。请你问一下自己,那个无限的过程本身对理性的思维来说是否存在。既然你提出自然界和人的创造问题,你也就把人和自然界抽象掉了。[②]

对于这样的对"第一因"的无限追问,马克思认为这是抽象提问的结果,即离开了维特根斯坦所说的"周边情况"试图抓住"物自身"。詹姆斯同样嘲笑那种在实际的经验之外寻求本体上的绝对的做法:"假设了绝对,我们使得世界看起来更加是合理的。使得世界看起来更加合理的任何假设比使世界看起来不合理的假说总是会被人们认为更加可能是真的。人类天生宁愿有一个合理的世界来信仰和生活于其中。"[③]单纯的理论把握会遭到经验世界的冲击,用孤立的没有时间和历史因素的概念处理现实无疑将会遭遇麻烦和挫折。合理化似乎是心灵或自我的惯常动作,但它很可能把临时的观察和概念变成永久的情绪和心理上的中心,从而导致观念与流动的生活脱节。杜威说:"我们提出这些考虑并不是要造成这样一个带有攻击性的暗示,即:哲学的主观主义是一种疯狂,而哲学的实在主义是一种白痴。目的在于表明:爱好幻想,或理智上的梦游的倾向是普遍的,但对于幻想——它可以但大致代表心灵中的主观因素——的利用却有赖于当时的条件。"[④]解决此类的关键是回到现实的人生活的世界中来。传统的形而上学家在讨论本体的时候经常把人从世界中超拔出来,仿佛人不在

[①] 马克思:《1844年经济学哲学手稿》,北京:人民出版社,2000年,第91页。
[②] 同上书,第92页。
[③] 威廉·詹姆斯:《多元的宇宙》,吴棠译,北京:商务印书馆,2002年,第62页。
[④] 约翰·杜威:《经验与自然》,傅统先译,北京:商务印书馆,2015年,第225页。

世界中,而是与世界对立、超然于世界之上的认知者。

恰恰相反,马克思认为,认识问题从来就不是第一级的关键问题,生存斗争的问题才是。这一点体现在马克思的很多文本中。而那些知识论专家、思辨哲学家所谓的问题,实际上都是生活中由具体的目的和需要滋生出来的,是从属于物质生产的问题。马克思认为生产活动是发生在人与自然之间的活动,构成了人类生活中的第一个重要的互动。他说:"全部人类历史的第一个前提无疑是有生命的个人的存在。因此第一个需要确认的事实就是这些个人的肉体组织以及由此产生的个人对其他自然的关系。……任何历史记载都应当从这些自然基础以及它们在历史进程中由于人们的活动而发生的变更出发。"[①]而且理论上从来就没有孤立的人独自面对陌生而险恶的对象世界,人们都结成了某种关系进行物质生产活动,形成生产方式。

因此,我们可以看出,马克思的本体学说始终是从人的实践活动及其后果出发来思考的。生产劳动无疑是最为重要的变革性力量,正是生产劳动实现着人与自然这一交互活动的矛盾双方双向生成的过程。马克思由此提出了"人化自然"的命题。他说:"在人类历史即在人类社会的形成过程中生成的自然界,是人的现实的自然界;因此,通过工业——尽管以异化的形式——形成的自然界,是真正的、人本学的自然界。"[②]因此,哲学上一些重要的概念和命题都能在物质生产和社会实践中找到基础,传统形而上学家冥思苦想的所谓第一因等理论问题全完是作茧自缚的行为。马克思以讥讽的口气谈到对传统哲学家的理论态度:"我们看到,理论的对立本身的解决,只有通过实践方式,只有借助人的实践力量,才是可能的;因此,这种对立的解决绝对不只是认识的任务,而是现实生活的任务,而哲学家未能解决这个任务,正是因为哲学把这仅仅看作理论的任务。"[③]

传统的本体论解决第一因的思路其实是理论的方法,走的是认识论的

[①]《马克思恩格斯文集》第1卷,第519页。
[②] 马克思:《1844年经济学哲学手稿》,第89页。
[③] 同上书,第88页。

路径。在这个问题上有些传统的马克思主义哲学家也不例外。那些简单地把物质当作第一性的做法,看起来坚持了"唯物主义",其实根本就没有领会马克思的本体论。在《伊壁鸠鲁哲学笔记二》中马克思指出,"这些哲人因此一方面在最片面、最一般的本体论规定中表现绝对的东西;而另一方面他们本身又是一种封闭的实体在现实中的显露。"① 非常明显的是,马克思的本体论绝不是那种"物质本体论",即用单一的物理元素或者抽象的物质概念界定世界的本体。这种本体论其实与黑格尔的本体论概念绝对精神、概念等一样,只不过用物质替代了精神,而没有把文化价值考虑进来,排除了人的因素,似乎预设了"纯真的自然"。詹姆斯这样评价黑格尔的观点:

> 黑格尔用一种非经验主义的眼光来理解我们所生活的世界之不可否认的特征……黑格尔的创造性就在于把这个过程从知觉的领域转移到概念的领域,并且把这个过程当作是调解每种生活(逻辑的、生理的或者心理的生活)的普遍方法。黑格尔不把感性事物本身,而是把处理这些事实的概念方法指明为使得存在可以维持下去的唯一办法。在他看来,概念不是以前的逻辑学家所假定的那种静止的、独立的事物,而是有发育能力的、并且通过他所说的它们的内在辩证法超过它们本身而转化的事物。②

黑格尔犯下这种错误,即用绝对精神窒息了辩证法,其根本原因,在马克思看来,就是黑格尔不理解第一位的现实生活本身是实践的、真实的、活生生的。而在詹姆斯看来,黑格尔的一元论版本是上帝作为宗教对象存在的另一种假设:"虽然绝对这种假设,由于产生某种宗教性的宁静,起了一种重要的合理化的作用,但是从理智的观点看,绝对仍旧无疑地是无理性

---

① 转引自俞吾金:《重新理解马克思》,第 192 页。
② 威廉·詹姆斯:《多元的宇宙》,吴棠译,第 50—51 页。

的。"① 詹姆斯之所以说黑格尔的"绝对"是无理性的,是因为自身没有经验内容的"绝对"无法被人们以理性的方式理解,就像人们没有办法理解"上帝"一样。在这一点上,黑格尔的"绝对"等于上帝。

马克思在《神圣家族》针对斯特劳斯、鲍威尔等人对黑格尔"绝对的批判"说:"黑格尔的过错在于双重的不彻底性:首先,他宣布哲学是绝对精神的定在,同时却决不宣布现实的哲学家个人就是绝对精神;其次,它只是在表面上让绝对精神作为绝对精神去创造历史。因为绝对精神只是事后[post festum]才通过哲学家意识到自身是具有创造力的世界精神,所以,它制造历史的行动也只是发生在哲学家的意识中、见解中、观念中,只是发生在思辨的想象中。"②

我们知道,马克思借助了费尔巴哈对黑格尔的批判,但是,马克思超越了费尔巴哈。马克思对费尔巴哈的不满在于费尔巴哈的不彻底的思想立场,具体表现为:费尔巴哈对黑格尔的批判恢复了唯物主义的权威,但是,在历史领域却走向了唯心主义。因此,马克思和恩格斯认为费尔巴哈是半截子唯物主义。马克思批判费尔巴哈的关键在于马克思革命性地重构了"实践"概念。马克思说:

> 从前的一切唯物主义(包括费尔巴哈的唯物主义)的主要缺点是:对对象、现实、感性,只是从客体的或者直观的形式去理解,而不是把它们当作感性的人的活动,当作实践去理解,不是从主体方面去理解。因此,和唯物主义相反,唯心主义却把能动的方面抽象地发展了,当然,唯心主义是不知道现实的、感性的活动本身的。费尔巴哈想要研究跟思想客体确实不同的感性客体,但是他没有把人的活动本身理解为对象性的活动。③

---

① 威廉·詹姆斯:《多元的宇宙》,吴棠译,第69页。
② 《马克思恩格斯文集》第1卷,第292页。
③ 同上书,第499页。

第二章 本体论转向及其两种新形式

马克思之所以说费尔巴哈不从主体方面去理解对象、现实和感性,部分原因是,在费尔巴哈那里,对象、现实和感性和主体是完全无关的;相应的,被处理和理解的感性、现实和对象的主体也是纯粹透明的、与任何此前的客体内容无关的主体,即古德曼笔下"童真眼光"①。费尔巴哈式的主体在马克思那里是抽象的空洞的、没有丝毫历史内容的神秘的"主体",同样的,在马克思看来,费尔巴哈式的客体也是从乌有之乡到来的完全陌生、异形的"客体"。马克思之所以说唯心主义把能动的方面发展了,那是因为像康德(不仅是康德)那样的思想家设想了一种"先天综合判断"、费希特以"自我设定了非我"。而根据康德的认知图式,时间和空间加上十二范畴构成认知主体的先天条件,而外在的感性经验材料需要在与先天认知形式发生相互作用的情况下才能让知识成为可能。很明显,康德的先天认知图式就是马克思所说的能动的方面。在康德那里主体显然不是没有内容的,但是,康德本人并没有说清楚先天认知图式,包括时间、空间这一感性直观形式和十二范畴是怎么来的。就是说,实用主义后来批判康德剥离了概念的经验内容,把形式和内容分隔开,从而构造了神秘的戴维森予以批判和放弃的"内容-图式的二元论"。与实用主义不同,马克思之所以说唯心主义抽象地发展了能动的方面,就是由于康德没有能够把人类的实践活动,特别是人类的生产活动纳入进来,不知道先天的形式具有现实的历史的素材,因而无法说明先天图式的来源。虽然黑格尔的"概念的辩证法"试图说明形式中的内容,但是黑格尔给出的办法却是詹姆斯所说的神秘的"辩证逻辑",也就是马克思说的概念的自我演化。马克思的意思是,黑格尔依然试图用精神来说明历史和现实,而不是以现实和历史来解释精神。德国古典哲学基本上没有超出这一点。马克思下面的论述终结了包括康德、黑格尔在内的唯心主义者进行过的各式各样的"批判":

---

① 在谈到艺术中的模仿时,古德曼说:"童真眼光和绝对给予的神话,是两个可怕的同谋。二者起源于并且助长了这种观念:认识被当作是对那些从感觉接受的粗糙材料的加工,通过净化仪式,或者通过有条不紊的分离解释,就可以发现这种粗糙材料。"(参见纳尔逊·古德曼:《艺术的语言》,彭锋译,北京:北京大学出版社,2013年,第9—10页)

这种历史观和唯心主义历史观不同,它不是在每个时代中寻找某种范畴,而是始终站在现实历史的基础上,不是从观念出发来解释实践,而是从物质实践出发来解释各种观念形态。由此也就得出下述结论:意识的一切形式和产物不是可以通过精神的批判来消灭的,不是可以通过把它们消融在"自我意识"中或化为"怪影""幽灵""怪想"等等来消灭的,而只是通过实际地推翻这一唯心主义谬论所由产生的现实的社会关系,才能把它们消灭;历史的动力以及宗教、哲学和任何其他理论的动力是革命,而不是批判。①

在费尔巴哈对宗教的批判中,虽然人摆脱了观念的羁绊,但是,人也因此失去了内容,因此变得无法理解。康德的范畴表完全是先天的,是分析的结果,似乎神秘地潜藏在先验自我中。马克思对费尔巴哈的不满在于,费尔巴哈的没有理解宗教精神的变迁背后其实是物质生产方式为主要社会实践内容的变迁。费尔巴哈用来批判黑格尔的东西并不彻底,因为费尔巴哈只不过是用一种新的宗教(恩格斯指之为爱的宗教)取代了黑格尔的绝对理念而已。因此马克思认为:"费尔巴哈不满意抽象的思维而喜欢直观,但是他把感性不是看做实践的、人的感性的活动。"②费尔巴哈批判了黑格尔的思想的客体,走向了感性的客体,但是,费尔巴哈理解的"感性的客体"却只是卑污的犹太人的各种表现形式。在马克思眼里,费尔巴哈走到半路却退回去了。其原因之一是,费尔巴哈没有理解生产活动对于驱除黑格尔式幽灵的作用。费尔巴哈陷于宗教批判无法自拔,就是因为费尔巴哈没有能够从思辨之外看待思辨的内容产生的前提,从而走向了另一个黑格尔版本的神秘主义。因此马克思说:"德国的批判,直至它最近所作的种种努力,都没有离开哲学的基地。这个批判虽然没有研究过自己的一般哲

---

① 《马克思恩格斯文集》第1卷,第544页。
② 《马克思恩格斯选集》第1卷,北京:人民出版社,2012年,第501页。

学前提,但是它谈到全部问题始终是在一定的哲学体系即黑格尔体系的基地上产生的。不仅它的回答,而且连它提出的问题本身,都包含着神学主义。"①马克思对康德的批评在于,尽管康德没有清晰地说明范畴的现实来源和逻辑前提,但是,康德之所以被称为能动的唯心主义者,那是因为康德的"主体"(有时以"先验自我"出现)本身是具有内容的,不是空洞的主体,也不是洛克的"白板"。然而,作为康德后学的费尔巴哈反而没有看到人类的历史和实际的生活已经内嵌在康德的"能动的主体"中,实为遗憾。

批判了此前各种本体论的思考方式之后,马克思要从对哲学或宗教进行的抽象或神秘的批判那里摆脱出来转向感性的实践活动,这里的关键就是如何理解马克思所说的感性的人的活动,即实践。这就是马克思的本体论转向的核心概念。

二、马克思的社会-实践本体论

对于马克思的本体论思想,国内学者曾经提出几种不同的看法。前面已经提到俞吾金和徐长福的观点。前者从马克思本体论学说演化的角度探讨,并对马克思的本体论做了结构化的处理;后者从价值本位的角度深入确定了马克思本体论学说的指向。国外学者同样对马克思的本体论思想进行了多角度的研究,比如,美国学者古尔德认为马克思提出了"社会本体论":

> 在本书中,我将综合重建为社会本体论,即一种关于社会实在之本质的形而上学理论。这样一种形而上学理论将给出关于社会存在(例如,人和制度)的基本实体和结构,以及社会交往和社会交换的基本本质的系统性说明。这样一种社会本体论仅仅是暗含在马克思的

---

① 《马克思恩格斯选集》第1卷,第143页。

著作之中的。……很明确,这样一种本体论,即它的基本范畴是个人、关系、劳动、自由和正义的本体论,对于理解马克思的具体社会理论是十分必要的。①

对于古尔德的观点,我先不展开评论。在这里,我只是把它作为国内外学术界对马克思本体论做出的研究结果之一呈现出来。国内还有些学者提出了其他观点,比如,实践本体论②、社会存在本体论③、生存论本体论④。

先看俞吾金的论述:

> 我们经过深入的考察发现,马克思的本体论学说经过了以下五个不同的阶段——自我意识本体论、情欲本体论、实践本体论、生产劳动本体论和社会存在本体论。⑤

俞吾金这样评价马克思的自我意识本体论:"虽然青年马克思的自我意识本体论仍然带着黑格尔的唯心主义的痕迹,但它具有深刻的哲学内

---

① 古尔德:《马克思的社会本体论:马克思社会实在理论中的个性和共同体》,王虎学译,北京:北京师范大学出版社,2009年,第1页。
② 丁立群早在1988年就提出了以"实践本体论"来理解马克思的哲学及其贡献:"这样的实践本体论才真正超越了一切传统的本体论。马克思主义哲学的产生是哲学史上的一次伟大革命,这场革命的意义就在于它克服了旧的哲学流派即唯物主义和唯心主义的片面性,进行了一次历史性的综合。"(参见丁立群:《哲学的功能:描述的和规范的——兼论实践本体论》,载《求是学刊》1988年第4期)
③ 国内学者贺来在谈到俞吾金对马克思的本体论的理解时说:"社会历史实践是任何认识活动得以可能的本源性根基,这是马克思哲学的认识论区别于近代哲学抽象认识路的根本点。因此,在马克思哲学本体化的视野里,'社会'具有'全体性'或总体性,无论'自然'还是思维,都不是与'社会'等列齐观的独立的组成部分,它们只有以'社会'这一总体性概念为基础,才真正成为可能。"(参见贺来:《"自由"与"实践"的哲学申辩与哲学观念的变革——俞吾金教授的〈实践与自由〉为展开》,载《求是学刊》2012年第39卷第4期)
④ 对于马克思的本体论,贺来持生存论本体论的看法:"把马克思哲学及其实践概念置于生存论本体论的思想视野中,是以深厚的哲学史作为根据的。"(参见贺来:《实践与人的现实生命——对"生存论本体论"的一点辩护》,载《学术研究》2004年第11期)
⑤ 俞吾金:《重新理解马克思》,第197—198页。

涵,它肯定了哲学本体论的真正根基在人身上,在自我意识中。"①谈到马克思的情欲本体论时,俞教授指出了马克思的思想的特质:停留在费尔巴哈阴影中的同时看到了实践的作用。而在对马克思的实践本体论分析中,俞吾金则认为马克思在《关于费尔巴哈的提纲》中提出了崭新的思想:不仅把实践理解为属人世界的基础,而且把它作为自己哲学思想的根本标志。对于生产劳动本体论,俞吾金说:"马克思在《德意志意识形态》中形成的生产劳动本体论乃是其实践本体论思想的进一步深化。因为人的实践活动具有多种多样的形式,马克思作为革命者所强调的改造世界的革命实践乃是最重要的实践形式之一。然而,这种实践形式并不是任意的、随时可以发展起来的,它的成熟与否取决于一种最基本的实践形式,即生产劳动。"②联系到具体的资本主义社会现实,马克思在一般的生产劳动本体论的基础上提出了社会存在本体论,这种本体论强调人是在结成某种社会关系的事实中从事生产劳动的,而社会关系成为另一"实在的事实",与自然的存在一起构成了人类意义世界得以产生的本体。生产劳动本体论在马克思那里还是抽象的本体论,因为它没有把处于某种社会关系中的人考虑进去。马克思通过对资本主义兴起的深入研究发现,自由劳动者作为自然个体已经消解在雇佣关系中,正是这种雇佣关系变成了社会生产方式的主导力量,这种主导力量使得社会存在的基本事实发生了深刻的变化,正是这种变化导致人类的意义世界发生了革命性的转移。对于发生在马克思那里的本体论转换,俞吾金做了如下精彩的分析:

> 一般说来,马克思哲学作为改造客观世界的革命理论,可以称之为"实践本体论",它主要凸显的是革命的、批判的实践活动在整个人类历史发展中的本体论上的优先性;马克思哲学作为批判地解释客观世界的理论,就其一般形式而言,可称之为"生产劳动本体论"。这种

---

① 俞吾金:《重新理解马克思》,第199页。
② 同上。

本体论表明,生产劳动或物质生产资料的生产是人类全部历史的第一个前提,无疑具有本体论上的优先性;就马克思哲学作为探索人的社会生活的深层结构而言,又可称之为"社会存在本体论"。毋庸讳言,任何社会形态的生产都有与之相应的社会存在形式,但只有在资本主义社会里,社会存在才和自然存在相分离,其本体论上的优先性才得到了充分的展现。

从根本上看,"社会存在本体论"乃是马克思批判地解释资本主义社会的深层结构理论。在整个意义上,我们可以把马克思的社会存在本体论称作基本本体论……而实践本体论和生产劳动本体论则是一般本体论,由于实践和生产劳动都是人类经验生活的组成部分,是看得见摸得着的,所以,这两种本体论都是经验的,其宗旨是在考察社会现象时,分离出社会现象中的基础经验层(由实践活动构成,而在实践活动中,最根本的层面则是生产劳动),并从这一基础经验层出发,对其他经验层作出阐释。毋庸讳言,一般本体论又是以基本本体论为基础的。①

从这段引文可以看出,马克思与传统形而上学本体论不同。马克思已经不在人与世界的关系之外讨论本体论及其问题,而是在人与世界的关系之中考虑这个问题,特别是在资本主义的现实中讨论本体论问题。这种分析方法显示了马克思思想中一以贯之的现实的历史的批判方法,即历史的具体分析法。此时,不是笛卡尔幽灵般的"心灵",也不是斯宾诺莎的"实体"……这些都是哲学家们的本体,而马克思需要的却是用来改造世界的本体,一种意义本体论,或者说,徐长福所说的"价值本体"。俞吾金对马克思的"本体论"思想做了一个历史化的处理,认为马克思的实践本体论和生产劳动本体论以社会存在本体论为基础,两者的关系就是一般本体论和基本本体论的关系。很明显,这里存在基本概念的定义及其概念层次之间的

---

① 俞吾金:《重新理解马克思》,第 207—208 页。

关系问题。一般而言,本体论肯定是超越具体的社会历史形态的,局部的或者单一地解释个别社会关系和意义世界的所谓"本体论"显然无法成为真正的"本体论"。

从西方实践哲学史来看,在亚里士多德那里,理论、实践以及创制构成了人类活动的三个基本场域。近代以来,培根、笛卡尔分别对创制和理论两个层次进行了提升,从而产生了颠覆性的变革。培根确立了与创制紧密相连的"事功和实验"[①]的本体地位,他说:

> 正如我不求创立一个学派,同样我也不许下什么有关特殊事功的奉献或诺言。人们诚然不免要想,我既然这样经常提到事功,并且把什么事都归结到这一目的,那么我自己总应当认真地做出一些事功来。但是我的程序和方法,我业已屡次明白宣示亦愿再来宣示一次,却是这样的:我不是要从事功中引出事功,或从实验中引出实验(像一个经验家),而是要从事功和实验中引出原因和原理,然后再从那些原因和原理中引出新的事功和实验,做一个合格的自然解释者。[②]

培根要做"自然的解释者",但是,他强调通过事功和实验切入,而不是像亚里士多德和经院哲学家那样分别耽于思辨和信仰。事功和实验成为培根获取知识和力量的起点,这就完全不同于亚里士多德把第一哲学的地位给予形而上学的编排法。

可以说,培根抬高了"创制"在人类所有活动中的地位;动作和行动、事功和实验,成为人类生存论意义上的逻辑前件。众所周知,马克思曾经称

[①] 在很多人的眼里,培根的事功和实验就是一种"物理学之下的机械学",即相当于亚里士多德的"制作"的扩大,丁立群说:"在古希腊,科学是一种与功利无关的纯然的理论活动,而制作则完全是工匠的一种经验性的功利活动。培根把两者结合起来:科学的方法也必须为经验所证实。正是这样,才产生了所谓理论和实践的问题,即一种在物理学之下的机械学。所以,培根的思想在实践内涵及其实践哲学的历史演变中起到了非常重要的转折作用,开创了另一种实践哲学的传统,即技术实践论传统。"(参见丁立群:《实践哲学:两种对立的传统及其超越》,载《马克思主义与现实》2012年第2期)

[②] 培根:《新工具》,许宝骙译,北京:商务印书馆,2009年,第99页。

培根为"近代实验科学的真正始祖"。理由之一是,培根突出了与马克思后来强调的生产劳动概念一致的事功和实验。事功和实验是生产劳动的一种,且从物质生产的具体需要中产生。马克思和黑格尔一样特别重视劳动对于人类自由的意义。

在开启西方近代哲学上笛卡尔与培根具有同等地位,与培根从事功和实验即"行"(亚里士多德的"创制")切入不一样的是,笛卡尔凸显了"认知"这一活动形式的意义,并第一次把"知识论"确立为人类活动的核心[①]。沿着笛卡尔开辟的道路,康德在对知识做出了限制之后重新确立了"实践理性"对于人类第一哲学的角色,以至于把"道德本体"放到了至高无上的地位。可以说,本体论学说逐渐从"世界生成"转换为"意义生成",也就是说,从世界最初的基点是什么倒转为人的生命的意义的起点是什么。质言之,科学的认知的探寻方式被生命的意义及其讨论方式所取代。马克思就处在这个转换的枢纽上。遗憾的是,马克思并没有写出一本完整的论证本体论的哲学著作。由于写作重点的约束,他在《关于费尔巴哈的提供》中透露出来的本体论思想只不过是新世界观的萌芽,完整的理论形态并未成熟。这导致一个结果,那就是人们并没有、也无法彻底地理解马克思所表达的本体论思想,以致于后来的学者在表述、理解马克思的本体论及其思想史上的地位时不免陷入不同程度的困惑或混乱。

很多思想及其思想体系(譬如马克思的本体论),如果没有参考系就很难得到完整而准确的理解。倘若我们把马克思的相关本体论命题与其他哲学家的相关思想进行比较,我们就能更好地理解马克思的思想。

众所周知,美国分析哲学家蒯因提出了著名的"本体论的许诺

---

① 罗蒂在谈到笛卡尔和知识论的关系时说:"因为认为笛卡尔误使我们相信认识论是一切哲学的基础,这是容易使人误解的。宁可说,他所完成的工作是使洛克和康德有可能发展一种取代经院哲学设问方式的认识论设问方式。他创立了一门学科,在这门学科内,形而上学是一种使世界对于明晰观念和道德义务来说成为可靠的事务,而道德哲学的问题成了元伦理学问题和道德判断证明的问题,这与其说是使认识论成为哲学的基础,不如说是发明了带有哲学名称的某种新东西——认识论。"(见理查德·罗蒂:《哲学和自然之镜》,李幼蒸译,北京:商务印书馆,2003年,第245页)

第二章 本体论转向及其两种新形式

(committed ontology)①,预示了本体论谈法出现了相对性,这种相对性的出现势必让本体论的现代谈法与传统形而上学的本体论产生了牴牾。如果说奎因的"本体论承诺"解决的是:我们能谈什么,那么,马克思的本体论则是,在资本主义时代,我们谈什么才有意义。实用主义一个基本原则是,不在形而上学的角度谈问题,而是从行动的结果即行为、动作将会产生何种差别的角度讨论问题。用詹姆斯的话说:"它(实用主义,引者注)避开了抽象与不适当之处,避开了字面上解决问题,不好的验前理由,固定的原则与封闭的体系,以及妄想出来的绝对与原始等等。它趋向于具体与恰当,趋向于事实、行动与权力。"②同样地,马克思也说:"社会生活在本质上是实践的。凡是把理论诱入神秘主义的神秘的东西,都能在实践中以及对这种实践的理解中得到合理的解决。"③

前文已述,马克思本人并没有正面提出本体论思想,早期的自我意识本体论和情欲本体论只不过是马克思陷在黑格尔、青年黑格尔派以及费尔巴哈相关思想中的种种表征。这种残留的思辨哲学及其人本主义甚至还暗含在他撰写的《1844年经济学哲学手稿》《德意志意识形态》中。但是,也正是在这两本著作中马克思开始曲折地阐述自己的本体论思想,而此时提出的本体论思想则完全不同于传统的本体论,包括柏拉图、亚里士多德、笛卡尔、康德以及黑格尔的学说。其显著的不同是,不再以哲学家那样的方式抽象地谈论本体、脱离实际的劳动生活谈论认知,或者构建一种形而上的大厦。马克思的思路是直接从第一级的生产劳动及其相应的社会交

---

① 蒯因说:"当我们说有大于一百万的素数时,我们便许诺了一个包含数的本体论;当我们说半人半马怪物时,我们便许诺了一个包含半人半马怪物的本体论……我们无需再为下面这个谬见而苦恼,即一个含有单独名词的陈述之有意义预先假定了一个由这个名词来命名的对象。一个单独名词不必给对象命名才有意义。"本体论的问题与使用语言的活动有关,他说:"在本体论方面,我们注意约束变项不是为了知道什么东西存在,而是为了知道我们的或别人的某个陈述或学说说什么东西存在;这几乎完全是同语言有关的问题。而关于什么东西存在的问题则是另一个问题。"(参见 W. V. O. 蒯因:《从逻辑的观点看》,陈启伟、江天骥等译,北京:中国人民大学出版社,2007年,第8—12页)
② 威廉·詹姆斯:《实用主义》,陈羽伦、孙瑞禾译,第29页。
③ 《马克思恩格斯选集》第1卷,第139—140页。

往关系出发考虑属于人的哲学问题。此时,对马克思来说,实在不再纯粹是自然实在,实在也包括社会实在,即他常用的词:社会存在。自然实在留给科学家去处理,而哲学家们的实在必然就是社会实在问题。因此,如果哲学上的本体论要解决的问题是何物真的存在,那么,哲学家就再也不能离开已经人化了的自然,或者说,特别是经过了资本主义生产方式中介的"物"的实在。理解实在的关键在于如何理解资本主义社会中最为活跃的灵魂:资本,是资本让物的生产掩盖、扭曲了社会关系的本真状态。如此一来,马克思的本体论不再是哲学家的形而上学的本体论,而是从生存角度出发的生存本体论。这就是说,马克思完成了本体论学说的转向,即从寻求世界最初是什么到谈论什么才有意义。

我把马克思的本体论叫做社会-实践本体论。可以从三个层次理解马克思的社会-实践本体论:(1)社会生活是实践的;(2)生产方式规定了实践;(3)资本主义社会产生了异化,异化扭曲、颠覆了意义世界。在马克思的论述中,个体虽然存在,但是,其认知意义必然通过社会关系来呈现和得到理解。孤立的个人是没有内容的,任何个体都是社会的个体。社会中的个体最重要的活动就是生产劳动。马克思曾经强调了生产劳动的首要意义:"因此,正是在改造对象世界的过程中,人才真正地证明自己是类存在物。这种生产是人的能动的类生活。通过这种生产,自然界才表现为他的作品和他的现实。因此,劳动的对象是人的类生活的对象化。"[1]生产还使得人与其他动物区别开来,其中基础性的活动便是制造和使用工具,而且人类制造和使用工具的独特性在于,人在某种历史中利用积淀下来的文化观念构成能动的主观世界,也是马克思曾经在《关于费尔巴哈的提纲》中强调的唯心主义的能动性。在谈到蜜蜂和建筑师的劳动特点时马克思指出:"蜘蛛的活动与织工的活动相似,蜜蜂建筑蜂房的本领使人间的许多建筑师感到羞愧。但是,最蹩脚的建筑师从一开始就比最灵巧的蜜蜂高明的地

---

[1]《马克思恩格斯文集》第1卷,第163页。

方,是他在用蜂蜡建筑蜂房以前,已经在自己的头脑中把它建成了。"①人类不像动物,纯粹依靠进化而来的本能,甚至高级本能生产,人类还按照某种尺度,比如说,美的尺度生产。在人类历史中形成的作为生产之前提的观念让人类能够不断地学习、超越既有的生产形式。

马克思有一个合理的预设,那就是人类的生产劳动不仅是必要的,而且还是自由而美的,它们见证着人的本质力量。遗憾的是,马克思告诉我们,这一切到了阶级社会就发生了颠覆性的变化。根据马克思对历史的具体分析,是因为生产方式发生了变化。具体落实到资本主义社会的生产方式,那些在封建生产关系解体的过程中通过暴力、欺骗(当然也有通过正当买卖获得的)夺取生产资料的所有者,完全不是政治经济学家头脑中想象的平等、自由、博爱的竞争者。其方式也不是依靠个人的品质,即所谓新教伦理——勤劳、节俭、聪明伶俐,参与自由而激烈的竞争换来的。初始获取的不正义②(诺齐克的概念)往往被滚滚红尘掩盖了,流逝的时间洗刷了它们耻辱的印记。历史上获得的生产资料在全体社会成员之间不平衡地分布下来,并且获得了资产阶级法权的保护和道德的辩护。资本主义形成之后,分化的劳动者不但要经受残酷竞争,而且还要尽力掀开有产者为他们设计好的笼罩在他们头上的意识形态的厚厚幕墙。

按照资产阶级的法权,从封建的人身依附关系中获得了自由之身的劳动者都可以参加市场上的自由竞争,这就是机会平等!实际上,当他们进入经济的竞技场,他们发现竞争的对手只是同类,即其他无产者,资产阶级却处于竞争之外,作为他们潜在的支配者出现。如果他们还有平等的竞争机会,那也只是在形式上与有产者签订承诺雇佣关系的劳动契约,剩下的唯一自主机会就是选择具体哪一个资本家。他们结构性地陷入作为整体存在的资产阶级生产方式之中了。资本主义生产方式的识别性特征是:

---

① 《马克思恩格斯文集》第5卷,北京:人民出版社,2009年,第208页。
② 诺奇克提出了持有正义的三个主要论题,即获取的正义、转让的正义以及矫正的正义。参见罗伯特·诺奇克:《无政府、国家与乌托邦》,姚大志译,北京:中国社会科学出版社,2008年,第180—182页。

生产资料所有制,即财产权,掌握在历史上形成的资本家手中。这种得到资产阶级国家立法保护的所有权使得形式上人与人之间的平等和自由发生了颠倒。所谓平等只是抽象的法律意义上的平等,所谓自由只是签订还是不签订契约的自由(其实是不自由)。此前,交互性的人与人之间的关系不再对等。马克思说明了这种非自然的而是生产出来的社会关系:"因为工具本身已经是劳动的产物,也就是说,构成财产的要素已经是由劳动创造的要素,所以在这里,共同体(指这个第二类财产借以建立的共同体)就不能再像第一种情况下那样以一种自然形成的形式出现了,共同体本身已经是生产出来的……共同体。"① 在这种生产方式的笼罩下全面异化出现了:劳动者被自己生产出来的劳动产品控制,劳动过程不再具有美感,劳动者像逃避瘟疫一样逃避劳动,资本作为劳动的产物却彻底控制了劳动者。马克思在《资本论》等著作中向我们全面阐释了资本主义社会的全面控制。"自由""平等"和"博爱"只不是一幅残酷的资产阶级社会绘画上的胭脂和口红而已。

马克思认为这幅画尽管残酷而可怕,可是,它是真实的,而且是唯一真实的社会实在。资本主义社会一切的关系其实只是财产占有关系的漫画或影子而已。因此,人们如果想要理解资本主义社会的冷血、残酷剥削、不公不义,只能在现实的生产关系中获得线索,而对这些问题的解决,也只能在其中寻找。自由、平等、公义等组成了意义世界的重要内容,可是,在资产阶级的社会实在中,自由、平等和公义只获得了形式的意义,它们只是写在《人权宣言》《权利法案》以及美国宪法修正案中。意义世界的形式和实质之分离的秘密,绝不在哲学家、牧师们、人权捍卫者的头脑中,而是在现实的资本主义的生产关系中。需要提醒的是,马克思的刻画不是对全部社会关系的刻画,而是对主要社会关系的刻画,因此,马克思对意义世界的定位和看法,也只是从这种主要社会关系出发的。人们从中可以获得幻影般的意义领会,但是,如果要把它们变成真实的享有,就得参加改造现存全部

---

① 《马克思恩格斯选集》第 2 卷,北京:人民出版社,2012 年,第 753 页。

第二章 本体论转向及其两种新形式

社会关系的革命斗争。

这就是马克思社会-实践本体论的社会存在层面。根据前面的陈述，我们也可以这样理解马克思的本体论转换。在形而上学者的眼中世界最初是什么——按照自然科学特别是物理学的时间维度——考虑本体，这无疑是从经验出发把握非经验的东西，也就是说，试图从存在者出发把握存在。很显然，在康德看来，这将会把知性做了非法的运用，其后果是产生先验幻想。海德格尔则认为这种做法是把"存在"当成了一个存在者："存在者的存在本身不'是'一个存在者。"①而正确的做法则是："使存在从存在者中显露出来，并对存在本身进行解释，这是本体论的任务。"②存在本身没有种差，它不能被另一个词来说明，就是说它不能被归属为另一类。对于寻求存在的方法，海德格尔推荐的是现象学。与海德格尔用现象学的方法寻求本体的意义不同的是，马克思深入物质生产及其历史来为他的本体论奠定基础。不过，马克思与海德格尔相同的是，都从主体的生存角度出发，即马克思从直接从事生产活动的人，而海德格尔从"此在"那里出发探究"存在"的意义。马克思的"人"不是那种抽象的人，而是处在生产活动及其在此基础上形成的生产关系——社会存在——中的具体的人，这样的人不仅具有现实性，而且还带有历史性。真实的个人和个人在生产中结成的关系都是实在的。对于这一点，古尔德做了如下论述：

> 尽管在《大纲》中马克思并没有提出一个明确的本体论的论证，大意是具体的个人是社会实在的基本实体，然而，这样一种观点清楚地包含在他整个著作之中。正如我已经指出的那样，马克思把这样的个人理解为关系中的个人或他所谓的社会个人。马克思本体论中这种具体个人的本体论优先性在他的概念建构中以及在他整个文本汇总的用法中都是很明显的。……社会关系不是作为和与之相关的个人

---

① M. Heidegger, *Sein und Zeit*, Tuebingen, Max Niemeyer Verlag, 1986, s. 6. 引者注：这里是转引自俞吾金：《重新理解马克思》，第220页。
② 同上书，第27页。引者注：这里是转引自俞吾金：《重新理解马克思》，第220页。

相分离的抽象实体而存在的。①

此外,对马克思来说,这一活动的根本方式是社会的。也就是说,体现具体存在个人特征的首要属性以及个人的首要活动都涉及他或她与其他个人的关系。作为社会个人的这些个人就是由这些关系构成的。因为社会性是这些个人的存在方式,如果把这些个人仅仅看作是人的而不是社会的,那就是要把他们从使他们成为他们所是的个人的具体语境中抽象出来②。

如果说,个体和关系都是实在的,那么,实在内容就发生了微妙的变化。细心的人可以看到马克思的本体论思想中既有亚里士多德的痕迹,即个体是第一实体,又有现代性的意蕴,譬如在实用主义者詹姆斯那里,关系也是经验的③,引申为,社会中的个人也是真实的。倘若联系到意义本体论,正是社会中的个人从事的生产活动使得人类意义世界成为可能。在马克思的历史唯物主义视野中,"意义世界"的最初产生由人的生产活动引起。马克思说:"一旦人开始生产自己的生活资料,即迈出由他们的肉体组织所决定的这一步的时候,人本身就开始把自己和动物区别开来。人们生产自己的生活资料,同时间接地生产着自己的物质生活本身。"④传统形而上学实在论试图找到世界的生成起点,以此获得永恒的安慰,这种做法被杜威批评为"寻求道德假日"。其实,人们无法真正地获得安全,实际的经验生活是变动不居的,人类个体只是跋涉在确定性之路上的永远的

---

① 古尔德:《马克思的社会本体论:马克思社会实在理论中的个性和共同体》,王虎学译,第40页。
② 同上书,第41页。
③ 詹姆斯说:"一种经验主义为了要彻底,就必须既不要把任何不是直接所经验的元素接受到它的各结构中里,也不要把任何所直接经验的元素从它的各结构里排除出去。对于像这样的一种哲学来说,链接经验的关系本身也必须是所经验的关系,而任何种类的所经验的关系都必须被算做是'实在的'和该本系里的其他任何东西一样。"参见威廉·詹姆斯:《詹姆斯文选》,万俊人、陈亚军编译,北京:社会科学文献出版社,2007年,第132页。在《意识存在吗》一文中詹姆斯直接说:"经验的彼此之间的关系——这些关系本身也是经验的——解释这种独特性会更好些。"(同上书,第112页)
④ 《马克思恩格斯文集》第1卷,第519页。

香客,疲惫之时总会把路边的风景当成永恒的栖身之所①。马克思更加真实地把人类拉进残酷的资本主义生产方式中,认为逃避在形而上学、宗教的幻象中于事无补,还不如直接参与到改造现实生产关系的革命洪流中。

众所周知,西方哲学史上马克思之前的亚里士多德曾经把人类的基本活动分为三类:理论、实践和创制。对于创制,亚里士多德认为,它不同于探求事物原理和根本原因的理论,也不是指公民的伦理生活和政治活动,创制是以制成物为目的,而以自身为手段的活动②。相比于理论活动和实践活动,创制是奴隶、女人以及外邦人从事的活动,因此是低下的。但是,到马克思这里,创制的地位(现在变成生产)发生了根本性的变化。马克思抬高了"创制"的地位,把生产作为实践的第一形式,进而用它来作为理解精神活动的前提。在马克思这里,亚里士多德推崇的伦理和政治实践变成了生产劳动的派生物,即人类在生产力的基础上形成某种交往关系,这种交往关系,包括人们从属的阶级及其由这些阶级关系塑造出来政治和伦理生活,它们构成了上层建筑。因此,马克思的实践观转换了人们理解实践概念的范式。

我们接下来详细阐述马克思的实践观。生产、劳动以及在此基础上形成的改造社会关系的革命活动,一起构成马克思社会-实践本体论的基本内容。

马克思指出:"劳动这种生命活动、这种生产活动本身对人类来说不过是满足一种需要即维持肉体生存的需要的一种手段。而生产生活就是类生活。这是产生生命的生活。一种种的整体特性、种的类特征就在于生命的性质,而自由的有意识的活动恰恰就是人的类特性。"③人之所以区别于

---

① 约翰·杜威:《确定性的寻求》,傅统先译,上海:上海人民出版社,2005年,第28页。
② 廖申白在《尼各马可伦理学》的译注者序中这样解释亚里士多德的创制:"制作活动既然只以某种外在善为目的,活动本身就只是作为手段才是善的,或者从本质上说不是善。"(参见亚里士多德:《尼各马可伦理学》,廖申白译,商务印书馆,2017年,第xxvi页)
③ 《马克思恩格斯全集》第3卷,北京:人民出版社,2002年,第273页。

动物,在马克思看来,最重要的是,人在生产的时候是根据目的进行的,而且这个目的是他自己意识到的目的。目的的选择具有理性的基础。因此,我们可以把马克思的这一思想,即亚里士多德的"创制",概括为"目的性的生产"。目的性的生产不断地发展,使得低级动物似的单纯寻求个体而不是种群繁衍的活动产生了根本性的转变。更加重要的是,目的本身也在活动中不断变化和丰富,人甚至按照伦理标准、审美标准甚至其他的目的或标准进行生产。多元的目的及其结构化的发展使得人类的生产创造了丰富的"意义世界"。

马克思在《1844年经济学哲学手稿》中做了重要的划界,即动物活动与人的生产之间的界线:

> 通过实践创造对象世界,改造对象世界,人证明自己是有意识的类存在物,就是说是这样一种存在物,它把类看作自己的本质,或者说把自己看作类存在物。诚然,动物也生产。它为自己营造巢穴或住所,如蜜蜂、海狸、蚂蚁等,但是,动物只生产它自己或它的幼仔所直接需要的东西;动物的生产是片面的,而人的生产是全面的;动物只是在直接的肉体的需要的支配下进行生产,而人甚至不受肉体需要的影响也进行生产,并且只有不受这种需要的影响才进行真正的生产;动物只生产自身,而人再生产整个自然界;动物的产品直接属于它的肉体,而人则自由地面对自己的产品。动物只按照它所属的那个种的尺度和需要来构造,而人懂得按照任何一个种的尺度来进行生产,并且懂得处处都把内在的尺度运用于对象;因此,人也按照美的规律来构造。①

马克思借此把人定义为自由自觉的类存在物。如何生产比生产什么更加能够把人与动物界区别开来。正是在如何生产中包含着思想和精神

---

① 马克思:《1844年经济学哲学手稿》,第57—58页。

第二章 本体论转向及其两种新形式

的元素,而这些元素反过来改变了生产中的其他元素或工具,也加速了生产方式的变革,生产方式的变革使得精神元素得到了更加重要的地位,其中,自由得到了更大程度的实现。一般而言,物质生产活动和人的再生产活动都是在世界中进行的,人的认知需要、审美需要、伦理需要及其满足形式都在具体的生产活动中展开并完成。因此马克思说,那些哲学家、意识形态家的玄想都能在实践中得到解释。上帝、神、绝对理念、自我意识、自在之物、权力意志等都是在实践中形成的,沉淀、凝固下来变成所谓的"本体"。人的生产的全面性,包括目的性、审美性等,都在具体的生产之流中被构造起来的。在对象被生产的同时,主体本身也发生相应的变化。由此,传统哲学中的主体和客体之分不过是固定在哲学家头脑中的想象的东西,它们都从属于人化自然以及自然人化的历史。因此,生产作为重要的第一位的实践形式使人得以为人、世界成为可被理解的世界,甚至还会出现带有人面孔的实在。很显然,"生产",作为重要的实践形式,在马克思眼中不是简单的经济学概念,而且是重要的哲学概念——生产,按照意义生产,创造具有"意义的世界"。而这是马克思赋予本体论的重要内容。马克思如下段落充分展示着这一点:

> 因此,社会的人的感觉不同于非社会的感觉。只是由于人的本质客观地展开的丰富性,主体的、人的感性的丰富性,如有音乐感的耳朵、能感受形式美的眼睛,总之,那些能成为人的享受的感觉,即确证自己是人的本质力量的感觉,才一部分发展起来,一部分产生出来。因为,不仅五官感觉,而且连所谓精神感觉、实践感觉(意志、爱等等),一句话,人的感觉、感觉的人性,都是由于它的对象的存在,由于人化的自然界,才产生出来的。①

现在综合一下社会和生产劳动(实践最重要的形式),全面地界定马克

---

① 马克思:《1844年经济学哲学手稿》,第87页。

思的社会-实践本体论。马克思断言:"五官感觉的形成是迄今为止全部世界历史的产物。"①结合为社会单位的人的生产不但生产了自身而且还生产了"自然"。在马克思那里,传统哲学构想出来的认知者和认知对象、心与物的简单而抽象的对立根本就不存在。人并不在世界之外赤裸裸地、毫无内容地面对尚未沾染人的气息的世界,恰恰相反,人和世界及其融合关系一起构成了世界。按照这种思路,传统哲学的概念和命题,包括本体论的、知识论的东西,都将发生变革。知识并不是人为地把主体和客体分割开来,然后像康德那样谈论"认知是如何可能的",而本体也不是人之外的"世界本身"或者"物自身"。在这里,"行"不但在时间维度上先于"知",也在逻辑上构成"知"的前提。进一步说,"知"没有独立的形式,而只是"行"的一种,甚至只是"行"的结果之一。我们可以看到罗蒂与马克思存在惊人的一致。马克思曾经指出这种"康德式"哲学问题的虚幻性:

> 我们看到,主观主义和客观主义,唯灵主义和唯物主义,活动和受动,只是在社会状态中才失去它们彼此间的对立,从而失去它们作为这样的对立面的存在;我们看到,理论的对立本身的解决,只有通过实践方式,只有借助于人的实践力量,才是可能的;因此,这种对立的解决绝对不只是认识的任务,而是现实生活的任务,而哲学未能解决这个任务,正是因为哲学把这仅仅看作理论的任务。②

在马克思的上述论断中,可以看出,任何形式的唯心主义和唯物主义把世界作为与人的实践毫无关系的"本体"的做法,都产生了难以解决、聚讼纷纭的问题。就像维特根斯坦曾经指出的那样,苍蝇飞进了瓶子再也找不到出路。马克思要求从实践的角度来理解本体论。生产,在亚里士多德那里就是"创制"的一种。创制区别于理论和亚里士多德的"实践"的要点

---

① 马克思:《1844年经济学哲学手稿》,第87页。
② 同上书,第88页。

在于,创制作为生命活动,是按照某种目的使得对象符合主体的要求;在创制互动中,对象是主体达到某种确定目的的工具,根据黑格尔的主奴辩证法,把对象当成工具的主体自身也必然成为对象的工具。马克思的实践则不一样,作为实践的重要形式的生产(在亚里士多德那里是创制)活动恰恰彰显了人的自由自觉的特征。马克思眼中的生产绝不是单纯的机械活动,特别地,在工业活动繁多的资本主义社会中,生产是在结成某种社会关系的组织形式中进行的,其中蕴含着"意义生产"和"意义破败"的全部秘诀。马克思强调:"以一定的方式进行生产活动的一定的个人,发生一定的社会关系和政治关系。经验的观察在任何情况下都应当根据经验来揭示社会结构和政治结构同生产的联系,而不应当带有任何神秘和思辨的色彩。社会组织和国家总是从一定的个人的生活过程中产生出来。但是,这里的个人不只是他们自己或别人想象中的那个人,而是现实中的个人。"①马克思的"个人"不是一般的国民经济学眼中作为分析单位的个人,马克思的个人显然是结成某种社会关系的从事着物质生产活动的个人。

我们得到这样的推论:人类的生产是按照某种关系才得以进行的,而关系的真实存在使得黑格尔意义上的劳动、马克思意义上的生产的性质也发生了革命性的变化。在黑格尔和马克思那里,劳动与自由的实现紧密联系在一起。马克思关注的不是一般的劳动和生产,尤其针对的是资本主义社会的生产,把资本主义社会称为"物的依赖关系的社会",即"物"作为中介映照着人和人之间的关系。只不过"物"的中介性常常被人当成真实的目的,而掩盖了形式平等而实质不平等的社会关系。

撇开具体生产关系从事生产劳动的人是自由的,因为他为自己劳动,为自己劳动的自由在于,可以选择劳动,也可以选择不劳动,甚至选择什么时候劳动,什么时候不劳动,以什么方式劳动等。自由劳动的意义还在于,劳动者可以直接面对自己的劳动对象,并占有自己的劳动成果。对他的生产劳动构成直接限制的只是他的劳动资料,而这些劳动资料本质上也没有

---

① 《马克思恩格斯文集》第 1 卷,第 523—524 页。

与自己的意志分离,因此,一般的生产活动仍然是人的自由自觉的活动。但是,随着生产力的发展,剩余产品的出现,私有制的逐渐形成,雇佣劳动关系在生产中占据了支配性的地位,于是异化劳动出现了,剩余价值的生产也出现了。对于这一点,马克思精辟地指出:"地产是私有财产的第一个形式,而工业在历史上最初仅仅作为财产的一个特殊种类与地产相对立——或者不如说它是地产的获得自由的奴隶——同样,在科学地理解私有财产的主体本质,理解劳动时,这一过程也在重演。而劳动起初只作为农业劳动出现,后来才作为一般劳动得到承认。一切财富都成了工业的财富,成了劳动的财富,而工业是完成了的劳动,正像工厂制度是工业的即劳动的发达的本质,而工业资本是私有财产的完成了的客观形式一样。——我们看到,只有这时私有财产才能完成对人的统治,并以最普遍的形式成为世界历史性的力量。"①马克思之所以把资本主义社会称为物的依赖关系的社会,是因为大部分人必须借助某社会关系才能获得与外物的联系,人与自然、人与自己的劳动对象的结合必须经过资本的中介、在资本的支配下才得以实现。这种依靠资本雇佣得以形成的关系导致劳动者自由的活动遭到消解,人开始与自己的劳动资料隔离开来,人甚至开始痛恨这种为他人的劳动。一句话,雇佣关系的存在改变了人类的意义世界。

综合上述论证,可以得出一个这样的结论,马克思理解的本体就是一种实践的关系的本体,马克思的本体论就是意义的本体论。之所以说是实践的,部分原因是,马克思不在空洞的哲学家的立场上谈论脱离实际活动一切形式的本体,包括精神、理念、自我意识、物自体等,马克思是在真实的社会历史条件下谈论他的本体,即人类确立自身也同时在构造自然的生产活动;之所以说马克思的本体论是关系本体论的,那是因为马克思从来不把对象孤立起来看待,而是把关系作了实体化的处理,特别是把包括社会关系和政治关系在内的总体关系实体化了。这就是他所说的社会存在。

---

① 马克思:《1844年经济学哲学手稿》,第77页。

之所以说马克思的本体论是意义本体论,是因为马克思已经不在寻求世界本源的方向探讨本体,而是在人类把何种东西当作最为重要的意义基础上谈论本体,人们不能脱离这种社会存在和意义来看实在世界。下面这段话充分表明了马克思与传统哲学本体论决裂的态度:"每个个人和每一代所遇到的现成的东西:生产力、资本和社会交往形式的总和,是哲学家们想象为'实体'和'人的本质'的东西的现实基础,是他们加以神化并与之斗争的东西的现实基础,这种基础虽然遭到以'自我意识'和'唯一者'的身份出现的哲学家们的反抗,但它对人们的发展所起的作用和影响却丝毫也不因此而受到干扰。"①马克思驱除了哲学家们的臆想,使真实的生产劳动和社会关系成为有意义地谈论其他问题的起点,也就是说,意义本体论学说,它的核心指向是社会和价值的,而不是自然的。

遗憾的是,罗蒂和拉克劳、墨菲并没有理解马克思的本体论转向,从某种意义上说,拉克劳和墨菲甚至误解了马克思在本体论问题上的立场。这种误解在拉克劳和墨菲那里造成了更加严重的问题,乃至影响了他们对马克思"历史哲学"的理解。

第二节　语言实用主义和话语实在论

马克思在西方哲学史上实现的实践转向没有得到应有的重视,但是,当海德格尔以更加哲学化的语言(此在、时间、基本本体论等术语被大量使用)表达出与马克思同样的关切时,西方哲学家们却陷入了兴奋之中。个中缘由值得玩味。或许西方文化传统此时此刻依然没有偏离德里达所谓的"逻各斯中心主义"。这种传统的哲学形态之一便是笛卡尔开创的主体性哲学。不过,在罗蒂那里,笛卡尔主义不同于柏拉图主义的一点在于,他的"沉思"是以知识论为中心的新哲学。

根据前面的论证,我们知道,在开创近代西方哲学的意义上培根与笛

---

① 《马克思恩格斯文集》第 1 卷,第 545 页。

卡尔处于同样的地位。可是,培根思想的哲学意义没有得到应有的重视,哲学家们仍然倾向于关心亚里士多德的"第一哲学"。不过,知识问题被凸显出来了。与培根对"事功和实验"的强调对科学技术领域产生强烈影响形成鲜明对比的是,它的实践哲学意义却没有被康德、黑格尔像接过笛卡尔主体哲学那样接过来,并予以阐发①。更加令人遗憾的是,科学技术从哲学母体中脱离出来后,迅速取代宗教成为新的权威,其价值和前提没有受到任何实质性的反思,就在牛顿、法拉第等自然科学家那里取得了空前的成功,以至于"上帝"被请出了太阳系,后来尼采的宣判——"上帝之死"——则变成了著名的现代性事件。17世纪以后,西方的科学技术可谓春风得意,一路狂飙。与科学密切联系在一起的18世纪启蒙哲学家(百科全书派)高举理性的大旗,收编了无数信众。资本主义的生产方式和组织形式及其文化,实际上,就是启蒙理性的变种"工具理性"在社会经济领域的表现形式。自由交换、成本核算、效益优先等市场经济的金科玉律,被英国政治经济学家当成了人类社会的本性,与物理学界的"牛顿定律"一样变成了客观知识——"铁律"。这种新型的社会统治形式及其演变,在19世纪末和20世纪初,最终导致了资本主义的全面危机。"启蒙理性"走向了韦伯所谓的"工具理性","理性的铁笼"带来了现代性的危机,从某种意义上说,现代性危机就是理性危机。

马克思敏锐地看到了资本组织形式与科学技术之间的矛盾,看到了社会化的生产与生产资料私有制之间的矛盾,看到了价值与事实之间的张力,然后对资本主义的生产方式及其社会关系进行了批判,这一切构成了马克思社会-实践本体论的主要内容。人们没有意识到马克思社会-实践本体论的全方位意义,倒是实践内容之一——革命叙事——变成了举世瞩

---

① 丁立群指出:"培根把实践直接等同于科学的技术化,创建了异于亚里士多德的另一种实践哲学的传统,这对于纠正亚里士多德在实践上的偏颇具有重要的意义。但是,培根以技术的特征代替实践的特征,却没有看到技术与实践的根本区别在于'善'。"(参见丁立群:《实践哲学:两种对立的传统及其超越》,载《马克思主义与现实》2012年第2期)

目的焦点。罗蒂、拉克劳-墨菲也没有认识到马克思学说的全部意蕴①。由于身处狭窄的英美传统,且受到后现代思想的羁绊,他们只能分别从语言实用主义和话语实在论出发构建自己的学说。实践,在罗蒂那里,只是运用语言的社会实践;而在拉克劳和墨菲那里,实践却是话语实践及其文化领导权的争夺,政治具有了本体论的地位。

一、罗蒂的解释学和文化政治学

前面已述,在罗蒂的语言实用主义那里,解释学取代了知识论的讨论,成为哲学新的主题。一旦知识论的问题被搁置下来,那么,真理和意义,作为哲学话语就应该换一种方式来看待。可以说,真理在罗蒂这里只是"命题的性质",它更多地被当作形容词使用,相当于一个"善"这样的赞词,而不是名词,仿佛有一个东西对应着。而"意义",也不再寻求实在和世界的依赖(外在主义),它只能在语言共同体内得到理解(内在论)。可以看出,传统哲学的真理和知识论,甚至皮尔士的实用主义理论,在罗蒂这里已经逐渐失去了原先在哲学中占据的位置。发生这一转换的关键不难看出,那就是罗蒂持有与海德格尔一样的语言观:即,不是人说语言,而是人在语言中被呈现。语言的本体地位成为罗蒂讨论哲学问题的逻辑起点。

我们先来看罗蒂最倾向于讨论的问题:语言的社会实践。处于不同时期的罗蒂在讨论语言的社会实践时侧重不同的术语和内容:《哲学和自然之镜》出版时,罗蒂充分地利用了戴维森和库恩的相关思想,比如说,库恩的"范式"和不可公度性思想;而在晚年撰写的大部分论文中,罗蒂则借用并发挥了麦克道威尔和布兰顿的新学说,特别是布兰顿的社会存在本体

---

① 拉克劳和墨菲只是意识到了从马克思所在的时代本体论的变迁,但是,他们并没有认识到马克思的本体论相较西方形而上学本体论已经发生了革命性的转向。他们说:"从这个观点看,我们深信,从马克思主义到后马克思主义的转变之中,变化不只是实际存在的而且还是本体论的。"(恩斯特·拉克劳、尚塔尔·墨菲:《领导权与社会主义的策略——走向激进民主政治》,尹树广、鉴传今译,哈尔滨:黑龙江人民出版社,2003年,第4页)

论和标准指示物等思想。前期指向解释学,包括认识论的行为主义;后者落脚于文化政治学。

倘若按照罗蒂的看法,即治疗型哲学应该取代提供问题之解答型哲学,那么传统的知识论,即主客对应的镜式隐喻,就应该转换为解释学。在传统知识观看来,知识论解决的基本问题是把分离开来的主体和客体,即笛卡尔的独立的心物二元,再度统一起来,换句话说,认知就是能否找到一套语言系统,能够排他性地说出世界"大道"。而当这种世界"大道"被唯一的语言系统揭示出来之后,其他的话语(discourses)都能够直接或者间接按照这唯一的语言系统进行公度,或还原到唯一的语言系统(神的语言、物理学的语言曾经被当作这种语言)那里。罗蒂认为这样的知识观建立在一种形而上的基础之上,并不可取,应予以改变。罗蒂说:

> 在我将提供的解释中,解释学不是一门学科的名字,也不是达到认识论未能达到的那种结果的方法,更不是一种研究纲领。反之,解释学是这样一种希望的表达,即由认识论的撤除将留下的文化空间不被填充,也就是说,我们的文化应成为这样一种状况,在其中不再感觉到对限制和对照的要求。认为存在着一种哲学能显示其"结构"的永恒的中性构件,就是认为与心相对照的对象或限制着人类研究的规则,乃是一切话语共同具有的,或至少是在某一主题上每一种话语都具有的。这样,认识论是根据这一假设来进行的,即对某一话语的一切参与活动都是可公度的。一般来说,解释学就是为反对这一假设而进行的一种斗争。①

就这一段引文而言,罗蒂的"解释学"仍然是模糊的,它可能被理解为一种文化态度,即让人类的研究不再受终极实在的约束,而是在现有的各种语言及其文化系统中展开对话。卡西尔曾经说人类是符号的动物,在这

---

① 理查德·罗蒂:《哲学和自然之镜》,李幼蒸译,第 297—298 页。

第二章　本体论转向及其两种新形式

里,罗蒂会说,任何存在都假语言说出自身。说话的人运用语言不是在揭示或反映世界,而是在与世界其余部分打交道,换句话说,就是做一种"解释",而不是"对应"。倘若伽达默尔的解释学是正确的,那么,世界本身就是活的文本,不再是死的对象,而是对话活动的参与者。以前,在伽利略那里,我们去拷问世界的秘密,而现在,罗蒂把世界当成了对话的伙伴。第三人称的世界转换为了第二人称的世界。古典实用主义那里的"经验"被罗蒂放弃了,语言取代了其地位。他认为,如果世界是经验,那就依然可能被"他者化"处理,而世界一旦被看作一种文本,一种对话的语言,那么,剩下的只是平等的对话。参与对话的各种语言构成了话语整体。罗蒂说:

> 解释学把种种话语之间的关系看作某一可能的对话中各种线索的关系,这种谈话不以统一着说话者的约束性模式为前提,但在谈话中彼此达成一致的希望绝不消失,只要谈话持续下去。这并不是一种发现在先存在的共同基础的希望,而只是达成一致的希望,或至少是达成刺激性的、富于成效的不一致的希望。认识论把达成一致的希望看作共同基础存在的征象,这一共同基础也许不为说话者所知,却把他们统一在共同的合理性之中。[①]

论述到这里,我们至少会明白,罗蒂并不是要在笛卡尔以来的知识论之后再提供一种知识论,而是转换了对知识问题的看法。前者以预设主客分离为前提,然后考虑重新映照和连接,而后者则是针对"关于世界"的诸多话语组成的命题系统,或话语系统,比如物理学的语言、艺术的语言、宗教的语言,寻求话语本身及话语之间的融贯性论证。知识不再是精确再现,而是逻辑融贯。这种活动被罗蒂称之为"社会实践"。

罗蒂坚持把解释和认知区别开来,理由之一是,解释承认各个话语之间对话伙伴的平等地位,没有高阶和低阶之分,也没有向更加基层的话语

[①] 理查德·罗蒂:《哲学和自然之镜》,李幼蒸译,第299—230页。

还原的可能。各种话语之间得以彼此理解的前提是话语内部的词项和逻辑,而不是外在的对象和世界。认知与解释不同,认知承认并追求一种元语言,相信存在一种处于基础地位的逻各斯,其他话语与元语言之间有距离远近之分,也有还原的可能和必要。元语言对世界的报道提供客观知识,而参与对话的解释学中的各个语言给出的只是主观意见。后者对前者的平面化知识观深表忧虑。更加让人不安的是,没有客观对象用以拴牢的各个话语在互相解释的时候会发生什么,会不会最终走向"解释学的循环",从而导致相对主义的严重后果?罗蒂认为,人类没有万全之策避免解释学的循环。解释学承诺的对话,其实是一种运用语言的社会实践。这种对话,其目的是取得一致,或者说,达到协同性。这种对话并不是没有任何约束、不对任何东西负责的信马由缰。对话,一方面受到话语整体和逻辑的约束,另一方面还要受到社会实践的限制。罗蒂得出结论:

> 因此,我们将不能用"准确再现"(成分对成分)的概念来取代成功地完成一种实践的概念。我们对成分的选择将由我们对该实践的理解所支配,而不是说实践由诸成分的"合理性构造"来证明有理。整体论的论证路线认为,我们将永远不可避免"解释学的循环"。这就是,除非我们知道全体事物如何运作,我们就不能了解一个生疏的文化、实践、理论、语言或其他现象的各个部分,而同时我们只有对其各个部分有所了解,才可能理解整体如何工作。……作为一种谈话而非作为建立在基础之上的一个结构的文化概念,与这种解释学的知识观十分相符,因为与生疏者进入谈话情境,正像通过依照模型获得一种新品质或技能一样,乃是一个慎思的问题,而不是一个知识问题。[①]

认知不再是与行为完全不同的,而是一种首先发生在主体和客体(如果还要在二级的意义上区别主体和客体的话)融为一体的世界之中的活

---

① 理查德·罗蒂:《哲学和自然之镜》,李幼蒸译,第300—301页。

动。认知,与其说是一定要接触世界或对象本身,还不如说,要遵守通常的规则。认知本身就是一种实践,一种在具体的语言共同体中进行的社会实践。在众多的话语之间,并不存在某种话语接触了"真相",而另外一种话语只是触及了皮毛,或纯粹是虚构。如果话语之间还要进行区别和分类,在罗蒂看来,那也只是功能性的分类,即有效或有效的区分,或者正常话语和非正常话语的区别罢了。所谓正常话语,有点类似于库恩就范式而阐发出来的概念,比如,常规科学时期和反常科学时期,常规科学意味着一种范式被稳定地接受,没有或很少出现与范式冲突的反例,同样的,那些反常话语就是一种违背了基本的逻辑规则和对话程序的话语。倘若有人在对话中操一种任何他人都听不懂的语言,也不遵守对话规则,那么,我们就会把他视为反常之人,其话语也是一种暂时性的反常话语。尽管如此,我们都不能认为其话语"不真"。一般而言,话语都是适应了话语环境整体才保存下来的。倘若有一天那些反常话语提供了新的证据,共同体对话的整体肯定会将之纳入进来,变成正常话语。何种语言保存下来,何种语言被历史放弃,完全在于他们在生活实践中产生的效用,这种语言的效用维度是参与文化政治学斗争能否取得胜利的判准。

因此,罗蒂建议我们尊重人类在长期的演化史上积淀下来的各种各样的话语系统。它们都是人类语言性的具体表现。运用语言就是一种行为,一旦我们把运用语言当成行为,而不是单纯地对照、描述世界,那么,罗蒂的"解释学对认识论的取代"完全可以得到理解。

接下来,我们再来探讨罗蒂的文化政治学。

在《哲学和自然之镜》(1979年)中,罗蒂曾经引述并批评了普特南的"实在论"思想,其中一个观点是普特南的立场并不坚定。后来普特南抓住罗蒂的"相对主义"予以有力的回击。罗蒂并没有立刻为自己辩护,但是,到了2007年出版 *Philosophy as Cultural Politics*[①] 时,罗蒂借用布兰顿

[①] 该书中文本已经由我国学者张国清翻译出版,书名被译为《文化政治学》,参见理查德·罗蒂:《文化政治学》,张国清译,北京:北京大学出版社,2011年。

的"社会本体优先性",对普特南的批评进行了间接的回应。这种回应并不是完全与前期的解释学脱离开来,而是继续发挥。对于文化政治学,下述引文或许可以帮助我们弄明白罗蒂的想法:

> 除了其他争论以外,术语"文化政治学"还涉及关于使用什么词语的争论。当我们说法国人应该停止叫德国人为德国佬、白人应该停止称黑人为黑鬼时,我们便正在参与文化政治学。因为我们的社会政治目标——增加人民团体之间的宽容程度——将通过放弃这些语言实践而得到促进。①

> 我认为,对于我们这些同情詹姆斯实用主义的人来说,重申其立场的最好办法在于指出,关于什么事情是过于宽容、什么事情是过于严格的问题,仍然是文化政治学的问题。例如,宗教信徒是否应该被要求为其信仰的真相提供证据,假如他们无法提供充分的证据,便指责他们是没有教养的或非理性的,仍然是我们希望让宗教在我们的生活中扮演哪一种角色的问题。②

像上帝是否存在这样的问题被罗蒂置换为人们用什么样的语言来谈论的问题。根据前面的论述,罗蒂主张各种不同的文化和语言共同体已经在具体的历史中形成并积累了众多的语言系统,他们自身存在的合法性和它们之间的关系需要根据参与对话活动才能得到辨明。世界并非等待在那里,让我们去勾住它,而是作为对话的一方参与在文化共同体的对话中。就是说,社会关注什么问题,什么问题浮现出来,完全取决于人类社会何种实践在具体的语境中占据了当下最要紧的位置。人们没有办法跳出各自语言与文化之间发生的政治性竞争。放弃何种语言,接受哪些观点,完全

---

① Richard Rorty, *Philosophy as Cultural Politics*, New York: Cambridge University Press, 2007, p. 3.
② 同上书,第6页。

取决于文化政治学相互竞争的结果。罗蒂引用布兰顿的观点进一步阐述：

> 布兰顿近期工作的萌芽可以在他发表的一篇研究海德格尔的早期论文中找到。在那篇文章中，他认为海德格尔提出了一种他称作"社会本体论在先"的学说。这种社会本体在先性学说也许不是对一个"本体论意义上"的社会的幸福思考，但是，布兰顿把它当作一种方法，去揭示海德格尔使"应手"先于"上手"的准实用主义企图。这种在先性在于如下事实："所有的权威问题或特许问题，尤其是知识权威问题，都是社会实践问题，而不是客观事实问题。"①

在学术生涯的晚期，罗蒂更多地谈文化，而不是实在，在思想气质上应该受到了维特根斯坦和海德格尔的强烈影响，而在布兰顿分析的或推论的实用主义思想出现之后，罗蒂则把语言和文化拼凑了起来，形成了他特有的文化政治学思想。之所以是文化政治学，而不是话语政治学，那是因为文化比语言的概念更有伸缩性。人们用语言进行社会实践，其实就是一种文化活动和生活形式。

文化政治学涵盖两个方面的内容：其一，存在多种多样的语言，语言不再承担描述角色，而是世界的一部分，它与世界其他部分是内在关系；其二，"实在"只是语言事件，语言事件发生在社会和文化共同体之中。使用何种语言，或者放弃某种语言，都受制于社会实践。如果说，"解释学的循环"留给人们对相对主义的警惕和忧虑，那么，文学政治学则让各个话语纷争不已，但是，实践及其结果的硬性约束，则可以帮助克服这种不确定性和相对性。

在这里，罗蒂充分吸取了布兰顿的"社会存在优先性"。人们在留恋于流动的语言转换之际，仍然摆脱不了社会实践的规范。罗蒂对布兰顿的吸收从两条路径展开：第一条路径，罗蒂继续发挥他的语言本体论，第二条路

---

① 理查德·罗蒂：《文化政治学》，张国清译，第8页。

径借鉴布兰顿的实践推理、规范指示物等思想[①]。前者解决语言的地位问题,后者解决何物存在和相对主义难题。

前面已经论述,在罗蒂那里,语言不再是一种扮演描述实在之物的附属物,语言本身与世界融为一体。语言就像海里的珊瑚礁一样逐渐沉淀演化,构成了世界的一部分。如果"本体"这个词还可以用的话,那么,罗蒂的语言就是本体,但是,它不同于传统的本体,它不以某种实体的方式存在,而是体现在人们的生活形式和行为方式之中。语言不是实体[②],却时刻伴行在人们的社会实践之中。以前的哲学家纠结于主体能否接触客体、意识能否与物质同一等难题。在罗蒂看来,这都是人为制造"二元论"带来的结果。结果之一是,人类在认知问题上陷入了不可知论或怀疑主义的漩涡。罗蒂主张放弃这样一种哲学文化,改观哲学的形象,或者说,从这样的哲学谋划中彻底摆脱出来,重建哲学的任务,其关键在于转换对语言的看法。如果语言不再是思想的表达,而就是思想本身;思考不是发生在身体某个位置的"情节",而是学会遵守规则的述行活动,那么,人类就有了走出怀疑论的希望。罗蒂坚持认为在语言和实在之间没有通道,也无需通道,因为语言就是实在。哲学家们能够有益谈论的从来就不是语言之外的实在世界,而只是人类发展出来的语言。人类发展出来的具体的语言具有偶然性和历史性,罗蒂曾经说:"布鲁门贝格、尼采、弗洛伊德和戴维森这一脉思想,建议我们向前迈进一步不再崇拜任何东西,不再把'任何东西'视为具有准神性,从而把所有东西——我们的语言、我们的良知、我们的社会——

[①] 理查德·罗蒂在《文化政治学和上帝存在的问题》中多次提到罗伯特·布兰顿的规范指示物概念,比如:"理解布兰顿的'规范指示物'的最佳途径是考虑典型案例:'以自我为中心的时空并列描述'。这些指示物是基于一个地图坐标方格的时空定位描述,其原点就是说话者现在所处的位置。说一个物理对象是存在的,等于说那个对象处于其中某一个点上,即它处于参考那个地图坐标方格中的并列项而得到具体规定的某个地点。"(参见理查德·罗蒂:《文化政治学》,张国清译,第 21 页)
[②] 格尔达·帕格尔在阐述拉康的象征理论时说:"语言不是实体,而是一种形式!它作为这样的东西,其标志就是处于不同关系中的符号。"(参见格尔达·帕格尔:《拉康》,李朝晖译,北京:中国人民大学出版社,2008 年,第 45 页)

第二章　本体论转向及其两种新形式

都视为时间和偶然的产物。"① 这些"语言",比如伽利略的物理学术语、弗洛伊德的精神分析语言、浪漫主义者的语言都是构成他们身份的词汇,就是说,在历史的某个环节人类习得了这种"最终的词汇"(final vocabulary)②。这个"最终的词汇"构成了语言世界的边界。我们知道,实际上人类平素使用的语言是多种多样,甚至是千变万化的。罗蒂说的当然不是指这种具体的语言形式,而是在抽象的意义上说的、人类总体上在发展过程中能够获得并运用的语言。人类的语言能力又体现在具体的言语形式中,譬如20世纪的物理学家更多地使用"量子力学",而放弃了牛顿的力学术语,用基因学说取代了种族语言。下面这段话很好地说明了罗蒂的观点:

> 承认社会本体论至上性的人将认为"关于上帝是不是存在"的问题是一个使用谈论上帝的话题与其他谈论方式相比存在着多少利弊的问题。我们怎么样处理种族,我们也会怎么样处理上帝。出于许多理由,我们不再谈论种族了,我们用谈论基因取代了它。我们也可以不再谈论创世主上帝,我们(像物理学家那样)可以用谈论大爆炸取而代之。出于其他理由,譬如为了给道德提供基础,我们可以像哈贝马斯那样谈论在理想交往状态下的共识,而不谈论神圣意志。在讨论人类未来时,我们可以像马克思那样讨论世俗的乌托邦而不是讨论最后的审判。③

对罗蒂而言,我们能够谈论只是我们目前习得的语言,而无法越过语言,强行接触语言背后的"实在",预设语言本后的世界在罗蒂看来是毫无意义的,相反,它还会导致理智上的强烈受挫,因此,要面对无穷倒退的逻

---

① 理查德·罗蒂:《偶然、反讽与团结》,徐文瑞译,北京:商务印书馆,2003年,第35页。
② 同上书,第105页。
③ 理查德·罗蒂:《文化政治学》,张国清译,第9页。

辑后果,人类似乎陷入绝望的挣扎。罗蒂主张,我们无需对非人类的实在、上帝、绝对精神的负责,而只需对我们的人类文化共同体中的同胞负责即可。在使用着同样的最后的词汇的人类同胞中,我们谈论什么,什么是真,都取决于各方会话和交往的结果。我们放弃什么,我们接受什么,也都取决于何种结果能够更加丰富我们的生活,让人类的未来变得更加团结和美好。取舍何种语言词汇,接受还是拒绝哪些框架等就是文化政治学的问题,而不再是传统的形而上学问题。这种对语言的看法,在罗蒂的如下观点中更加明确:"我满足于这样一种看法,哲学教授对文化的贡献,在于通过对语词的用法的变化提出建议,使新的语词进入流通和传播过程,而不在于通过分析,为语词的适当用法提供标准。我非常愿意放弃正确把握事物的目标,而代之以扩大我们关于个体和文化的自我描述的交际语库这一目标。"①放弃判断那样的语言是否比其他语言更加符合实在,取向代之的是看那种语言能否扩大实践活动,这样的语言实践能否给人类带来更多的自由和幸福。这就是文化政治学体现出来的语言实用主义。

文化政治学是罗蒂推崇的社会实践,这种社会实践约束着人类的对话,不至于陷入相对主义。它取代了实在作为人类认知的约束项之地位,也让"好"覆盖了有关"真"的谈论。罗蒂认为用人类同伴之间的对话取代"实在",用"善"取代"真"等,是符合文化政治学的基本要求的,这样做也更加有益于人类进入一种更加幸福而自由的状态。他说:

> 按照我和詹姆斯共同具有的观点,实在的属性或真理的属性是我们给予已经功成名就的实体或信念的赞美,它们赢得了好名声,证明它们自身是有用的,因此,它们被融入了得到认可的社会实践之中。当这些实践正在展开角逐的时候,说实在或真理是站在角逐者某一方是没有用的。因为,这些断言总是仅仅是敲击桌子的声音,对文化政

---

① 理查德·罗蒂:《文化政治学》,张国清译,第138—139页。

治学没有严肃的贡献。①

对罗蒂而言,有益的不是接触了实在、上帝、理念,而是选用、改进何种最后的词汇对于人类的生活改善有无实际性的帮助和提升。罗蒂的实用主义呼之欲出!如果在罗蒂那里还有"实在"的地位,那也只能是带来更加友善的生活结果的东西而已。即只有实用效果,而没有认知意义。联系到他的语言观,这个带来更有益的生活的东西就是那些能够更加清楚地让语言实践顺利进行的"最终的词汇"。譬如量子力学,譬如高分子话语。这类语言本身就是实在的,人们无需在语言的背后探寻量子力学这个物理学术语背后的"实在"到底是什么。

为了避免滑向极端的本体论虚无主义和相对主义,罗蒂借用并发挥了布兰顿的规范指示物和实践推理学。前者解决"何物存在",后者阻止"相对主义"的出现。由于前面对"何物存在"的问题已经做了相当详细的论证,这里不再赘述,只对实践推理展开进一步的论述,以廓清罗蒂的文化政治学的几个要点。

一般而言,人们都会认为世界或实在构成我们是否正确认识或谈论的基础,这种基础也为阻止相对主义提供了强而有力的标准。当然,在宗教家那里,人类的主动努力只能获得暂时性的世俗真理,相比于启示真理,世俗真理处在朴素的地位,甚至只是让人类进入迷误的东西。真正为人类提供永恒真理的只能是上帝。现在,一方面罗蒂取消了"实在"作为真假判准的地位,也否定了有神论的"上帝"提供这样的标准,而把真假对错的标准放在语言文化共同体的内部,让社会成员的实践推理取代外在的标准,而为实践推理提供判准的却是"效用":如果我们对事物的意识总是一个语言事件,如果塞拉斯的"我们不可能对照我们的非语言意识核查我们的语言"这个见解正确的话,那么,可能超出对信念的效用和融贯性的讨论——而且,更为具体地说,哲学决不超出对那些信念在其中得到系统表述的各

---

① 理查德·罗蒂:《文化政治学》,张国清译,第 7 页。

种词汇的讨论。在人类目的的便利性之外,没有任何权威。

布兰顿阐述了这个观点。他说:"哲学的职责是使我们的实践(语言和非语言的)明确,而不是根据实践之外的规范来判断这些实践。"① 他把维特根斯坦反对诉诸外在规范之可能性的无穷倒退的论证看成自己元哲学的基础。"实用主义的规范理论不同于柏拉图主义的规范理论,它把隐含在实践中的规范,而不是原则中明白的规范看做基本的规范。"② 对人类而言,除了构造更好的实践,不存在超越他们自己的实践的途径,并且除了通过参照实践对各种人类目的而言的优点外,没有更好的用来判断新实践的路径③。

实践、更好的实践就是人类能够追求的规范性,换言之,能够让使用某种语言的共同体成员实现更好的效用目的的实践就是人类行为的基础或边界。没有非人类的权威能够卓有成效地为人类的实践行为提供判断的标准,人类只能在共同体内部通过会话达到暂时性协议,客观性被协同性取代,而普遍性也就是文化语言共同体内部取得的一致性。在罗蒂那里,客观性和普遍性其实都已经被协同性和一致性所取代。而协同性和一致性也成为反对相对主义和怀疑主义的强大装置。在罗蒂这里,实在论的问题彻底地被文化政治学所取代。因此他坚决地说:"我的观点是,文化政治学应该取代现代本体论。此外,我把关于这个取代是否行得通的争论看作文化政治学领域的内部事务。"④ 换句话说,"真理和实在是为了社会实践而存在的,而不是社会实践是为了真理和实在而存在的"⑤。哲学基本问题于是转换为:我们现在能够用什么样的语言来谈论,而不是像康德那样说"我能认识什么"。后者给了"what"太多的尊重,而削弱了人类社会实践的作用。

---

① 理查德·罗蒂:《真理和进步》,杨玉成译,北京:华夏出版社,2003年,第104页。
② 同上。
③ 同上。
④ 理查德·罗蒂:《文化政治学》,张国清译,第5页。
⑤ 同上书,第7页。

罗蒂的语言实用主义借助其"解释学"和"文化政治学"得到了阐发。可以从这些阐发中得出的结论之一是,罗蒂的社会实践就是语言的社会实践。为了能够真正地、有益地谈论哲学家们的问题,罗蒂主张回到人类现有的诸多语言框架中来。我们可以看到,罗蒂仍然有知识论的情结,他似乎只是以一种新的方式谈论古老而陈旧的知识问题而已。因此,罗蒂的社会实践是狭窄的,相较马克思的实践思想,其涵盖的内容相差很远。我们完全有理由这样说,罗蒂在历史和现实领域与费尔巴哈一样都没有贯彻实践批判,甚至完全避开了根本性的现实社会问题。尽管如此,罗蒂的思想有一点与马克思相通,那就是罗蒂也从具体的文化政治学来讨论历史中的行为人(historical agent)问题。这一点我将要在后面谈到罗蒂的政治自由主义时着重阐述。

二、拉克劳-墨菲的话语实在论

拉克劳和墨菲与具有深厚的分析哲学技术的罗蒂不同,由于在欧陆哲学的学术环境中成长为思想家,且主要精力用于政治社会问题,因此,他们没有提出像罗蒂那样的本体论思想,并在分析和论证上做到严格的技术化。拉克劳和墨菲似乎以更加便捷的方式吸取了前人的思想,并尽量把它运用到了具体事务的理解上。

众所周知,虽然罗蒂在1979年发表《哲学和自然之镜》以后基本上放弃了自己在普林斯顿大学练就的分析技术,但是,读者仍然可以在罗蒂的后来的著作,譬如《实用主义的后果》《真理和进步》中领略他娴熟的分析哲学技巧。拉克劳和墨菲基本上在本体论上没有原创性的思想品牌,但是,他们还是巧妙地借用了后期维特根斯坦的语言哲学,结合对欧洲大陆哲学的吸收和改造,譬如对索绪尔的结构主义语言学、德里达的解构主义以及福柯的话语理论的充分发挥。这一些工作让拉克劳和墨菲得以形成自己的"话语实在论"。

先看拉克劳-墨菲的"话语"。

/ 后现代政治话语 /

"话语"在拉克劳和墨菲那里具有非凡的地位,就像罗蒂对语言的独特理解一样。他们从如下三个方面来阐述"话语":(1)理清自己的话语理论和福柯话语理论的区别,从而拒绝话语和非话语之间的分离;(2)强调话语的构成性作用,使得话语具有先验色彩;(3)建构话语的本体地位,抹去话语介入的客观领域和话语本身的分界线。在构造"话语实在论"的过程中,拉克劳和墨菲郑重指出"话语"理论的基本点:

> 每一个客体被构成为话语客体的事实与是否存在外在于思想的世界、实在论和唯心主义的对立没有关系。……被否定的不是外在于思想的客体,而是能够把自身构造为外在于任何出现的话语条件的对象这一主张。①

> 话语的精神特征存在于以往偏见的基础上,与其相反,我们肯定每一个话语结构的物质特征。……言语与非言语要素不仅是并列的,而且构成了不同的结构化的位置体系——即话语。②

> 最后,我们必须考虑已经确定的话语范畴中心所具有的生产力和意义。通过这一中心,我们使客观性有了重大扩展,而且创造了条件……终结话语/非话语二分法的主要结果是放弃思想/实在的对立,以及由此而来的那些说明社会关系的范畴领域的较大扩展。③

从上面三段引文可以看出,拉克劳和墨菲与罗蒂一样并不预先承认物质和精神、思想和存在等哲学术语,就是说,唯心主义和唯物主义的划分其实是二级概念的对立,真正的本体是话语,即话语处于中心,即逻辑上的前

---

① 恩斯特·拉克劳、尚塔尔·墨菲:《领导权与社会主义的策略——走向激进民主政治》,鉴传今、尹树广译,第118页。
② 同上书,第118—119页。
③ 同上书,第122页。

件。杰拉斯之所以指责拉克劳和墨菲是唯心主义,一个重要原因可能是,他认为后者把话语这样的具有"精神特征"的东西放在了第一性的地位,话语派生了物质世界。这里肯定有理解上的偏差。从某种意义上说,拉克劳和墨菲用"话语"说明了 existence 之成为 being,即 existence 比 being 更加根本,它不在时空和语境中,但却导致具体存在之物被把握。拉克劳和墨菲并不认为"话语"是唯心主义预设的"精神特征"的东西。其实,拉克劳的"话语"和康德的"物自体"一样,导致实际存在,但是"话语"本身却留在无法被解释的黑暗之中,就是说,他们并没有说明"话语"是什么。其实,话语和非话语在他们这里只是一种陈旧的哲学术语之争,实际上,在本体的层次,与罗蒂一样,如果要使谈论有意义,那就根本没有非话语的东西。

如果要清晰地把握"话语",拉克劳和墨菲建议读者联系另外一个词汇来理解,即话语场境(discursive)。一般而言,话语场境仿佛是话语所由发生的总体性条件,它涵盖了具体的话语,却超过具体的话语形态。我国后马克思主义研究专家周凡,通过对比拉克劳-墨菲和福柯的话语理论,更加清楚地说明了前者的"话语实在论":

> 话语建立于话语场之内,这是拉克劳与墨菲和福柯共享的准则,但是,他们对内部的理解迥然有别。对于福柯来说,话语的内部意味着话语之外存在着非话语实践(non-discursive-practices);对于拉克劳与墨菲而言,话语内部仅仅表示多样性的话语之间具有界线,而这些界线本身也是一种话语事实,因此,话语内部是仅仅就具体的个别的话语样态而言的。这正是拉克劳与墨菲和福柯的不同之处:在福柯那里,非话语实践作为影响话语建构的一个层面被谨慎地保留下来,而拉克劳与墨菲则彻底取消了话语与非话语的区分。[①]

---

① 周凡:《后马克思主义导论》,北京:中央编译出版社,2010年,第275—276页。

我们知道,"话语"的日常含义通常是指某个专业领域的常用概念框架及其组成的命题系统,譬如弗洛伊德的精神分析术语,马克思的科学社会主义学说,它们都是由一系列专门术语构成,譬如本我、自我、超我,生产力和生产关系、阶级斗争等。在罗蒂那里这是一种运用语言的社会实践,也就是文化政治学。但是,在拉克劳和墨菲这里,话语是母体,话语产生具体的术语系统,但并不等于这些具体的某个学科的术语。话语是非经验的,它似乎是先验的。

为了清晰地说明"话语",拉克劳和墨菲曾经用"足球运动"来解释:

> 如果我在街上踢一个足球,或者我在足球比赛中踢足球,物理事实相同,但其各自意义却不同。一个对象成为足球的前提是:只有在它与其他对象之间建立起了关系系统,且这些关系并非仅仅由对象实指的物质性所赋予的,而是由社会所建构的。这一关系系统就是我们所谓的话语。①

"踢足球"就是拉克劳和墨菲想要表达的"话语场",意义在活动(在维特根斯坦那里踢足球是一种生活形式)中呈现。这句话很明显受到了维特根斯坦的强烈影响。X 在那里,但是,没有意义,只有介入了具体的行为、进入了某种关系,X 的意义才呈现出来。认知从来就不是对单一的对象的把握,而是一种或明或暗、直接或间接的的连接。这种关系离不开行动,行动是意义发生学的起点。"足球",只有在踢球的语境中,才是"足球",就像维特根斯坦举下棋的例子一样,看到一颗棋子,喊出"马",不等于知道了"马"的意义,知道了如何下棋。只有按照走马的规则走而不遭到反对的时候,才能说懂得了"走马"。认知或意义并不发生在心理上,而是一种见诸规则的外在行为。单纯地喊"马",即一种命名的声音,不等于真正懂得了

---

① 恩斯特·拉克劳:《我们时代革命的新反思》,孔明安、刘振怡译,哈尔滨:黑龙江人民出版社,2006 年,第 122 页。

"马"的含义,只有拿着"马"走,不违规,才真正懂得使用"马"这颗棋子了。前者是经验心理学的,后者是"社会实践",或者说"一种有意义的游戏"。知从来就不是单纯的心理活动,而是一种社会规范性的行为。

可以看出,上述引用的拉克劳和墨菲的一段话明显散发着罗蒂的"语言实用主义"的味道。在罗蒂那里,使用某种语言的社会共同体成员决定一个事务成为一个"事务",实在不是在先决定我们用何种词汇去对应X,而是词汇本身让实在成为有意义的X。拉克劳和墨菲明确表示,那种把"话语"理解为"精神"(与物质相对)的看法,其实是一种过往的偏见,是一种限于塞拉斯所谓的"概念的逻辑空间"中的陈旧看法。可是,一旦拉克劳和墨菲能从陈旧的"概念的逻辑空间"走出来,在他们这里,"话语"就是物质性的,是实在的了。因此,"话语"是一种生产性的、构造性的话语总体性,包括话语和非话语的场景。在维特根斯坦倡导的语用学那里,"意义"不是实在给予的,意义在使用中获得,而使用本身既包括语言,也包括语言所有发生的周边环境。下面这段话经常被拉克劳和墨菲借用:

> 让我们设想一种符合于奥古斯丁所作的那类描述的语言:建筑师A和他的助手B用这种语言进行交流。A在用各种石料盖房子,这些石料是:方石、柱石、板石和条石。B必须依照A需要石料的顺序这些石料递给他。为了这个目的他们使用一种由"方石""柱石""板石""条石"这几个词组成的语言。A喊出这些词,B把石料递过来——他已经学过按照这种喊声传递石料。请把这看作一种完整的原始语言。①

拉克劳和墨菲把维特根斯坦的这段话分成两部分:一是语言性的,即A向B喊出"方石"等,另一部分是超语言(extralinguistic)的,即把石料砌到墙上。语言性和超越性就构成了话语,它涵盖了A和B通过语言、动

---

① 维特根斯坦:《哲学研究》,陈嘉映译,上海:上海人民出版社,2001年,第5页。

作、手势所完成的砌墙的总体性活动。这个总体性的东西就是拉克劳和墨菲所说的"话语"。很明显,这里的话语不是"言语",它不仅仅是具有物理性质的声音震动,还包括让具有物理性质的声音产生意义、完成整个活动的整体性行动。在罗蒂那里,这就是语言实践,是一种发生在某种语言共同体之中的社会行为。建筑师和他们的助手共同遵守了言语行为的规则。无论在罗蒂眼里,还是在拉克劳和墨菲看来,真正存在的不是没有呈现意义的非人的实在,而是进入人们话语系统的有意义的符号。孔明安指出:

> 总之,拉克劳、墨菲的话语理论体现了某种先验论的哲学立场,因为,他们主张话语决定对象存在,而不是客体存在决定话语,是话语建构主体,而不是主体建构话语。但是,拉克劳对此予以否认。他认为,他们的话语理论和古典先验论哲学存在重要区别。首先,古典先验论把可能性的条件看成是非历史的和单一的,而话语理论坚持话语的历史性和多样性;其次,古典先验论坚持唯心主义的主体概念,把这一主体作为世界的创造者,而话语理论解构了主体与客体的二元对立的解释模式,取消了主体这一在索绪尔和后索绪尔的语言学理论中具有关键作用的概念。最后,话语理论并不否定话语之外客体的存在,只是认为话语之外存在的客体毫无意义,只有话语建构起来的客体,进入话语的客体才有意义。①

可以说,孔明安准确地把握住了拉克劳和墨菲的话语实在论。要有意义地谈论,那就必须让谈论发生在使用语言的行为者之间。一个理性的判案法官,不会用尽酷刑,对嫌疑犯严刑拷打,使得证词符合既定的事实,而是寻找并等待新的可靠的证据出现。拉克劳和墨菲的学生安娜·史密斯同样认为:

---

① 孔明安等:《当代国外马克思主义新思潮研究——从西方马克思主义到后马克思主义》,北京:中央编译出版社,2012年,第547—548页。

第二章　本体论转向及其两种新形式

德里达和其他后结构主义者都宣称"文本之外一无所有",凡此所指,显然就是索绪尔的这些原则。拉克劳和墨菲的论点与此相似,他们认为,社会与话语处于共生状态,话语之外的事物并不像我们所理解的那样会对世界产生结构性影响。这些理论家都不否认超话语物质(extralinguistic matter)的存在本身。这并不是向贝克莱的唯心主义的回归。……话语性的东西(the discursive)是作为整体的诸多话语的集合,这样看来,它并不是诸多客体中的一个客体,而是构成此类客体本质的理论视域。①

与罗蒂一样,拉克劳和墨菲取消了思想和实在之间的对应,语言和实在之间并不存在鸿沟。语言和实在其实是二而一的关系,或者说得极端点,语言就是实在。这就是罗蒂和拉克劳、墨菲的语言实在论。这种观点是20世纪初哲学界语言转向产生的自然而深刻的结果之一,语言或话语取代了洛克的"观念"、贝克莱的"感觉"。罗蒂更多地使用"语言"这个词,并赋予它独特的含义,不同于传统的语言,从而使得语言具有本体论地位。为了阻止人们批评自己"自我指涉",避免相对主义者的身份,罗蒂借用布兰顿的社会本体论优先的观念,推出自己的文化政治学。根据这种文化政治学,人们获得了历史传递过来的最后的词汇,使用何种"词汇",其实受到社会共同体更好的实践结果的约束。但是,拉克劳和墨菲则没有这么幸运,人们批评他们混淆了知识论和本体论,以认识论为中介看待本体,从而走向了相对主义和唯心主义。在一次访谈中拉克劳被问到如下尖锐的问题:

彼德:总体上看,为什么必须要对所有本体论的结果在认识论上加以调节?

拉克劳:我们必须清楚本体论结果的意思,认识论并不是本体论

---

① 安娜·史密斯:《拉克劳与墨菲:激进民主想象》,付琼译,南京:江苏人民出版社,2011年,第116—117页。

的中介。①

对任何语言之外的客体(假设这种情况存在)的切入,在拉克劳看来,并不必然是认知的,它也可以是审美的,或其他什么方式。总之,它总得以某种方式被处理,那里发生了自然链条之间的相互作用。发生相互作用,在拉克劳和墨菲看来,就是出现了某种话语场境。而那种纯粹客体的领域,或者脱离任何切入方式的客体,其实只能在人类任何意义系统之外。这样的"客观性"只能是康德所说的"物自体"。彼德把拉克劳的这种观点理解为以认识论的方式得到本体论的结果。而在拉克劳看来,彼德只是狭隘地理解了话语活动,也就是错误地理解了人类与世界之间的多种相互作用的形式,以及由于这些形式而产生出来的丰富结果。这种结果并不一定是认识论带来的,很多时候,人类采用某个动作,并不一定是在认知的前提下发生的,比如躲避危险时,并不是在看清危险的来源是什么之后才采取行动,而纯粹是机械反应而已。有时,在审美的情境下,我们睁大眼睛,发出赞美声,也不是纯然处于认知状态。可以这样说,不从认知论或其他方式切入"世界"或"客体",对于处于实际生活之流的人来说根本无法想象。如果那样做能够保持客观性,进而让人类尊重这种客观性,如果不是愚蠢的,也一定是毫无意义的。在这个地方,拉克劳、墨菲和罗蒂非常坚定地站在同一立场。拉克劳反问道:"我们假定,有些人认为,人应该从物质上再造其实存(existence),这一点毫无疑问。但随之而来的问题就是,这是否意味着这一必然性与任何话语场境毫不相干?答案是否定的。"② "话语"是预先性的,它是具体行动得以发生的条件。因此,任何试图保留绝对主义或客观性的人都应该时刻准备让人类的活动停滞下来,接受必然的悲剧性的宿命。任何时候,行动者都不能确保自己的反应是以获得了客观性的知识为前提的,要求客观性或绝对知识,那意味着不能采取任何行动,或者

---

① 恩斯特·拉克劳:《我们时代革命的新反思》,孔明安、刘振怡译,第262—263页。
② 同上书,第263页。

第二章 本体论转向及其两种新形式

即使采取任何行动,那都是不正当的。

看来,人类无法逃避有限性的命运,话语确实是认知或其他任何有意义活动的先验性要件。谈到此类问题,人们不得不反复回到康德为人类知识"划出的界线"、回到维特根斯坦所谓的"语言的边界"(也就是世界的边界)。与马克思、恩格斯不同,罗蒂和拉克劳、墨菲在20世纪的哲学背景下从事思考,语言哲学和后现代主义已经占据了文化的主流,语言在哲学沉思中的地位被空前地抬高,无论是分析哲学,还是海德格尔的"基本本体论",都把语言置于新的思想体系的核心,"语言是存在的家"(海德格尔)、"语言之外真相并不存在"(罗蒂)、"一切语境之外的真理观念是毫无意义的"(拉克劳)……这些主张无不把语言作为开显世界的东西。令人略感遗憾的是,在马克思那里实现的本体论的实践转向却被罗蒂、拉克劳、墨菲等人忽略了。可是,本体论的转向在罗蒂和拉克劳、墨菲那里以另一种方式表达出来,前者更多地谈论"语言实用主义",包括解释学实践和文化政治学实践,后者则主张"话语实在论"。很明显,他们之间的思想表层看起来存在较大距离,但是实际上是如出一辙的。

可以肯定地说,罗蒂和拉克劳并没有认识到马克思本体论上实践转向的意义,没有看到马克思社会-实践本体论带来的多样的实践方式及其价值蕴含。归根结蒂,他们遗忘了马克思不再以人类生产之外的形而上学本体作为思想的基点。可能正是因为他们对马克思的误解,使得他们在政治上走向了完全不同的道路。罗蒂主张政治自由主义,而拉克劳和墨菲则提出了新的社会主义革命的策略——激进民主。在很多文本中,读者可以看到,拉克劳和墨菲都不赞同罗蒂在政治上的表现。尽管如此,在误解马克思的社会政治思想的主题上,他们是共同的。人们不难发现,在马克思那里尚有社会实在的真实而严酷的内容,即社会革命所由出发的地点。而拉克劳和墨菲却在很大程度上没有做足阅读马克思著作的功课,未能透彻地理解马克思的社会革命学说,相反,他们受到了后现代主义的严重影响,从自己的话语实在论出发,认定马克思仍然陷在现代性的革命话语中,受到本质主义、基础主义、决定论以及必然性逻辑的羁绊。拉克劳和墨菲声称他们要在继承马克思的革命精神的基础上,积极提倡一种新的左派理论,以反本质主义和基础主义、偶然性逻辑为起点,构造激进民主,思想要点是:以霸权链接、主体位置再造为核心,推动"新社会主义的革命策略"。罗蒂尽管主张改革左派,但是,这种改革却以承认资本主义基本经济和政治制度为前提,这与罗蒂区别私人和公共领域、主张无本体的政治学,即无需为政治寻找人性和社会的基础密切相关。在接下来的篇幅里,我将论及罗蒂和拉克劳-墨菲的政治哲学和社会变革思想。

第三章
后现代政治话语的路径

艾伦·伍德在《资本主义"经济"与"政治"的分离》中认为:"历史唯物主义的最初意图是为解释世界提供一个理论基础,以便改造世界。这并不是一个空洞的口号,而是有精确含义的。它意味着马克思主义在寻求一种特殊的知识,一种唯一有能力阐明历史运动原理的知识,或者至少暗示了政治行为能最有效干预的那些场所。这并不是说马克思主义理论的目的是揭示政治行为的'科学'程序,相反,其目的是为我们提供一种特别的适用于探索政治活动必定发生领域的分析方式。"① 前面已经论述马克思在西方哲学史上第一次实现了哲学本体论的实践转向,即不从形而上的世界本体是什么来谈哲学,而要求哲学把握资本主义现实,理解抽象的"物质生产关系"背后的人与人之间的关系,从而建构社会-实践的本体论。马克思本体论的显著特点是,把社会存在及其历史当作哲学的核心,强调改造世界的活动及其结果对于理解和解释哲学基本问题的意义。根据古尔德对马克思"社会本体论"的认定,我们知道,个人及其个人之间的真实关系(最重要的是生产关系)构成了一切历史哲学的逻辑起点,也就是马克思历史唯物主义所由旋转的中枢。如果还有所谓的本体或实在,在马克思这里,就是物质生产以及人在生产活动中建立起来的社会关系。

马克思对实践的理解综合了亚里士多德和培根。亚里士多德强调创制(制作)是个体的,且以做成某物的目的性活动为手段。马克思的生产概念与此同义。物质生产活动是人类首要的活动,马克思的世界不是外在的

---

① 艾伦·梅克森斯·伍德:《民主反对资本主义——重建历史唯物主义》,吕薇洲、刘海霞等译,重庆:重庆出版社,2007年,第19页。

自处的世界,而是向人生成的世界,其中,有目的的生产活动,即对象性活动,发挥了根本性的作用。可以说,那是人类一切意义得以形成的前提①。马克思超出亚里士多德的地方在于,他赋予了从事创制活动的人以重要的地位,并不像亚里士多德那样,以贬斥的口气看待"生产劳动"。不仅如此,马克思把生产性赋予所有人,而不仅仅是下等人(女性或奴隶)从事的。因此,生产劳动是人类的一般性活动,它丝毫不比沉思活动(哲学的、理论的活动)低贱,甚至先于道德和政治实践,后者恰恰以前者作为前提和条件,作为意识形态的政治观念和道德观念也只有在物质生产劳动中才能获得清晰的理解。

马克思除了吸取和改造了亚里士多德的思想以外,同样对培根的技术实践思想做了改造和发挥。马克思明确地说过科学技术是生产力,科学技术活动在马克思那里无疑具有重要意义。但是,不限于此,马克思还对科学技术做了社会学的分析,并做了价值前提的批判,而这是培根不曾做的。丁立群说:"马克思主义实践哲学之所以是一种新的哲学范式,一是因为,它上承实践哲学的两种传统,是两种实践哲学传统(亚里士多德和培根,引者注)的辩证综合;二是因为,这种辩证综合也是对现代性所导致的种种人的生存危机的哲学反思的结果;三是因为,实践哲学也是现代西方哲学的一个根本转向,在这种转向中,实践哲学的道德传统和技术传统逐渐融合。"②

基于马克思实现的哲学的本体论转向完全可以产生非凡的理论意义和实践价值。至少以下两点必须被认识到:(1)哲学必须转换到对现实社

---

① 徐长福这样区别马克思和亚里士多德的实践观,从而凸显马克思实践观的特殊性:"在亚里士多德那里,实践是非生产性的,意味着伦理和政治活动的本质不在于生产新的伦理和政治样态,从而伦理问题的实质只是德性问题,政治问题的实质只是公正问题。在马克思这里,实践是生产性的,意味着不仅劳动生产着价值,而且劳动基础之上的政治活动还生产着新的政治形式和法律形式,道德活动也生产着新的价值观念和道德规范,以至整个人类社会都因为这些活动的生产性而真正成了历史性的存在和主体性的存在。"(参见徐长福:《劳动的实践化和实践的生产化——从亚里士多德的传统解读马克思的实践概念》,载《学术研究》2003年第11期,第50页)
② 丁立群:《实践哲学:两种对立的传统及其超越》,载《马克思主义与现实》2012年第2期。

第三章 后现代政治话语的路径

会的关注,而不能耽于形而上学的思辨;(2)哲学必须考虑人的生产活动及其带来的人类行为的变化,行为变化往往意味着意义世界的重组,后者恰恰与人类革命息息相关。

遗憾的是,罗蒂自始至终都没有认真地研究过马克思的著作①。他对马克思的理解基本上来自同行的转述,或者碎片化的阅读印象。在《一个徘徊在知识分子中的幽灵:德里达论马克思》中罗蒂承认:"马克思的大量著述我从未阅读过,也不再有阅读它们的抱负。"②但是,即使没有阅读很多,好像并不妨碍罗蒂谈起马克思来信心满满。他说:"我们这一代的美国左派倾向于把马克思当作比任何其他人都更好地解释了19世纪资本主义产生出来的不公正,但是,我们遗憾地觉得马克思混淆了犀利的政治经济分析和他大量的浮光掠影的黑格尔主义。"③我们知道马克思非常深刻地把握了黑格尔的思想,做出了重要的批判和发挥,并加以历史唯物主义的推进。很明显,罗蒂对马克思的理解是很不充分的。正是这种不充分的理解,使得罗蒂自己的政治哲学存在这样或那样的问题。具体的问题是:僵硬地在私人创造与公共会话之间进行划界,从而让作为私人的经济活动脱离了政治行为的约束,过度地阐述了一种没有"人的本性"和社会发展基础的政治学。拉克劳和墨菲虽然处在马克思主义的智识氛围和思想传统中,但是,他们也没有真正而深入地阅读并把握马克思著作中的真义。一个重要的原因是,拉克劳和墨菲感染了严重的后现代主义病毒④,当他们透过后维特根斯坦、德里达、拉康等人的棱镜看待马克思的历史唯物主义的时

---

① 我国研究实用主义的专家陈亚军说:"罗蒂似乎并没有认真研读马克思的著作,因为从他对马克思的某些解释中可以看到一些不该出现的低级错误。比如,他在《实用主义的后果》一书的导言中,把马克思和霍布斯相提并论,认为两人都追随伽利略,'坚持唯一(大写的)实在是由实践和空间构成的,真理就是对应于这一实在。'对马克思的理论稍有研究的人都不会说出这种话。马克思所说的实在从来就是在人类劳动中被对象化的实在,是人化的自然。"(参见陈亚军:《形而上学与社会希望:罗蒂哲学研究》,南京:江苏人民出版社,2009年,第255页)
② Richard Rorty, *Philosophy and Social Hope*, New York: Penguin Press Inc., 1999, p. 211.
③ 同上。
④ 凯尔纳、贝斯特曾经说:"(拉克劳、墨菲)批判了启蒙理性的普遍主义观点,并采纳了地道的后结构主义与后现代主义观点。"(参见凯尔纳、贝斯特:《后现代理论——批判性的质疑》,张志斌译,北京:社会科学文献出版社,2000年,第259页)

候,难免视线模糊不清。伍德指出:"后马克思主义已经让位于后现代主义的崇拜,让位于后现代主义的偶然性、破碎性和异质性,让位于对所有整体性、系统性、结构、过程和'宏大叙事'的敌意。但是,如果把这种敌意扩展到那种作为社会制度的资本主义,就无法阻止这些思潮把市场作为一种普遍而必然的自然法则。它们否认思维的系统统一性,坚持总体化认知的不可能性。从而荒诞地封闭了通往整体性认识事物的批判性路径。在此,后现代主义的破裂性和偶然性与最终的'宏大叙事'——'历史的终结',结成了一个奇异的联盟。"① 其实,伍德对后马克思主义的批评同样适用于罗蒂的语言实用主义及其政治推论。

由于在罗蒂眼里,马克思仍然羁绊于元叙事,所以他觉得马克思主义对于解决我们这个时代的改革没有什么用处,除了鼓动狂热的革命激情外。罗蒂认为:

> 马克思继续从事黑格尔偶尔做过的事情。通过考虑如何改造现时代,并使之有利于未来的后代,马克思试图在思想中把握他的时代。他想比黑格尔更加认真地对待黑格尔的历史主义和原始实用主义。因为他模糊了理解世界和改变世界的界限和差异。马克思的建议是,最好以共产主义代替资本主义,以自发产生于解放了的工人阶级的新文化代替资产阶级文化。这一马克思主义的建议是黑格尔留给上两个世纪的主要遗产。从世界精神转向无产阶级,使得从黑格尔的体系中保留黑格尔的希望,即作为自由之拓展的黑格尔式历史叙事成为可能。②

同样地,拉克劳也认为马克思的哲学和历史唯物主义是一种现代性的

---

① 艾伦·梅克森斯·伍德:《民主反对资本主义——重建历史唯物主义》,吕薇洲、刘海霞等译,第1—2页。
② 理查德·罗蒂:《后形而上学希望——新实用主义社会、政治和法律哲学》,黄勇编,张国清译,上海:上海译文出版社,2003年,第374页。

方案,其中充斥着本质主义和基础主义,按照必然性逻辑和决定论的方式看待社会革命。实际上,与马克思把无产阶级当作未来社会的代表性力量不同,拉克劳和墨菲认为,无产阶级作为一种历史代理人的身份一直处在模糊和建构的过程中,并不先验地具有革命者的身份,准备承担并领导社会主义及其自身解放的事业。

罗蒂和拉克劳、墨菲之所以这么看待马克思的革命话语和历史哲学,盖因他们认定马克思仍然被囚禁在现代性的牢笼里,即以基础主义和本质主义的方式看待社会存在及其历史变迁的规律有关。与马克思不同,他们打算以一种反基础主义和反本质主义的方式为政治经济问题的解决寻找另一种路径。总而言之,他们试图以后现代主义为指导思想,把偶然性逻辑提升到空前的位置,论证一种没有原则的政治学,从而建构他们的后现代政治。罗蒂的基本思路表现为:瓦解人性和社会实在与政治之间的基础性关系,主张私人领域和公共领域分属不同的知识种类,从而走向"民主先于哲学"①的双重叙事。拉克劳和墨菲的基本策略是:发现并构建新的领导权政治,取消一切革命话语中的先验前提,让链接实践和等同逻辑取代本质主义,构筑流动的、更加广泛的主体联盟,从而超越社会主义,走向激进民主。罗蒂和拉克劳、墨菲表面上的政治立场都是左派,但是其中的复杂性和微妙的摇摆都值得细致考虑,接下来,我将详细阐述他们"左翼政治哲学"②的一般前提及其给出的理由。

需要说明的是,反本质主义和反基础主义是罗蒂和拉克劳-墨菲建构

---

① 罗蒂有篇文章的标题就是"民主先于哲学",其实,可以理解为"政治先于哲学"。意思是,现实的政治生活往往先于(不仅是逻辑上,还是时间上先于)哲学的思辨。罗蒂主张任何政治活动都无需哲学为它提供本体论和知识论的前提,政治属于与哲学平行的另一种独立的叙事。理查德·罗蒂:《后哲学文化》,黄勇编译,上海:译文出版社,2004年,第156页。
② 曾枝盛教授在《后马克思主义》一书中把拉克劳、墨菲的后马克思主义定性为狭义的后马克思主义,而且是右翼的后马克思主义。他说:"我们向来主张,把拉克劳和墨菲等人的后马克思主义归入'狭义马克思主义'之列,这既可以减少很多不必要的纷争,又可以突出它的'后现代主义''后结构主义'或'解构主义'的特征,使之与其他类型的后马克思主义区分开来,使问题变得明晰起来。"(参见曾枝盛主编:《后马克思主义——解构还是僭越?》,北京:北京师范大学出版社,2015年,"导论",第3页)

政治主张的知识论基础,只不过,与传统的政治主张的基础(比如霍布斯的主权学说的人性论基础)不同,罗蒂和拉克劳-墨菲提供的思路是反向的,即不要基础的"基础"。

第一节 反本质主义和反基础主义

在前面的章节中,我已经就有关实在论和反实在论的讨论为罗蒂和拉克劳、墨菲的政治哲学构造了前提,可以把反基础主义和反本质主义当作反实在论思想的两个有着密切联系的推论。反基础主义主要是就西方的政治叙事是否需要知识论的基础而言的,反本质主义则围绕人类能够得到一种什么样的自然和人类社会的形象或图景而展开。本质,就其字面意义而言,就是事物的根本,一个事物成为一个事物的基本性质,即西方哲学史上的"是论"①。很多时候,西方在这个问题上陷入自然和人为之争,后来又以柏拉图主义和尼采主义作为两个极点呈现出来。在罗蒂眼里,柏拉图主义是西方本质主义的典型,而在拉克劳和墨菲眼里,马克思就是柏拉图主义的现代形式之一,表现在马克思有关社会结构的地形学和历史科学,即历史唯物主义那里。而基础主义是针对知识问题而来的,这一点在笛卡尔那里获得了现代形式。可以说,笛卡尔以后的西方哲学基本上沿着经验主义和理性主义前进,但是,无论是洛克的"白板说",还是莱布尼茨的"天赋观念",其实,他们都在笛卡尔设计的哲学王国里工作,其知识学说都以心物二元分离为前提,在知识问题上表现为不同起点的基础主义。他们都认为存在一种无需任何其他情节的认知起点,要么在感觉那里,要么在先天形式中。

---

① "是论"经常通过 S 是 P 这样的方式体现出来,系词 being 连接主词和宾词,经常以知识的形式出现,徐长福说:"本质主义之路从作为系词的'是'去把握 being 的意义,确实讲得清楚,以至于形成了确定性的知识和原则,但既然这种确定性也只是语言的确定性,那就没有理由断言它同时也是事物本身的确定性,所以,对本质主义来说,'说清楚'是其所长,但一定是以'不到底'为代价。"(参见徐长福:《重新理解理论和实践的关系》,载《教学与研究》2005 年第 5 期,第 32—33 页)

第三章 后现代政治话语的路径

这种知识论上的基础主义深刻地影响了后来的政治谋划,比如,启蒙运动思想家孔迪亚克等人认为,可以找到有关人的本性的知识,从而找到社会进步和国家建设的方案,在人间建立完美的理想国。20世纪之后基础主义和本质主义遭到了很多很多哲学家和政治哲学家的反对,这种反对的态度和形式在20世纪后半叶汇成后现代主义的潮流。罗蒂和拉克劳、墨菲虽然并非明确承认自己是后现代主义者,但是,在他们的著作和谈话中,读者不难发现后现代主义的踪迹。

因此,可以从反本质主义和反基础主义两条路径把他们留下的踪迹变得更加明显。

首先,从反本质主义出发,罗蒂和拉克劳、墨菲构造了各自的社会变革路径和策略。由于罗蒂和拉克劳、墨菲隶属的智识传统不太相同,前者属于具有英美分析哲学的实用主义传统,后者则从20世纪的现象学及其后来的后现代主义脱胎而来,因此,他们在反本质主义和反基础主义的策略上略有分别。但是,在分享维特根斯坦的后期哲学这一论域上,他们无疑师出同门。维特根斯坦在后期哲学中提出了一种重要的思想,即"家族相似",它被用来取代传统的本质主义,同样地,维特根斯坦在"意义"这个哲学论题上发展出新的"语用学",极大地冲击了奎因笔下的"博物馆"式的"语义学"理论,也极大地启发了后来普特南的"内在实在论"及其基于历史因果链的意义理论。下面两段话能够很好地用来说明维特根斯坦的"家族相似"说:

> 我想不出比家族相似更好的说法来表达这些相似性的特征了;因为家族成员之间的各式各样的相似性就是这样盘根错节的:身材、面相、眼睛的颜色、步态、脾性等等,等等。——我要说:各种"游戏"构成了一个家族。
>
> 同样,各种数也构成一个家族。我们为什么要称某种东西为"数"?有时因为它与一向被称为数的某些东西有一种——直接的——亲缘关系;于是又可以说它和另一些我们也称为数的东西有着

一种间接的亲缘关系。我们延展数的概念，就像我们纺线时把纤维同纤维拧在一起。线的强度不在于任何一根纤维贯穿了整个线，而在于很多根纤维互相交缠。①

最后一句话点明了维特根斯坦的反本质主义：没有一根纤维贯穿整条线，而只是很多纤维的缠绕使得线成为线。构成"本质"的东西并不是事物不可或缺的属性。所谓"本质"只是人为附加给事物的，它纯然是受制于实践目的或兴趣的人工物，而不是本性或自然。

对于维特根斯坦的"语用学"，拉克劳和墨菲曾经引用过下述维特根斯坦的经典论述：

> 我们有一种语言幻觉，好像我们的探索中特殊的、深刻的、对我们而言具有本质性的东西，在于试图抓住语言的无可与之相比的本质。那也就是句子、词语、推理、真理、经验等等概念之间的秩序。这种秩序是——可以说——超级概念之间的超级制度。其实，只要"语言""经验""世界"这些词语有用处，它们的用处一定像"桌子""灯""门"等这些词一样卑微。②

> 我们把语词从形而上学的用法重新带回到日常用法。③

在维特根斯坦看来，之所以出现难以解决的哲学难题，主要原因在于，人们给某些词汇赋予了独特的用法，也就是超出了日常生活的语境，让它们代表某种深层的"本质"，具有了形而上学的外观。其实，就像威廉·詹姆斯所说的那样，他们把语言的纪念碑当成了具体的语言活动，认为有一根纤维贯穿了整根绳子。罗蒂从维特根斯坦"哲学家的工作是为了某种特

---

① 维特根斯坦：《哲学研究》，陈嘉映译，上海：上海人民出版社，2001年，第49页。
② 同上书，第67页。
③ 同上书，第73页。

定的目的采集回忆"这句话那里得到了灵感,他由此视维特根斯坦为实用主义的同道。人们往往忽略目的和兴趣在认知活动中扮演的角色,却单纯从实在和前提那里找到真理或语义的基础。就像我们采集动植物标本那样,获得活的动物和植物时,我们的行为是在某种兴趣的牵引下发生的,我们获得任何一个标本的过程其实已经把活动本身或活动片段融汇在有关标本的故事之中了。等到多年以来,我们回过头来采用仪器观察标本时,其实脱离了当时的语境,人的活动的踪迹也无法清晰地被界定,标本也不是那时的活的动物和有机的植物了。当我们把现在的认知结果赋予对象时,其实就把一些历史性的、空间性的东西遗弃了。因此,现在我们获得的有关事务的"本质"只是我们全部活动的一部分的结晶。标本的"本质"其实与原先的活体已经大相径庭。"薛定谔的猫"不仅仅发生在"猫的故事"那里,其实,发生在任何认知故事之中。人的任何动作、行为、行动都会改变我们对"对象"的认知活动和认知结果。

在拉克劳和墨菲看来,这种基础或出发点在本质主义那里其实是任意的、先验的,根本就没有任何理性的基础。比如,在谈到"工人阶级"时,传统的马克思主义者认为,在社会经济结构中处于被雇佣地位、依靠出卖劳动力为生的就是"工人阶级",这种身份是超越任何语境的、客观的阶级定位。这种阶级定位几乎不考虑主体是否把自己当成这样的"阶级",即是否有"阶级意识"。而在罗蒂看来,启蒙运动以来的思想家们总是把"人"定义为理性的,以为"理性"是人区别于动物的根本属性[①]。换句话说,它构成了人之为人的"本质"。这种对人的本质的界定自柏拉图以来就已经固定;而且"人"只有在共同体中参与公共政治活动才享有公民的称号。其实,说人的本质是理性的,其实是说,人的本质应该是理性的,因为城邦政治的实

[①] 理查德·罗蒂曾经在《理性和文化差异》中区别了三种"理性"(rationality),理性 a 是一种能力的名称……我们有时候把这种理性叫做"技术理性",有时把它称为"生存机巧",伦理上是中性的。理性 b 是人类具有而动物不具有的一种额外附加成分的名称。理性 c 大致与容忍同义——就是能够不过度地对与自己不同的差异感到不安,能够不对这种差异做出挑衅性的反应,是一种美德。参见 Richard Rorty, *Truth and Progress*, New York: Cambridge Press, 1998, pp. 185,186。

际需要理性的公民,公民有政活动的需要,而参与政治则是城邦的要求。按照亚里士多德的看法,人是天生的理性的政治和社会动物,这一论断似乎成了颠扑不破的真理。那些不具有这些内涵的奴隶和女人自然就被排除了。与维特根斯坦的"家族相似说"和罗蒂的语境主义一致,拉克劳和墨菲认为,恰恰是"等同"而不是"本质"才是事物获得自己临时身份的元素:这种建构显然是话语实践的结果,而不是先验的规定。拉克劳、墨菲这样表达他们的反本质主义:

> 我们来考虑近来一直在引起重要讨论的两种情况:涉及明显的抽象范畴[首先是"人"(man)];也涉及女权主义的"主体"。第一个处在近来关于人文主义的整个讨论的中心。如果"人"的地位是本质性的,它相对于"人类"(human being)其他特征的定位就会处在从抽象到具体的逻辑范围内。这会给所有以"异化"和"误识"观点来分类具体情况的常见把戏打开道路。但是,如果相反,"人"是一个话语构造的主体立场,其假设的抽象特征就绝没有预定与其他主体立场的连接形式。①

这一段引文的要点在于,如果先把某种"本质"先验地赋予某物,那么,经验之中的任何操作,都会造成与原先的"本质"不同的认知形式,那就产生了"异化"和"误识"。换言之,倘若从本质主义的角度看待人,那就会把看起来没有某种本性的"似人"的女人和奴隶、印第安人……不当作人,现实中,这就会造成差异,并且在道德上带来非法排除和不正当。相反,如果按照罗蒂的思路,通过外延的方式看待人,不去从某种"本性"出发限定人的范围,而是通过彼此的交往和了解,逐渐把那些看起来与我们不同的"人"纳入"我们"的范围,那就会形成更大的人群共同体,并在此范围内实

---

① 恩斯特·拉克劳、尚塔尔·墨菲:《领导权与社会主义的策略——走向激进民主政治》,鉴传今、尹树广译,哈尔滨:黑龙江人民出版社,2003年,第129页。

现正义。罗蒂在做道德陈述时,其实,想象力比理性判断更有作用。拉克劳和墨菲与罗蒂的思路几乎一样,引文最后一句话的意思是,如果把"人"只是当成话语构造的主体立场(position),那么,没有本质的"人"就不会固定在某个具体的"事物"那里,相反,它具有较大的主体构造空间和定义的开放性,可以源源不断地把看起来不同的"人"纳入"我们"中来。

由此可以看出,罗蒂和拉克劳、墨菲的具体用词不同,但是,他们各自方法的实质是一样的。前者更喜欢重新描述和反讽的手法,而后者更倾向于用话语和链接。根据这种观点,任何一种被当作人的本质的东西都是人类在某种实践目的牵引下的固定或提炼动作,其实都没有真正的理由。这样做虽然方便,但却并不"合乎理性"。人们会发现随着历史的发展,那些本质性的内涵都面临被逐步修改的命运,因此,人类团结的基础不能依靠这种历史性的构造物。所谓的"本质",其实只是人为的本质,都是历史的、变动的。在拉克劳和墨菲那里,与其用本质的概念串联事物,还不如使用"等同"概念,"等同"更加具有可理解的经验特征。就好像在搓绳子的目的约束下,我们把一根根稻草或纤维结合在一起,那些稻草或纤维连接着,而不是贯通整个绳子。"等同"具有某种当下的有效性,受到话语场境的约束。"等同"是外在链接的结果,而本质则似乎是先天决定的。在革命主体形成过程中,没有天然的阶级充当革命主体,革命活动在展开的过程中把那些看起来不同的人群,像人力车夫、汽车修理工、拾荒者、同性恋者、产业工人……暂时性地归并在一起。这就是"等同"。好比罗蒂主张的那样,看起来陌生甚至敌对的人,在彼此的交流中有些观点和意见形成了交叠,交叠的结果是"我们"的范围越来越大。主体形成的基础不是理性或其他什么,而是尽量运用想象力的结果。在这个问题上,想象胜过逻辑:

> 人类团结乃是大家努力达到的目标,而且达到这个目标的方式,不是透过研究讨论,而是透过想象力,把陌生人想象为与我们处境相似、休戚与共的人。团结不是反省所发现到的,而是创造出来的。如果我们对其他不熟悉的人所承受的痛苦和耻辱的详细原委,能够提升

感应相通的敏感度,我们便可以创造出团结。①

与罗蒂一样,拉克劳和墨菲也运用了"偶然性的逻辑"。在一次学术访谈中,拉克劳倡导一种与罗蒂一样的后哲学文化,拒绝以普遍的人性和必然的规律作为社会政治建设的基础:

  在我看来,新文化(如果你喜欢,也可称为后现代主义文化)的主要任务,据说改变存在于我们文明中的认同形式和主体性建构。必须从偶然性中寻求普遍的被建构的文化形态到完全反向发展的其他文化形态,也就是试图去展现所有普遍性的本质的偶然性,去建构特殊的、非重复的和超越常规的美。我们必须把世界还原到"人的尺度"(human scale)。从弗洛伊德那里,我们知道,这并非是不可能的任务。我们知道可以开始冒险的欲望,或不如说,可以开始文化冒险的聚集的欲望,就在眼前,它扭曲了我们世界的本质主义传统。②

与人的尺度对应的是自然的尺度。"世界的本质主义传统"就是按照自然的尺度进行的。但这却是拉克劳和墨菲坚决反对的。吊诡的是,当拉克劳-墨菲以此反对马克思的"必然性逻辑"和"本质主义"时居然忘记了马克思的自然观,即"人化自然"③这个重要命题。马克思"人化自然"命题蕴含了人在世界中并与世界之间发生的关系,关系是人的生产活动,即实践带来的结果,关系并不是实践的前提。实践反而是关系的前提。一旦离开

---

① 理查德·罗蒂:《偶然、反讽和团结》,徐文瑞译,北京:商务印书馆,2003年,第3页。
② 恩斯特·拉克劳:《我们时代革命的新反思》,孔明安、刘振怡译,哈尔滨:黑龙江人民出版社,2006年,第228页。
③ 马克思说:"他(费尔巴哈)没有看到,他周围的世界不是某种开天辟地以来就直接存在的、始终如一的东西,而是工业和社会状况的产物,是历史的产物,是世世代代活动的结果,其中每一代都立足于前一代所奠定的基础上,继续发展前一代的工业和交往,并随着需要的改变而改变他们的社会制度。"(参见《马克思恩格斯选集》第1卷,北京:人民出版社,2012年,第155页)

了人的实践(实践具有本体论①意味),那么,那种"孤立的静止的世界"只是一片虚无,也就毫无意义可言了。可见,马克思并不是他们所指认的那种本质主义者,也并不主张一种自然主义的必然性逻辑。因此,他们对马克思的"批判"其实是以没有透彻理解马克思为前提的。

有趣的是,对弗洛伊德思想的征用恰恰是罗蒂最为喜欢的。罗蒂认为,弗洛伊德告诉我们,在笛卡尔以来的哲学家那里基本上都存在一种有关自我或主体的学说,它们都把人描述为一种具有神秘的心灵结构的东西,其中"理性"扮演着核心的角色。可是,弗洛伊德告诉我们,"自我"根本就不是一种简单的理性灵魂,自我是形成的、有经验内容的,实际上就是各种欲望和信念编织而成的叙述中心。在一篇谈到当代政治哲学家罗尔斯和桑德尔之争的论文中,罗蒂阐述了所谓的"主体"学说(在罗尔斯的"思想实验"中,"主体"是具有理性选择能力的自我;在桑德尔那里,"主体"则是镶嵌在具体的文化共同体中的自我,即有据的自我):

> 而为讨论罗尔斯,我们不需要这样的图景(即人类自我有一个中心,一个神圣的火花,或一个被称为理性的发掘真理的功能,引者注)。我们完全可以把自我看做是无中心的,一种完全的历史偶然性。罗尔斯既不需要也不想去像康德那样确定权利(译文如此,引者注)对于善的优先性,因而也就无须祈求一种认为自我不只是一个"经验自我"、不只是一个"完全情境化的主体"的自我理论。②

对桑德尔而言,自我内容的确定离不开共同体,然而共同体相对于自我的优先性,即自我依赖共同体获得身份的做法将会导致对自我的界定陷

---

① "和杜威一样,马克思从来不将哲学思考的出发点放在已然完成的对象上,不认为世界是伫立在那里等待人们去认识的静止对象。实践具有本体论涵义,没有实践就没有世界。"(参见陈亚军:《作为居间者的实用主义——与中国哲学、马克思主义哲学的对话》,载《学术月刊》2015年第7期,第6页)
② 理查德·罗蒂:《后哲学文化》,黄勇编译,第174—175页。

入无穷倒退的境地,因为共同体的边界无法通过无须他者的方式(即非自足性)得到界定。在共同体本身都尚且无法得到界定的情况下,依据共同体(社群)来界定自我又如何做得到呢? 正因为如此,罗尔斯希望借助思想实验,运用科学假设的方法对处于一定社会状态中的行为人(agent,也译为主体)做出某种思想上的假定。很显然,罗尔斯的对"自我"的界定不是形而上学的"自我",而是罗蒂所赞赏的实用主义的假定,即为了某种实践或思想目的,必须进行的假定。这种假定的方法自然离不开历史的内容,因为它本身就是罗尔斯等人习得了某个种类的"最终的词汇"之后才能做到的,才能被罗尔斯所在的文化共同体成员所理解。在这个地方,罗尔斯和桑德尔表面上的分歧是虚假的。一个是思想实验,另一个则是从经验上使得自我具有真实的内容。理性的假设和历史的描述都可以用到社会研究中,两者不是互相排斥的,而是互相补充的关系。一个注重截面的分析,一个注重纵向的综合。倘若没有分析,综合的起点就是模糊的;而没有了综合,分析根本就无从发生。奎因对分析和综合对立的拒斥、对还原主义的驳斥,充分显示了这一点。

因此,罗蒂建议我们:"如果我们想从事哲学思考,我们所需要的将是杜威、海德格尔、德里达、戴维森等人提供的词汇及其附带的对形而上学的警惕,而不是笛卡尔、休谟、康德等人提供的词汇。因为如果我们接受前者,我们就能把道德进步看作是'完全情境化的个体'或共同体创造的,而不是发现诗意般的成就的历史,不是看作通过使用理性而对'原则''权利'或'价值'的逐渐发现。"[1]人、男人和女人、公民、无产阶级等词汇,在罗蒂那里都是一种语言上的隐喻,无需给它们找到命名的必然性。用罗蒂的话说,语言是偶然的[2],不能、也没有必要为它们找到本质上的规定性。那些试图以某种人的本质为基础从而设计社会蓝图的思想家,在拉克劳和罗蒂

---

[1] 理查德·罗蒂:《后哲学文化》,黄勇编译,第174—175页。
[2] 罗蒂说:"弗洛伊德、尼采、布鲁姆关于我们良知所作的论述,和维特根斯坦、戴维森关于我们语言所作的论述殊途同归,都在展示其纯粹的偶然性。"(参见理查德·罗蒂:《偶然、反讽与团结》,徐文瑞译,第35页)

看来，都在某种程度感染了基础主义的细菌，同时也对事物之间的关系做了非法的还原主义的解释。这种基础主义错误地把自由、平等、仁爱的政治或道德的谋划建立在大写的人性之上。这种有关人性的绝对知识以及从中得出治理社会的策略的想法，如果不是一种狂想，也只能是一种良好的道德愿望。还原主义是基础主义的推论，这一点在拉克劳、墨菲描述的马克思的"经济基础和上层建筑"的社会地形学中显得尤其明显。下面一段对话能很好地呈现拉克劳的立场：

> **策略**：我想从总体上问你一个有关你的著作中关于后结构主义的作用和后结构主义政治学的问题。很清楚，在你最近的著作中，有关你的思想和那些后结构主义（特别是福柯和德里达）之间，存在着密切的联系。然而，后结构主义者长期以来都被指控为宣扬语言、历史观点，所以，它就潜在地是虚无主义和非政治的；或者说，如果它是政治的，他们一直被理解为无政府主义的，或甚至是权威主义的……
>
> **拉克劳**：首先我要澄清一点。根本没有什么可称之为"后结构主义的政治学"之类的东西。那种认为理论探讨构成了从形而上学到政治学的不间断的连续的哲学体系的看法，是一种过时的观点。这一观点对应于理性主义和彻底的唯心主义知识观。如你所知，人们认为，西方形而上学的最高峰就是"真理即体系"。相反，今天我们知道根本就没有体系。那些表现为体系的东西带来的代价，只是以掩盖其非连续性，把其结构偷偷塞进所有类型的实用的链接及其模糊的设定中。正是这一模棱两可的链接游戏而不是潜在的系统性的发现，才构成了知识史的真正领域。①

如果联系和对比阅读下面一段引文，就会发现罗蒂与拉克劳的观点如出一辙：

---

① 恩斯特·拉克劳：《我们时代革命的新反思》，孔明安、刘振怡译，第228—229页。

在我想象的这个可能的世界里,随着民主革命以平等主义的希望充满这个世界里,自然(本性)便已经变得过时(vieus jeu)。自然已经被历史取代。于是,乌托邦的政治学似乎同19世纪历史主义而不是同18世纪唯理论具有不可分离的联系。理性逐渐被人们看做是从贵族制度到民主制度的转变中,而不是从托勒密到哥白尼的转变中,或者不是从盖伦向哈维的转变中,得到了更加清楚的证明。民主乌托邦梦想只是形成于达尔文提出的我们或许是试着改造我们的环境来满足我们的需要的比较灵敏的动物的可能性之后,而不是知识分子试图把握实在的固有结构之时。①

罗蒂区分了作为自我本质的哲学描述和政治社会自由民主这两类叙事。启蒙思想家们很想为自由民主的宪政奠定牢不可破的有关人的本性的知识,并在人性与社会政治谋划之间找到稳固的联系。罗蒂认为,18世纪时狄德罗、赫尔巴赫、孔迪亚克等启蒙学者们虚构或夸大了两类叙事之间的因果联系。其实,人类追求自由民主的政治的历程从来就不是那些科学家们和知识分子告诫人们的结果,而是那些曾经不是"人"的成员在反抗压迫和残酷对待的过程中,争取自身获得解放,使得自身的生活更多地受控于自己的结果。就是说,前者只是一种理论,后者则是活生生的实践活动,两者根本没有逻辑关系。事实上,并不是人们在被告知了有关人性和社会的知识,比如,人人平等、权利相当之后,他们才在实践上参与了斗争。

在罗蒂看来,启蒙运动以来存在两类叙事,其一是哲学上理性主义的故事,另一种叙事是政治上人类追求乌托邦的历史。罗蒂认为人们不幸地

---

① 理查德·罗蒂:《后形而上学希望——新实用主义社会、政治和法律哲学》,黄勇编,张国清译,第117页。

第三章 后现代政治话语的路径

把两种叙事之间的巧合看成了有因果联系的必然的故事①。其实,自由主义自霍布斯和洛克以来在欧洲逐渐成为主流政治话语,纯属偶然。现在的政治哲学家经过研究发现,西方古典时代之政治与现代政治之间存在一个明显的断裂。这种断裂可以简单地理解为,从一种自然的政治转变为一种人为的政治,从一种美德政治转向为一种契约的政治。这种断裂也是人类在获取知识、能够获取何种知识的论题上出现混乱和幻觉的结果。

罗蒂认为在人性与自由主义之间没有解释性关系,即自由主义没有某种人性作为基础也是可能的,自由主义的出现只是一种历史的偶然。关于人性是什么的各种刻画或知识,只能是某种暂时性的隐喻,政治的设计并不能以这种"隐喻"为凭。自由主义之所以被选择,并不是它理解并回答了"人是什么""社会是什么"等问题,而是因为作为在生活的不同场境的各个个体的生活出现交集和重叠,他们觉得必要解决不得已的交往所产生的问题,在诉诸武力失效的时候,发现尽量运用对方能够明白的语言进行沟通交流,形成"公共话语",才是双方的"最差的最好"②之选择。处于临时性公共空间的个人在使用这些"公共话语"的时候能够达成更多的一致,在实践上能够带来更好的效果。与罗蒂一样,拉克劳和墨菲认为,如果把"人"当作话语构造的结果之一,那么,什么样的人构成何种社会阶级或处于何种主体地位,也就是语境性的,而非固定的必然的。前面已经说明,先验地规定"人"是什么,在罗蒂和拉克劳-墨菲那里都是不可取的,能够言说的只能是具体的场境,就是说,知识离不开时间和空间等构成的历史领域。在这一点上罗蒂和拉克劳-墨菲几乎没有差别。但是,罗蒂的批评矛头针对

---

① 罗蒂认为:"在请求你去构想这样一个可能世界的过程中,我请求您假定知识分子词汇的变化相对于社会政治变化而言,既不是根本的也不是上层结构。我自己的预感是,这两种变化大体上是相互独立的,每一个变化取决于它自己的风尚和潮流。我认为我们已经习惯了用过分匀称的方式划分历史,尤其是,我们过分焦急地使思想革命同步于技艺革命和社会政治革命。"(参见理查德·罗蒂:《后形而上学希望——新实用主义社会、政治和法律哲学》,黄勇编,张国清译,第117页)
② "最差的最好",选用这个词,是因为受到了罗尔斯"最少的最大原则"的启发。意思是,选择用对话的方式是最糟糕的策略选择,但是,限于参与对话中任何一方都没有必胜的把握,万不得已的情况下,他们选择对话却是最好的选择。

的是更加一般的传统启蒙政治话语,而拉克劳和墨菲反对的却是马克思主义的创始人马克思和恩格斯的学说。

拉克劳和墨菲认为,马克思在社会革命问题上从本质主义走向了还原主义。还原主义是基础主义的另一种表达形式,简单地说,就是用一种貌似更加根本的知识或话语来解释现有被观察到的现象,譬如,用经济理论解释政治现象,用物理主义语言解释人类的疾病。拉克劳认为马克思在生产力与生产关系、经济基础与上层建筑之间预设了一种强烈的决定论和还原主义。对于马克思的还原主义,拉克劳和墨菲认为有两个层次:经济还原主义和阶级还原主义。两种还原主义体现在如下经典引文中:

> 人们在自己生活的社会生产中发生的一定的必然的、不以他们的意志为转移的关系,即同他们的物质生产力的一定发展阶段相适应的生产关系。这些生产关系的总和构成社会的经济结构,即有法律的和政治的上层建筑竖立其上并有一定的社会意识形式与之相适应的现实基础。物质生活的生产方式制约着整个社会生活、政治生活和精神生活的过程。不是人们的意识决定人们的存在,相反,是人们的社会存在决定人们的意识。社会的物质生产力发展到一定阶段,便同它们一直在其中运动的现存生产关系或财产关系(这只是生产关系的法律术语)发生矛盾。于是这些关系便由生产力的发展形式变成生产力的桎梏。那时社会革命的时代就到来了。随着经济基础的变更,全部庞大的上层建筑也或慢或快地发生变革。在考察这些变革时,必须时刻把下面两者区分开来:一种是生产的经济条件方面所发生的物质的可以用自然科学的精确性决定的革命,一种是人们借以意识到这个冲突并力求把它克服的那些法律的、政治的、宗教的、艺术的或哲学的,简言之,意识形态的形式。①

---

① 《马克思恩格斯文集》第 2 卷,北京:人民出版社,2009 年,第 591—592 页。

第三章　后现代政治话语的路径

至于阶级还原论,马克思以更加明白的语言把它表达在《共产党宣言》中:

> 我们的时代,资产阶级时代,却有一个特点:它使阶级对立简单化了。整个社会日益分裂为两大敌对的阵营,分裂为两大互相直接对立的阶级:资产阶级和无产阶级。①

社会不但日益分裂为对立的阶级,而且所有重大的斗争都可以还原为阶级斗争,阶级斗争则构成了资本主义的发展史,因此,在资本主义社会看起来属于其他斗争的形式,譬如民族压迫、女权运动,本质上都是阶级斗争曲折的显示形式,就是说,这些斗争背后都是经济领域内含的矛盾之结果。马克思认为工人阶级的斗争和无产阶级革命才是未来革命的大势:

> 我们曾经根据这些实例证明过:任何一次革命起义,不论它的目的显得离阶级斗争有多么远,在革命的工人阶级没有获得胜利以前,都是注定要失败的;任何一种社会改革,在无产阶级革命和封建反革命没有在世界战争中用武器较量以前,都是要成为空想的。②

根据拉克劳和墨菲对马克思《〈政治经济学批判〉序言》中经典论述的理解,由生产关系的总和构成的经济基础,特别是生产资料的占有形式,决定了阶级形成和阶级结构的形态。这就是拉克劳和墨菲所说的"社会地形学",即经济基础和上层建筑的构型,是一种空间想象。具体表现为:政治、法律、道德和宗教以及哲学作为具有意识形态性质的东西层层叠加在经济基础之上,并受到后者的制约。要理解一个社会的道德和宗教,人们不能在精神中寻求解释,而是要在生产力和生产关系构成的物质生产关系

---

① 《马克思恩格斯文集》第 2 卷,第 32 页。
② 《马克思恩格斯选集》第 1 卷,第 328 页。

的总和,即经济基础中探究答案。同样的,作为第二层次的政治革命和社会革命,还原到阶级之间的斗争,也只能在一个社会的经济结构中才能得到清晰而合理的理解。

拉克劳和墨菲似乎从马克思的论述中发现了断裂,对下述三个命题提出了质疑,并从根本上"动摇"了马克思主义的"基础主义"和"本质主义":

> 由经济层面最终构成领导权主体的三个条件相应于经典马克思主义理论的三个基本论题:经济运动规律的内生特征相应于生产力中心地位这一论题;社会代表在经济层面上的统一相应于工人阶级贫困的普遍化论题;生产关系应该成为超越经济领域的历史和利益所在地的条件,相应于工人阶级是社会主义根本利益的论题。①

我国研究外国马克思主义的专家周凡深刻地指出了拉克劳和墨菲把马克思主义归结为本质主义和基础主义的途径和目的:"这三个命题涉及对生产力和生产关系、工人阶级与社会主义的关系的讨论,它关系到马克思主义的核心范畴和基本原理。且不说他们的论证在多大程度上令人信服,但他们确实是在通过分析这一过程对马克思主义的基本原则发动全面的、正面的'进攻'。在他们超越葛兰西之后,又迈出了'关键'的一步!从反对经济主义到反对'经济的最终决定',现在,他们开始反对'生产力的一般发展规律'。"②拉克劳和墨菲对马克思历史唯物主义和科学社会主义的理解可以按照如下逻辑展开:生产力和生产关系构成了一个社会的基本矛盾,这种基本矛盾必然通过阶级斗争的方式获得解决,阶级斗争最后的形式就是无产阶级反对资产阶级的斗争,阶级斗争的结果是无产阶级专政,最后的阶级本身被消灭,未来是没有国家、没有对抗的透明社会。拉克劳、墨菲由此把马克思主义定为一种历史必然性学说和革命主体预先固定

---

① 恩斯特·拉克劳、尚塔尔·墨菲:《领导权与社会主义的策略——走向激进民主政治》,鉴传今、尹树广译,第85页。
② 周凡:《后马克思主义导论》,北京:中央编译出版社,2010年,第233页。

的学说。

西方很多学者,包括杰拉斯和艾伦·伍德都认为,拉克劳和墨菲在很多地方蓄意误读了马克思的著作,并从中得出了有利于自己的推论。对于马克思本人到底是不是仍然停留在罗蒂所指责的本质主义和基础主义的范围,这一问题其实对马克思而言并不相干。在先前的论述中,笔者已经论述,马克思根本就不再关心传统哲学的话语和论题,对存在论上的本质主义和知识论上的基础主义根本就没有兴趣。对马克思而言,这些都是经院哲学的做法,或者纯粹就是形而上学残余,甚至是伪装的阶级利益的外衣,因此是虚假的。从上面所引的马克思那句话可以看出,马克思更加愿意以严格的自然科学的方式来揭示人类社会经济上发生的变迁和革命。马克思和恩格斯之所以反复声明自己的学说不同于空想社会主义,是因为,马克思认为空想社会主义者的道德批判和法权批判是不科学的。根据马克思的简明自述,马克思之所以在学术生涯中转向经济学,原因之一是,经济学更加能够帮助他搞清问题。由于数学方法被普遍引入国民经济学,马克思更加相信经济学是一种科学,而科学在当时明显占据了人类知识的顶端。在马克思那里,经济科学或者批判的政治经济学是可靠的,它剥离了思辨的、修辞的东西,纯然是实证的科学。

倘若我们相信阿尔都塞所说的在马克思的思想历程中存在着"科学的"和"人本的"两种方法之间的分割及认识论的断裂[①],就不难明白,后期马克思已经不在哲学上讨论经济现象和社会革命了。"科学时期"的马克思对资本主义的分析从商品这个"细胞"开始,意味着它的逻辑起点不再是哲学上逻辑演绎的前提,而是一种必要的类似自然科学方法的抽象和逻辑假设。如第二章所述,拉克劳和墨菲并没有认识到马克思在西方哲学史实现了本体论上的实践转向。经过这种本体论的转向之后,马克思面对的研

[①] 路易·阿尔都塞说:"在马克思的著作中,确确实实有一个'认识论的断裂';据马克思自己说,这个断裂的位置就在他生前没有发表过的、用于批判他过去的哲学(意识形态)的那部著作:《德意志意识形态》。"(参见路易·阿尔都塞:《保卫马克思》,顾良译,北京:商务印书馆,2013年,第15页)

究对象,是借助实践与人处在某种关系之中的"对象"。马克思之所以聚焦资本主义的物质生产方式,是因为这里蕴含着全部社会关系的萌芽。处于某种生产方式之中的行为人以某种方式切入一个对象,比如,资本家以投资的方式租用或购买土地、原材料、劳动力等,而与他们"自由"签订雇佣契约的"自由"的工人则被嵌入生产劳动中。此时,所谓的"本质"都不是某种自在的东西,而是人参与其中的存在。比如,马克思曾经说:"大家知道,樱桃树和几乎所有的果树一样,只是在几个世纪以前由于商业才移植到我们这个地区。由此可见,樱桃树只是由于一定的社会在一定的时期的这种活动才为费尔巴哈的'感性确定性'所感知。"①类似"商业"活动的这种切入完全可以改变对很多事务的定义,定义的改变也将会带来处理事务方式的改变。认知不是抓住事物的本质,而是确定某种关系,一种带有人的实践活动痕迹的关系。那种离开人的活动而"自足存在的事物"或许存在,但却不是有意义的。倘若拉克劳和墨菲可以区别实存(existence)和存在(being),而且这种区别是站得住脚的,那么,马克思强调人的活动切入对事物的认知因而改变了认知的结果,为何能够被前者指斥为本质主义者呢?

由此,我们发现,拉克劳和墨菲指斥马克思犯下"本质主义"的错误,其实是无的放矢。即使拉克劳和墨菲辩解说,马克思在哲学方法论上运用了本质主义,其实也并没有充分的证据。因为我们都知道,在马克思留下的为数不多的哲学文献中,马克思并没有被本质主义俘虏。与其说,马克思相信原子式的个体,还不如说,马克思更倾向于主张在关系上把握对象。只要联系到马克思对斯密、李嘉图等人的批判就不难明白这一点。譬如,在对人的看法上,马克思明确地说:"费尔巴哈把宗教的本质归结为人的本质。但是,人的本质不是单个人所固有的抽象物,在其现实性上,它是一切社会关系的总和。"②与其认为马克思是本质主义者,还不如说,马克思倾

---

① 《马克思恩格斯选集》第1卷,第155—156页。
② 《马克思恩格斯文集》第1卷,北京:人民出版社,2009年,第501页。

向于运用具体的历史分析法。这种分析方法强调在历史的和现实的关系中分析问题。他说：

> 由此可见，事情是这样的：以一定的方式进行生产活动的一定的个人，发生的一定的社会关系和政治关系。经验的观察在任何情况下都应当根据经验来揭示社会结构和政治结构同生产的联系，而不应当带有任何神秘和思辨的色彩。社会结构和国家总是从一定的个人的生活过程中产生的。但是，这里说的个人不是他们自己或别人想象中的那种个人，而是现实中的个人，也就是说，这些个人是从事活动的，进行物质生产的，因而是在一定的物质的、不受他们任意支配的界限、前提和条件下活动着。①

"现实中的个人"显然离不开他人和组织而得到解释，即个人都处于具体的多重的关系之中，对"个人"的任何定义只是从某个具体的实践活动切入的。比如，计算"工资"多少时，则需要与生产劳动联系起来；在参加工友的婚礼时，就得从社会伦理角度切入实践关系；而一旦参与投票活动，工人必然被卷入政治实践。当然，马克思认为，生产关系是占据主导地位的实践关系，其他关系都需要以生产关系为自变量。但是，本质主义的思维方式并不适合对马克思的指控。

在认识论上，马克思也不是基础主义者，他似乎更加愿意在行为结果的基础上判断知识的形式和知识的可靠性。科拉科夫斯基指出："尽管人类意识并不创造存在，但人类意识，即实践理性创造了被分为各个种类的个体组成的存在。在动植物种类史上，从人类利用其理性开始支配这个世界的那一刻开始，也就是从人类发明工具、组织工具并用语言表达它的那一刻开始，人们发现，这个世界已经按照认知其环境的实践需要而强加的

---

① 《马克思恩格斯选集》第1卷，第151页。

分类,而不是根据某些作为自然的分类进行建构和区别的。"①"目的"和"需要"约束下的人类活动,特别是生产活动是一切知识得以可能的前提。而这一点似乎更加接近于实用主义对知识和真理的看法。罗蒂说:

> 为了理解笛卡尔想去理解的问题(如新科学高于亚里士多德,新科学和数学之间的关系,常识、神学和道德),我们须要向外转而非向内转,须要朝向证明的社会环境,而不是朝向诸内部表象间的关系。这种态度近几十年来为很多哲学发展所支持,特别是那些产生于维特根斯坦的《哲学研究》和库恩的《科学革命的结构》的哲学发展。②

这在《关于费尔巴哈提纲》中也可以看到马克思几乎同样的经典论述:

> 人的思维是否具有客观的真理性,这不是一个理论的问题,而是一个实践问题。人应该在实践中证明自己思维的真理性,即自己思维的现实性和力量,自己思维的此岸性。关于思维——离开实践的思维——的现实性或非现实性的争论,是一个纯粹经院哲学的问题。③

这段话被很多人认为是马克思对哲学中认知问题的看法。就这段话而言,马克思有没有把任何东西当成知识的基础呢?实践只是起到检验的作用,很显然不是认知的起点或基础。思维能否把握到客观的真理性,即康德式的认知如何可能,马克思认为这不是理论问题,而是实践问题。"思维"或"观念"必须转化为实践活动,通过结果才能获得检验。其实,杜威的下述一番话倒是可以让这一点得到佐证:

---

① 莱泽克·科拉科夫斯基:《走向马克思主义的人道主义——关于当代左派的文集》,姜海波译,哈尔滨:黑龙江大学出版社,2013年,第41页。
② 理查德·罗蒂:《哲学和自然之镜》,李幼蒸译,北京:商务印书馆,2003年,第191页。
③ 《马克思恩格斯文集》第1卷,第500页。

第三章　后现代政治话语的路径

真理当然意指观念和事实的一致、符合,但是一致、符合是什么意思?唯理论主张这是"一种静态的、惰性的关系",这种关系是究极的,对于它不可能再说什么了。实用主义则认为,这种关系表示观念的指导的或引导的力量,我们靠着这种力量"再潜入经验的详情细节",如果我们借助于它在被经验的对象之间建立了观念所企求的安排和联系,这个观念被证实了;它符合于它所要与之相符的事物。能够成功地引导我们达到其所意欲的东西的观念就是真的。①

马克思的"思维",在杜威这里是"观念","观念"如果仅仅停留在符合上,那不但不是自明的,也没有什么用。只有把"观念"当成一种意图(计划和方法),落实到将来的事物,才能得到检验。换句话说,"观念""思维"必须转化为动作、实验、行动,才有用。"知识论"对基础的关注却让自己丧失了鲜活的生命气息,离开了实践之后"停留在基础之上"却没有行动力的"思维",无疑自动取消了知识的名位。

拉克劳和墨菲并没有对马克思的本体论和知识论做通盘而严肃的思考,反而在后现代主义时髦思想的误导下轻易地判定马克思的相关思想为本质主义和还原主义。拉克劳对马克思的指控,其实是为了服从他的话语理论:"在马克思主义看来,资本主义的另类社会发展,完全接受了其所奠定的历史基础的过程,尽管如此,这个过程却被视为是属于资本主义自身形态的内在的矛盾发展。因此,我们所正在谈及的过程是这样的一个过程:其基本的维度早已完全被先验地决定了,作为政治构建的权威问题已经被消除了。因为如果这一分析假定,任何非资本主义的选择只是资本主义内在矛盾的结果,那么资本主义可能在一个特定链接点上采取命令的权威问题就被消除了。"②拉克劳所谓的"先验地决定"是指,马克思不加批判地从资本主义的内在规律——生产力决定生产关系——出发,认为经济基

---

① John Dewey, *What Pragmatism Means by Practical*, *The Middle Works*, Vol. 4, Southern Illinois University Press, 1977.
② 恩斯特·拉克劳:《我们时代革命的新反思》,孔明安、刘振怡译,第70页。

础支配了社会政治的运动或变革,换句话说,马克思给经济基础过度的权重,以致看不到经济之外的其他因素,特别是拉克劳和墨菲特别看中的"对抗性政治",看不到"对抗性政治"对于社会革命所具有的逻辑地位和现实功能。周凡指出了拉克劳和墨菲对马克思的有意误读:

> 我们看到,拉克劳与墨菲对经典马克思主义的"经济"范畴作了自己的特定"理解",通过这三条,他们描绘了一个纯而又纯、"自力更生"、封闭孤立、界线严格的"经济"概念——经济就是经济,里面丝毫没有政治因素,它只能影响社会其他层面,而社会的其他层面却不能介入它的王国……拉克劳与墨菲这种概括在何种程度上是马克思主义的经济概念的本真意义,尚有许多疑问。比如说,马克思对经济的研究从来就是从政治的视角来看的,即通过物与物的关系揭示人与人的关系,他把商品不是看作一个简单的"物",而是看成多种社会关系的集合体。①

拉克劳和墨菲把马克思的"经济"理解为资本主义社会形态的本质因素,其实混同了马克思曾经批判过的像配第、斯密那样的资产阶级政治经济学家。如果这样,马克思就无从区别于他们。马克思区别于他们的关键在于,资本主义的经济关系其实结成了一种社会关系和政治关系,一种建立在以财产所有权分层基础上的社会阶级分化,即社会层面,资本主义国家对这种财产所有权关系的保护,又是资产阶级政治的表现,难怪马克思、恩格斯在《共产党宣言》中说:"现代的国家政权不过是管理资产阶级的共同事务的委员会罢了。"②说马克思看中经济基础的重要地位,这并没有错,但是,由此认为马克思犯了本质主义的错误,那就意味着拉克劳和墨菲犯了时代错误。伍德曾经指出,马克思对资本主义的批判采取了特殊性的

---

① 周凡:《后马克思主义导论》,第232页。
② 《马克思恩格斯文集》第2卷,第33页。

分析方法,这种方法要求谨慎地把适用于一种社会的分析扩大到对其他社会的分析中去。拉克劳和墨菲把马克思看成是经济决定论者,根本原因在于,他们对马克思的经济分析做了狭隘的理解,从而机械地看待了"决定"这个词的含义。马克思的经济概念本身就是一种政治经济学,社会关系也镶嵌在其中。经济并不是一种简单的生产、消费、流通和分配等四个环节,这四个环节其实是以某种方式的人与人之间的多重关系来完成的。雇佣关系和剩余价值被无偿占有恰恰是生产资料所有权的结果。如果说雇佣关系是劳资双方的自愿交易,但是,契约关系却是在资产阶级国家中维系的,法权关系内嵌在生产关系之中。马克思说"物质的生产方式制约着社会生活、政治生活和精神生活的过程",并不是说,物质生产关系是唯一的自变量,而社会生活、政治生活以及精神生活作为因变量,它们之间的关系就是线性的、映射性的关系。马克思所说的"决定",也不是像提线木偶的操作一样,木偶的任何动作都在提线人的一举一动之下,而是说,狭义的经济活动在道德、宗教观念、法律观念等上层建筑的变迁过程中扮演主要作用。即使自然事物之间的因果关系都没有如此简单和纯粹,何况有人的观念和价值取向参杂其中的经济、社会、政治生活以及精神生活。马克思想要对资本主义社会做科学分析,但并不能由此得出马克思想要对整个社会的发展做机械运动一样的分析,更不能由此得出结论:马克思只抓住了事实层面,却把价值层面彻底剥离出去了。揭示资本主义必然灭亡的原因是一回事,而要认知资本主义如何灭亡则是另外一回事。前者更多的是一个事实问题,后者则同时兼具事实判断和价值选择问题。

事实上,拉克劳、墨菲并没有看清上述区分。通过比较,人们发现,罗蒂从更加专业的分析哲学层面来认定传统政治哲学预设了一种本质主义和基础主义,并在此基础上走向了实践上的还原主义,即相信政治自由主义有一种人性的基础。相对而言,拉克劳和墨菲的指控不像罗蒂那样具有哲学的深度和广度,但是,他们对经典马克思主义的拆解,却与罗蒂一样,试图达到呈现马克思的决定论和必然性的学说、重建一种新型政治哲学的目的。罗蒂试图根据私人创造和公共会话的分离、民主先于哲学的预设,构建一种经济和政治分离的自由主义政治；而拉克劳和墨菲则想推出他们的领导权政治，并顺带指出罗蒂那种分割所隐含的错误。

罗蒂的自由主义建立他的公私划界的基础上，而拉克劳和墨菲则聚焦领导权的谱系学，并以此构建他们的领导权政治。这两种思想具有统一的实质，属于典型的后现代政治学。

第二节　罗蒂的公私两分和拉克劳-墨菲的"决定论的终结"

必须弄清楚，罗蒂和拉克劳、墨菲的反本质主义与反基础主义并不是为反对而反对，而是为了建构一种新型思考政治的路径，即他们试图为人类的政治活动和政治思考提供一种新的知识。我曾经引用伍德的观点。她认为马克思在寻找一种特殊的知识，这种知识可以帮助我们全面地理解资本主义。其中最为鲜明的一点是，马克思试图把政治概念与对国民经济学家的"经济学"分析结合起来，不仅对资本主义做出了自然科学般的剖析，而且还揭示了弥漫在资本主义经济之上的国家及其意识形态外衣。罗蒂和拉克劳、墨菲没能理解马克思在哲学领域开启了实践哲学转向，也无法领悟马克思研判资本主义及其发展规律的整体性的知识学说。相反，无论是罗蒂，还是拉克劳、墨菲，都陷入了后现代碎片化知识氛围和状况而不自知。当他们指控马克思犯了还原主义错误的时候即刻暴露了自己在知识论领域的实质面相。

伍德说："对马克思来说，《资本论》论述的这一结构表明，资本主义生产的最终秘密是政治性的。他的分析与古典政治经济学最根本的区别在于：他对政治和经济两个领域的分析没有明显的非连续性，而且他之所以能够探索出这种连续性，是因为他并没有把经济本身看做是一组非物化的力量，而是把它们视为一组社会关系，就如同他对待政治领域那样。"① 罗

---

① 艾伦·梅克森斯·伍德：《民主反对资本主义——重建历史唯物主义》，吕薇洲、刘海霞等译，第21页。

第三章　后现代政治话语的路径

蒂和拉克劳、墨菲在理解马克思的问题上似乎并没有走在正确的道路上。马克思主义之于罗蒂只是一种元叙事,一种叙述了人类历史追求世俗乌托邦的"宏大叙事"①。与马克思不同,罗蒂决心在非连续性上下功夫,提出私人和公共分离的策略,从而构建他的反讽自由主义。其核心思想是,肯定资本主义的经济制度,却不认同资本主义制度制造出来的社会残酷和苦难。归结为一点就是:经济上的自由主义,政治上的保守主义。而后者不是拉克劳和墨菲所能够认同并容忍的。

接下来,我们从两个部分来讨论罗蒂和拉克劳、墨菲的政治哲学方法论。我们先来论述罗蒂的"反讽的自由主义",然后在墨菲批评罗蒂的基础上阐述墨菲和拉克劳与罗蒂的分歧,再详细论述拉克劳和墨菲的领导权政治。

一、罗蒂的公私划分及其局限

国内对罗蒂政治哲学的研究已经做得比较充分了②,为了避免知识生产的重复,推进相关领域的研究,我打算在他人没有注意或者论述不够充分的地方用力。我注意的地方或用力的地方主要围绕如下问题展开:

(1) 私人和公共是否能够真正分开?在什么意义上可以分开?
(2) 私人领域和公共领域分开与马克思的连续性(总体性)思想有何

---

① 理查德·罗蒂在《列宁主义的终结,哈维尔和社会希望》一文中至少两次直接认定马克思主义是一种元叙事。他说:"除非有一个新的元叙事话语最终取代了马克思主义元叙事话语,我们将不得不以'贪婪''自私'和'仇恨'之类的非理论而平庸的方式来规定人类苦难的根源。""不过,现在我们要么不得不提出既不触及资本主义仍然具有像马克思主义叙事同等戏剧性力量和紧迫性的某个新的元叙事,要么不得不放弃如下理念:与我们的同胞相比,我们知识分子特别擅长于在思想中把握我们的时代。"(参见理查德·罗蒂:《后形而上学希望——新实用主义社会、政治和法律哲学》,黄勇编,张国清译,第376—377页)
② 国内实用主义研究专家陈亚军在2009年出版的著作《形而上学与社会希望》中专门讨论了罗蒂的"自由主义的政治学",从三个方面展开:偶然性无处不在、公共领域和私人领域以及反讽的自由主义。开头做了一个以"野兰花和托洛茨基"为题的引子。结尾对罗蒂的政治思想做了深入的评论。参见陈亚军:《形而上学与社会希望》,南京:江苏人民出版社,2009年,第145—163页。国内同类著作还有郑维伟的《个体自由与社会团结》,该书详细地探讨了罗蒂政治思想的基本结构及其展开,后者包括女权主义、公民教育观、宗教观以及政治立场。参见郑维伟:《个体自由与社会团结》,北京:中国社会科学出版社,2015年。

关系?

(3) 罗蒂的自由主义涵盖了什么样的社会内容?

这三个问题其实反映了罗蒂一贯的知识态度和知识分类。一个基本的知识是"我是谁"和"社会是什么"。对罗蒂而言,基础主义的认知方式是有问题的,这种思想试图抓住语言之外的"实在""自我"本身来讨论人是什么。罗蒂认为对这个问题的回答,西方沿着两条道路进行,一条是柏拉图和康德的道路,另一条是尼采和弗洛伊德的道路。简略地说,第一条道路沿着"本质主义"发展,第二条道路则沿着海德格尔式的存在主义的方向奔走。本质主义道路的基本任务是揭示有关人的客观知识,按照 S 是 P 的逻辑试图发现人的本质,从而根据人的本质通过政治教化制造想要的"公民"。"按图造骥"可以很形象地说明柏拉图主义,而第二条道路则用敞开、去蔽的方式让人实现出来,就好像最好的吹笛人吹出最美妙的音乐,让笛子实现自己一样,根本不从知识的角度看待人,而有点像"去蔽存真"所表达的。尼采强调创造,而弗洛伊德更加强调自我无阻碍地发育。侧重不同,实质一致。

在罗蒂看来,柏拉图构造了实质性的灵魂官能结构:理性、欲望和意志,并把这种灵魂付之于雅典公民,即生为雅典公民就是人的目的的实现、本性的完成。在柏拉图这里公与私是不分的。柏拉图以这种方式构想他的《理想国》。康德在政治和道德问题上基本沿着柏拉图开辟的道路前进,只是在论证他的权利学说和道德学说的时候隐秘地补充了基督教教义,把理性和信仰无缝结合在一起①。从柏拉图到康德,罗蒂眼中的哲学家走的基本上都是理性主义的路子,其核心观点是:人是理性的,可以根据普遍的知识颁布实践法则,从而在政治领域推进自由主义。不同的是,柏拉图

---

① 康德说:"我们不能要求地上的宗教(在这个词的最狭隘的意义上)有一部人类的普遍历史,因为它如果是建立在纯粹的道德信仰之上的,那就不是公共的状态,而是每个人都只能独自地意识到他在纯粹的道德信仰方面取得的进步。唯有对于教会信仰来说,我们才能通过按照它的各种不同的、变幻不定的形式,把它与独一无二的、不变的、纯粹的宗教信仰进行比较,从而期望得到一种普遍的、历史的描述。"(参见康德:《单纯理性限度内的宗教》,李秋零译,北京:商务印书馆,2012 年,第 127 页)

把理性赋予了公民,而在康德那里,人的概念扩大了,而且链接人与人之关系的,除了普遍的理性之外,还添加了具有基督教因素的善良意志。个体之间的契约逐渐取代公民自备的美德来构成社会自存的机制,国家不再像希腊城邦那样成为政治生活得以可能的强大背景,而只是功能性需要的产物。这就是哈贝马斯所说的自由主义的国家观。国家外在于个体,只作弥补个体缺陷之用。

与柏拉图和康德的道路不同的是尼采和弗洛伊德想象的另一种道路。在海德格尔看来,尼采是"颠倒的柏拉图主义",因为尼采用"权力意志"取代了柏拉图的"理性灵魂"。尼采与柏拉图不一样的地方在于,自我并不消极地保持自我的同一性,即像柏拉图那样以本性为基础在城邦中实现自己的目的,这在尼采看来只是"末人"的表现。而尼采的"人"必须是不断地自我创造的、推陈出新的,痛恨循规蹈矩的。作为一个痛恨苏格拉底的哲学家,尼采对一般性的知识并不信任,他认为那是让生命进入牢笼进而萎缩的做法。一般而言,理智在于遵守,而意志在于创造。尼采显然站在意志这边。弗洛伊德对人性的理解从精神分析和心理层面切入,突出了人性的开放性,自我形象和内容获得的偶然性。罗蒂强调自我的偶然性构成及其社会性:

> 弗洛伊德告诉我们,任何东西——从一个字的发音、一片叶子的颜色,到对一张皮的触感——都可以用来将一个人的自我同一感(自我认同)加以戏剧化和具象化。因为这一类东西在个人生命中所扮演的角色,其实是过去哲学家认为可以(或至少应该)只由普遍共通的东西来扮演的。这一类东西可以把我们的一切言行所负载的盲目模糊印记加以象征化(符号化);它们表面上杂乱无章的凑合,其实都可以构成生活的基础;任何这样的凑合,都可以构成人生奉献服膺的无条件命令——这命令并不会因为(最多)只对一个人有意义而不成为无条件的。[①]

---

① 理查德·罗蒂:《偶然、反讽与团结》,徐文瑞译,第55—56页。

人性是外在构成的,并不是灵魂深处的结构先天决定的。在罗蒂看来,柏拉图和康德对人性的假定是一种没有根据的虚构,是为了某种外在目的,要么是为了城邦的正义(柏拉图),要么是为了绝对命令的普遍践行。罗蒂更加相信弗洛伊德对自我的解释。在弗洛伊德这里,实际的经验生活情节和话语片段偶然地编织了自我的身份。看似孤立的、杂乱无章的声音、动作以象征的方式构成了芜杂的自我结构,自我、本我和超我构成的结构让"人"成为偶然的存在。

除了自我是偶然的之外,在罗蒂看来,个体相信什么,信仰什么宗教,喜欢何种审美对象,接受何种形而上学,也都是私人性的。构成个体私人自我之内容的东西,在罗蒂那里可以不断地以反讽的方式加以修改和更新,就像尼采的权力意志一样,它向前创造新的自我内容。这种反讽通过语言的转换使用,自我的内容与语言的不断改写,即罗蒂所说的,通过隐喻的不断本义化实现。这些东西构成了"私人领域"。其动力来自自身,其内容来自社会。但是,个人选择何种自我形象,以何种形而上学、宗教信仰、审美习惯、生活嗜好充实自我的内容,则是私人的。来自社会的公共的命令使得自我的创造受到阻碍,甚至形成压抑的部分。个体为了连接他人,通过伪装自己,以更加曲折隐晦的方式参与社会交往。由此,他人可以理解这种经过了伪装的"私人自我",但是无权也不能改变或剥夺其层层帷幕背后的东西。一旦伪装不成功,私人的自我无法有效宣泄隐秘的能量,那么,自我就发生了病变。因此,在自我和社会要求之间存在一种永不停息的冲突。政治的、伦理的、宗教的冲突多多少少参与了这场持久的争斗。

一般而言,在认知的意义上,自我的内容通向社会,被他人所理解,成为交往的前提,政治自由主义由此发生。如果我们从知识上看待罗蒂的私人领域,即对于人性是什么,人可以相信并接受何种形而上学、哲学观点、宗教信仰、审美情趣、个人爱好等,由于他们无法进入可以公度和证实的经验领域,那就只能是一种信念,而不是一种可错的知识。我们不能说他人的信仰是错的,也不能说他人的审美倾向是错误的,同样地,对人们持何种

"性取向",也不能以是否正确或合理来衡量。这一切都不是知识的领域,根本没有社会成员之间的共通性的标准可以用来衡量它。信念是无法得到证成的,证成是给出理由和证据的过程,很显然,我持有何种信念,不是因为我的信念得到了社会和他人的赞成,而是由于我按照某种信念采取行动,得到了令自己比较满意的结果,即可能完成了生活中的某个目的。从广义知识意义上说,信念也是一种知识,是一种激发我们行动的语义网络,而且行动得到的结果还令行为者满意。因此,罗蒂所讲的私人领域不以虚构的人性和世界为基础。但这样一来,罗蒂的公共领域所从何来呢?

对于公共领域,前面已经论述,罗蒂是语言实用主义者,社会对他来说,就是运用同一种语言、同一类最后的词汇进行交往的个体所形成的关系网。在行为出现交集、语言存在交叉的地方,人们逐渐地扩大了"我们"的范围。我们具体是谁?罗蒂并没有对公共领域进行清晰的界定,只是通过列举一群与尼采、福柯、德里达不同的,更加注重社会交往而不是自我创造的思想家来说明公共领域。这与他一贯的反实在论是一致的。"社会存在"是语言构成的实在,说得明确点,是一群相信自由主义基本理念的人用他们在政治上的最后的词汇构造出来的公共空间。人们习得的语言包含两个方面,一部分用作自我形象的维系和创造,另一部分用来与他人交往。用来交往的语言承诺了社会的内容。就是说,这一类语言系统存在大量的共享项。罗蒂说,像杜威、罗尔斯就是更加侧重公共部分的人。他们对一些形而上学的前提,或者完备性的宗教和道德学说,保持"悬搁状况",把它们放在私人领域中。他们更加注重交往层面,注重在交往层面人们对何种信念和观点持赞同态度,并予以践行。公共领域的行为人优先排除自己的哲学、宗教和道德哲学对自己的互动行为的干扰,在可以公度和理解的层面,开展气氛友好的、没有外部武力、制度限制的对话。此时的"自我"根本不是社群主义者桑德尔指责的缺乏选择能力的自我,也不是尼采那种过分强调自我创造的超人。社会构成并不完全限制自我,作为"叙述中心的自

我"①具有一定的弹性空间。罗蒂说:

> 罗尔斯并不相信,为了政治理论论计,我们需要认为自己具有优于和早于历史的本质,因而他也并不同意桑德尔的这样一种观点:为了政治理论计,我们需要一种对道德主体的本性之说明。而这种说明,"在某种意义上乃是必然的而非偶然性,是先于任何特定的经验的"。我们的前辈有些可能曾经需要这样的说明,正如我们的另一些前辈可能曾经需要这样的关于其与公共的创始主的关系一样。但我们是正义首次成为其第一美德的启蒙运动的传人,因此不需要其中任何一种说明。②

启蒙运动的传人的身份肯定是习得的、历史的,偶然的,而不是认识到某种先验的人性及其理性属性的结果。那么,启蒙运动的传人自然就拥有了自由、平等、仁爱、公正等词汇,他们在实际的交往活动中,认可了一些词汇的公共用法,因此,他们拥有的词汇是公共的、相通的。他们也用这些公共词汇描述自我的想法,表达对他人的期望,以进入对话和说服活动,而不是把自己弄得像个运用反常语言的"怪人"。罗蒂认可的正常人肯定会赞成政治自由主义的系列话语。罗蒂这样描述政治自由主义社会:

> 在自由主义社会中,社会理想的实现,乃是透过说服而非武力,透过改革而非革命,透过当前语言及其他的实务之自由和开放的交往,提出新实务的建议。但这就是说,理想的自由主义社会,其目标不外乎是自由,其宗旨不外乎一种意愿,亦即愿意静观这些交往的动向,遵

---

① 罗蒂说:"非康德主义者认为,我们并不因为自己在人类中具有成员资格而自动具有一个核心的、真正的自我——一个响应理性召唤的自我。相反,他们可以赞成丹尼尔·丹尼特的见解:自我是一个叙事中心。"(参见理查德·罗蒂:《后形而上学希望——新实用主义社会、政治和法律哲学》,黄勇编,张国清译,第303页)
② 理查德·罗蒂:《后哲学文化》,黄勇编译,第165—166页。

行这些交往的结果。①

很明显,罗蒂预设了一个拥有一套公共词汇的人构成的透明的无冲突的社会,在这样的社会里,人们之间通过对话而不是对抗、通过说服而不是压服进行自由交往。

在罗蒂的批评者看来,这根本不符合历史事实,只能是罗蒂的一厢情愿。这种一厢情愿暴露了罗蒂的预设,即他在私人与公共之间划出的界线是模糊不清的,提供的理由也并不充分。陈亚军教授对罗蒂的划分提出了如下批评:"罗蒂想把一个人身上的两重身份分开来谈,认为他们之间没有必然的关系。一个人对形而上学、宗教、小说、野兰花的关注纯粹是私人的事情,和他的政治、道德倾向没有必然的联系。问题是,这种分割是否可能?从学理上说,形而上学、宗教、小说等,都是一个人所属的文化历史传统的一部分,都构成了一种公共的资源,没有四书五经、唐诗宋词、五四新文学,就没有一群特定的'私人'。'自我'之所以能成为自我,具有自我意识,恰恰是以社会的存在为前提。"②这里需要区别的是,私人领域的内容自然可以,或许一定来自公共领域,譬如他通过阅读唐诗宋词、四书五经来构成自己的审美情趣,但是,他仍然可以说自己的审美情趣是私人的,因为,其他人可能与自己的审美情趣可以不同,也可以一致,但是罗蒂所谓的私人领域,表达的是一种为我所有,他人无法干涉的占有关系。同样的,人们持何种形而上学观,信仰何种宗教或教派,也是私人领域的事情,他人不得干涉。不是说,这些形而上学、宗教信仰的内容不能来自公共的宗教仪轨和宗教经典,而是说,私人领域体现的是私人的情感和意志赋予的内容,而且是独占性的,不需要他人批准,甚至他人也无法完全理解的独特感受。一句话,人们独立的私人领域的东西可以有公共的来源,而且其源头可以是公共的,但是,人们纳入具有公共性的东西之后,可以把它们私人化。来

---

① 理查德·罗蒂:《偶然、反讽与团结》,徐文瑞译,第55—56页。
② 陈亚军:《形而上学与社会希望》,第160页。

源的公共性并不排斥拥有的私人性。比如,两个人读同样的小说,但是,可以有对小说不同的理解。作为小说是公共的,但是,不同的理解则是个人的。我们不能否认私人领域的存在,也应该尊重这种私人的权利。

之所以出现这样的批评,与罗蒂没有对此充分展开论述有关。从传统的文化历史获得的公共领域的东西不等于不能成为私人的东西,但是,私人并不是简单地复制具有公共性的唐诗宋词,一定还会对唐诗宋词做个人化的加工改造。唐诗宋词的内容是公共的,否则,它们不可能成为"唐诗宋词"。不过,每个人对唐诗宋词的感受不一定能够用语言表达出来,即命题化,但是,并不能由此否认感受的私己性。

罗蒂对公共和私人领域进行划分的问题不在这里。人们在讨论罗蒂这个划分时,一些特别要紧的东西恰好被有意无意地忽略了。这就牵涉到前面提到的第二个问题:私人领域和公共领域分开与马克思的连续性思想、总体性批判有何关系?众所周知,马克思从来都把政治和经济放在一起来考虑、分析资本主义的社会矛盾。按照马克思的社会-实践本体论,生产劳动作为重要的社会实践形式改变了人类生活的诸多方面,几乎一切活动都直接或间接地受到生产方式的影响。对经济问题、社会问题、道德问题的理解需要充分考虑复杂性因素的渗透作用。比如:马克思的经济学不是资产阶级的国民经济学,而是批判的政治经济学。其核心内容是:在人们自由交往的经济活动的背后看到人与人的社会的政治的关系。罗蒂回避的经济现象(当然还有一些更加重要的现象,譬如加缪在《人的危机》中提到母亲的艰难选择等)构成了一个尖锐的反例,可能威胁到这种划分得以成立的理由,同时这种遗漏也会带来严重的理论的和实践的后果。

令人遗憾的是,罗蒂并没有把人类重要的活动,即经济活动,究竟属于私人领域还是公共领域说清楚。有大量的证据表明,有意模糊经济活动的位置是罗蒂走向政治改良主义道路的思想基础,也是罗蒂走向经济上接受资本主义的基本制度,只顾矫正和拯救资本主义所带来的社会分化、贫穷、苦难,而不从总体上反思和批判资本主义的基本运作方式的原因。他说:"福山建议道,并且我也赞成他的建议,除了尝试通过再分配由市场共同体创造的剩余价值从而产生资产阶级民主福利国家和在那些国家公民中间平等化生活机遇以外,在左派面前已经没有别的前景可言。"①罗蒂对"经济"的忽略,看起来似乎漫不经心,实质上,他是西方自由主义经济学的信奉者。马克思眼里的这些国民经济学家们把人与人之间的交换行为看成是自然的符合人的本性的行为。这一点在孟德维尔"蜜蜂的寓言"和亚当·斯密"看不见的手"那里得到了充分的展示。质言之,古典自由主义经济学家认为行为人的经济属性是与生俱来的,譬如占有物品、生产物品、交换物品、从物品中获得效用、社会整体利益自动实现……马克思曾经批评了这种田园牧歌式的图景:

> 在社会中进行生产的个人,——因而,这些个人的一定社会性质的生产,当然是出发点。被斯密和李嘉图当作出发点的单个的孤立的猎人和渔夫,属于18世纪的缺乏想象力的虚构。这是鲁滨逊一类的故事,这类故事绝不像文化史家想象的那样,仅仅表示对过度文明的反动和要回到被误解了的自然生活中去。同样,卢梭的通过契约来建立天生独立的主体之间的关系和联系的社会契约,也不是以这种自然主义为基础的。这是假象,只是大大小小的鲁滨逊一类故事所造成的美学上的假象。②

在马克思这里,斯密和李嘉图用以分析资本主义经济的"个人"显然是一种脱离历史的抽象,即把人从复杂的历史规定和社会关系中超拔出来进行纯理论的分析,因此,斯密和李嘉图的"人"是同质的生产者和消费者,都按照自由竞争的原则从事经济活动,而且这种经济活动是符合人的天然本性的。建立在理性个人之间的自由竞争最终能够实现个人利益以及社会公共利益。

---

① 理查德·罗蒂:《后形而上学希望——新实用主义社会、政治和法律哲学》,黄勇编,张国清译,第368页。
② 《马克思恩格斯全集》第30卷,北京:人民出版社,1995年,第22页。

当然,斯密和李嘉图可能会说,这只是一种经济研究方法上的必要假设和抽象。但是,马克思肯定不会接受这样的辩护,他会直接批评这样的假设恰恰不是中性的,而是符合资产阶级的所有制诉求的。对于罗蒂来说,这样的抽象或假设,是对人的本性的某种肯定。按照罗蒂一贯的立场,自由主义在西方出现是偶然的,并不是哪位天才的思想家发现了大写的人性,并认为人之为人在于人是理性的。自由主义之所以被选择,只是因为自由主义具有比较性的优势,其优势表现在总体的功利后果上。但是,罗蒂对资本主义经济制度不加任何实质性批判,却在接受政治自由主义时毫无警觉地接受了经济自由主义。在这个最为要紧的时候,他恰到好处地忘记了自己的私人领域和公共领域的划分,没有给出资本主义经济活动到底属于何种领域的说明。尽管他没有像马克思所批评的资产阶级经济学家那样,认为自由生产和交换是自然的,看起来没有违背自己思想的前提,即不对人的本性是什么做任何先验的断定,但是,等到他觉得资本主义经济制度是最高效的生产方式的时候,就忘记了自己的前提,实际上暗中接受了本质主义的逻辑,即自由交往和交换是人的本性。

当然,我们在罗蒂的文本中找不到直接的证据。但是,当罗蒂说:

> 当我们被迫承认资产阶级民主福利国家是我们能够盼望的最好的国家的时候,隐藏于我们遗憾背后的是什么东西?如下想法是否令人感到悲伤:我们这些看重自我意识的人将不关心人类的命运?柏拉图、马克思和我们自身将只是依赖社会剩余价值生存,却对这个社会没有什么特殊共享的奇怪的人?我们对有关社会变迁内在原因之深刻理论的渴望,原来是否产生于我们对人类苦难的关切?或者它至少部分地曾经对于我们自身的重要角色的一种渴望。[①]

[①] 理查德·罗蒂:《后形而上学希望——新实用主义社会、政治和法律哲学》,黄勇编,张国清译,第370页。

第三章 后现代政治话语的路径

资产阶级民主福利国家是罗蒂承认的最好的国家,而这样的国家肯定依赖资本主义的自由经济。尽管罗蒂与经济自由主义者不同,并不那么坚决地反对国家利用权威地位进行社会财富和机会的再次分配,但是,罗蒂显然接受了自由竞争的资本主义经济及其各种变体。对罗蒂而言,虽然我们不能以经济自由主义作为政治自由主义的基础(在这一点上罗蒂不会承认自己犯了基础主义的错误),但是,他建议,如若人们接受自由主义的政治,那就理所当然地要接受资本主义的经济制度。至于两者到底是什么关系,罗蒂并没有明确论证。这样一来,罗蒂就无法妥帖地在公共和私人之间安放一个人的经济观点及其经济行为的位置。但是,对于批评罗蒂的人来说,罗蒂居然遗漏了人类重要的行为,这可能是罗蒂公私划分之所以不能成立的根本原因。在马克思那里存在连续性的经济和政治,在罗蒂这里却出现了分离。这一点恰恰是拉克劳和墨菲不能赞成的。

在《政治的回归》中墨菲直接批评了罗蒂的含混之处及其带来的后果:

> 当罗蒂把资产阶级经济关系作为自由主义的一种固有的组成部分时,同样犯了非法混合的错误。事实上,他的"自由主义"概念是极其含混的。即使他正确地分开了——就像布鲁曼伯格那样——启蒙的两个方面,即"自我确证"(这方面可以与政治规划相一致)和"自我奠基"(认识论规划),但后来罗蒂仍然将现代性的政治规划与一种既包括资本主义又包括民主的模糊的"自由主义"概念相等同了。因此,他的"后现代主义的资产阶级自由主义"完全是指"富裕的北大西洋民主国家的制度和实践"。没有为民主批评留下丝毫余地。[①]

墨菲指出,罗蒂需要在经济自由与民主之间做出区分,这种区分不但是逻辑上的,也是时间上的:

---

① 尚塔尔·墨菲:《政治的回归》,王恒、臧佩洪译,南京:江苏人民出版社,2005年,第54页。

所有这些虚假的二难困境都是在"自由主义"的名称下混杂一系列不同话语的结果。这些话语在一定背景中被放在一起表述,但它们之间并没有必然的联系。首先,为了理解政治的现代性,重要的是区别两个传统:即自由的传统和民主的传统,它们只是在 19 世纪才被联系在一起的。然后,必须把这种"政治的现代性"与资本主义生产关系占统治地位下的现代化的过程区分清楚。当然,一些自由主义者会争辩说,没有经济自由主义和自由市场经济就不可能有政治自由主义。但这只是表述了自由主义内部的一种倾向。[①]

在墨菲这里,自由的传统早于民主的传统。民主被接受至少是卢梭和密尔以后的事情,最终在美国政治的实践中以麦迪逊式有限民主,或代议共和[②]的政体展现。此后,很长时间内,民主都被认为与资本主义是连体婴儿,即资本主义必然以民主为政治形式。杜威曾经指出这种看法存在问题,因为不加控制的资本主义完全可能埋葬民主。从墨菲批评罗蒂的地方可以看出,罗蒂与杜威对民主的理解无疑存在差异。前者似乎认为民主和资产主义仿佛密切联系在一起,他的政治自由主义直接以资本主义经济为基础。由此看来,这个观点,甚至在实用主义和自由主义内部都存在不一致的地方。墨菲对罗蒂的批评揭示了罗蒂的含混和自相矛盾的地方,其实,这种批评有道理的地方在于,资本主义并不孕育民主的后果,进入托拉斯阶段的资本主义完全可以让国家成为资产阶级的代理人,从而完成对民主的隐秘颠覆。在罗蒂那里资本主义和民主是无缝对接的东西,却成为墨菲严重诘难之处。罗蒂不在公私划分那里给"经济"留出位置,由此划分留下无法彻底融洽的证据,恰恰成为拉克劳和墨菲展开话语政治批判的逻辑起点。

---

① 尚塔尔·墨菲:《政治的回归》,王恒、臧佩洪译,第 54 页。
② 在《联邦党人文集》的第六十三篇中有这样一段话:"美国之所以有异于其他共和政体者,其最可使恃之处,乃在于代议制的原则;这一原则是美国据以行动的枢纽,而据说却为其他共和政体,至少是古代的共和政体所不知的。"(参见汉密尔顿、杰伊、麦迪逊:《联邦党人文集》,程逢如、在汉、舒逊等译,北京:商务印书馆,1980 年,第 322 页)

二、拉克劳、墨菲与马克思的"历史哲学"

罗蒂表面上严格区别私人领域和公共领域,实质上依然陷入了还原主义,即经济上的资本主义蕴藏了政治上的自由主义。拉克劳和墨菲声称要拆除一切基础主义和本质主义,并直指最后的堡垒——"经济主义"。在墨菲那里,自由和民主分属两个不同的传统,自由似乎与资本主义及其市场经济紧密结合,它发端于霍布斯和洛克的有限政府理论,并在斯密的经济自由主义学说中得到了最理论化的表达。罗蒂不知不觉地接受了经济自由主义,并非法地认为市场经济带来了政治自由主义。墨菲把罗蒂这种思想表述为"后现代主义的资产阶级自由主义"[①]。资产阶级是这种政治的经济主体,就是罗蒂常说的"启蒙运动的传人",是赞成立宪民主的公民伙伴。与拉克劳和墨菲一样的是,罗蒂并没有先验地赋予资产阶级以政治主体地位,但是,既然他承认了资产阶级的经济组织形式,那么,实际上也等于认同了资产阶级的政治主体身份。在拉克劳和墨菲看来,尽管罗蒂与他们具有一致的知识论,但是,在政治上罗蒂对资产阶级民主无任何批判,而且欣然接受了,这一点在拉克劳和墨菲看来是不能接受的。拉克劳和墨菲反对罗蒂政治思想的基本理由是:任何政治主体都是霸权(hegemony)[②]斗争的结果,根本就没有天然的代理人。

拉克劳和墨菲是在为社会主义革命寻求新的战略的过程中重视领导权概念的,而领导权概念直接与拉克劳、墨菲赋予意义的马克思的"先验革命论"的决定性逻辑相对应。马克思的"先验革命逻辑"主要包括三个层

[①] 罗蒂曾经专门写过一篇题为"后现代主义资产阶级的自由主义"(Postmodernist bourgeois liberalism)的文章,里面逐一对后现代主义、布尔乔亚以及自由主义进行了解释和说明。参见 Richard Rorty, *Objectivity*, *Relativism*, *and Truth*, New York: Cambridge University Press, 1991, pp. 198 – 199。
[②] 国内对拉克劳、墨菲常用的词 hegemony 的翻译主要有两种:霸权和领导权。周凡、仰海峰大多翻译为"霸权",而孔明安和鉴传今等人把它翻译为"领导权",而且各自都给出了理由。笔者在行文中根据语境的需要采用不同的译名。

次：生产力和生产关系的总和构成了资本主义的经济基础,在资本主义经济基础那里分别占据两个对立的阶级：资产阶级和无产阶级(以生产资料的占有情况不同作为划分标准);无产阶级是资本主义生产方式培育出来的资产阶级的掘墓人,即资产阶级和无产阶级的斗争必将推动社会革命的发生。在这场革命中无产阶级将是天然的革命主体,工人阶级的先锋队及其政党,也是天然的领导力量。

拉克劳和墨菲认为,马克思的革命理论遵循的是一种必然性逻辑,一种革命必然发生、无产阶级必然成为革命主体的历史哲学[①],也就是罗蒂经常提到的那种"在人间建立世俗乌托邦的宏大叙事或元叙事"。前面已经分析,马克思的社会主义革命理论其实是一种现代性的谋划,这种谋划在拉克劳和墨菲看来存在两个问题：其一是理论上的问题,即马克思陷入的先验逻辑带来了两个后果：经济决定论和阶级还原论；其二是实践上的超越论,即马克思的革命理论似乎是普遍的历史哲学,适用于所有的历史语境和现实经验。为了既保留马克思的革命精神,又能够让社会主义革命真正发生并推进,拉克劳和墨菲提出了他的后马克思主义的激进民主策略,这种学说以"领导权"概念的谱系学检索和重构为核心。

拉克劳和墨菲从两个方面来建构他们的领导权政治：首先,他们认为,马克思给出的革命所由发生的情势并没有先验的逻辑基础和事实基础；其次,实际上影响革命发生的客观和主观因素都是领导权争夺的结果。可以把这两点归结为拆解的和构建的：一种是拆解马克思主义的革命叙事,一种是构建拉克劳和墨菲的新霸权理论。下面一段话可以成为理解拉克劳和墨菲领导权政治的主要线索：

[①] 对于马克思的历史哲学,分析马克思主义者科恩说："因为我们可以归之于马克思的,就如同不能归之于黑格尔的,不仅是一种历史哲学,而且还是一种应称为历史理论的东西,后者不是从远处对所发生的事情的一种反映式的说明,而是对于理解其内在动力的一种贡献。"(参见 G. A. 科恩：《卡尔·马克思的历史理论——一种辩护》,段忠桥译,北京：高等教育出版社,2008年,第42—43页)

第三章 后现代政治话语的路径

如果我们抛弃了终极情形的形而上学假定,承认所有的权威都是偶然的,并依赖自身偶然性的生成条件,那么,权威的问题肯定就被变换了:大众权威的建构并非意味着把绝对的权威从一种状况转到另一种状况,而是意味着要利用新错位所提供的机遇(新错位的特征在于非组织化的资本主义可以制造新的社会控制)。因此,对于民族国家的调节能力的衰落的反应不是去放弃潜能意义上的政治斗争,也不是去召唤不可能的独裁神话,而是要在一个现实的基础之上为大众斗争打开一个新空间。

所以,当前状况的新颖之处在于这一事实:链接社会智慧的节点目前并不会由社会中的一种状况替换为另一种状况,而是去化解它。错位的多样性产生了相关权威中心的多样性,因此,社会逻辑的扩展发生在外在因素不断增强的控制领域。因此,链接是由社会实践所构成。但在此情况下,错位日益支配了缺失的结构性决定的领域,正是在此程度上,由谁来链接就成了一个更为核心的问题。[①]

可以把拉克劳的这段话理解为下述问题:领导权为何会取代一元决定论而发生?领导权如何在历史和经验的话语场境下发生?换言之,什么可以成为社会主义革命的发动机制,这种发动机制如何被理解和应用在具体的历史和现实中?这样的问题以他们对马克思的如下看法为前提:马克思预设了一种简单的革命发生机制,马克思没有论证就赋予了无产阶级革命主体的地位。马克思是不是持有这么一种适用于所有国家的普遍性的历史哲学?这个问题恐怕需要慎重考虑。哈贝马斯认为在马克思那里并不存在决定性的理由,用来判断马克思持有决定论的历史决定论及其普遍适用性。他指出:

马克思的上述理论(《政治经济学批判》序言中表述的历史唯物主

---

① 恩斯特·拉克劳:《我们时代革命的新反思》,孔明安、刘振怡译,第73—74页。

义核心理论。——引者注)是在相互关联中提出的。这种关联清楚地表明,上层建筑对基础的依赖性,首先是对一个社会所处的向一个新的发展水平过渡的危机阶段而言的,不是对社会的任何一种本体论状态,而是经济结构在社会进化中所起的领导作用而言的……马克思使用基础概念,是为了给一些问题划定范围,这些问题是在解释新的进化时必然涉及到的。基础理论告诉人们,新的进化所要解决的只是那些在社会的基础领域中出现的问题。①

就是马克思本人也并不主张自己的理论具有普遍的历史和现实适用性。具体的历史的分析一直是他秉持的方法。他曾经在《给〈祖国纪事〉杂志编辑的信》中说:

> 他一定要把我关于西欧资本主义起源的历史概述彻底变成一般发展道路的历史哲学理论,一切民族,不管他们所处的历史环境如何,都注定要走这条道路,——以便最后都达到在保证社会劳动生产力高度发展的同时又保证每个生产者个人最全面的发展的这样一种经济形态。但是,我要请他原谅。(他这样做,会给我过多的荣誉,同时也会给我过多的侮辱。)②

前面我们谈到马克思的本体论的实践转向时说过,马克思并不在传统形而上学的意义上寻找历史哲学的本体,而是在现实的生产力和生产关系中理解历史变迁的机制和动因。当马克思在《政治经济学批判》序言中谈到生产力和生产关系、社会存在和社会意识时,似乎赋予了生产力决定性的地位。但是,对于生产力的"决定性"存在不同的理解。前面哈贝马斯的观点即为一例。恩格斯曾经对此做了两点补充说明:一是加入上层建筑与

---

① 尤尔根·哈贝马斯:《重建历史唯物主义》,郭官义译,北京:社会科学文献出版社,2000年,第154页。
② 《马克思恩格斯文集》第3卷,北京:人民出版社,2009年,第466页。

经济基础的相互作用，二是把"决定"理解为"归根到底"。在拉克劳和墨菲看来，马克思的"历史哲学"似乎成了一元决定论，而且具有普遍性。根据这种"一元决定论"，生产力是中性的，经济基础构成上层建筑和观念系统的自变量，前者是后者的充分必要条件。且前后现象存在一一对应的关系。由此，拉克劳和墨菲认为马克思的观点是先验的，既赋予了生产力在社会变革中的"权威"地位，又从生产力和生产关系中推论出无产阶级的"革命主体"地位。这些观点都是拉克劳和墨菲竭力反对的。为了持之有据，他们专门检索了领导权话语从卢森堡、卢卡奇、葛兰西、阿尔都塞那里脱域出来的历程，并最终导出他们自己的话语理论和社会主义事业的"新策略"。

拉克劳和墨菲首先着重拆解的是马克思的"本质主义最后的堡垒"——经济主义。与马克思"先验地"赋予经济基础的决定作用不同，他们认为：

> 经济层面要扮演领导权实践的主体必须满足三个明确的条件：第一，其运动规律必须是严格内生的，而且排除所有来自政治或其他外在于干预的不确定性——否则，构造功能不会专门归于经济。第二，在经济层面上构造的社会代表的统一和均质性，必须来自这一层面的运动规律（任何需要在经济之外重构的分裂的分散立场都被排除了）。第三，这些生产关系代表的立场必须具有历史利益，因为那些其他社会层面代表的存在——通过代表和连接的机制——必须最后在经济利益的基础上得到解释。①

仔细地阅读这一引文，不难发现，其一，在拉克劳和墨菲的眼中，马克思的经济结构（拉克劳喜欢用"经济空间"一词）是纯粹的，它与政治、道德、文化没有丝毫关系。其二，经济层面的运动必然生产出相应的行为人——

---

① 恩斯特·拉克劳、尚塔尔·墨菲：《领导权与社会主义的策略——走向激进民主政治》，鉴传今、尹树广译，第85页。

资产阶级和无产阶级,而且他们也是天然的各自结成利益共同体的成员,并愿意为共同的利益展开斗争。其实,在马克思看来,纯粹的"经济"是无法被理解的,就是被马克思用来分析资本主义的基本单元——商品,事实上也凝结了一种人与人之间的社会关系,只不过他们通过生产、交往、消费等环节体现出来。经济本身就是人的行为和活动的重要组成部分,它以组织性生产作为现代类型,而组织的基础恰好是财产所有权的社会形式和法律形式。在所有权背后躲藏的是吸血鬼和恶魔。陷入所有权对抗结构的无产阶级,其观念和行为特点无不曲折地反映所处的生产资料占有情况,尽管有些观念也会超越这些限制,甚至与支配他们的资产阶级一样,但是,其主要的观念却无法挣脱其自身的财产占有实情。因此,进入资本主义生产的不是抽象的人,也不是只具有单一观念的人。工人的行动不完全受制于经济状况,但是经济状况无疑占据核心的地位。

拉克劳和墨菲甚至没能理解马克思对资本的分析。马克思在《1844年经济学哲学手稿》中明确地说,资本其实是一种物化的劳动力。我们都知道资本主义的生产活动必须在国家提供法权保障的情况下才能顺利进行,财产关系实际上已经上升为国家与市民的政治意志关系。只不过,在康德那里,国家是所有权的先验前提[①]。而在马克思的历史唯物主义这里,国家是适用财产关系而产生出来的后天约定和委托行为的结果。马克思强调生产力对生产关系的决定作用,告诫人们了解经济基础对于上层建筑的制约作用,决不是在形而上学和本体论的层面来说的,更多的是,马克思诉诸了一种功能上的国家概念。前面已经论述,马克思曾经希望以自然

[①] "普遍立法通过对临时的我的和你的赋予法律的保护而产生了一种永久的权利,从而将公民对外在物的经验占有转化为了理智占有,由此产生了真正意义上的所有权。国家的存在因此不应被视为保障权利的单纯手段,而首先是权利的构成基础,只有在国家之中权利概念才能获得现实性。如果自然状态作为一个权利真空的状态是绝对需要的,那么进入或停留在国家状态就必须是绝对的、无条件的命令,因为只有在国家状态之中,什么是正义的,什么是合乎权利的,什么是合法的才有可能得到确定。国家的存在在此意义上构成了权利的现实性的必然性基础,它是权利上必然的。这一必然性源自于纯粹实践理性的绝对命令脱离自然状态。"(参见方博:《所有权是如何可能的——康德法哲学中的一个先验演绎》,载《世界哲学》2015年第4期,第63页)

科学的方式处理经济领域的各种变量,"揭示现代社会的经济运动规律,它还是既不能跳过也不能用法令取消自然的发展过程"[1]。但是,马克思并不完全迷信这种分析,他需要在"分析"中加入他的辩证元素[2]。

相反,拉克劳和墨菲陷入了形而上学而不自知,反而指责马克思仍然没有摆脱现代性的哲学话语。这明显是一种误解。如果不是有意的误解,那也是为了自己理论建构的需要而发明出来的拉克劳、墨菲版的"马克思"。拉克劳和墨菲曾经建议,要摧毁本质主义的最后堡垒,就要注意区别两个完全不同的问题:第一,经济空间的本质构成;第二,"涉及经济空间在社会过程的规定中外在于它本身的东西的相对重要性"[3]。在拉克劳和墨菲看来,经济空间在马克思那里是本质主义的典型。他认为马克思之所以认为"生产力是中性的",是因为马克思的科学主义使得马克思只是看到了技术(一定程度上的生产工具)这种中性的东西占据了生产力的主导因素,却看不到劳动者及其劳动力在资本主义生产过程中的地位和作用,正是劳动力让生产力的中性地位被改变、被渗透了。他们认为,在资产主义生产关系中,除了技术的变迁之外,在从事具体生产的劳动者那里正在发生一种"生产的政治学"。它表现为劳动者的生产行为和斗争行为。正是这种"生产的政治学"让经济空间不仅仅是纯粹的自然主义的行为,而是一种渗透了政治和道德甚至美学因素的复杂性行为系统,因此,生产力中性的神话被破除了,马克思的经济基础对上层建筑的一元决定论地位也随之瓦解。拉克劳和墨菲在历史和现实中看到,"生产的政治学"与资本主义的竞争和积累一道推动了资本主义危机的频发。其实,拉克劳和墨菲想要说明的是,马克思构造了以"中性的生产力"构成经济空间的神话。问题是,马克思真的构造了这样的神话吗?加拿大马克思主义研究专家艾伦·梅

---

[1]《马克思恩格斯文集》第5卷,北京:人民出版社,2009年,第10页。
[2] 马克思在《资本论》第二版跋中回应彼得堡《欧洲通报》的一篇评论时说:"这位作者先生把他称为我的实际方法的东西描述得这样恰当,并且在谈到我个人对这种方法的运用时又抱着这样的好感,那他所描述的不正是辩证方法吗?"(参见《马克思恩格斯文集》第5卷,第21页)
[3] 恩斯特·拉克劳、尚塔尔·墨菲:《领导权与社会主义的策略——走向激进民主政治》,鉴传今、尹树广译,第86页。

克斯·伍德认为,像拉克劳和墨菲这样的"马克思主义者"与只从"纯经济"看待资本主义的马克斯·韦伯一样,只看到了"经济马克思主义",而政治马克思主义在他们的视野之外。他认为,重要的是把马克思主义理解为经济马克思主义和政治马克思主义的结合体:

> "政治马克思主义"承认物质生产和生产关系的特殊性;但是,它坚持认为,不能把"基础"和"上层建筑"或一种社会形态的多个"层面"看作是分隔开的或"刚性的"相互分离的领域。不论我们在多大的程度上强调"要素"间的相互作用,这些理论实践仍然是误导的,因为它们不仅掩盖了生产方式形成的历史过程,也模糊了作为生动社会现象的生产体系在结构上的界定。
>
> 这样,"政治马克思主义"没有把基础和上层建筑的关系展现为对立的"区域"之间的区分,即一边是基础性的、"客观"的经济结构,另一边是社会的、法律的和政治的形式。相反,它把基础和上层建筑的关系看作是由社会关系及其形式构成的一个连续的结构,不同的社会关系及其形式与直接生产过程及占有之间有着不同的距离,其起点是那些构成了生产体系本身的关系及其形式。①

"生产力"从来就不是纯粹而中性的东西,它既把生产工具包括在内,同时也纳入了其他因素,比如劳动者及其观念结构。有没有纯粹的中性的生产力呢?马克思没有明确地这样说,但是,只要我们把生产力的结构考虑充分,就不难明白,并不存在中性的生产力②。这只是拉克劳和墨菲的

---

① 艾伦·梅克斯·伍德:《民主反对资本主义——重建历史唯物主义》,吕薇洲、刘海霞等译,第25—26页。
② 哈贝马斯分析了马克思的生产力概念:"生产力是由下列因素构成的:第一,在生产中进行活动者,即生产者的劳动力;第二,技术上可以使用的知识,即变成了提供生产率的手段——生产技术的知识;第三,组织知识,即有效地运用劳动力,造就劳动力和有效地协调劳动者的分工合作的知识。"(参见尤尔根·哈贝马斯:《重建历史唯物主义》,郭官义译,北京:社会科学文献出版社,2000年,第148页)

第三章 后现代政治话语的路径

发明而已。伍德所说的历史过程,其实就考虑到了,无论是生产力还是生产关系都经过了无数人类观念的浸泡,它使得那种纯而又纯的生产力根本不存在。不但自然向人生成,生产工具无疑也为人而生成。从手推磨到蒸汽机的演变中就可以完全看出这一点。当马克思在区别生产力和生产关系、经济基础和上层建筑的时候,也不是以某种本体论为前提的,而是按照社会-实践本体论来理解的。因此,所谓生产力中性只是一种解释性的理论发明而已。很明显,拉克劳、墨菲对马克思的"生产力"概念做了抽象的理解。

对于拉克劳和墨菲的"生产力中性"说,我国学者周凡批评道:"从拉克劳和墨菲论证的倾向性来看,他们既想避免一个完全自我规定的中立性生产力的形象,又想把控制形式纳入生产力之中,他们似乎没有觉察到这一两难困境。从资本逻辑之外政治、文化、伦理、生活方式的介入来看,这些影响因素当然不完全处于劳动过程之外,而从它们确实参与了生产力建构来看,它们又是其中的要素,所以一个合理的解释似乎是:控制形式及其机制既在生产力之中又在生产力之外。"[①]这里所谓的控制过程,就是指政治、文化观念等因素,它们相对于生产方式的存在和发生可能不是内在的东西,但是,对于生产过程和结果的好坏而言却又是内在的东西,笼统地说之内和之外其实没有明确的意义。

澄清了拉克劳、墨菲的"经济层面要扮演领导权实践的主体必须满足的"第一个条件,第二个条件即阶级代表的发生及其均质性问题也就不难被理解了。相应地,这些行为代表,具体而言,即工人阶级,是否有历史利益的疑问也就烟消云散了。这里有两个层次需要弄清:其一,马克思所谓的"无产阶级"是刻画资本主义生产关系中必然造就和存在的人群集合,它是一种理论上的"对象",至于这些理论上的对象是否有均质性,很显然答案就不是那么简单、唯一。作为不占有生产资料仅仅靠出卖劳动力为生的人群,很显然都是"无产的",具有同样的共同性,即无产性,但是,具有同样

---

① 周凡:《后马克思主义导论》,第238页。

无产性的个体在其他方面,譬如人格、需要、道德观念,财产、收入、能力等方面,当然千差万别。这些差别的存在不影响到他们的共同性。其二,对于历史利益的问题,我们也不能简单地从量上来看,对于处于受雇佣地位或将要受雇佣的群体来说,他们有一个共同利益,那就是他们必须接受雇佣才能获得自己的生存资料,而对于他们是否愿意实现自己的利益,对这样的利益如何评估,又如何来实现自己的利益等问题,当然可能是相同的,也可能是不同的,更多情况下当然是不同的。对于这些问题显然不是由马克思这样的历史哲学家来研究。拉克劳和墨菲由此认为马克思虚构了先验的历史主体或代理人,在我看来,这是混淆了马克思思想的层次和领域。马克思所谓的普遍主体并不是一个经验科学的概念,而是一个历史哲学的概念。在1990年出版的《我们时代革命的新反思》中拉克劳以充满后现代色彩的东西描述了他的"主体概念"的基本维度:

> 任何主体都是一神话主体。
> 主体是构成的隐喻。
> 作为铭刻表面的主体认同功能形式。
> 神话记载外表的非完满特征是社会想象构成的可能条件。①

拉克劳对"主体"的界定符合后现代的一贯逻辑。这一点可以在罗蒂的语言实用主义中找到相似的踪迹。罗蒂经常用"我们启蒙运动的传人""自由民主社会的公民"这样的词汇来表现现代/后现代社会的行为人,不像桑德尔批评罗尔斯那样纠缠形而上学意义上的"自我",或者是"无据的自我"②"无选择能力的自我"(桑德尔眼中的罗尔斯的自我观),或者是它们的反面,即镶嵌在某种特殊共同体中的"自我"(桑德尔自己的自我观)。直接描述行为人的历史和经验内容。他说:"一旦我们把我们的语言、我们

---

① 恩斯特·拉克劳:《我们时代革命的新反思》,孔明安、刘振怡译,第76—79页。
② 迈克尔·桑德尔:《自由主义与正义的局限》,万俊人译,南京:译林出版社,2004年,第31页。

的良知,和我们最崇高的希望视为偶然的产物,视为偶然产生出来的隐喻经过本义化的结果,我们便拥有了适合这理想自由主义国家公民身份的自我认同。这就是为什么这种理想国家的理想公民,会相信她的社会的创建者和保存者乃是这种诗人,而不是发现或清楚地看见世界或人类的真理的人。"① 在某一个时代人们偶然运用某种词汇从经验上铭刻他们自己,并不是哲学把有关人的本质和真相告诉了大家。换言之,就是制造替代了发现,所谓内在的本性构成"主体身份",在马克思那里是"无产阶级",在罗尔斯那里是良序社会的公民,其实以内在本性构成的"主体"只是一种拉克劳所说的"神话的主体"。罗蒂和拉克劳、墨菲的"主体"(如果罗蒂还愿意与拉克劳、墨菲一样用这个词的话)是历史生成的,是偶然出现的,换言之,即语境性的。用大家耳熟能详的话说,就是"历史选择了我们"。

这是一种完全不同于经典马克思主义的革命"主体"观。在很多研究马克思主义经典的作家那里,陷入历史客观主义的马克思似乎忘记了革命主体,即在马克思的历史哲学和革命行动中,"主体"消失了。然而,在拉克劳和墨菲这里却完全是相反的想象。他们以为马克思赋予了无产阶级超越语境的主体地位,即资产阶级天然的掘墓人(起码在《共产党宣言》中是这样的)。对于从属于资本主义阶级关系中的一极——工人阶级,马克思认为它代表了一种先进的生产力,因而具有先天的主体优势,能够领导社会革命,使得社会向无阶级的社会迈进。拉克劳认为,马克思对无产阶级的"使命赋予"没有实际的经验意义。在拉克劳和墨菲看来,马克思和恩格斯的"无产阶级"是先天地在那里等待集结号的有着共同历史利益的革命者,而事实上,无产阶级从未像人们想象的那样作为铁板一块的历史代理人出现在历史舞台上。具体地说,无产阶级,具体而言,工人阶级及其同盟军,是在实际发生的革命活动中逐步形成的,他们或许从工厂走出,也许从街道上来到,甚至以乞丐和流氓的形象出现。与具体的革命形势及其发展是语境性的一样,无产阶级的历史的革命主体的地位也是语境的。因此,

---

① 理查德·罗蒂:《偶然、反讽与团结》,徐文瑞译,第89页。

在拉克劳和墨菲看来,传统的马克思主义者,包括第二国家的考茨基及其后来的葛兰西都陷在经济决定论的先天革命逻辑中。后马克思主义研究专家西姆说:

> 拉克劳和墨菲认为,卢森堡无意中揭示了马克思主义理论核心上所存在的空白,质疑了许多马克思主义政治所依赖的阶级主体地位的观念(拉克劳以前在《马克思主义理论中的政治和意识形态》中反驳了对待马克思主义的"阶级还原论"倾向)。阶级主体地位仍然是经典马克思主义中风险最大的研究领域之一,例如,卢卡奇很快发现了所付出的代价。与大多数后结构主义的思想家一样,由于对于本质主义的偏见,拉克劳和墨菲深深怀疑固定的主体地位(我们在其他地方发现,继拉康和齐泽克之后,拉克劳为"作为匮乏主体的主体"进行了辩护)。①

作为匮乏主体的主体就是在具体语境中生成的主体,主体不是所处经济地位带来的直接阶级身份,而是多种复杂因素博弈的结果。应该说,无论在马克思所在的时代,还是当代,社会成员的身份多种多样,很难用无产阶级这样的标签标识他们所有的属性和特征。因此,发生在每个人那里的压迫、剥削、冲突,都是互相不同的,用维特根斯坦的话来说,他们只有家族相似性,而没有贯穿性的"本质"。如果把所有冲突和斗争归结为阶级斗争,那就会在政治上走向阶级还原论。根据这种阶级还原论,阶级社会所发生的任何政治斗争都是阶级矛盾的反映形式,都可以归结为阶级斗争的表达形式。安娜·史密斯说:"马克思主义传统中的还原主义倾向始终认为,所有情况下所有类型的民主要求在其本质上都基本属于资产阶级的要求。这个命题是拉克劳和墨菲批判的基本目标之一,而且他们的批评也是

---

① 斯图亚特·西姆:《后马克思主义思想史》,吕增奎、陈红译,南京:江苏人民出版社,2011年,第24页。

完全稳妥的。"①对于马克思的历史利益的代表及其获得合法性的问题,史密斯同样赞成拉克劳和墨菲:"关于民主团体中成员与领导的描述性特征,情况就更加复杂。拉克劳和墨菲正确地抛弃了关于社会代表的'真正'利益可以按照其结构定位来决定的观点。那些信奉保守主义乃至反民主价值的黑人、妇女、男同性恋者或者工人,在他们身上没有什么是'不真正的'。不必给他们灌输虚假的觉悟,我们更愿意说,激进民主多元主义者具有更高一等的道德立场和观点。"②

相对于具体不同的斗争目标而言,"无产阶级"当然不是天然的本质的主体,即不是超越时空的革命行为者。拉克劳和墨菲的批评对于这个观点而言,无疑是正确的。但是,马克思并不是在目标之外抽象地为无产阶级确定革命领导权,而是在总体目标,即社会主义革命的总体目标下,确定无产阶级的身份。就这个层面而言,拉克劳和墨菲的批评又不是那么恰当的,甚至陷入了无的放矢。对于这一点,如果我们回到实用主义的知识论,或许问题会被很好理解。按照实用主义的知识准则,对 X 的界定,离不开当下的目的和兴趣,否则就是一种先验推理。拉克劳和墨菲放弃了马克思的总体概念,理由之一是,当代资本主义的情势已经让总体革命的目标模糊了。当然,马克思的革命理论对革命主体的设定是从属于他对资本主义基本矛盾的分析的。可能在基本矛盾固定的情况下,具体的局部的矛盾和冲突也存在,但是工人和资本家的矛盾不一定都是阶级矛盾。阶级还原论确实不是一种微观理论。罗蒂之所以称马克思主义是一种元叙事,道理也在这里。可是,拉克劳和墨菲认为,这样的革命理论是一种透明的纯粹形式的革命理论,它不但无法帮助处于多样困境的人群,可能还会阻碍了一些具体问题获得暂时性的解决。认真思考我们不难发现,马克思的革命元叙事和历史哲学与拉克劳、墨菲的后马克思主义的激进民主并不是对立和

---

① 安娜·史密斯:《拉克劳和墨菲:激进民主想象》,付琼译,南京:江苏人民出版社,2011年,第124页。
② 同上书,第125页。

直接冲突的两种学说,而是两个不同层面的理论解释模型,他们不是互相替代的关系,而是互相补充的关系。马克思的阶级斗争和无产阶级革命的学说不是微观的政治理论,它不解决具体的革命如何发生的战术问题,而只是一种基于基本事实的原则性分析。而拉克劳和墨菲却对马克思的革命理论提出了战术上的要求。在我看来,那种希望发生千禧年变革的人可能会犯冒进的错误,但是,那些只愿单个问题单个解决的人,可能也会走向裹足不前的困境。

罗蒂和拉克劳、墨菲分享了共同的知识论立场,都以反对本质主义和基础主义作为自己的思想方法,在此基础上,他们提出了具体的构建政治图画的方法,前者是划分私人和公共领域,后者是瓦解马克思的经济决定论和阶级还原论。但是,拉克劳和墨菲都不能赞成罗蒂混淆资本主义经济自由主义和政治民主的保守做法,认为罗蒂的混淆使得民主批判失去了空间,从而政治也走向终结。现在我们要弄清的是,罗蒂政治自由主义的具体内容是什么?拉克劳和墨菲不满的理由是什么?他们的政治哲学到底如何构建?这是接下来的章节将要解决的基本问题。

第四章

罗蒂的政治自由主义

"经济"作为人类重要的活动,到底属于私人领域还是公共领域?抑或它并不适用于这种划分?罗蒂对此讳莫如深。但是,人们不难在他的著作和访谈中了解如下观点:罗蒂认为资本主义的市场经济是符合人类对幸福生活追求的最好经济形式,与之配套的福利国家也是最好的国家形态。换句话说,罗蒂主张,在资本主义市场经济提供巨大的社会生产力的基础上,无需激进革命,完全可以在资本主义之内进行社会财富的再分配,从而消除社会矛盾,减少人类苦难。一个没有被言明的观点是,政治自由主义只是与经济自由主义相伴随的政治框架。

但是,这个观点远不是没有争议的。从某种意义上说,墨菲对罗蒂的批评,即罗蒂混淆了政治自由主义和经济自由主义,是有道理的。罗蒂在1989年出版的《偶然、反讽与团结》中指出:"事实上,我有个预感,西方社会和政治思想也许已经完成了它所需要的最后一次观念上的革命。"[①]墨菲的批评是,罗蒂把民主传统和自由传统混淆在了一起,这种做法实际上窒息了民主批判的任何可能,即政治进步已经终结。罗蒂似乎比日裔美籍学者弗兰西斯·福山更早地提出了历史终结的观点,即自由平等和民主是人类价值领域的终极词汇,福山在1990年出版的《历史的终结和最后之人》一书中的相关表述不过是罗蒂这种观点的另一种版本。但是,我们在罗蒂所有的著作和发表的论文中似乎没有看到罗蒂对他的政治自由主义的具体内容进行有说服力的论述,只不过对自己提出的这一观点的哲学方

---

① 理查德·罗蒂:《偶然、反讽与团结》,徐文瑞译,北京:商务印书馆,2003年,第92页。引文有轻微改动,把原译"概念"变成了"观念"。后者更加适合中文的表达习惯。——引者注

法论进行了讨论。前面一章里,我曾经针对罗蒂提出了三个问题,其中第三个问题,即罗蒂自由主义的内容到底是什么,在第三章中没有得到清楚而可靠的阐述。同样的,拉克劳和墨菲政治哲学的前提,即话语理论和反还原论,已经在此前得到辨正,但是,其领导权政治的具体建构方法和内容仍然留在模糊的状态。然而,领导权政治对于拉克劳和墨菲的后马克思主义而言相当重要。

国内对罗蒂政治哲学的研究成果已经不少,我将尽量减少重复的分析或叙述,把主要笔墨花在对罗蒂"政治自由主义"和拉克劳、墨菲"领导权政治"的分析上。罗蒂的政治自由主义包括自由民主的公民如何被选中、最低纲领的自由主义如何可能,而拉克劳和墨菲的领导权政治则涵盖新的革命的多元主体由什么方式组成以及激进民主的运行机制。

第一节 反讽主义者和自由民主的公民

与启蒙运动中的狄德罗、爱尔维修、霍尔巴赫、杜尔阁等欧洲其他政治哲学家不一样,罗蒂对政治自由主义的谋划并不从认知"理性"和"自然"出发。罗蒂曾经反复批评,寻求一劳永逸解决问题的方案,实际上是追求者精神上的受虐。在罗蒂看来,那些配合和模仿伽利略-牛顿以来的自然科学的思想家,要求发现属于人的客观而可靠的知识,即从人的"自然"出发研究人,是在试图把政治思想科学化。启蒙思想家们希望由此为政治奠定牢不可破的基础。这似乎成了西欧政治生活的主流,比如霍布斯、休谟、孔迪亚克等人的梦想。不过,也有与此相反的思潮,比如伯克,他对狂热的理性主义政治的反思相当深入,传统、习惯以及约定在后者的思想中占据了核心的地位。罗蒂无疑继承了伯克的传统,从历史出发描述政治主体。

第四章　罗蒂的政治自由主义

一、反讽主义者(ironist)

皮埃尔·罗桑瓦隆这样指出17世纪欧洲人对政治和社会科学起源的分析:"关于人性的这种分析,其科学性在于为社会提供一个稳固的不可怀疑的基础。因此,霍布斯后来在《人性论》的前言中承认他吸收了伽利略的思想。休谟也同样谈到把'经验哲学用于伦理科学'(参见《人性论》卷一,第59页)。爱尔维修在《精神论》一书中写道:'我曾经认为,应该像对待其他一切科学那样对待伦理,做一次物理实验那样做一次伦理实验。'"①理解人性的自然基础,是政治建设的前提。相反,古典时代,无论是柏拉图还是亚里士多德,对人性的理解都是思辨的、抽象的,或者以某种道德目的为基础。柏拉图的理性灵魂、亚里士多德的天然政治动物,都不是近代物理学兴起之后的学者们所能够承认的观察性事实。休谟批评了那种以道德构建人的科学的做法:"我曾经认为,前人传给我们的道德哲学同他们的自然哲学一样,具有一样的不利之处,即道德哲学基本上是假设性的,依赖想象多于依赖经验。他们都是依靠他们的想象力来制定道德和幸福的准则,并不考虑人的本性,而一切伦理结论理所当然地取决于人的本性。于是我曾经决定把这种人性当作主要的研究题目,并把它看做是我提取批判的和伦理的一切真理的源泉。"②

西方现代政治学与古典政治思想一个最大的不同在于:前者对人性的理解基于自然科学报告的经验事实,而古典政治思想家对人性的界定出自一种理性思辨和道德想象。在亚里士多德那里,目的的实现是人性的完成,而目的的实现必须要在城邦中方能完成,由此可以推出一个结论:国家优先于个人,个人只有在国家中才能得到理解。这也是政治思想史上公民共和主义传统的认知起点。近代机械论世界观(受到伽利略和第谷等人

---

① 皮埃尔·罗桑瓦隆:《乌托邦资本主义——市场观念史》,杨祖功等译,北京:社会科学文献出版社,2004年,第5—6页。
② 同上书,第6—7页。

的深刻影响)影响下的政治思想家,像霍布斯和爱尔维修则认为,感觉(feeling)构成人性研究的起点。在霍布斯那里"嫌恶"和"欲求"成了两种基本的机械运动和情感事实,意识到恐惧和对恐惧的克服成为"利维坦"——主权者——所由产生的基本机制。后来,爱尔维修发挥了霍布斯的政治心理学,构想了政治立法的原则,认为政治建制必须从自利的原则——"趋利避害"——这一基本人性事实出发。霍布斯从机械的感觉心理学导出"主权者",爱尔维修的立法原则把人的行为引导向理性主义……这一切在罗蒂看来,都是一种基础主义的政治学。罗蒂说:"人类将通过要求与其同类一起参与到一些合作计划中去,而不是通过要求确立与某个非人类个体的正确关系,来规范他们的行动和信念。"①政治问题的解决并不是在这个或那个人,即个体之间,发现共通的人性事实,譬如霍布斯的"欲念"和"嫌弃",爱尔维修的"自爱",而是各个个体运用自己已有的语言进行对话,把更多看起来不同于自己的陌生人、异乡客纳入本人所在社群的范围,其关键在于语言沟通能否发生,差异是否被最大地忽略,共识能够最大地达成。罗蒂说:"拒绝考虑基础主义的最好论证,而且可能是唯一论证,是我已经提到的那个论证:这样做会更有效,因为它让我们把自己的精力集中于控制情感,集中于情感教育。那些教育使不同种类的人彼此很好地相识,从而比较不倾向于把与他们不同的那些人看做仅仅是准人类。这种情感控制的目标是扩展'我们的人种'和'像我们的人们'这样的术语的所指范围。"②

  罗蒂与霍布斯、爱尔维修等人不同。从语言实用主义出发,他认为任何对人性是什么的假定都是一种导向某一行动的信念。人们用语言符号系统构造出来的"图画"最初都是一种"隐喻",而不是对照人性事实发现的"知识"。因为没有原有的清晰的"底本"等待认知者来对照。政治问题的关键不在于对"人性是什么"的回答,而是我们用何种语言进行对话,并在

---

① 理查德·罗蒂:《后形而上学希望——新实用主义社会、政治和法律哲学》,张国清译,上海:上海译文出版社,2003年,第86页。
② 理查德·罗蒂:《真理与进步》,杨玉成译,北京:华夏出版社,2003年,第150页。

对话中形成规范和遵守规范。人类选择何种语言进行对话不是基于对"世界是什么""人性是什么""自我是什么"等问题的回答,而是我们在自己习得的语言之网中编织信念、修改信念,做出社会性的实践推理。在罗蒂那里,政治社会中人们用何种语言描述自己、用哪些词汇参与对话,构成了个人自足和社会团结的基础,与其关注"内在的人性",不如努力建设宽松的外部环境。

可以说,罗蒂几乎没有直接在他的著作中对"自由民主"这样的政治术语做出明确的界定,也没有为"自由民主的公民"提供具象化的刻画,却这样描述他心目中的政治图景:

> 总之,我的自由主义乌托邦的公民们,都会对他们道德考量所用的语言,抱持一种偶然意识,从而对他们的良知和他们的社会,也抱持相同的意识。他们都会是自由主义的反讽者(liberal-ironists),都能符合熊彼特的文明判准,能够将承诺和他们对自己的承诺的偶然意识,结合成一体。①

人们为何以自由民主等术语来描述自己的政治身份?这要结合罗蒂非常看重的概念"反讽者"来理解。"反讽者"的基本意思是,不以发现大写实在和固定的人性为基础,而以运用历史或暂时流行的词汇来描述自我的人。罗蒂说,人们接受何种语言刻画自我身份纯属偶然。就好像人一出生就是白皮肤、蓝眼睛、金发一样,也只能习得某个具体历史阶段的政治生活和政治术语,这个阶段流行何种术语,人们便使用它们来表达自己的愿望。这些词语就构成了个体的公共政治身份。事实上,在人们无法根据非历史的实在和永恒的人性来限定自己时,他只能如此。启蒙运动以来,自由、平等、博爱等成为时代的行话,自然而然地,人们把自己看成了自由民主社会的公民。这样一来,喜欢寻求深度的人就会困惑,拒绝任何超时空标准的

---

① 理查德·罗蒂:《偶然、反讽与团结》,徐文瑞译,第89—90页。

罗蒂会不会由此陷入非理性主义和"相对主义的陷阱"?① 罗蒂当然会否认。相反,为了根除哲学或形而上学在政治学中的影响,罗蒂甚至说:

> 我们提出的"自由是什么"或"自由真正意味着什么"之类的问题过于抽象,以至于对我们没有任何好处。我认为,哲学家和政治学家应该反对向着那个抽象高度趋近的诱惑。
>
> 我是桑德尔所谓的"最低纲领的自由主义者"。如他所说:"最低纲领的自由主义者使政治学摆脱了道德哲学。"又如他所说:"我们最低纲领的自由主义者赞成自由状况是政治状况,既不是哲学状况,也不是形而上学状况,所以它不依赖于关于自我本质的有争议的断言。"②

罗蒂反复强调启蒙运动以来存在两类叙事,一类是政治的,另一类是人类理智生活,即哲学的。前者并不需要向后者寻求基础。因此,罗蒂并不关心哲学或政治哲学如何定义"自由",也不对"民主"是什么做正面的描述。在《民主先于哲学》一文中,罗蒂站在桑德尔与罗尔斯之间探讨与自由主义相关的一系列问题,但是,并不纠缠形而上学和哲学基础问题。其中一个重要的工作就是,罗蒂要为罗尔斯的"自我"这个桑德尔进行了严厉批评的字眼做出实用主义的辩解。在解释这个字眼的时候,罗蒂不厌其烦地说明他的无本体论的政治学。

---

① 2002年在一次访谈中罗蒂这样解释他的"相对主义":"如果你不把相对主义看作一种主张,这主张声称有不可通约的话语——声称你不能从自己的话语解脱出来——而是把它看成这种主张,即没有什么话语有任何认识论或本体论的特权,那么相对主义的讨论还是很有意思的。因为这个主张,即你应该停止问你的观点是否是关于宇宙的观点,或它们是否符合实在固有的本质,或从认识论的角度来看,他们是否合理,是一个关于知性生活应该采取什么形式的主张。说它应该变成相对主义的显然是错误的方式,说它应该变成反绝对论者还是有一定的意义的——至少,如果你认为绝对论意味着这个观点,即正确的信条被认为是正确的,不是通过社会认同,而是通过某个大的并且非人类的东西,比如上帝或实在。"(参见理查德·罗蒂:《哲学、文学和政治》,黄宗英等译,上海:上海译文出版社,2009年,第220—221页)
② 理查德·罗蒂:《后形而上学希望——新实用主义社会、政治和法律哲学》,张国清译,第285—286页。

二、自由民主的政治身份

一般而言,在政治哲学讨论中,人们经常要回答"行为人"的问题,即主体问题。罗尔斯在《正义论》中假设了"无知之幕"之后的选择者[①]。"无知之幕之后的选择者"就是桑德尔关心的"自我",也是桑德尔批评罗尔斯的重要概念。桑德尔认为:"任何在形式上采取'我是 X、Y、Z'而非'我拥有 X、Y、Z'(在此,X、Y、Z 是欲望、目的等等)的关于自我的理论,都消弭了主体与情景之间的距离,而这一点对于一个特殊人类主体的连贯性观念而言是必要的。"[②]简言之,主体必定镶嵌在"情景"中。在桑德尔看来,"在自我的问题上,我们需要的则是一个独立于其偶然性需求和偶然目标的主体观念"[③]。桑德尔的意思是,主体概念必须在经验上得到落实。而要落实主体观念,那就必须回到具体的真实的社群中,否则只能是"空谈"或停留在"思想实验"中。倘若要落实到具体的"社群",比如东亚儒家的社群,或者英美自由主义的社群,那就必须面对实质性的地方知识:比如自由主义对个体、理性的行为选择、政府的规模和界限等做出肯定性描述,而在儒家社群中,那就得服从权威、遵守秩序、回归伦理本位等。桑德尔由此推出,倘若罗尔斯的正义理论真的要取得实践效果,那就必须把无知之幕撤除,触及放在括弧里的实质性学说,或仔细考虑罗蒂要求拒绝的"形而上学"。

然而,罗蒂却说:"我们完全可以把自我看做是无中心的、一种完全历史的偶然性。罗尔斯既不需要也不想像康德那样确定权利对于善的优先性,因而也就无需祈求一种认为自我不只是一个经验自我、不只是一个完

[①] 罗尔斯在假定处于原初状态的人时说:"这样,在通常的意义上,一个有理性的人就被设想为对他可选择的对象有一前后一贯的倾向。他根据它们如何促进他的目的的情况排列他们,遵循那个将确定他较多的欲望并具有较大成功的机会。"(参见约翰·罗尔斯:《正义论》,何怀宏、何包钢、廖申白等译,北京:中国社会科学出版社,1988 年,第 142 页)
[②] 迈克尔·桑德尔:《自由主义与正义的局限》,万俊人译,南京:译林出版社,2001 年,第 26 页。
[③] 同上。

全情境化的主体的自我理论。"[①]与桑德尔认为需要一个知识上的"自我是什么"的观念不同,罗蒂认为,没有必要刻画一个真实的知识学意义上的自我概念。实际上,自我的本质在罗蒂那里没有了固定的内容,需要时时刻刻面对反讽。唯一能够说明的是,具体的以语言形式呈现出来的信念和欲望之网构成流动的、表层的"自我"。说白了,就是"语言自我"。这切合他的语言实用主义。罗蒂向他的读者推荐的"主体"是秉承民主和自由信念的公民。自由民主等字眼是历史留给人类的公共话语,它们被正常的公民承诺,以承认它们为前提,方被允许参与公共活动,处理公共事务中的问题。

但是,罗蒂的对手会问,接受自由民主的理由是什么呢?如果没有任何说得过去的理由,岂不是糊里糊涂地被一种学说俘虏了?这确实违反直觉。但是,罗蒂与洛克、康德等人不一样。洛克的自然状态理论暗中承认了"上帝造人"的观念;康德的"善良意志"至少许诺了道德本体论。洛克和康德的理论,在罗蒂看来,都意味着对上帝的承认,或对世俗人性的发现,而他自己坚持从偶然性的话语实践出发,只在当下人们实际的生活形式和词汇那里寻找"行为人",塑造"自我形象"。

那些反对残酷对待的人,那些主张以对话而不以对抗解决问题的人,就是罗蒂对现代社会自由民主之公民的想象。不要指望在这些词汇背后能够发现更加自足的、基础性的东西,并用它来解释为什么不能残酷对待,为什么要参与对话而不能诉诸武力解决问题。读者很容易觉察罗蒂这样的认定是任意的,赋予自由民主之公共政治话语这样的仅仅具有"相对主义"地位的东西以普遍的地位,却没有提供判决性的理由。因此,罗蒂的论证无法令人信服。

当然,罗蒂并不完全放弃自辩,他的辩护策略是迂回的。在调和桑德尔和罗尔斯之争的论述中,罗蒂简略地提到了桑德尔对罗尔斯的思想实验的部分描述。根据罗蒂的看法,罗尔斯不再在哲学本体论上讨论自我的概

---

① 理查德·罗蒂:《后哲学文化》,黄勇编译,上海:上海译文出版社,2004年,第174—175页。

第四章 罗蒂的政治自由主义

念,而只是在政治学和社会学的角度讨论自我问题,罗尔斯的"自我"本质上就是接受了自由民主价值观的有正义感的秩序良好社会的公民。后来,罗尔斯在《政治自由主义》中呼应了罗蒂的观点:

> 为达此目的,人们在通常情况下所欲求的是,我们在对有争议的基本政治问题的讨论中,习惯于使用的那些完备性学说断定和道德观点应该让位于公共生活。公共理性——亦即公民在有关宪法根本和基本正义问题的公共论坛上所使用的推理理性——现在最好由一种政治观点来引导,该政治观念的原则和价值是全体公民能够认可的。这也就是说,该政治观念将是政治的,而不是形而上学的。
>
> 这样一来,政治自由主义的目的,也就是寻求一种作为独立观点的政治正义观念。它不提供任何超出该政治观念本身所蕴涵的特殊形而上学或认识论学说。①

而这一点恰恰是桑德尔极力反对的。桑德尔认为,只是声明自己的学说悬搁了一切形而上学、宗教、道德学说(完备性学说)的前提,只是逃避问题而不是解决问题。在桑德尔看来,正是在被罗尔斯悬搁的"完备性学说"中可能隐藏了真实的"自我"。桑德尔还认为,罗蒂为罗尔斯的辩护,其实把罗尔斯导向了一种实用主义的"自我观",它只是漂浮在语言的能指中,偶然性让"自我"失去了固定的意义。如果分分秒秒都在蜕皮,那么,蛇在哪里?与偶然性相对的并不是必然性,而是稳定性。然而,罗蒂认为,不用担心失去了"本质"的自我,放弃哲学上对自我本质的追问,损失并不会像桑德尔想象的那么大。下面这段话表明了罗蒂的立场:

> 那些持杜威实用主义的人会说,自由民主需要一种哲学说明,但

---

① 约翰·罗尔斯:《政治自由主义》,万俊人译,南京:译林出版社,2000年,第10页。有轻微改动,把"形上学"改成了"形而上学"。——引者注

无需任何哲学的基础。根据这一观点,自由民主的哲学家可能想提出一种与他或她所尊敬的制度相符合的关于人的自我的学说。但这样一位哲学家在此并不是在用某种更基本的前提来为这种制度辩护,而是正好相反:他或她在把政治置于优先地位时使哲学与之相适合。①

"政治"被置于优先地位,然后"哲学"与之相适应。这个观点是什么意思?其要点是不是这样的:政治生活是原发性的,而政治哲学只是一种可有可无的解释。按照罗蒂的逻辑,政治哲学家们,比如柏拉图、洛克,并不能以自己认可的哲学为现实的政治生活提供规范,只能等待一个时代走向黄昏时发出感叹,或仅仅给出貌似合理的解释。用罗蒂的话说,哲学只是政治的好仆人、坏主人。罗蒂甚至说:"柏拉图主义把真理看作是对罗尔斯称为'先于并给予我们的一种秩序'的把握。这样的真理是与民主政治风马牛不相及的。因此,如果哲学是对这样一种秩序和人性的关系的解释,那么,它与民主政治同样是毫不相干的。当两者发生冲突时,民主先于哲学。"②政治活动把哲学挤到可有可无的地位,就像罗蒂想要达到的目标,哲学只是私人的问题,跟抒情诗一样,表达了隐私、宣泄了个人激情而已。

这里隐藏着一种危险:罗蒂在自由民主背后找不到基础,就意味着自由民主被接受下来只是由于个人碰巧有这样的癖好,或者,最多是基于比较后,人们发现,自由民主这样的词汇比较好用,以其为指导观念的制度及其运行带来了较好的效果。如果诉诸这样的后果来论证,有没有可能出现对后果的评价莫衷一是的状况?难道真的在找不到可靠的人性知识之后,人们一定会滑向偶然和任意的个人反讽?罗蒂的论述是否犯下了"虚假两难"的错误?或者就像罗蒂曾经所说的那样,接受自由民主不可能避免循环论证的路径?看来,除非罗蒂能够对他的"公共领域"做出有力的论证,这些问题终究得不到答案。因此,接下来,我们需要讨论罗蒂的政治主张,

---

① 理查德·罗蒂:《后哲学文化》,黄勇编译,第160—161页。
② 同上书,第179页。

即最低纲领的或政治自由主义。

第二节　最低纲领的自由主义及其局限

罗蒂的启蒙运动的传人是历史培育出来的,在实际的政治生活中,人们偶然获得了自由、平等、公正等公共词汇。但是,罗蒂留给我们的印象却是模糊不清的论证。我们再来看罗蒂对自由主义的分析,希望能从另一个维度明白罗蒂此前的观点。

一、自由主义凭什么被选中

罗蒂对自由主义的论证依然采取了间接的方法。他从引述桑德尔对伯林的批评开始:

> 如果一个人的信念只是相对地有效,为什么坚定不移地捍卫这些信念呢?伯林假定的道德宇宙具有悲剧性的构造,问题是,自由理想难道不也和其他相竞的理想一样,都要受到价值的终极不可共量性的约束?若如此,为什么自由理想具有优越的地位?而如果自由不具有道德上的优越地位,如果它只是众多价值之一,什么可以支持自由主义?①

桑德尔对伯林的批判主要针对两点:(1)存在包括自由信念在内的多元的不可通约的价值;(2)自由主义作为价值为何具有道德上的优势进而被选中。桑德尔对(1)的批评是结合(2)进行的。根据伯林的看法,价值之间存在悲剧性的冲突,比如自古忠孝难以两全、自由与平等的冲突,得到一

---

① 理查德·罗蒂:《偶然、反讽与团结》,徐文瑞译,第 70 页。原文出自 Michael Sandel, *Liberalism and Its Critics*, New York: New York University Press, 1984, p. 8。建议把 incommensurability 翻译为"不可通约性",更加符合中国学界的共识。——引者注

个必须牺牲另一个。价值之间为什么存在冲突,那是因为不可通约性的存在,就是说,不能在相互冲突的价值之外找到能够作为分母通约、衡量两个彼此冲突之价值的更高的价值标准,然后按照更高的价值对它们进行排序,这样一来,各得其位,冲突不再。桑德尔的第二层批评接踵而来:既然自由主义并不能够根据更高的价值信念得到衡量,从而获得相对于其他"主义",譬如社群主义的道德优势,那么,我们有什么可靠的理由选择自由主义?换言之,相对有效的自由主义凭什么获得压倒性的优势呢?为了辨明自由主义,罗蒂回到了维特根斯坦主义和历史主义:

> 这种对自由主义证成的看法,其实是从维特根斯坦那里引申出来的。因为维特根斯坦坚持,所有的词汇——有些甚至含有我们最为重视的、与我们的自我描述最息息相关的字词——都是人类所创造,都是人类创作诸如诗歌、乌托邦社会、科学理论,以及未来世代等作品所使用的工具。事实上,以历史的比较来为自由主义社会提供充分理据,或证成自由主义社会,就是把自由主义的修辞建筑在维特根斯坦的这个想法上……①

很明显,罗蒂建议大家接受历史的比较方法为自由主义社会提供理据。而在罗蒂看来,"桑德尔在提出这些问题时,预设了启蒙运动理性主义的语汇"②。前面已经论述,罗蒂划分了私人领域和公共领域,谈到了两个启蒙的故事:政治故事和哲学故事。由此,罗蒂指责桑德尔把两者混淆起来了,即试图以启蒙理性主义这类私人的哲学话语为政治提供普遍主义的论证。罗蒂的意思是,桑德尔之所以有那样的批评,是因为桑德尔接受了普遍主义的非历史主义的话语。倘若不接受这样的话语,那么,桑德尔担心的问题根本就不相干了。通过排除的方法,问题就可以得到解决吗?罗

---

① 理查德·罗蒂:《偶然、反讽与团结》,徐文瑞译,第79页。
② 同上书,第70页。

第四章　罗蒂的政治自由主义

蒂会面对如下诘难：罗蒂有什么决定性的理由把桑德尔的问题予以排除呢？如果是个人性的理由，那又如何具有效力？如果不是个人性的，那就得是普遍性的，罗蒂不承认哲学上的普遍主义，那么，他能够接受何种普遍性呢？

根据罗蒂对桑德尔的批评的理解，如果自由主义只是相对的有效，为何是它而不是别的意识形态被选择？其潜在的意思是，那些接受相对有效的自由主义的人哪里来的勇气呢？这个观点预设了如下观点：只有绝对有效性的东西才让人们有勇气选中它。但是，罗蒂认为，恰恰相反，接受绝对有效性的信念不需要勇气：

> 绝对有效性将只局限于日常的老生常谈、基本的数学真理等——没有人想要争论这类信念，因为他们既不具有争议性，且对个人的自我认同或生命的目标也非极具重要性。那些对个人自我意象具有重要性的信念，其所以重要乃是因为它们的存在与否，系区别好人与坏人的判准，区分个人想要成为的人与不想成为的人的判准。凡是对任何人而言都具备充分理由的信念，其实都是无关紧要的。维系这种信念，并不需要"坚定不移的勇气"。①

很明显，罗蒂认为接受非绝对有效性的信念才需要勇气。罗蒂似乎把接受某种学说或信念的理由带入了经验心理的范围。这却不是桑德尔愿意看到的。在桑德尔看来，作为进入公共领域的对话，相信并接受某种政治信念必须要具备理性主义的头脑。否则，对话将以比谁的声音大、肌肉比较发达而结束。但是，罗蒂对此却有独到的看法。一般而言，倘若不纯然是理论沉思，涉及实践，人们采取某种行动往往基于各种条件。有时可能具备充分理由，有时可能并没有什么把握。还有一种可能，即使我们有理性的依据却仍然无法采取行动，能够采取行动，恰恰是"盲目的"。罗蒂

---

① 理查德·罗蒂：《偶然、反讽与团结》，徐文瑞译，第71页。

与伯林一样赞成熊彼特的观点。他说:"文明人与野蛮人的差异,在于前者了解到个人信念只是具有相对的有效性,但却能够坚定不移地捍卫这些信念。"罗蒂认为:"熊彼特的这个主张——乃是文明人的标志——用我这儿发展的术语说,就是声明:20世纪自由主义社会已经产生愈来愈多的人,能够承认他们用来陈述最崇高希望的词汇,乃是偶然的——他们的良知乃是偶然的——但却还对他们的良知忠贞不二。"①

罗蒂要求桑德尔抛弃对"理性的信念"和"由原因而非理由所得到的信念"之间的区别。罗蒂认为我们根本无法在公共领域达成所谓基于"理性的信念",就是说,理性的信念来自哲学的私人领域,它们无法被公共领域的对话所征用,否则就会越界。桑德尔不会接受罗蒂这种任意的划分。如果仅仅停留在这里,预计罗蒂和桑德尔谁也不能说服谁。当然,罗蒂理应给出更加合理的论证。

其实,罗蒂没有给出更强的理由,是因为他对历史效用标准的运用。他认为诉诸效用标准能够比较容易地在公共领域达成一致。这也符合他一贯的语言实用主义思想。运用某种语言或标准,就是采取某种具体的行动,不同的行动自然会带来不同的结果。对结果的差异的认定相对容易达成一致性的看法。自由主义的信念,按照自由主义的信念设计的社会运行规则,到目前为止,增益了大多数人的效用,因此,可以接受自由主义。对效用的认定,在很多领域内,可以更好地运用大家都有共识的标准,比如,更多能够满足我们的财富、更多行动方案的选择。这些东西适用于大多数人。公共领域里制度或政策的评估自然得根据效用来衡量,它无法满足任一私人的独特偏好。倘若某人坚持按照自己的偏好行事,根据罗蒂的看法,他就已经在采用反常的话语,基本上成了反常的人,将会自动退出公共领域。

罗蒂强调政治公共领域有其适用的规则。譬如,在《民主先于哲学》一文中,他的"民主"其实是"政治"。所谓民主先于哲学,就是说,在公共领

---

① 理查德·罗蒂:《偶然、反讽与团结》,徐文瑞译,第69页。

第四章 罗蒂的政治自由主义

域,我们先放弃自我是什么的形而上学追问,而直接运用我们共享的公共词汇,进行文化政治学的对话和讨论。不过,为何人们会按照罗蒂描述的方式讨论,即无需借助任何私人领域的话语,却能够达成共识,接受自由民主的政治模式呢?换言之,罗蒂依照什么向我们推荐他的最低纲领的自由主义呢?如果不想陷入思想逻辑上的矛盾,除非罗蒂赋予他的"自由民主的公民"以独特的理解。可是,罗蒂没有这样做,更多的时候他使用的词汇是"反讽的自由主义者""后现代资产阶级的自由主义者"等。可以判定,罗蒂为了贯彻他的协同性(一致性),不得不在知识论问题上跌入认知行为主义,在公共领域的讨论上回到实用主义。

罗蒂无法为读者描述他的自由民主的政治学,却似乎陷入了如下循环论证的泥淖:因为是启蒙运动的传人,所以是自由民主的公民;因为是自由民主的公民,所以是启蒙运动的传人。之所以出现这种论证上的循环,原因之一是,启蒙运动的真实意蕴在罗蒂那里被掩盖了。罗蒂从未真正理解启蒙运动以来西方政治思想家对政治主题,譬如,主权、契约、政府、国家等的讨论,这些政治主题基本上在罗蒂的视野之外。霍布斯的政治心理学、孟德斯鸠对权力的经典阐释、康德对道德权利理论的哲学论证,都被罗蒂当成了一种私人领域的故事。

在没有认真思考现代政治学的基本论题的情况下,罗蒂却非常自信地认为,存在两类叙事,一类是哲学的,一类是政治的。相对而言,哲学上概念的变化比较迅速,而政治领域发生的变动则比较缓慢[①]。罗蒂这样的区别,实际上使得公共领域的内容失去了形象,也断绝了自我创新的资源。根本原因是,罗蒂在私人领域与公共领域之间划出了僵硬的界线。就算承认私人领域和公共领域存在联系,罗蒂也没有明确地说出,在他的组成"公民"概念的语汇中哪些属于公共的部分,它能够构成与他人进行交通的基

[①] 罗蒂认为人类进步分两条道路,其一是理智进步,以知识分子的世界观探讨为主要内容,其二是普通群众争取解放的政治进步。他说:"政治学是漫长的,而哲学相对地是短暂的。创造一个没有暴行的世界的渴望比任何一个哲学观念都要深刻而持久。"(参见理查德·罗蒂:《后形而上学希望——新实用主义社会、政治和法律哲学》,黄勇编,张国清译,第118页)

础。为此,他不得不面对批评者的如下问题:在私人领域,行为人以反讽和自我创造的方法塑造自我形象,它如何扩展到公共领域,产生公众的政治形象?根据罗蒂的逻辑,这种私人领域的自我再描述似乎无关乎公共空间,那么,公共空间对话的资源又来自哪里?不能说罗蒂没有思考这个问题,而是罗蒂的思维方式让自己和读者陷入了困境。

为了避免自己陷入此前批评的政治基础主义,罗蒂小心翼翼地选择了迂回的策略,其一,他要求放弃政治基础主义常用的词汇,不再寻求社会团结的永恒的人性或利益基础;其二,从否定的入口进入对自由主义的界定,即以反对任何形式的残酷对待、减少实际发生的残酷为目的。对于第一条策略,罗蒂按照他的公私两分的方法给他心目中的思想家进行分类:马克思、杜威、罗尔斯、哈贝马斯属于拒绝形而上学假定的政治思想家,而尼采、福柯则仍然在政治领域预设某种"人性",前者为"权力意志",后者为"真实的自我"。罗蒂向我们推荐的是第一类政治思想家,尽管他对哈贝马斯的交互理性隐藏的形而上学残余仍有不满。对于政治主体,罗蒂向我们推荐"反讽主义者"(ironist)。反讽主义者,是罗蒂认为的自由民主社会中公民应有的身份,具有三个特点:(1)由于她深为其他语汇——她所邂逅的人或书籍所用的终极语汇——所感动,因此她对自己目前使用的终极语汇,抱持着彻底、持续不断的质疑;(2)她知道以她现有的语汇所构造出来的论证,既无法支持,亦无法消解此类质疑;(3)当她对她的处境做哲学思考时,她不认为她的语汇比任何其他语汇更接近实有,也不认为她的语汇接触到了在她之外的任何力量[①]。实际上,罗蒂相信的存在于自由民主社会的行为人,是一种没有任何实质内容依托的"空心人",除了可知的语言符号之外,她无从被理解。这恰恰是罗蒂的语言实在论在政治哲学上的运用。行为人,或者说政治主体,就是语言构造的实在,罗蒂的反讽主义者就是无本体的神话,具体落实在自由民主的社会中,她就是相信"残酷是最坏的事"的人,其政治身份就是以对话代替对抗、以宽容取代排斥异己的公民。接

[①] 理查德·罗蒂:《偶然、反讽与团结》,徐文瑞译,第 106 页。

第四章　罗蒂的政治自由主义

受并运用这一套语汇进行公共活动的人就是一个民主共同体的合格成员，否则就不是。如下引文最能体现罗蒂对自由民主社会中公民身份的刻画：

> 相对的，反讽主义者是一位唯名论者，也是一位历史主义者。她认为像"公正的"，或"科学的"，或"理性的"等词语在当前的终极词汇中出现，并不保证对正义、科学或理性进行苏格拉底式的探讨，会极大地超越当今的语言游戏。反讽主义者花时间担心她是不是可能加入了错误的部落，被教了错误的语言游戏。她担心，给他一个语言并使她变成人类的社会化过程，也许已经给了她错误的语言，从而使她变成了错误的人类。不过，她无法给出一个对错的判准，所以，她愈是被迫利用哲学词语来陈述自己的处境，就愈持续不断地使用诸如"世界观""观点""辩证法""概念构架""历史时代""语言游戏""再描述""语汇"和"反讽"等词语，来提醒自己的无根性。①

罗蒂的自由民主社会中的公民不是霍布斯笔下的恐惧者，也不是卢梭描述的积极的人民主权者，更不是康德设定的具有良善意志的人。在政治行为人的构想上，罗蒂拒绝了任何对内在人性知识的预设，主张"无根基"的政治文化。"反讽主义者"，即罗蒂给我们许诺的"启蒙运动的传人""自由民主社会中的公民"……似乎漂浮在他拥有的最终词汇的海洋中。对于这一点，埃尔叙坦评论道：

> 罗蒂的讽刺者是孤立的和自闭的，打了一场文字战争。同对付这个更加厚实的活生生的生活的实在相比，即同对付我没有创造和控制的世界的密度和难以控制性相比，以动荡的名义来稳定这个世界乃是容易得多了。罗蒂把他的讽刺的我放入私人的自我创造这种茧状物内，可是他清楚地赞同和要服务于自由民主社会，因为"我们自由主义

---

① 理查德·罗蒂：《偶然、反讽与团结》，徐文瑞译，第107—108页。

讽刺者"把讽刺这种特征构造为一种松散的社群形式。在罗蒂的论证内,到处都是从私人到公共,从公共到私人,若是如此,那么我们可以公正地请他回答,对于非讽刺者以教条主义确定性的方式所铸造出来的东西来说,他的反讽论到底是稳定这种形式,还是颠覆它并使其变得有问题呢?①

罗蒂试图把"反讽主义者"和"启蒙运动的传人"或"自由民主社会中的公民"连接起来,就是说,像杜威、哈贝马斯、罗尔斯和他本人那样的人,可以在私人领域做一个反讽主义者,即具有自己的宗教观念、形而上学立场以及审美趣味,在这个领域内他还可以不断地运用再描述的方法创造新的自我形象,具体而言,更新自己的哲学观念、宗教观念以及审美趣味,而且,这种私人领域持有各种观念的人也能够进入并参与公共领域的活动,相信自由民主的政治形式,按照公共领域的规则进行协商和对话,而那些独特的私人领域中的东西一点都不会妨碍或阻止公共商谈。简言之,具有像罗尔斯所说的"完备性学说"的反讽主义者可以同时具备公共的政治和社会政策观念。很明显,这是一幅美妙的图画。遗憾的是,罗蒂并没有像罗尔斯那样给我们更多的论证细节,只是在如下两个方面进行了叙述:(1)自由主义的建设无需追问自我的本质是什么、对话的理想状是什么,而是要关注外部条件和制度的建设;(2)自由主义的基本可控目标是减少残酷,不要虐待,却不必要把人引上幸福之路。

二、最低纲领的自由主义及其局限

由于想要避免陷入基础主义和本质主义,罗蒂尽量避免用正面描述的方法给自由民主中的公民下定义,同样地,自由主义的标准含义在罗蒂的

---

① 查尔斯·吉尼翁、大卫·希利主编:《理查德·罗蒂》,朱新民译,上海:复旦大学出版社,2011年,第159页。

第四章 罗蒂的政治自由主义

叙述或论证中也没有明确出现,但是,间接的界定还是大量存在的。我们先看罗蒂的如下论述:

> 依我之见,在理想的自由主义政治中,文化英雄是布鲁姆的强健诗人,而不是武士、祭师、圣人,或追求真理的"合乎逻辑的""客观的科学家"。这样文化将摆脱启蒙运动的语汇,亦即桑德尔对伯林的质疑中所预设的语汇;因而也不会再被所谓相对主义和非理性主义的幽灵侵扰。这种文化不会假定,文化生活的形式不比其哲学基础强而有力;相反地,这种文化根本抛弃所谓哲学基础的想法,而认为自由主义社会的证成,只是把它和其他关于社会组织的尝试——过去的以及乌托邦主义者所设想的——加以历史的比较。①

在罗蒂这里,自由主义社会的基本品质是一个不能以绝对知识来主宰公民之间对话的社会,相反,每个行为人都得对自己拥有的信念保持暂时性的看法,并且时刻准备在对话中修改甚至放弃自己的既有的观念和信念。没有一种超越历史的永恒的观念作为绝对的标准帮助我们一劳永逸地解决问题。因此,任何公民都应该以一种开放的心态面对自己和他人用来组成信念之网的语汇。容忍他人有权利表达自己的观点,持有自己的观点;尊重并同意他人有权为自己的观点进行辩护。在公共生活中,除了通过对话达到话语共同体之内的"共识"以外,任何人不能以任何先天的权威出现,声称自己独占了真理,并向他的同胞发布诫命。自由民主的社会是对话优先于独断的社会。罗蒂强调:

> 自由主义者设法避免的正是这种以逻辑来统治而视修辞为非法的社会。自由主义社会的核心概念是:若只是涉及言论而不涉及行动,只用说服而不用暴力,则一切都行(anything goes),其所以要培养

---

① 理查德·罗蒂:《偶然、反讽与团结》,徐文瑞译,第79页。

这种开放的心胸,不是因为《圣经》教导我们真理是伟大的且将战胜一切,也不是因为,如弥尔顿所建议的,在自由而开放的对抗中,真理必然得胜。这种开放的胸襟之所以要培养,应该以它自身为目的。所谓自由主义社会,就是不论这种自由开放的对抗结果是什么,它都赞成称之为"真理"。这就是为什么企图为自由主义社会提供"哲学的基础",其实并不适合自由主义社会。因为企图提供这类基础,等于假定了主题和论证具有一种自然秩序,这自然秩序既优越于新旧语汇的对抗,也凌驾于这种对抗的结果。①

罗蒂认为,使用能让对方听得懂的语言进行对话,对自己的对话伙伴和文化同伴负责,而不是对文化同伴或对话伙伴之外的世界本身、上帝负责,是民主社会中的人们获得了启蒙、变得成熟的一个标志。因为人类不再诉诸救世主和神灵,只相信自己的信念能够通过对话的方式在共同体内达成一致。因此,罗蒂所谓的自由和民主,就是一种后神学文化和后哲学文化之中的世俗的自由民主。这里的自由就是人人都应该有平等的身份试验自己的观点,并有同样的机会让自己的生活方式得到展示和实现。罗蒂说:"换言之,我们必须放弃人人将以理性取代激情或幻象的希望,转而希冀个人独特的幻想得以实现的机会可以平等化。"②这就是罗蒂理解的自由、民主和平等。他的自由是自我创造并有机会表达自己的信念和欲望的自由,而民主则是人人都有机会参与公共领域的对话,让自己的声音能够在他人那里得到考虑,或者受到关注,这样一来,其平等的含义也就不言而喻:有平等的机会实现自己独特的构想。

罗蒂建议不要在人的内部寻找普遍性的东西作为人类各个种族团结的基础。与哈贝马斯和福柯都不同,罗蒂强调外部条件,包括经济发展水平和富裕程度,对于人们宽容和同情心得到培育的重要意义。前面已经提

---

① 理查德·罗蒂:《偶然、反讽与团结》,徐文瑞译,第77—78页。
② 同上。

第四章 罗蒂的政治自由主义

到,罗蒂基本认可资本主义的基本制度。他认为在更有效的制度安排被设计出来之前,人类应该相信目前的制度是相对较好的,因为它可以让人类社会的组织形式在利用资源和创造财富上具有明显的优势。罗蒂说:

> 基础主义者认为这些人被剥夺了真理,被剥夺了道德知识。不过,我们最好把他们看做是被剥夺了两种具体的东西:安全和同情。这种看法更加具体、更加明确,对可能的补救而言更具有启发性。用"安全"这个词,我的意思是足以摆脱危险的生活条件,使某人与他人之间的差别对于他们的自尊和价值感而言成为无足轻重的东西。北美人和欧洲人——虚构人权文化的人们——比任何其他人都更多地享有这些条件。……安全和同情伴随发生,由于相同的理由,和平与经济的生产率伴随发生。情况越是艰难,你不得不惧怕的东西就越多;你的状况越是危险,你可能就没有时间和精力来考虑与你并不发生直接联系的人们的情况。情感教育只能对能够充分放松以倾听他人声音的人起作用。①

罗蒂认为人们对别人的命运予以关注,不是因为他们认识到了共同的人性或他们具有理性,而是因为在富裕的经济条件下,安全感得到了极大的提高,因此,敏感性和同情心随之增长。经济水平与社会正义、和谐息息相关。这一观点挑战了传统自由主义对抽象的契约主义的重视。传统自由主义的重要内涵之一就是理性主义的,它表现为通过理性制定个体行为的规则,并按照利益最大化的原则安排国家或政府的规模,从而最大化个人行动的范围。然而,罗蒂认为,在自由主义的事业中,理性其实并没有那么重要,相反,与理性相对应的情感和想象力反而起着更大的作用。

对于自由主义社会外部条件的建设,罗蒂还考虑到使对话得以充分进行的制度设施。与哈贝马斯强调以"交互理性"取代康德的"独白理性"不

---

① 理查德·罗蒂:《真理与进步》,杨玉成译,第154页。

同,罗蒂认为与其追求无宰制条件下的理想对话,还不如在文化设施和制度上做出安排：

> 不过,哈贝马斯对于这两种恐惧的反应是一样的。他认为,如果对于公共制度和政策的变革,其决定都是透过无宰制的沟通过程来完成,那么由前两方面而来的危险便可避免。在我看来,这相当不错地重述了传统自由主义的主张,即认为避免社会制度基础不断残酷下去的唯一法门,就是完善我们的教育品质、新闻自由、教育机会增加、发挥政治影响的机会,等等。①

这些东西都是自由主义得以实现的外部条件。罗蒂似乎认为,富足、闲暇、和平的生活是经济自由的变量,而宽容、平等、自由则是富足、闲暇、和平的变量。他并不追溯制度建立的理性条件,因此,自霍布斯、洛克、斯密以来的契约主义和理性主义传统对人没有任何影响。他甚至认为：

> 将理想自由主义社会结合在一起的社会凝结剂,只不过是一种共识——相信社会组织的目的,在于让每个人都有机会尽情地发挥他或她的能力从事自我创造,而且这个目的所要求的除了和平和财富之外,还有标准的布尔乔亚式的自由。这些信念并不建立在诸如人类普遍共同追求的目标,或人权、或理性的本性,人类的福利,或任何其他东西的观念上。这些信念的真正深刻的基础其实是历史的,也就是说,历史事实告诉我们,少了布尔乔亚自由主义社会制度的保护,人们会比较不能实现他们私人的救赎,创造他们私人的自我意向,或按照他们所邂逅的新人和新书来重新编织他们自己的信念与欲望之网。②

---

① 理查德·罗蒂：《偶然、反讽与团结》,第 95 页。
② 同上书,第 120 页。

第四章　罗蒂的政治自由主义

资产阶级的自由主义制度其实就是资本主义的经济制度,即马克思笔下的生产关系的总和。罗蒂认为这种制度安排是一种产生了更多财富和更高效率的制度,它与历史上其他制度相比,具有非常明显的优势。正是这样的制度为不同阶层、不同阶级、不同种族的人们之间的对话创造了条件,使得他们把自己的目标都限定在如何尽可能减少社会中的残酷和不幸那里。减少残酷、不要人为地制造虐待的机会,似乎成了罗蒂式自由主义的内容,相比较于托马斯·格林等其他自由主义者对自由的定义,罗蒂的目标无疑是最低的。因此,罗蒂称之为"最低纲领的自由主义"。

论及罗蒂的自由主义思想,不得不提及约翰·密尔对他的深刻影响,同时,以赛亚·伯林的光芒似乎也照在罗蒂的身上。从某种意义上说,罗蒂继承了密尔在《论自由》中表达出来的"不伤害原则":

> 本文的目的是要力主一条极其简单的原则,使凡属社会以强制和控制方法对付个人之事,不论所用手段是法律惩罚方式下的物质力量或是公众意见下的道德压力,都要绝对以它为准绳。这条原则就是:人类之所以有理有权可以个别地或集体地对其中任何分子的行动自由进行干涉,唯一目的只是进行自我防卫。这就是说,对于文明群体中的任一成员,所以能够施用一种权力以反其意志而不失为正当,唯一的目的只是要防止对他人的危害。①

罗蒂在很多地方反复声明他的最低纲领的自由主义的基本原则是减少残酷、不要虐待,其实就是密尔原则的另一种弱化版。他说:"穆勒曾经建议,希望各个政府全心全意致力于在让人民恣意支配自己的私人生活与让苦难尽量减少之间,寻找到最佳的平衡点。在我看来,这建议大抵已经是最终的定论了。"②

---

① 约翰·密尔:《论自由》,许宝骙译,北京:商务印书馆,2007年,第10页。
② 理查德·罗蒂:《偶然、反讽与团结》,徐文瑞译,第92页。引文中的穆勒就是正文中的密尔,徐文瑞先生在该书中把John Miller译成了穆勒,而许宝骙先生把它翻译为"密尔"。

前面已经论述,罗蒂心目中的自由民主社会中的公民有一个基本的信念,即相信"残酷是反讽主义者最不愿意做的事情",这也是他的自由主义的基本含义。拒绝各种形式的制造伤害或侮辱的机会,如果某人没有接受这样的信念,那么,他可能就被排除在罗蒂的自由主义社会之外。阻止和减少残酷和伤害的发生,这非常明显地属于伯林所说的消极自由,即免除外部力量的伤害,而不是积极自由,即我愿意并能够做什么。伯林出现在罗蒂的著作中:"因此,我认为我这个观点非常适合于自由主义政治。为了让我的主张比较容易令人接受,我首先想指出这主张与伯林(Isaiah Berlin)对反对目的论式的人性完成观的'消极自由'(negative liberty)的辩护,其间有哪些相似点。"①

给罗蒂的减少残酷之观念带来直接影响的是当代加拿大政治哲学家史克拉尔。罗蒂在《偶然、反讽与团结》一书的序言中坦承这一点:"我对'自由主义'的定义,转借自朱迪斯·史克拉尔(Judith Shklar)。她说,所谓'自由主义者',乃是相信'残酷是我们所作所为最为糟糕的事'的那些人。根据我的用法,反讽主义者认真地面对他或她自己最核心的信念与欲望具有偶然性。他们秉持历史主义和唯名论的信仰,不再相信那些核心信念与欲望的背后,还有一个超越时间和机缘的基础。在'自由主义的反讽主义者'的背后的这些无根据的愿望中,包含了一个愿望,亦即希望苦难会减少,人对人的侮辱会停止。"②在接下来的篇幅里,罗蒂加强了这种论证:"就我是一位自由主义者而言,我的终极词汇中与我的公共行为息息相关的那个部分,要求我警觉到我的行为侮辱他人的可能。因此,自由主义的反讽主义者必须尽量发挥想象力,熟悉别人所可能拥有的终极词汇,这不仅能够启发自我,重要的是为了了解那些使用这些终极词汇的人们所遭受

---

① 理查德·罗蒂:《偶然、反讽与团结》,徐文瑞译,第69页。罗蒂在同一页和接下来的几页多处引用伯林的论述,譬如:"文明人和野蛮人的差异,在于前者了解到个人信念只具有相对的有效性,但却能够坚定不移地捍卫这些信念。"
② 理查德·罗蒂:《偶然、反讽与团结》,徐文瑞译,第6页。

的可能与实际的侮辱。"①

不管罗蒂如何渲染人们找不到普遍的标准,为给人们的行为提供正面的积极的指导,以实现积极自由,因此他回到了他的实用主义立场,向我们推荐最低限度的自由,但是,诚如舒斯特曼所批评的,罗蒂的自由实质上狭窄得让人无法忍受。相比密尔对自由原则的确定,罗蒂的减少残酷和侮辱的机会更加显得往后退了一大步。这种退步表现在两个方面:密尔的自由原则尽管也提到了不损害,但是这种不损害显然比较宽泛,也包含了很多具体的内容,确定了大量的行为可能。然而,罗蒂把它直接限制在减少残酷和侮辱上,实际上缩小了密尔自由原则的范围。这种具体化反而让密尔的自由原则看起来非常单薄。不仅如此,《论自由》中有大量的篇幅介绍个人追求自己丰富生活的自由权利,它们很多受到密尔的肯定,其理由并不是因为个人的追求产生了好的结果,却蕴含了罗蒂"不残酷对待"的原则远不能涵盖的内容,因此,罗蒂来自密尔却退回到密尔以前去了。

罗蒂的最低限度的自由主义除了内容上极大地缩小了以外,逻辑上还存在着尖锐的矛盾。我们可以联系罗蒂对自由民主社会中公民的预设来讨论这里存在的逻辑问题。

首先,罗蒂声明自己不再从大写的真理那里为道德原则寻求普遍的知识,因此,他所选用的信念都是在某个历史的具体的共同体内得到了辩护的,即具有相对的有效性。罗蒂告诉我们,虽然它们都是自由民主的公民暂时持有的信念,但是,不妨碍它们具有有效性。罗蒂推崇的这种有效性显然不是永恒的标准予以保证,而只是实践上可以得到承认的,那就是相比于其他社会中其他人抱持的信念,接受了罗蒂赋值的信念和愿望之网的自由民主社会中的公民,在运用这些信念语言进行对话时更加容易,也能够得到更加好的效果,即带来更多的富足、幸福。的确,标准并不在上帝与大写的理性那里,而是在更多的实质效果那里,实质效果取代了理性标准和康德的定言命令,成为社会接受何种生活信念的基础。这里,罗蒂没有

---

① 理查德·罗蒂:《偶然、反讽与团结》,徐文瑞译,第130页。

说明的是,富足和幸福其实就是绝对的标准,它是基于一种量的比较得到的东西。但是,问题是,对于富足的量,我们可能争议不大,但是,对于幸福,也就是残酷和侮辱的大致的对立面,似乎没有那么容易得到统一的标准。在实际论辩中,罗蒂经常把标准交给历史,但是历史本身只能够提供事实,无法自动地完成比较,倘若没有某种人为的标准可资比较,历史就是沉默的。因此,不能把比较的可能和标准放在历史那边,此时历史很可能变成了罗蒂一向反对的实在。很显然,没有人的价值和意向置于其中的历史是毫无意义的。而比较之所以可行,肯定有某种价值得到了认可。即使罗蒂是对的,虽然我们能够得到的价值可能是相对的,譬如自由、民主、平等正义等价值,但是,我们在选用它们做比较的时候,不得不承认它们是绝对的,它们可能没有本体论的基础,但是一定具有信念上的绝对有效性。承认了价值具的绝对有效性,罗蒂才能识别幸福和不幸、富足和贫困。

另外一个逻辑矛盾可以以如下问题呈现出来:既然罗蒂的自由民主的社会都是由接受了同一种价值观念组成的,即他们都反对残酷对待和制造侮辱,那么,在这样的社群中,残酷和侮辱是如何产生的呢?倘若罗蒂说,残酷和侮辱来自那些并没有接受自由民主等价值的社群,即他们不是启蒙政治运动的传人,而启蒙运动的传人觉得存在一个异己的社群,因此,异己的社群不会以不制造残酷和侮辱为道德信念,因此,残酷和侮辱可能会发生。但是,我们从罗蒂的论述中可以看到,不同的社群之间遭遇的时候,通常以对话的方式进行交往(罗蒂曾经反复强调了语言的本体地位),没有制度和心理上的因素阻碍自由交往和对话发生,残酷和侮辱自然可以排除。但是,事实上,人们可以看到不同种族之间发生了冲突,制造了残酷和侮辱。简而言之,根据罗蒂的逻辑,同一社群内部由于分享了共同的信念,成员之间不会产生残酷对待;而不同社群之间,由于他们天然选择通过对话解决问题,应该也不会选择以残酷的方式对待他方,即残酷和侮辱也不会发生,然而,我们看到罗蒂在大谈特谈减少残酷和侮辱,可是罗蒂的"残酷和侮辱"到底来自哪里。因此,这里充分暴露了罗蒂学说存在难以自圆其说的逻辑矛盾。埃尔叙坦尖锐地批评了罗蒂:

第四章　罗蒂的政治自由主义

按照罗蒂的解释，当我们越来越浅薄，我们就变得越来越坚强，因为我们认识到，形成我们身份的一切事物都是偶然的，这就意味着，我们抛弃了传统上形成我们的身份的核心（部落、宗教、种族、习惯），承认他们不是本质的。唯一重要的是兄弟之情，或苦难或耻辱。当然，在此，普遍主义被贩卖回来了。①

罗蒂左手拒绝普遍主义，但是，他的右手又把普遍主义拿了回来。这种论证方式遭到了很多人的不满。很多人认为罗蒂没有提供任何站得住脚的论证。他满足于自己的修辞——具有蛊惑色彩的语言之舞。②

当罗蒂说，人们之所以在犹太人需要帮助的时候替身而出，不是因为某种普遍的法则，而只是因为那个待救的犹太人碰巧是自己儿时的玩伴时，我们不禁哑然失笑。一个自然的反驳是，如果那个人不是某人以前认识的任何一个人，难道他就能够心安理得地放弃援救行动了？因此，埃尔叙坦认为罗蒂的辩护是苍白的，正确地做法是回到普遍性："如果你抛弃了不要虐待这个法则的形而上学基础，你必须提供一种可以替代的解释。当今，那种解释通常用'普遍人权'这种形式来塑造。世界人权组织不谈论合理性；它谈论违背人的尊严，这种尊严被当作为一种本体论的基础，而不是当作历史的偶然性。"③

罗蒂对普遍主义的拒绝走到了理智思考的危险地带，以致没有办法化解自己的逻辑困难。罗蒂的语言实用主义把语言而不是经验当成意义或内容得以发生的标准，使得他的学说失去了可理解和运用的前提。不仅如

---

① 查尔斯·吉尼翁、大卫·希利主编：《理查德·罗蒂》，朱新民译，第158页。
② 康乃尔·韦斯特这样评价罗蒂的叙述风格："然而，罗蒂的叙述带有一点奇诡的感觉，似乎每个人都是被诱导的，而不是被说服的。"（康乃尔·韦斯特：《美国人对哲学的逃避》，董山民译，南京：南京大学出版社，2015年，第299页）
③ 查尔斯·吉尼翁、大卫·希利主编：《理查德·罗蒂》，朱新民译，第168页。

此,基于某种实际效果作为选择某种价值为评判标准的做法导致罗蒂陷入了虚无主义或相对主义的泥潭。而在实践上,罗蒂已经承认了资本主义创造财富的优先地位,不打算批判这种制度正在源源不断地制造苦难和残酷。可以说,罗蒂承诺的资本主义制度,就是拉克劳和墨菲所说的透明的、无对抗的社会,但罗蒂把政治取消了,而这一点却是拉克劳和墨菲不能接受的。在他们看来,资本主义仍然存在对抗,任何社会都是政治的社会,对抗将是社会可能的条件。关键不是不要革命,而是改变社会主义革命的策略。

质言之,罗蒂的自由民主社会中的公民资格是模糊的,由这样模糊的公民组成的布尔乔亚社会一定充满残酷和侮辱,但是,罗蒂却认为自由主义的目标就是减少残酷和侮辱,让个人愿望有机会平等实现。但是,在罗蒂推重资本主义制度的前提下,如何能够达到罗蒂要求的行动目标?很显然,这不是罗蒂想要回答的。应该说,他只是希望借助再描述在纸面上化解它们。再描述,是罗蒂向我们推荐的私人领域发生的自我创造的故事,却被罗蒂不加批判地放到公共领域中来了。罗蒂的这一失误是致命的,几乎让自己为自由民主社会所做的辩护陷入破产。

第五章
拉克劳-墨菲的领导权政治

《后马克思主义思想史》的作者西姆曾经这样评价拉克劳-墨菲的著作:"《霸权和社会主义战略》试图在一些新抗议运动在全球各地兴起以及后结构主义和后现代主义等新文化理论兴起的环境下重新界定马克思主义,为后马克思主义自身作为一种重要理论立场的发展提供了一个焦点:正如一位批评者所言,后马克思主义规划是对其时代的'完美全景勾画'(beautifully paradigmatic)。正如最近一位评论者所反驳的那样,把这些作家说成是'相对而言微不足道的思想家',显然会错失这个'完美全景勾画'的环节及其对左翼的意义(和将来的意义)。拉克劳和墨菲对马克思主义、后结构主义和后现代主义的综合具有一种真正创新的品质,因而值得我们进行深入的考查。"①

西姆在这里说明了拉克劳和墨菲的后马克思主义所依傍的人文社会科学资源,但却没有提到其所在时代物理科学取得的革命性变化及其对人类认知的影响。以"量子力学"为新型解释模型的物理学让人类的知识状况发生了急剧的动荡。"薛定谔的猫""测不准原理""量子纠缠"等促使人们重新思考知识的定义及其可靠性基础。实际上,西姆没有指出的是,拉克劳和墨菲及其思想是在人类智识历经了新一轮科学和哲学革命的历史背景之下生发出来的,自然不同于19世纪中后期的经典马克思主义诞生时的历史条件。经典马克思主义的创始人马克思和恩格斯处于自然科学尚未完全占据文化主导地位的时代,"能量守恒定律""细胞学说""进化论"

---

① 斯图亚特·西姆:《后马克思主义思想史》,吕增奎、陈红译,南京:江苏人民出版社,2011年,第19页。

被马克思和恩格斯称赞为人类最伟大的三个发现,而我们知道这三个伟大的发现与20世纪的科学取得的成就相比,简直有云泥之别。那时,社会科学领域仍然没有完全从哲学的襁褓中挣脱出来,实证主义对社会科学研究的影响正在起步,社会学在孔德、涂尔干等人的努力下逐渐得到人们的承认。但是,直到19世纪后期很多人甚至还没有完全把自然科学和人文社会科学区别开来。精神科学的概念依然盘踞在狄尔泰的头脑中。众所周知,在马克思的《资本论》1867年诞生时的那个年代,经济科学中的边际革命正在孕育却尚未绽放,威廉·配第、大卫·李嘉图、约翰·密尔们运用的政治经济学范式占据了主导地位。经济学中相当重要的范畴——"主观价值"——对人类经济行为和经济理论的影响还没有被马克思和恩格斯充分注意到。在这样的知识背景下,马克思试图按照数学和自然科学范式从事经济学研究,逐渐把思辨哲学的方式限制在一定范围之内,已经相当了不起了。马克思运用严格的演绎逻辑,在经济科学内为理解资本主义的所有制及其运行机制、揭示其矛盾和危机的根源,找到一种消除周期性经济萧条的替代性方案,以更加有效和可取的方式组织人类生活,从而让人得以完全占有自己的本质、获得自由。这似乎没有什么智识和道德上的问题。

然而,拉克劳和墨菲认为马克思在向人类推荐其革命范式的时候犯了两个基本错误:一是在历史哲学上犯了决定论的错误,二是在哲学本体论上犯了本质主义的毛病。据此,他们认为:"现在处于危机之中的是整个社会主义概念,它停留在作为大写革命角色的无产阶级本体论中心之上,作为从一种社会类型到另一种社会类型转变的基本因素,依赖于会导致要素空心化的完美整体和同质化集体意志的幻想前景。"[①]在他们看来,马克思为人类解放和自由事业构想的方案一再陷入失败的境地,并带来了巨大的理论麻烦。拉克劳和墨菲想要继承马克思的精神品质,即拒绝资本主义,走向激进民主,但是,他们已经不再相信马克思为后来的马克思主义者、左

[①] 恩斯特·拉克劳、尚塔尔·墨菲:《领导权与社会主义的策略——走向激进民主政治》,鉴传今、尹树广译,哈尔滨:黑龙江人民出版社,2003年,第2页。

第五章　拉克劳-墨菲的领导权政治

翼所设计的战略。其整个思想基本体现在后马克思主义的圣经《霸权和社会主义的战略》中。

从某种意义上说,拉克劳-墨菲抓住了经典马克思主义的主要结论,但却有意忽略了其得出结论之由来的理论准备和历史条件。他们以一种新型的知识范型为标准(其中以后现代知识、反逻各斯中心主义为主导),对照马克思时代的主流的现代知识型,指出经典马克思主义在某些领域,譬如在历史科学和科学社会主义构想中存在着问题。倘若我们认识到,根据库恩的范式转换理论,一种范式取代另一种范式并不一定就是知识累积,不等于存在理性的基础,即不是正确取代错误的进步模式,而是解释范围之间存在着差异,那么,我们也许就会明白,拉克劳和墨菲的后马克思主义并没有他们想象的理论地位。

行文至此,拉克劳和墨菲的后马克思主义的建构部分依然没有被阐述清楚,尽管我们在第二章、第三章论述了其哲学前提,即反实在论及其推论:话语理论。在接下来的篇幅中,我将论述拉克劳-墨菲版的后马克思主义的激进民主理论,即社会主义革命的新策略。

拉克劳和墨菲的激进民主理论,或者说为社会主义革命提出的新战略围绕霸权何以可能的中心问题展开,按照如下逻辑进行:其一,在革命主体问题上,提出用以取代等同逻辑的差异逻辑,以主体位置概念置换结构地位概念,主张新型的革命主体务必借助话语连接(articulation)[①]才能构成;其二,在激进民主得以发生及其运行的机制上,突出偶然性和流动性,在出现错位的地方进行连接。质言之,无论是革命主体的构成,还是变革的真正发生,都需要进行领导权争夺。

诚如西姆所言,拉克劳和墨菲的工作是在新社会运动引人注目、后现代主义和后结构主义盛行思想界的情况下进行的,基于此,我们不仅要能够理解狭义后马克思主义的基本结论,也要理解其理论目的以及发生的现

[①] 国内学术界对 Articulation 的翻译存在不一致,周凡译为"接合",而鉴传今、吕增奎等人多数地方译为"连接",孔明安译为"链接"。除了直接引用各位译者的原译文外,本书统一采用"连接"。

实状况，尤为重要的是，应该清晰地说明拉克劳和墨菲是如何有效论证的。

第一节 激进民主的主体：从结构地位到主体立场

在拉克劳和墨菲的后马克思主义中有一个回避不了的问题，即如何看待革命主体的构成。这个问题需要被分解为两个存在紧密联系的次级问题：一是哪些成员能够且以什么方式组成革命的队伍；二是哪些行为者可以且以何种方式取得领导权地位。在回答两个分解出来的问题时，一个更加困难却十分重要的理论问题是，如何合理地把构成革命的客观情势和主观意愿分割开来，并把两者放在相应的确切位置上。需要提醒的是，革命并不是物理的机械运动，是人们的精神因素参与其中的自由活动。对这些问题的解决方案之不同，构成了拉克劳-墨菲的后马克思主义和经典马克思主义的分水岭。

在前面的论述中，我已经说明拉克劳和墨菲没有完全理解马克思批判资本主义的具体而特殊的分析方法，对马克思在西方哲学史上实现的本体论转向的意义也认识不足。这种理解上的偏差和不足导致他们对马克思的观点做出了错误的判断和推论。

一、主体的两种构成方式

首先，拉克劳和墨菲对经典马克思主义在革命主体构成问题上的基本判断是：资本主义生产关系中的地位决定了革命者的阶级地位，简而言之，革命地位的获得是阶级社会中人们被投入其中的天然结构决定的，即结构造就主体。拉克劳和墨菲需要挑战的就是这样的观点：

> 无论什么时候我们在本文中使用"主体"范畴，在话语结构中都是在"主体立场（subject position）"的意义上这样做的。因此，主体不可能成为社会关系的源头——甚至在被赋予了给定可能性经验的权力

第五章　拉克劳-墨菲的领导权政治

这一限制意义上也不可能——因为所有经验都依赖严格的话语可能性条件。……由于每一个主体立场都是话语立场,带有所有话语的开放性特征,结果,在封闭的差异体系中不同立场不可能被完全固定。①

"话语让主体生成"是拉克劳、墨菲从维特根斯坦的"本质在语法中道出自身"学到的新东西。基于此,拉克劳和墨菲拒绝了马克思以经济地位天然造就了阶级地位甚至革命者身份的本质主义做法,认为马克思看到了资本主义生产方式下雇佣工人、失业工人,即所有没有生产资料、依靠被雇佣出卖劳动力为生的人之间的共性,即无产阶级性,但是,却"不合理地"忽略了各个不同的工人身心上存在差异的现实。客观的物质条件,即生产资料占有状况、收入水平等,在拉克劳和墨菲看来,不足以完全构成理论上探讨的给定的人固定而永恒的身份。与此对应,嵌入生产力和生产关系之中的"行为人"身心上的替代因素,譬如,他在历史和现实中习染的政治观点、宗教信仰、审美情绪,同样对于行为人成为或自己接受何种身份产生了巨大的影响。在拉克劳、墨菲看来,身份不由结构限定,而更多地依赖外在构成(constitute outside)。倘若是客观的结构造就身份,特别是生产资料的占有状况确定阶级隶属,那就会片面地限定了身份,没有看到黑格尔的"承认"理论对人的自我意识的作用。下面这段话可能让人很容易误解马克思:

> 这种生产力已经不是生产的力量,而是破坏的力量(机器和货币)。与此同时还产生了一个阶级,它必须承担社会的一切重负,而不能享受社会的福利,它被排斥于社会之外,因而不得不同其他一切阶级发生激烈的对立;这个阶级构成了全体社会成员中的大多数,从这个阶级中产生出必须实行彻底革命的意识,即共产主义意识。②

---

① 恩斯特·拉克劳、尚塔尔·墨菲:《领导权与社会主义的策略——走向激进民主政治》,鉴传今、尹树广译,第128页。
② 《马克思恩格斯文集》第1卷,北京:人民出版社,2009年,第542页。

遗憾的是，拉克劳和墨菲没有看到马克思紧接着的一段话："这种意识（共产主义意识）当然也可以在其他阶级中形成，只要它们认识到这个阶级的状况。"①从马克思的这段话可以看出，处于某种阶级结构并不是某种阶级意识形成的必要条件，也非充分条件。这里谈不上先验判定的问题。

而对于马克思认定的，即无产阶级将会团结起来共同斗争以解放自身的许诺，拉克劳和墨菲认为，那更加是完全不同的事情了。其中一点就是，他们可以接受自己的工人阶级的身份，但是，他们或许对无产阶级有不同的理解，对于革命，或许他们并不欢迎，或者他们愿意参加，或者不愿意参加，只作为旁观者，甚至成为反对者。因此，"工人"在经济结构中所处的地位似乎并不必然判定他的社会地位，甚至于他在革命中自动获得的地位。拉克劳和墨菲用更加抽象的语言表达了这一立场：

> 所有这些都向我们说明：通过使分散的主体"立场"绝对化或通过围绕"超越性主体"使它们绝对一样地统一起来，主体范畴的特征不可能被建立。主体范畴由于多元决定支配着它的每个话语特征而同样地渗透着暧昧、不完整和意义分歧。由于这一理由，在其客观的层面没有给出的、封闭的话语总体，在赋予意义的主体层面就不可能被建立，因为代表的主观性被同样的不稳定和表现在其他一部分含义中的话语总体在其他任何含义上的缝合中的缺席所渗透。……由于这些缝合的缺席，主体立场的分散性得不到解决；由于它们中没有一个能根本上把自己强化为个别的立场，在它们中存在多元决定的游戏。在此浮现了不可能总体的地平线。正是这一游戏使得领导权连接成为可能。②

---

① 《马克思恩格斯文集》第 1 卷，第 542 页。
② 恩斯特·拉克劳、尚塔尔·墨菲：《领导权与社会主义的策略——走向激进民主政治》，鉴传今、尹树广译，第 136 页。

第五章 拉克劳-墨菲的领导权政治

拉克劳、墨菲的意思是,马克思的无产阶级认定缺乏一种维特根斯坦所说的"超级语言游戏",因此总体性是不可能的。其推论是,既然缺乏超级话语条件,即一元(马克思的经济基础)的构成不可靠,那就一定走向多元决定;既然内在构成不可能,那就必须依靠外在的话语。这里至少存在两处疑问:(1)马克思根据生产资料的占有状况来判定社会中的阶级,就一定是把它当成了任何阶级判定的本质?(2)当不能根据生产资料的占有状况这个内涵来判定阶级属性时,就一定得走向外在的、多元的判定方法?由此衍生的问题是,我们根据什么判断内外?我们得按照多少变元来定义阶级?估计拉克劳和墨菲并不思考这些更加哲学化的问题。

但是,从引文可以看出,在后期维特根斯坦语用学和后结构主义理论的诱惑下,拉克劳和墨菲反对经典马克思阶级斗争主体构成的策略显得非常后现代。他们在质疑马克思不该把是否占有生产资料作为划分阶级身份以至获得革命主体地位的同时,夸大了那些差异性的东西对于结构身份的影响。其实这里存在严重的知识论对立。在马克思那里,人的身份由其社会关系塑造,具体的身份则看实践生活中发生了什么。其实,马克思也并不主张本质主义,而是主张存在论,即身份是在历史和实践中获得的。马克思也并不否定存在普遍的知识,但是,诚如第二章的论述,"工人阶级"之所以是工人阶级,一定有某种具体的、稳定的东西支持着这种身份,这种具体的稳定的东西无疑就是生产资料的占有情况。个别工人的偏好或胃口能够决定他们的身份吗?能够由偏好把工人阶级和非工人阶级区别开来吗?我们甚至可以发现工人与某个资本家有一样的偏好,难道工人和那个资本家同属一个阵营了?[①] 因此,可以说,拉克劳、墨菲夸大了基础的相

[①] 当代分析资本主义社会阶级关系的学者大多把马克思的观点扭曲了,转而认同了阶级界限模糊的观点。比如詹明逊认为:"对一个阶级的界定既可以通过它与同时代其他阶级的对抗关系,也可以通过它在历史中的地位,通过它参与历史演化中的一个特定的和确定的阶段来判定。"(参见弗里德里克·詹明逊:《马克思主义与形式》,李自修译,南昌:百花洲文艺出版社,1995年,第327页)

对性和流动性,以致没有任何东西可以构成无产阶级的基本身份,这种极端的唯名论隐藏在他们后现代的外衣下。

在经验层面,单个人是否算作某个阶级的成员,可能既要看到其所处的结构地位,同时也要看到其自主的意识层面带来的影响。有一点拉克劳和墨菲是对的,即身份的获得不是天然等同的逻辑造就的,而是各方综合作用产生的结果,也就是拉克劳和墨菲所说的话语连接的结果。对于这一点,其实马克思本人也不会反对。如果马克思有机会回应拉克劳和墨菲的批评,他一定会问,"连接"又是如何产生的呢?难道没有一种普遍的权力产生作用,某人获得某种身份又是如何可能的?马克思会说自己的理论恰恰是没有问题的。因为在资本主义的基本社会关系存在并发挥作用的情况下,主要的权力关系主要是通过生产关系建立起来的,而在生产活动中,生产资料的占有状况,即所有权,自然构成一个人必须面对的问题,它关系到一个人的观念结构。倘若一个工人想要获得自己的劳动成果,减少被剥削的事实,他除了参与无产阶级的革命活动,难道还有其他更好的选择和机会获得更多的生产资料吗?答案显然是否定的。

"连接"显然不是无条件地、任意地发生的,普遍性的权力结构在其中肯定扮演了重要的角色,它会为连接之发生带来动力和可能。拉克劳和墨菲看到了马克思"本质主义"的一面,却没有看到马克思在这个问题上并没有犯哲学上的本质主义错误,他恰恰是在19世纪资产阶级占据统治地位的历史语境中分析革命主体的生产的。这就是马克思历史唯物主义的要义:具体地、历史地分析问题。如果说"连接"是指这样的活动,那么,马克思就是运用话语理论的典范。

对于拉克劳和墨菲以主体位置取代经典马克思主义的结构地位的做法,安娜·史密斯做了两点基本的概括和评价。第一,拉克劳注意到经济利益之外的其他因素,特别是政治话语,对于主体立场获得的影响。但是,第二,拉克劳和墨菲夸大了马克思对于经济地位构成结构地位的看重。如果说,由于马克思主义者,第二国际的马克思主义思想家,譬如考茨基,夸大了人们在生产关系中所处的地位对于他们在社会地位中的影响力,他们

第五章　拉克劳-墨菲的领导权政治

对经济因素给予了过多的权重,拉克劳和墨菲可能赋予了政治意识同样多的权重[①],把政治上升到本体论的地位的做法同样是不合理的[②]。他认为在身份认同的过程中多种因素或者解释性框架作为中介对其结果都可能产生影响,没有一种中介和解释性框架占据绝对优势。如果那些经济主义者坚持工人阶级追求生产资料的占有反映了其本真的利益诉求,那么停留在审美的诉求,或者女性权利诉求,就是被虚假意识遮蔽了。换言之,经济作为普照的光,其他的因素从属于它,那么,这就给了经济利益不应有的理论地位。史密斯说:

> 心中有了这些认识的储备,我们便可以断言,个人的结构地位感——也即在其结构地位中的生活方式以及回应这一结构地位的方式——并非由结构地位本身这一简单事实所构成,而是由其借以体认其结构地位的主体立场所形成。再者,每个主体立场含义的构成都与该主体立场与整个主体立场系统的差异性关系相联系。[③]

前面已经论述,马克思可能不会反对这种方法。不过,马克思以所有权和经济基础来判定人们的社会身份、政治身份,也并没有被驳倒。由于社会主义革命是政治行动,拉克劳强调政治意识的独立地位似乎可以得到更多的肯定,但是,这并不等于拉克劳和墨菲在这个问题上始终是正确的。西姆指出了问题的实质:"拉克劳和墨菲所设计的霸权是为了在这种碎片化的政治场景中运作的。在这样一种政治场景中,各种接合实践在不稳定

[①] 拉克劳、墨菲说:"在此意义上,思考的对象是:完全依赖政治连接而不依赖在政治领域之外构造的本质——例如'阶级利益'——的领导权转换。无疑的是,与决定论相反,政治领导权连接创造了它们所声称的被代表的利益。"(恩斯特·拉克劳、尚塔尔·墨菲:《领导权与社会主义的策略——走向激进民主政治》第二版,鉴传今、尹树广译,"序言",第6页)
[②] "正是由于这个原因,我们(拉克劳、墨菲——引者注)认为政治不是上层建筑,而主张它具有社会本体论的地位。"同上书,第9页。
[③] 安娜·史密斯:《拉克劳与墨菲:激进民主想象》,付琼译,南京:江苏人民出版社,2011年,第77页。

和持续变换的'边界'(以及个体之内的区域)上相互竞争。"①

根据以上阐述,可以得出结论:在拉克劳和墨菲那里,马克思对于革命主体的身份构成采取的是等同逻辑,而他们自己主张的则是差异逻辑。换言之,在这个问题上,经典马克思主义是自动获得身份论者,而后马克思主义者则主张话语生成论者。前者相信"本质"的统合作用,后者坚持连接操作。这种差异同样反映了两者背后尖锐的知识论差异。这种差异反映在拉克劳和墨菲对马克思的本质主义及其推论同等逻辑的批评上。在他们看来,根据个体处在生产关系中的地位来限定主体身份的做法,是一种同等逻辑运作的结果:人们在先定的历史条件和生产关系中被限定为某种阶级身份,通俗地说,工人阶级被资本主义的雇佣关系判定为工人阶级。这似乎无可厚非。但是,拉克劳和墨菲借助话语理论认为,资产主义的生产关系恰恰只是话语场景之一,这种话语场景在众多可能的话语场景中并没有特权地位,其实也是话语实践的结果。根据这种观点,很显然,马克思选择经济基础决定上层建筑的社会地形学(拉克劳和墨菲喜欢的词汇),并没有打算超越历史语境,为经济寻求超越性的地位,进而无条件地决定阶级身份,进而自动获得革命者的地位。在这个问题上,人们应该区别两个层次,即一个人是什么身份,和一个人是否想要改变身份、成为什么身份是不同的。拉克劳和墨菲实际上是在应当是什么身份的意义上批评马克思的,而马克思则以历史的眼光看到了什么东西构成了工人阶级的身份,即工人阶级是什么身份。因此,拉克劳和墨菲混淆了层次,把事实上的身份和政治身份等同起来了。如果说,拉克劳和墨菲指责马克思犯了经济还原主义的错误,那么,拉克劳和墨菲强调领导权政治,是否有政治还原主义的错误呢。当然,他们不会承认。他们认为,这只是寻求领导权争夺这种多元流动的策略。

与马克思不同的是,拉克劳和墨菲表示:"完满存在的条件在于:存在着每一个不同立场被固定为特别不可替代因素的封闭空间。因而,为了阻

---

① 斯图亚特·西姆:《后马克思主义思想史》,吕增奎、陈红译,第36页。

止封闭,颠覆这个空间的首要条件是,每一个立场的特别性应该被瓦解。"①其实,在拉克劳和墨菲看来,马克思对资本主义社会里经济现象的分析就是运用了这样的同等逻辑:"例如,马克思对同等关系的分析就是这种情况。作为价值实质的劳动非物质性通过根本不同的商品同等被表现出来,然而,商品的物质性和价值的非物质性相互之间并不等同。正因为这一点,使用价值和交换价值的区分可以按照不同的实际立场来理解。但是所有的客体的不同特征已经变成同等的,就不可能表示关于客体的任何实证(positive)的东西。"②拉克劳-墨菲的意思是,马克思没有注意到非物质性的东西对于构成商品特征的影响,而非物质性的东西必须在人的意向和主观层面才能得到理解。他们没有言明的是,马克思的失误导致自己没有意识到纯粹从客观的物质的因素出发并不能给主体确切的说明,相反,它反而让主体失去了自己的确切身份被辨认和承认的机会。简而言之,马克思没有充分注意到差异逻辑对于理解资本主义社会阶级构成和阶级斗争的影响,间接地让社会主义革命丧失了真正地被实践操作的可能。

二、阶级位置如何可能

20世纪的历史变化和左翼对阶级构成的研究显示,论争似乎有利于拉克劳和墨菲。我们可以在赖特的著作和报告中看到这样的佐证:

> 对于一些问题来说,把资本主义社会的阶级关系区别为两种就足够了。但对许多其他问题来说——如阶级位置的问题——令人遗憾的是,阶级位置的这样一个双阶级位置模型就显得捉襟见肘了。如果我们想理解人们在工作中是如何形成主观体验的,或者是工会组织者

---

① 恩斯特·拉克劳、尚塔尔·墨菲:《领导权与社会主义的策略——走向激进民主政治》,鉴传今、尹树广译,第143页。
② 同上书,第144页。

在工作场所所面临的困境,或者是政治斗争中人们形成不同联盟的发展趋势,或者是人们过上富裕生活的前景如何等,对于这些问题,仅仅在一个阶级关系的两极化模型中知道了谁是资本家、谁是工人,是不够的。①

为此,赖特和其他人区别了阶级类型和阶级位置。这一点被拉克劳和墨菲注意到并被充分利用了。在赖特批评的立场那里,阶级关系就是两种基本阶级类型之间的关系,而阶级位置则是同一阶级内部不同的层次及其位置,前者在宏观上,而后者则是在微观上,才能得到合理的分析。拉克劳和墨菲把赖特的阶级位置概念具体化,并用主体位置的概念予以置换,使之符合政治哲学的讨论,而越出社会学分析的范围。可是,在社会学的意义上,赖特并没有完全抛弃马克思对阶级的分析。他只是认为,相对于不同的研究和解释目的,马克思简单的两极对立的阶级模型可能并不适合。拉克劳和墨菲则认为马克思看到了等同的逻辑,却把"差异"非法地排除了,导致他对主体的处理和认知单一化、结构化、特权化。对于这一点赖特的解释相当清晰:"至少在马克思主义传统里,我们不应该遗漏这样的观点:'阶级位置(class position)'是在一种特殊的社会关系中——即阶级关系,而不是个人的原子化的特征中——把个人分配到某一社会位置上去的。有关社会关系的思想,其背后的假定是:当人们在这个世界上生活的时候,当人们以各种方式做出选择并行动的时候,他们的行为和其他做出同样选择行为的人的关系被系统性地结构化了。"②这个观点似乎又对经典马克思主义者有利了。其实,这一情况的出现与隐含在赖特认知方式中的"目的"概念密切相关。

充分利用了赖特研究成果的拉克劳-墨菲并不完全领情。在拉克劳和墨菲看来,马克思把革命主体的形成放在客观物质及其社会经济地位,特

---

① 埃里克·欧琳·赖特:《阶级分析方法》,马磊、吴菲等译,上海:复旦大学出版社,2011年,第14页。
② 同上书,第13页。

别是生产资料的占有关系上,是放错地方了。这似乎造就了一种必然会发生的客观形势,参加公众活动的行为人似乎自动地获得了激进的社会主义革命者的身份,政治观念等行为人主观方面的内容被完全撇开了。就是在这一点上,拉克劳和墨菲与马克思拉开了很大的距离,却沿着卢卡奇、葛兰西开创的在主观方面发掘革命所需的动力资源之路前进。

就像赖特所说的那样,一方面工人、小生产者、农民等作为个体被他们所处的经济地位结构化,形成阶级地位;另一方面,就像所有强调"主体性"的西方马克思主义者那样,渗透在他们头脑中的观念,甚至意识形态,也参与了行为者身份的构造,这些东西有时甚至拒绝自己被历史造就的身份。鉴于拉克劳和墨菲是在政治独立性的意义上强调"主观性"的,因此,社会主义革命,或者其他任何形式的社会造反、抗议运动,其实都是政治的。当然,拉克劳和墨菲并没有排除真实生活中,人们为经济和审美自由而斗争的可能,但是,毋庸置疑,这些运动的展开本身就是政治的,政治就是意志的较量,一种权力与另一种权力之间发生的暴力或非暴力的征服活动。用拉克劳-墨菲最喜欢的方式来说,那就是政治经常成为强势话语,取得了霸权地位。我国学者周凡对拉克劳-墨菲的革命主体如何构成之方案的评断相当精准:"政治斗争是多元建构的过程,没有一个基础潜伏在那里起决定一切的作用,主体位置与政治目标之间的联系是松散的,处在一种不断的接合混合拆解之中。"[①]任何政治位置或革命主体身份的获得都是一系列隐蔽或显性的话语过程,物质利益、经济结构、宗教观念、审美趣味……都没有资格天然获得一种优势,可以主宰工人以何种身份参与或不参与某种政治活动。周凡的下述总结更清晰地表明了这一区别:

这就是马克思主义与后马克思主义的分歧点:前者竭力把工人阶级的阶级意识往高处提——如果工人阶级的意识达不到普遍历史利益的高度,那么这一意识就不是真正的无产阶级意识,它还没

[①] 周凡:《后马克思主义导论》,北京:中央编译出版社,2010年,第248页。

有克服异化状态；后者竭力将工人阶级的意识限制在可能的范围之内，它表现为与其他因素的遇合、连接，而不是一个纯粹的绝对的总体。①

周凡的这段总结非常具有启发性。马克思不是看不到工人阶级之个体，或者某个群体（赖特的阶级内部之间的位置）存在与其所处的经济地位相异之处，而是觉得个体工人过多地关注独特的位置，恰恰是那位工人或群体不同于无产阶级的地方。马克思之所以往上提升工人阶级的革命意识，是因为马克思认为只有这样的提升成功才能让革命发生并取得最后的成功。

还有一点需要提醒，马克思对资本主义社会的批判是一种理论的把握，而且很多时候他使用了方法论的集体主义（methodology collectivism）②。按照科学的社会学对无产阶级资格的认定只是一种事实的知识，即工人阶级是什么身份。这种理论上的科学把握并不能无条件地转换为革命行动的理论。通常说，没有革命的理论就没有革命的行动，其实，理论只是革命发生的必要条件，理论和行动之间当然存在距离。在《共产党宣言》中的最后，马克思、恩格斯呼吁"全世界无产阶级联合起来"，这才是诉诸行动的革命。当然，马克思没有来得及把这一点阐述清楚，给拉克劳、墨菲这样的后马克思主义者留下了钻空子的机会。一旦我们在理论把握和实践行动分开的角度上理解马克思的总体化的历史哲学，那么，也就不存在拉克劳和墨菲所指控的马克思犯了本质主义和决定论的错误了。

与卢卡奇留恋意识形式与阶级的对应关系不同，拉克劳和墨菲更加喜欢阿尔都塞的多元决定论。不过，阿尔都塞仍然保持着阶级纯洁性，相信

---

① 周凡：《后马克思主义导论》，第 250 页。
② "方法论的集体主义——作为一种目的本身——假定，在解释的次序中，存在着各种先于个人的超个体的实体。解释始于自我调节的规律或这些较大的实体的发展规律。而个人的活动则源于集合的模式。"（参见乔恩·埃尔斯特：《理解马克思》，何怀远等译，北京：中国人民大学出版社，2008 年，第 5—6 页）

第五章 拉克劳-墨菲的领导权政治

革命依然是阶级革命。更加讲究智识和道德之霸权对于阶级形成、革命发生具有重要意义的葛兰西更受拉克劳和墨菲的青睐和悦纳。根据此前在第二章阐述过的拉克劳和墨菲的反实在论及其推论反本质主义,无论是经济还是意识形态,都无法自动地构成阶级主体的本质和基础①。由于构成阶级的本质或基础被彻底抽空,拉克劳和墨菲进入了无阶级的政治,这种政治处于任意漂浮的状态,身份政治、文化政治等得到了拉克劳、墨菲的认可。其实,对于这样的政治,人们无法从固定的角度切入对它的理解,因为一切都在话语的建构中。拉克劳和墨菲从瓦解阶级利益及其代表之间的预定关系入手,得出了话语构造主体而不是结构造成主体的结论。他这样批评工人阶级被选定为革命代表的观点:

> 赋予工人阶级的中心性的不是实际的,而是本体论的中心性,同时它也是认识论特权的所在。作为普遍的阶级,无产阶级或他的政党是科学的保证人。在这一点上,阶级的身份和群众的身份之间形成了持久的分裂。②

这段话还有一个含义,如果预定工人阶级是革命主体,那么,工人阶级将会与非工人的群众脱离开来,从而使得革命更加难以发生。不仅如此,拉克劳和墨菲认为,按照先验革命理论,马克思没有根据地把工人阶级及其代表的关系建立起来了:

> 在这种情形中,正如我们已经看到的,阶级统一被理解为未来的统一。统一在其中表明自己的方式在于:通过代表这一范畴,现实的

---

① 卢卡奇指出:"就在马克思要规定什么是阶级的时候,他的主要工作被中断了。这对无产阶级的理论和实践来讲都是一种灾难。"(参见卢卡奇:《历史与阶级意识》,杜章智、任立、燕宏远译,北京:商务印书馆,2009年,第102页)
② 恩斯特·拉克劳、尚塔尔·墨菲:《领导权与社会主义的策略——走向激进民主政治》,鉴传今、尹树广译,第60页。

工人和他们利益的客观需要之间的分裂需要后者通过领导加以表现来解决。既然如此,每个代表关系就被建立在虚构之上——在某种严格意义上说并不在其中的层面上在场的虚构。但是正由于它同时是组织起实际社会关系的原则和神话,代表是一个其结果并没有从开始就被预定的游戏领域。①

而实际上,无论是工人阶级的革命主体地位,还是工人阶级与其代表——政党之间的关系的建立都离不开外在的条件。在主体位置(通俗地说,革命主体)形成的过程中,拉克劳和墨菲向我们推荐的是差异逻辑,而不是等同的逻辑,两者的基本特征是:"同等的逻辑是政治空间单一化的逻辑,而差异的逻辑是它扩充和复杂性增长的逻辑。"②西姆对此的评论和发挥甚至把等同逻辑的运作与极权主义的兴起联系在一起了:

> 等同逻辑的运动使我们拥有了阶级统一的观念,而工人阶级的不同成员则被视为可以彼此取代,因为他们拥有共同的"阶级意识"。一名工人等同于其他任何一位工人,因为个体的差异遭到了忽视(甚至跨越国界)。拉克劳和墨菲想要扩大社会的网络,几乎完全从我们作为个人所承受的道德律令来看待这一点:差异是带来了变化的东西,赫然防止文化的停滞和现有精英的持续存在。利奥塔的微小叙事观与这一设想有许多相似之处,他的哲学政治概念也是如此——一种帮助各类微小叙事发出自己的声音并由此反抗总体化者对它们的压迫的过程。③

在主体,或者说行为者(agent)问题上,拉克劳-墨菲与罗蒂一样,都反

---

① 恩斯特·拉克劳、尚塔尔·墨菲:《领导权与社会主义的策略——走向激进民主政治》,鉴传今、尹树广译,第133页。
② 同上书,第147页。
③ 斯图亚特·西姆:《后马克思主义思想史》,吕增奎、陈红译,第34页。

第五章 拉克劳-墨菲的领导权政治

对在话语或语言之外找到时间之外的东西,譬如共同的人性、永恒的理性、上帝赋予的神性,并以此为主体统一的基础。经典马克思主义解决这个问题的方式是代表概念:阶级中的先锋队(在列宁那里是布尔什维克)能够把存在于工人群众中的共同利益揭示出来,并让工人群众意识到这种利益,如果工人群众被虚假意识迷惑了,那么先锋党就有义务把这种共同的真实的利益及其意识灌输给他们。列宁说:

> 现代社会主义意识只有在深刻的科学知识的基础上才能产生出来——科学的代表人物并不是无产阶级[这写于1902年],而是资产阶级的知识分子:现代的社会主义学说也就是从这一阶层的个别人物的头脑中产生出来的。他们把这个学说传给了才智出众的无产者,后者又在条件许可的地方把它灌输到无产阶级的阶级斗争中去。可见,社会主义意识是一种从外面灌输到无产阶级的阶级斗争中去的东西,并不是一种从这个斗争中自发产生出来的东西。①

列宁之所以强调灌输的方式,因为他在实际的革命生活中发现工人群众并不能自动具有无产阶级的阶级意识。面对千差万别的个体及其诉求,很难用内在的方式把他们组织起来。在这种情况下,代表的概念应运而生。但是,代表与被代表的行为者之间存在什么样的关系?代表是透明的吗?拉克劳和墨菲的答案是否定的:代表是不可能的。代表论存在一个逻辑上的问题,即代表者的先觉意识是怎么来的?来自自身,还是来自他人?如果来自自身,那么,同属工人阶级队伍的部分人有,被等同起来看待的其他人为什么没有而还需要被灌输?如果来自外在,那就意味着先锋党还需要从其他阶级那里获得阶级意识。就像列宁所说的来自资产阶级的知识分子。但是,根据马克思的逻辑,意识就有阶级性,无产阶级怎么能够

---

① 《列宁选集》第1卷,北京:人民出版社,1960年,第255页。转引自路易·阿尔都塞:《黑格尔的幽灵——政治哲学论文集》,唐正东、吴静等译,南京:南京大学出版社,2005年,第328页。

从其他阶级,譬如资产阶级那里获得无产阶级的阶级意识？解决这个问题的另一个路径是,承认工人群众都内在地具有阶级意识,只是它们是沉睡未被激发唤醒的。他们的先锋或代表比他们更好、更早就意识到了阶级内容,因此,他们有机会得以可能向其他未能自觉意识到革命所需要的阶级意识的工人群众宣讲这些内容,促使他们沉睡的意识得到复苏或激活。要做到这一点,就不得不承认,处于同一阶级中的个体事实上是具有差异的（这就是黑格尔所说的"有差异的同一"）,至少在有些个体更早、更容易意识到这些阶级意识的层面是这样的。

如此一来,我们似乎不能把革命主体得以构成的基础放在个体先天具有的结构性地位上,而应该置放在非物质性的个人主观潜能上。如果我们承认了这一点,我们似乎更容易接受"差异逻辑",而不是"等同逻辑"。但是,拉克劳和墨菲并未阐明这一点,而只是向我们推荐了话语理论。令人遗憾的是,诉诸这种神秘的话语理论并没有解决问题,反而把问题带入了更加幽暗的境地。他们甚至无从解释话语发生的动力来自何处,也没有说清话语到底以何种方式工作。就是说,主体多元构成的难题并没有得到清楚的解决。

质言之,拉克劳和墨菲动摇了马克思的主体构成理论,但是,并没有说清楚自己的主体位置概念,就是说,后者的发生和形成依然处在模糊的阶段。接下来这一节,我将借助阐释社会主义革命的策略——激进民主——对主体问题予以进一步的说明,在这一过程中勾画出拉克劳和墨菲为取代经典马克思主义的阶级斗争学说而设计的新的革命策略。

第二节　激进民主的策略：从决定论到领导权争夺

一、经典马克思主义的问题域

在讨论拉克劳-墨菲的为社会主义革命设计的激进民主策略之前,有必要对马克思的革命叙事及其问题域做一个精简的概括。

第五章　拉克劳-墨菲的领导权政治

这一章的开头,我已经说明,马克思和恩格斯是在19世纪取得的科学成就之际从事他们的经济学和社会学研究的。一个显著的知识背景是,自然科学、社会科学尚未成为严格的科学,哲学和神学仍然占据了主要知识分子的头脑。经济学在数学和自然科学的鼓舞下取得了显著进步。哲学领域,德国古典哲学,包括康德、黑格尔、费尔巴哈都对马克思青年时代的思考产生了或多或少的影响。因此,在我看来,马克思不可能完全脱离两个主要智识传统的羁绊,其中之一就是德国古典哲学投下的影子,另一个就是现代自然科学绽放出的光芒。在马克思的思想体系中很容易找到哲学和实证科学的双重影响。这种双重影响构成了马克思对资本主义进行批判的前提,一个是从人本主义的传统切入,一个则在科学主义的新潮头工作。后来,马克思逐渐靠向科学主义,尽量挤压哲学在自己头脑中的位置,而让具有了数学支持的经济学支配了自己的工作。笔者看来,整个马克思的思想体系其实是对资本主义应该被逐渐克服给出了两个论证,其一是价值论证,另一个是科学论证。科学论证以经济学分析作为典型,而价值论证则如有若无地隐含在经济学的背景中。这样的双重论证为研究者能够准确地理解马克思提供了重要的线索。这个观点可以在阿尔都塞对马克思的"阅读"中找到较好的佐证:

> 在马克思的著作中,确确实实有一个认识论断裂;据马克思自己说,这个断裂的位置就在他生前没有发表过的、用于批判他过去的哲学(意识形态)信仰的那种著作:《德意志意识形态》。总共只有几句话的《关于费尔巴哈的提纲》是这个断裂的前岸。[①]

这种认识论的断裂同时涉及到两种不同的理论科学。在创立历史理论(历史唯物主义)的同时,马克思同自己以往的意识形态哲学信

---

① 路易·阿尔都塞:《保卫马克思》,顾良译,北京:商务印书馆,2010年,第15页。

仰相决裂,并创立了一种新的哲学(辩证唯物主义)。①

这种认识论断裂把马克思的思想分成两个大阶段:1845年断裂前是意识形态阶段,1845年断裂后是"科学"阶段。②

阿尔都塞的观点在学术界引起了广泛的争议③,譬如:划分的时间分界点到底在哪里?历史唯物主义到底是历史科学,还是一种历史哲学?从某种意义上说,阿尔都塞的有关存在马克思"知识论断裂"的论断是站得住脚的。国内学者认为:"从整体上看,阿尔都塞关于马克思主义学说早期创立和发展的历史分期基本上是正确的。他抓住了马克思主义创立、形成和进一步发展的三大基本环节,比较准确地把握了马克思主义思想发展的内在逻辑线索。"④但是,"知识论断裂"对于马克思在后人那里留下的印象,却众说纷纭。我国研究马克思主义的专家俞吾金和段忠桥曾就马克思的"历史唯物主义"是哲学还是历史科学产生了激烈的争论⑤。

我赞同马克思的历史唯物主义只是一种历史哲学而不是实证科学的看法。不过,历史唯物主义是不是严格地包括马克思对政治经济学所作的批判,以及在《资本论》中建构起来的剩余价值学说和平均利润率下降的理

---

① 路易·阿尔都塞:《保卫马克思》,顾良译,第16页。
② 同上。
③ 巴利巴尔说:"对于其他一些名著,路易·阿尔都塞不久前把它们比作一个中断的前沿,一时间在当代马克思主义者中掀起空前的争论:阿尔都塞认为,《1844年手稿》及其特有的人本主义仍然停留在中断之内,即《德意志意识形态》,更准确地说是它的第一部分。随着所有制和国家形式的连续减少(唯一的导线是社会分工的发展),《1844年手稿》代表通向'历史的科学'舞台的真正的、有意义的大门。"(埃蒂安·巴利巴尔:《马克思的哲学》,王吉会译,北京:中国人民大学出版社,2007年,第27—28页)
④ 张一兵主编:《当代国外马克思主义哲学思潮》中卷,南京:江苏人民出版社,2012年,第101页。
⑤ 有兴趣的可以参看俞吾金教授和段忠桥教授就此发表的论文。如段忠桥发表的《对俞吾金教授〈重新理解马克思〉的三点质疑》(《学术月刊》2006年第4期)、《历史唯物主义:"哲学",还是"真正的实证科学"》(《学术月刊》2010年第2期)等论文;俞吾金教授的论文:《马克思哲学研究中的三个问题——兼答段忠桥教授》(《学术月刊》2006第4期)、《历史唯物主义是哲学而不是实证科学》(《学术月刊》2009年第10期)。

第五章　拉克劳-墨菲的领导权政治

论,可能又是另外一回事了。判断一种学说是科学还是哲学,一个基本的标准是:这种学说是否能够解释反复出现的可观察现象,即可重复性;以及能否准确地预测未来的趋势,即可预测性。按照这个标准,我们发现马克思的政治经济学及其"政治经济学批判"是一种科学,因为它对资本主义经济危机周期性出现的现象进行了严格的解释,也能够做出大量令人信服的预测。马克思之所以转向政治经济学研究,其中一个原因是,马克思希望在科学方法的严格规约下找到资本主义经济现象和经济危机存在的规律,从而认为资本主义作为一种整体性的制度安排并不符合人类行为的科学系统,因此,这种制度必然会在内部滋生并扩大结构性的矛盾,从而导致制度本身陷入危机,甚至走向衰败和毁灭。

马克思从两个方面论证这一点:第一,资本主义生产方式作为物质生产的基本形式存在一个基本的矛盾:平均利润率必然下降,从而导致使用价值与价值之间的矛盾无法获得根本性的解决,表现在需求严重不足,而生产出现过剩,大规模的破坏性行为的出现;第二,资本主义的运作方式要求利润实现的成本外部化的机制不能在私有产权这种制度构件内完成,表现为资本积累越来越困难,技术创新难度加大、周期延长,依靠技术进步带来的超额利润很快就会被平均化的趋势抑平。简而言之,资本主义无法实现自身的再生产,等待资本主义的命运就是被更好的所有制替代。应该说,充分运用了当时数学成就和经济学分析方法的马克思对资本主义的诊断是正确的。《资本论》是马克思实证科学水平最好的体现。在谈到马克思的这一研究结论时,拉克劳和墨菲认为马克思做了一个隐秘的假定:劳动者的劳动力与进入生产过程的其他物质生产资料一样被物化了。换言之,工人的劳动力,甚至雇佣工人,作为可变资本,被马克思运用量化的方式进行了计算。拉克劳和墨菲对马克思把劳动力设定为商品的做法提出质疑:

> 为了生产力发展的普遍规律可以充分发挥作用,所有生产过程中的要素服从它的决定是必要的。为了保证这一点,马克思不得不诉诸

虚构：把劳动力想象为商品。桑·鲍尔斯和赫伯特·金蒂斯已经说明了这一虚构是怎样使得马克思主义者看不到作为资本主义生产过程要素的劳动力的完整特征。劳动力不同于生产的其他要素,资本家必须比简单地购买付出的更多。他还必须使劳动力进行生产劳动,但是,这一本质性的方面逃出了商品的使用价值是劳动力的概念。因为加入劳动力与其他商品一样只是商品的话,他的使用价值显然就会从购买他的那一时刻自动发挥作用了。[1]

拉克劳和墨菲赞同鲍尔斯和金蒂斯。劳动力与其他进入资本主义生产过程的要素不同,劳动力及其所有者在理论上可以分离,但是,实际上并没有分离。这一点使它不同于其他的生产要素或商品。马克思之所以反对资本主义生产剩余价值,就是因为他看到了劳动者和劳动力的区别。按照马克思的论述,资本家之所以处于剥削者的地位,是因为他占有了工人的剩余劳动生产出来的使用价值,而这一部分原本是属于劳动者的。在这个问题上我们仿佛看到了马克思和洛克劳动产权理论的连续性。就像 G. A. 科恩所说的:"于是,如果每个人是自我所有的化,那么他们都可以按照自己的意愿来处理他的那一份外部资源。"[2]

但是,马克思反复说明,当工人进入劳动力市场,以自由交往的方式与资本家签署契约的时候,他的劳动力作为一种商品出现在流通环节。在《资本论》中马克思这样说明"劳动力的买和卖":

在这种情况下,劳动力只有而且只是因为被它自己的占有者即由劳动力的人当作商品出售或出卖,才能作为商品出现在市场上。劳动力占有者要把劳动力当作商品出卖,他就必须能够支配它,从而必须

---

[1] 恩斯特·拉克劳、尚塔尔·墨菲:《领导权与社会主义的策略——走向激进民主政治》,鉴传今、尹树广译,第 86 页。
[2] 吕增奎编:《马克思与诺齐克之间:G. A. 柯亨文选》,南京:江苏人民出版社,2007 年,第 81 页。

第五章 拉克劳-墨菲的领导权政治

是自己的劳动能力、自己人身的自由所有者。劳动力占有者和货币占有者在市场相遇,彼此作为身份平等的商品占有者发生关系,所不同的只是一个是买者,一个是卖者,因此双方是在法律上平等的人①。

如果劳动力作为特殊商品,发生在流通环节时,即自由的工人与自由的资本家在劳动力市场上相遇并讨价还价、达成雇佣契约,即工人可以出租他的劳动力,一旦工人发现自己在资本家的工厂工作条件或工资达不到自己的合理期望的时候,他就可以辞职,并提前解约,即结束劳动力的出租关系。这样一来,我们就会发现劳动者在出卖了劳动力之后并没有丧失对劳动力的全部所有权,与资本家的雇佣关系只是让他出售了劳动力的使用权。通俗地说,是资本家为劳动者的劳动力提供了租金。再者,劳动者在出售劳动力后并没有出售劳动者的全部资源,譬如道德的、心理结构等。拉克劳和墨菲看到了这一点,而这一点却被马克思有意无意地忽略了。后者造成了马克思把资本主义的整个经济过程客观化了。这就意味着,进入生产过程的雇佣工人就像进入自然关系的山川鱼虫一样,卷入了相互作用,服从自然因果关系的循环。根据康德的自由理论,服从因果律的作为肉体的人是谈不上自由的,而只有在人作为意志自由的主体的时候才谈得上自由。马克思一旦把工人出卖劳动力的结果与物一样看待,那就意味着工人自由的终结。

马克思一方面承认资本主义生产服从了交换原则,没有给道德批判提供任何余地,就是说,按照资本主义的交往原则,它是正义的。另一方面,马克思仍然认为资本家占有了工人的剩余劳动,因此存在剥削。剥削之产生的关键在于,资本家挤压、占有了他人的自由时间。马克思在论述这一部分内容时道德义愤溢于言表,可以说,盗窃、掠夺等字眼充斥了《资本论》

---

① 《马克思恩格斯文集》第 5 卷,北京:人民出版社,2009 年,第 195 页。

《1857年经济学手稿》等著作①。

前面说过,马克思对资本主义的批判和为社会主义革命所做的辩护从两个方面展开。很显然,马克思在阿尔都塞所说的成熟时期按照严格的演绎逻辑证明资本主义经济必然陷入周期性的危机,直至最后的崩溃。资本主义经济崩溃之际就是社会革命到来之时。"经济主义"带来的历史必然性理论遭到了拉克劳和墨菲的不满。这里有两个层次需要理清:一是资本主义经济陷入周期性的危机,危机的解决是不是必然通过资本主义生产关系被社会主义生产关系完全取代这一方式,而资本主义内部不能进行足够的调整,使得那些产生出来的危机得到某种程度的缓解?二是资本主义危机所产生的社会革命纯粹是一种类似于自然界的变化,遵循自然界的规律,而人的因素,包括人的智慧、道德力量丝毫不能发挥作用?马克思本人的著作似乎给人留下了强烈的必然性印象和不容置疑的力量②,没有给与人相关的任何其他因素留下理论的空间或实践的余地。但是,西方发生的历史事实和学者的经验研究却质疑了马克思主义的革命叙事。这里有两种可能:一种是马克思所说的社会主义革命之发生是理论上的必然,而具体的操作则是实践问题,需要从人的行为科学角度来提供实证的理论模型。人们可以在当代分析马克思主义学派的著作中读到很多这样的东西,比如罗默对马克思剥削理论的一般化处理,埃尔斯特对革命行动所做的博弈论分析;另一种可能是,马克思预设的无产阶级革命或共产主义的到来,必须建立在资本主义社会生产力高度发达的基础上,至少是资本主义生产力发达程度已经彻底地消除了休谟所说的"正义的环境",粗略地说,就是在人们所处的环境中社会财富既不极度匮乏,也不超级丰富。无产阶级革

---

① 对于马克思是否认为资本主义正义的问题,由于不是本文需要论证的重点,因此,这里就略过。读者可以参看中央编译局李惠斌和李义天合编的《马克思主义与正义》一书。李惠斌、李义天:《马克思主义与正义》,北京:中央编译出版社,2012年。

② 在《资本论》第一版的序言中马克思说:"问题本身并不在于资本主义生产的自然规律所引起的社会对抗的发展程度的高低。问题在于这些规律本身,在于这些以铁的必然性发生作用并且正在实现的趋势。工业较发达的国家向工业较不发达的国家所显示的,只是后者未来的径向。"(参见《马克思恩格斯文集》第5卷,第8页)

命不是把一种理想的社会模型强行地套在实际的社会生活中,而是在资本主义社会采取消灭具体的负面问题的方式实现社会主义。这样的逻辑告诉我们,无产阶级革命不是一种决裂,而是一种逐渐的消除。

按照拉卡托斯的科学革命的纲领,一个科学理论,包括马克思的科学社会主义或历史科学,遭遇危机的时候,要么调整保护带,要么触动硬核。如果不打算调整理论本身,那就得以别的方式来解释与科学理论对应的经验事实。譬如,为马克思主义辩护的人会说,那些发生社会主义革命的地方,譬如俄罗斯,后来出现了失败(1991年苏联解体),那是因为俄国并不是典型的发达的资本主义国家经济体,同理,可以按照同样的方式解释东欧剧变等。马克思的一个基本判断是,能够产生社会主义革命的地方一定是生产力高度发达的地方。这一论断肯定会被波普尔当成无法证伪的论断,一个没有可证伪性的论断可能会被视为非科学的观点。很显然,从历史经验来为马克思主义的历史必然性辩护将会遭到强有力的反驳。另外一条通道似乎可被征用,那就是从马克思主义思想体系的内部寻找一种差异性的逻辑。这样一来,人们势必要承认马克思主义本身存在逻辑缝隙。这些"缝隙"被后来马克思主义者的论敌们发现并利用了。

二、重新激活民主革命:领导权政治

拉克劳和墨菲欣喜地发现,在马克思之后的左翼理论思潮中不乏可资利用的思想资源。经过谱系学的考察,拉克劳-墨菲找到了让霸权(hegemony,一译领导权)浮现出来的清晰线索。西姆告诉我们:

> 在拉克劳和墨菲对其经典地位的解读中,霸权是一个旨在掩盖马克思主义理论的裂缝的概念。
>
> 恰恰是"历史必然性"范畴的争议性地位,才是第二国际以来马克思主义危机的根源,从而导致了强化霸权概念的要求。资本主义顽强地抵制了由于内部矛盾而带来的被制定的崩溃命运。因此,由于马克

思主义预言的明显失败,就需要"反思"由于理论应用于现实政治世界而产生的那些断裂,并由此重构理论的统一性。霸权被用来解释这样一些断裂,在这些断裂的地方,历史必然性并没有像马克思主义所声称的那样发挥作用:面对资本主义的剥削性和完全可以预见的发展,实现工人阶级的阶级统一,从而必定会不可避免地形成革命的形势。①

在卢森堡那里,拉克劳和墨菲找到了"自发性"(spontaneism)概念,并承认自发性概念对于挽救马克思主义革命理论的重要性②。不过,拉克劳和墨菲并不满足于"自发性",还挪用、改造了其他学说,比如,拉克劳和墨菲充分利用了阿尔都塞的"多元决定"概念。阿尔都塞这样阐述"多元决定":

> 这些"不同矛盾"之所以汇合成为一个促使革命爆发的统一体,其根据在于它们特有的本质和效能,以及它们的现状和特殊的活动方式。它们在构成统一体的同时,重新组成和实现自身的根本统一性,并表现出它们的性质:"矛盾"是同整个社会机体的结构不可分割的,是同该结构的存在条件和制约领域不可分割的;"矛盾"在其内部受到各种不同矛盾的影响,它在同一项运动中既规定着社会形态的各个方面和各领域,同时又被他们所规定。我们可以说,这个矛盾本质上是多元决定的。③

阿尔都塞尽管强调了多元决定,但是,诚如拉克劳和墨菲注意到的,他仍然保留了"经济"在其中扮演着最终决定的因素:"矛盾的多元决定并非由于出现了似乎是离奇古怪的历史形势(例如在德国)才出现。它具有普遍性;

---

① 斯图亚特·西姆:《后马克思主义思想史》,吕增奎、陈红译,第22页。
② 拉克劳和墨菲认为:"很少有文本像罗莎卢森堡的一样肯定这一偶然性的特殊机制并且认识到它的实践作用。"(恩斯特·拉克劳、尚塔尔·墨菲:《领导权与社会主义的策略——走向激进民主政治》,鉴传今、尹树广译,第6页)
③ 路易·阿尔都塞:《保卫马克思》,顾良译,第88—89页。

经济的辩证法从不以纯粹的状态起作用;在历史上,上层建筑等领域在起了自己的作用以后从不恭恭敬敬地自动引退,也从不作为单纯的历史现象而自动消失,以便让主宰一切的经济沿着辩证法的康庄大道前进。无论在开始或在结尾,归根到底起决定作用的经济因素从来不是单独起作用的。"①

阿尔都塞的"多元决定"承认经济之外的因素——譬如上层建筑——起了作用,但是,经济仍然"归根到底起决定作用",只不过"从来不是单独起作用的"。这就意味着经济在上层建筑的帮助下起了最终的决定作用。但是,这里"并不自动消失的上层建筑"到底扮演什么角色,很显然,阿尔都塞是含混不清的。拉克劳和墨菲看到了阿尔都塞的含混之处,索性把"经济"起决定作用的地位取消了:"假如社会有一个最后的因素决定它的运动规律,那么多元决定与最后决定之间的关系肯定按照后者简单的、一个维度的决定来理解。从这里我们可以推断多元决定的领域是非常有限的:它是作为与根本决定对立的偶然变化的领域。而且,如果社会确实有最后的和根本的决定,差别就不会构成,社会就会被统一在理性主义典型所缝合的空间之中。"②拉克劳-墨菲认为"经济的最后决定"其实是不可能的,认为经济是最终的决定因素不过是总体性逻辑的残余。从某种意义上说,虽然阿尔都塞考虑到上层建筑起到的作用,但这是一些主观的非物质性的因素,它只不过是在接受经济这种客观物质因素的决定作用的前提下起作用,因此,在拉克劳和墨菲看来,阿尔都塞仍然没有看到伯恩斯坦曾经看到过的东西③。前面已经论述,马克思希望自己对资本主义的批判建立在经

---

① 路易·阿尔都塞:《保卫马克思》,顾良译,第103页。
② 恩斯特·拉克劳、尚塔尔·墨菲:《领导权与社会主义的策略——走向激进民主政治》,鉴传今、尹树广译,第107页。
③ 拉克劳和墨菲在谈到伯恩斯坦的贡献时说:"对于伯恩斯坦来说,有三个方面拒绝作为封闭科学体系的马克思主义的思考:首先,马克思主义没有成功地说明社会主义将随着资本主义的崩溃到来;其次,因为历史不单纯是客观过程起重要作用,这一点是不能被证明的,因此历史只能被解释为主体和客体相互作用的结果;第三,因为社会主义是一个党的纲领并因此建立在伦理决定上,它不可能是完全科学的——不可能完全建立在真理或谬误必须被接受的客观陈述上。因此,伦理主体的自发性是伯恩斯坦终结决定论的基础。"(参见恩斯特·拉克劳、尚塔尔·墨菲:《领导权与社会主义的策略——走向激进民主政治》,鉴传今、尹树广译,第36页)

济科学和历史科学的基础上,让这种批判具有自然科学的属性,从而让人们相信资本主义的灭亡不是道德上的问题或伦理上的不堪,而是事实上的无法运转,即违背了基本的科学规律。马克思要做到这一点,当然就要尽量把上层建筑,包括道德、宗教、伦理等资产阶级意识形态的东西排除出去。因此,他抓住的仅仅是资本主义生产过程中物的因素,作为生产过程重要环节的人则被处理成了提供单纯的劳动力商品的人。而组成人的其他因素,即没有被计入生产过程中的东西,被马克思排除在外了。在拉克劳和墨菲看来,马克思对人的政治观念、道德观念、宗教观念、审美意识的排除,恰恰让他按照自然世界的因果关系来处理具有自由意志的人了。马克思曾经斥责那些不思彻底进行无产阶级革命,只是力图增加工资、改善工作条件的"小打小闹"。他认为这都是在资本主义生产方式的内部做出经济条件上的修补,这些修补是以认同资本主义的所有制结构为前提的。而真正的革命是改变资本主义的所有制结构。改变所有制结构的行动显然不在"经济"这个狭小的范围内,而必须诉诸政治行动。认清资本主义无法在事实上顺利运转是一个问题,通过政治行动改变它则是另一个问题。前者是事实问题,后者则是价值问题。事实上的不堪能否推出政治行动和道德上的应当?在这个地方存在休谟式"解释的缝隙"。

在修补马克思主义"解释的缝隙"的努力中,葛兰西对霸权的阐述深得拉克劳和墨菲的称引。有一个重要原因是,葛兰西不是在经济上,而是在政治和文化乃至道德上发掘了革命实际发生的思想资源和运行的策略。他们这样评价葛兰西的文化霸权思想:

> 正是从"政治"到"智识和道德"层面的运动,向超越了阶级联盟的领导权概念的决定性转换形成了。因为,鉴于政治领导权可以建立在连接起来的一致利益上,其中参与者保持他们自己的身份,道德和智识的领导权就需要被大多数参与者分享的全体"观念"和"价值",或者用我们自

第五章　拉克劳-墨菲的领导权政治

己的术语说,某些主体立场横贯了大量的阶层。①

构成阶级及其为阶级斗争提供动力的不仅是经济的,譬如工资,而且还包括政治的、智识的以及道德的。他们或许组成了卢卡奇所谓的"阶级意识"②。但是,与卢卡奇不同的是,何种意识形式在构成革命主体中占据主导地位,不是先天自动获得的,而是霸权争夺的结果。在伯恩斯坦那里是伦理主体,在葛兰西这里则为 X,即没有固定的东西占据这个位置,一切都是流动的。而且,在葛兰西看来,获得文化霸权的过程是知识分子发挥作用的过程。这一点,史密斯有最清晰的论述:

> 葛兰西并不是纯粹的"自发主义者",因为他并不仅仅因为人民的日常话语是大众的话语就拒绝接受其有效性。知识分子必须使群众的常识接受民主的和社会主义的批评,必须搭起一座跨越不同团体各自特殊性的桥梁,必须将群众的世界观提到一个更高更普遍的理性形式。③

那些能够吸纳和获得更多的理论和文化资源的才是最有统治性的思想资源,而文化领域中霸权地位的获得是一个动态的构成。主体只有在意识形态的斗争中才能形成,何种革命形式被群众接纳同样也是何种策略占据霸权地位的直接结果。从群众的话语中获得资源且超越这些资源是霸权争夺的重要步骤。散落的话语,比如,经济的、政治的、伦理的……都没有先验的特权,它们都要参与到对群众意识的争夺中去。取得了领导权的

---

① 恩斯特·拉克劳、尚塔尔·墨菲:《领导权与社会主义的策略——走向激进民主政治》,鉴传今、尹树广译,第107页。
② 卢卡奇这样解释"阶级意识":"阶级意识就是理性的适当反应,而这种反应则要归因于生产过程中特殊的典型的地位。阶级意识因此既不是由组成阶级的单个个人所思想、所感觉的总和,也不是它们的平均值。作为总体的阶级在历史上的重要行动归根结底就是由这一意识,而不是由别人的思想所决定,而且只有把握这种意识才能加以辨认。"(参见卢卡奇:《历史与阶级意识》,杜章智、任立、燕宏远译,第102页)
③ 安娜·史密斯:《拉克劳和墨菲:激进民主想象》,付琼译,第70页。

东西才能让社会运动、革命活动沿着根据目标而设定的轨道前进。

前面已经论述,葛兰西保留了阶级本质主义的观念,同样,意识形态概念的模糊性使得具体的霸权活动无法得到经验的阐明,因此,要使得霸权得以可能,还必须去除葛兰西思想中的阶级以及与阶级相连的意识形态概念。拉克劳-墨菲推出了他们实施霸权争夺的具体策略——连接:"因此,我们必须开始分析连接这一范畴,它将为我们提供建立领导权概念的出发点。"①对于"连接",国内学者孔明安在主张把英文单词"articulation"翻译为"链接"时说:"因此,把'articulation'译为'链接',旨在强调连接活动中的'瞬时性''偶然性'和'差异性'的特征,以更好地反映其思想中的'后……'的理论特征。"②"霸权"之所以可能,在于链接能否实现,"连接"无疑在拉克劳-墨菲的后马克思主义理论中占据着举足轻重的位置。

根据拉克劳-墨菲的论证线路,只有在拒绝马克思的总体性和必然性观念的前提下才能阐述霸权和连接范畴,而要理解拉克劳-墨菲的"霸权"和"连接"范畴,先需要理解他们对"错位"和"对抗"的阐述。我们先来看他们对"社会实证性"或"社会非决定性"的论述:

> 为了使我们自己坚定地被置于连接领域,我们必须拒绝建立部分过程的总体"社会概念",因此,我们必须把社会开放性看成是构造的基础或存在的"否定性"本质,把各种不同的"社会秩序"看成是不稳定的或根本上不可驯化的差异领域。从而,社会的多样性不可能通过中介体系被理解。"社会秩序"也不能被理解为根本原则。社会没有被缝合的特别空间,因为社会本身没有本质。③

---

① 恩斯特·拉克劳、尚塔尔·墨菲:《领导权与社会主义的策略——走向激进民主政治》,鉴传今、尹树广译,第104页。
② 孔明安:《当代国外马克思主义新思潮研究》,北京:中央编译出版社,2012年,第556页。
③ 恩斯特·拉克劳、尚塔尔·墨菲:《领导权与社会主义的策略——走向激进民主政治》,鉴传今、尹树广译,第103页。

第五章 拉克劳-墨菲的领导权政治

由于进一步受到后结构主义和拉康的精神分析理论的影响,在稍晚一点出版的《我们时代革命的新反思》中,拉克劳在讨论"社会总体性概念的危机"时加强了这一论证:"与这一本质主义相反,今天我们倾向于接受社会的无限性,即任何结构体系都是有限的,其总是受到难于把握的'多余意义'的包围;这样,建立在自身部分过程之上的,作为一元的、可理解的'社会',就是不可能的。我们来考察一下这一认识的双重运动。结构主义带来的巨大进步就是认识到任何社会认同的关系特征;其局限性在于这些关系向系统的转化,向可辨的、可理解的对象(即向本质)的转化。但如果我们坚持任何一个认同的关系的特征,并且抛弃系统中这些认同的固定化,那么必然把社会认同为差异的无限游戏,也即是说,认同为严格的话语意义上我们所称之为的话语——当然,前提是我们要把话语概念从其言说和书写的限定意义下解放出来。"[①]在第二章对马克思的社会-实践本体论的阐述中,我们可能获得了这样的印象:马克思建构了一个透明的社会地形学,经济基础和上层建筑、社会存在和社会意识、生产力和生产关系、资产阶级和无产阶级等,这种二元结构化的社会图景似乎按照自身的逻辑在产生什么、消解什么,不仅如此,总体性的革命总是在这种结构的酝酿之中。矛盾、对立、对抗、斗争、冲突、暴力革命沿着马克思和恩格斯设计的逻辑次第发生。一切都是预先决定的。有人甚至把马克思的社会思想与波普所批评的柏拉图主义的封闭社会联系起来考虑,把马克思的社会主义革命思想比作基督教的千禧年事件,即人类在末日审判中实现命运最后的裁决。[②]拉克劳认为马克思的规划显然存在问题,至少可以在两个方面进行反驳:其一,矛盾和对立并不必然就是对抗;其二,在社会革命真正发生的地方,即出现错位(dislocation)的节点(nodal point)之处存在话语连接的

[①] 恩斯特·拉克劳:《我们时代革命的新反思》,孔明安、刘振怡译,哈尔滨:黑龙江人民出版社,2006年,第108—109页。

[②] 英国马克思主义研究专家伯尔基(R. N. Berki)说:"像马克思共产主义这样的学说,如果不是在一个把柏拉图的作品视为其最受尊敬、影响最大之遗产的文化传统里,那就根本无法想象。"同样地,"显然,在逐渐展开的超越性视野中,基督教大概也算得上一个重要源头。"(参见伯尔基:《马克思主义的起源》,伍庆、王文扬译,上海:华东师范大学出版社,2007年,第20页)

空间和需要。

在拉克劳和墨菲看来,矛盾和对立与对抗之间存在很大的距离。比如,我们说资本家和他的雇佣工人是天然对抗的吗?资本家和雇佣工人在劳动力市场通过自由交往、讨价还价达成了用工协议,构成这一过程的似乎没有矛盾和对立的地位,那么在生产环节,根据马克思的观点,矛盾和对立就会产生出来了。实际情况可能是这样的,我们可以设想一下:资本家为了获得绝对剩余价值,要求工人增加劳动时间。工人可能这样对应,他会对资本家说,只要付给丰厚的加班工资,我愿意增加劳动时间。此时对抗没有发生。就是说,在纯粹的经济层面,资本家和工人可能为了获得更好的处境愿意谈判协商,他们并不必然发生严重的对抗。对抗之发生肯定需要另外一些条件。经济关系不能决定社会关系的全部,总有某种"剩余"在经济交往之中,它们无法被经济完全决定。拉克劳说:"我们知道,如果工人与资本家之间的每一次对抗不是生产关系内在固有的,而是建立在生产关系与外在于它们的认同之间,那么,具有'外在'的关系模式不可能是资本积累逻辑的自动结果。资本主义积累的生存条件是由众多因素提供的,它对应于复杂力量的平衡,当然,部分是经济因素,还有政治、制度和意识形态的因素。"[①]在矛盾和对抗的关系问题上,拉克劳相信存在如下情况:两者是矛盾的,却不是对抗的;两者是对抗的,却不是矛盾的。总之,没有一种从矛盾到对抗的必然逻辑,也不能一看到对抗,马上就认为对抗双方天然就存在矛盾。根据拉克劳和墨菲的理解,经典马克思主义相信一种必然的内在的矛盾和对抗的逻辑。通俗地说,只要是资本家和雇佣工人,他们一定就有对抗性的矛盾,这是生产资料所有制结构决定的,是一种经济结构内部应有之矛盾和对抗。拉克劳说:"要表明资本主义生产关系本质上是对抗的,那就意味着去论证对抗逻辑上来源于劳动力买卖双方之间的关系,但这恰好是不可能的。难道因为劳资双方是建立在不平等交换基础上,资本家从工人身上榨取剩余价值,即可以断定这种关系在本质上

[①] 恩斯特·拉克劳:《我们时代革命的新反思》,孔明安、刘振怡译,第32页。

是对抗的吗？对此的回答是'不'，因为只有工人去抵制这种榨取，资本家和工人之间的关系才是对抗的；在'劳动力出卖者'范畴里并不能推导出对抗是一个合乎逻辑的结论。"① 由此可以看出，拉克劳反对马克思的"内在构成性对抗"的观点，与之相对的是，拉克劳认为，对抗之发生可能是外在构成的。他说："例如，当工资降低到某一水平之下，正常的生活水准就难以为继了；劳动力市场价格的上下波动影响工人的住房条件和工人的购物消费。然而，在此情况下，这种冲突并不内在于资本主义生产关系（工人在生产关系中只是算作一个劳动力的出卖者），而是发生在生产关系与其之外的工人的认同之间。我们应该明白，这一外在构成是任何对抗关系本身固有的。"②

拉克劳想要表明的是，有种外在因素导致了工人与资本家之间对抗的发生。对抗之发生并不在资本主义生产关系之间，工资的下降、消费能力的下降才是对抗发生的直接因素，而工资和消费能力的变动却是工人之间认同关系的变化造就的。也许后备劳动力大军的存在让工人不得不接受低工资，从而导致工人无法维持劳动力生产的成本，因此产生了与资本家的对抗性冲突。但实际上这并不是一个很好的例子，因为它反而加强了经典马克思主义的论点。因为恰恰是资本主义生产关系的存在使得一部分后备劳动力存在，从而使工人的工资能够降低到一定限度，最终导致劳资矛盾的爆发、对抗的产生。但是，拉克劳的"外在构成"的观点之所以是合理的，可能是由于下述情况：譬如由于资本主义生产方式导致环境不断恶化，在饮用水源被污染的情况下，工人把斗争的矛头指向了当地的工厂，他们要求政府关闭雇佣关系依然存在的工厂，甚至参加旨在关闭工厂的暴力活动。在这个例子中，在工厂工作的工人其实是资本家的雇佣工人，依赖工资才能享有正常的生活水准。应该说，此时他们的关系是共生的而不是对抗的，当然矛盾可能存在，比如在工作时间和劳动强度上，他们与雇主存

---

① 恩斯特·拉克劳：《我们时代革命的新反思》，孔明安、刘振怡译，第10页。
② 同上书，第11页。

在认知和利益不一致的地方,但是,离开工厂,即结束雇佣关系,对工人而言,很可能是最为糟糕的行为选择。不过,在环保主义理念的激励下,工人发现自己更为重要的利益需要通过与自己所在的工厂进行斗争才能解决,他们便放弃了当前相对而言较好的与资产阶级的共生关系。在这种情况下,对抗显然不是内生的,而是外在构成的。同理,因为种族、民族等原因诱发的冲突几乎都不能还原到阶级之间的矛盾和对抗中,"对抗并没有发生在生产关系之内,而是在生产关系与外在于生产关系的社会行为主体之间"①。这一点同样得到了西姆的旁证:"由于拒绝承认经济实践和意识之间存在任何直接的因果关系,拉克劳也就拒绝了马克思主义世界观的基本原则。大部分马克思主义政治理论建立在经济原因和社会结果之间的一一对应的关系上。拉克劳把这种一一对应关系斥责为过于简单的关系:生活更加复杂,并且个体的经验绝不是图式化的和被预先决定的。"②

如果不仔细而全面地阅读马克思的著作,马克思主义容易给很多人造成机械决定的印象。具体表现为,很多人认为马克思描述的革命途径类似于数学上的映射,即一一对应关系。使得这种意义对应关系发生的是拉克劳和墨菲指责的"本质",也就是罗蒂所谓的实在本身。与这种"一一对应"迥异,拉克劳和墨菲相信,通过"本质"来造就内部决定关系是一种神话,现实的理论家必须承认"错位"的存在,认识到"错位"之处需要"连接"发挥作用。"错位"和"连接"可以在两个层面进行:一是在革命主体的形成中,即谁成为革命行动的领导者和参与者;二是什么性质的革命或社会运动被选择和执行。

我们以具体的革命案例来说明错位和连接的机制。19 世纪末至 20 世纪初的俄国革命。当时沙皇俄国是一个具有浓厚封建帝制性质的国家,根据经典马克思主义的理论,理应先进行政治上的民主革命,然后再进行

---

① 恩斯特·拉克劳:《我们时代革命的新反思》,孔明安、刘振怡译,第 11 页。
② 斯图亚特·西姆:《后马克思主义思想史》,吕增奎、陈红译,第 69 页。

社会主义革命。但是,由于理应领导民主革命的资产阶级的软弱,无产阶级及其先锋队布尔什维克取得了革命的领导权,经过微小的波折,在1917年取得了十月革命的成功。无产阶级及其政党取代资产阶级获得了革命的领导地位,这是第一层错位,即领导权的错位;而在革命的性质上,由于无产阶级的领导,俄国革命最终越过了民主革命阶段,取得了社会主义革命的胜利。这是第二层错位,即革命方式的错位。俄国十月革命的成功,在拉克劳和墨菲看来,完全是霸权争夺和连接实践的结果。由于俄罗斯并非马克思革命理论目标中描述的发达资本主义国家,俄国的社会构成也不是马克思所说的那种无产阶级和资产阶级的简单对立,而是充斥了农奴、地主、沙皇、资产阶级、工人阶级,以及流浪汉、知识分子等复杂的网状结构,在这种情况下,存在两种以上革命的发展方向,谁能够取得革命的领导权,革命往何处去,根本就不是简单的一元论结构能够决定的。根据马克思和第二国际理论家的革命理论和路线图,俄国革命根本不可能发生,很多因素在生产关系的简单结构之外,譬如说,战争、沙皇的残酷统治带来的复杂的社会矛盾,这一切反倒使列宁主义(无产阶级革命可以在帝国主义的最薄弱环节发生并取得胜利)的出现成为可能。拉克劳和墨菲对俄国革命的历史进行了理论化处理:

> 每一个社会同一性变成了多元连接实践的汇合点,在它们之中存在着许多对抗。在这些情况下,完全填补连接者和被连接着之间的裂缝不可能达到彻底的内在化。但是,重要的是要强调:连接力量的同一性继续保持分离和不变都是不可能的,两者都属于持续颠覆和重新定义的过程。①

这种理论化处理的关键在于引进了外在构成的概念,它使得在错位发

---

① 恩斯特·拉克劳、尚塔尔·墨菲:《领导权与社会主义的策略——走向激进民主政治》,鉴传今、尹树广译,第157页。

生的地方连接成为可能和必要。至于领导地位如何获得,拉克劳和墨菲引入了主体立场的概念和扭结点的概念。根据这些概念和观点,凡是在错位发生的地方,那种充分运用智识和道德优势的主体赢得了霸权争夺,也因此获得了控制局势的能力,即处在关键的扭结点上。没有任何一种"主体立场"具有先天的特权,它们能够不经过霸权的争夺就取得领导地位,然后主导着社会革命的性质和方向。拉克劳和墨菲主张:

> 一旦我们拒绝把领导权(霸权)铭刻在社会的中心和社会本质的本体论层面,就冥想不能继续坚持领导权关节点(扭结点)的单一性这种观念。很简单,领导权是政治的关系形式,要是像有些人所期待的那样的话,也是政治形式,但是在社会地形学内并没有决定性的地位。在特定社会形态中,可能存在着多样化的领导权关节点。显然,他们中的一些可能是高度多元决定的。①

领导权在拉克劳和墨菲看来是典型的政治关系,不是单纯的马克思预想的地形学概念,即无产阶级一定代表了先进的生产力,并在未来的社会变革中占据领导地位。由于受到20世纪哲学中发生的"语言转向"的影响,拉克劳和墨菲更加重视语言和符号,即他们所说的能指的意义,愿意接受从语词入手理解社会的做法:社会就是一切都是话语的结果②。这一点在拉克劳对自己的方法与经典马克思主义的传统方法进行比较后显得尤其明显:

> 如果世界"给予"的越少,那么必须被建构的就越多。但这根本不

---

① 恩斯特·拉克劳、尚塔尔·墨菲:《领导权与社会主义的策略——走向激进民主政治》,鉴传今、尹树广译,第157—158页。
② 哈贝马斯说"如果我们从宽泛的意义上把社会看作是由符号建构起来的生活世界,那么,社会的形成和再生也就的确只能依靠交往行为。"(参见哈贝马斯:《后形而上学思想》,曹卫东、付德根译,南京:译林出版社,2012年,第83页)

第五章　拉克劳-墨菲的领导权政治

是世界的建构,而是社会行为主体的建构。结果他们改变自己,并形成了新认同。在这一点上我们比较一下我们的方法和经典马克思主义传统方法之间的差异。二者都坚持认为,资本主义引起了失调和错位,但是,二者的差异也一目了然。最主要的差别是:错位对经典马克思主义具有一种客观意义,并且是已经决定了的方向进程的一部分。因此,变革的主体是内在于这一进程,并受其决定。主体完全被结构所吸纳。另一方面,在我们的分析中,主体的位置就是错位的位置。主体并非结构的一个要素,而是如此构成结构的不可能性的结果(就像一个自足客体)。……对于经典马克思主义而言,超越资本主义社会的可能性建立在社会结构的简单化,以及涉及变化的独特行为主体出现的基础之上,而对我们来说,社会民主改革的可能性在于新的变化主体的增多。①

为了加强自己的论证,拉克劳甚至重构了托洛茨基的"不平衡理论":(1)任何一个国家不平衡的结构并不为革命造就实证的运动规律,相反,其中各个革命因素及其代表的行为都将与其他行为发生冲突。(2)社会革命的发生并不是由共时性的阶级结构决定的,相反,在霸权争夺的过程中历时性可能造就阶段论,而历时性的存在证明了"错位"的出现。(3)不平衡所特有的结构错位与错位的外在特征,意味着这种结构本身并不具有为其将来的重新连接提供可能性的条件②,即没有一种在历史上能够发挥主导作用的、能够无条件地贯穿在社会革命之始终的"本质""规律"。相反,错位会经常发生,结构错位的点越多,政治扩张的领域越大。(4)错位的存在意味着取得领导权主体地位的力量不是来自内在的结构,而是取决于外在的错位。主体身份,如前所述,也是连接的结果。其实,在拉克劳晦涩的语言背后掩藏着单纯的思想:马克思为社会主义革命准备了无产阶级及其

---

① 恩斯特·拉克劳:《我们时代革命的新反思》,孔明安、刘振怡译,第51页。
② 同上书,第63页。

先锋党,而后马克思主义则认为革命的主体是在霸权争夺的过程中生成的,革命主体出现之前它就是一个未知数,把未知数变成固定的主体位置则是占据关节点的霸权地位的胜出者。霸权和连接不仅造就了革命或社会运动的领导者,而且还主宰了社会运动或革命行动的方向和性质。拉克劳和墨菲用"外在构成"的范畴取代经典马克思的内在构成的范畴,用话语连接概念取代经典马克思的经济决定概念。换言之,拉克劳、墨菲在经典马克思认为存在连续性的地方找到了错位和断裂,从而找到了话语运作的空间,以实现多元的激进民主。

之所以如此强调霸权争夺和连接,可能与拉克劳青年时代参加过拉丁美洲的革命活动有密切关系。在南美洲那样的资本主义并不发达、殖民地民族矛盾相对而言更加尖锐激烈的地方,阿根廷的革命事业必然是错综复杂的社会力量综合较量甚至一片混战的结果。拉克劳把自己的经验做了理论化的提升,其多元激进的民主思想由此形成。

为了避免从经典马克思主义的"一元决定论"坠入另一种"决定论",拉克劳特别地说明了错位的三个特征:暂时性、可能性和自由。就是说,没有一种东西,无论是内在的还是外在的,能够让"错位"具有稳定的特性,从而最终妨碍拉克劳和墨菲的激进话语民主理论。我们发现拉克劳和墨菲仍然没有说明外在性概念。如果不联系其思想的整体,特别是其受到了后现代主义、拉康精神分析学派以及后期维特根斯坦的影响,我们根本无法彻底地理解"外在构成"概念的定义和机制。拉克劳、墨菲曾经说:"在某种程度上,所有这些流派一直滋养着我们的思想。不过,后结构主义是一个我们在其中发现了主要理论思考源泉的领域,而且在后结构主义之内,对于我们阐明领导权来说,解构和拉康的理论是决定性的工具。"[①]

由于在这两章里,我采取了分述的方法从正面阐述罗蒂和拉克劳-墨

[①] 恩斯特·拉克劳、尚塔尔·墨菲:《领导权与社会主义的策略——走向激进民主政治》第二版序言,鉴传今、尹树广译,第6页。

第五章　拉克劳-墨菲的领导权政治

菲的政治思想,可能给读者留下了两者互不相干的印象。为了使得在两者之间的比较和辨正变得更加紧凑,在此有必要以总结的方式把他们之间的差异和相同之处呈现出来。

在罗蒂的最低纲领的自由主义那里,构成社会行为主体的是启蒙运动的传人,由于是自由民主信念的接受者,他们相信残酷和虐待是最坏的事情,因此,把残酷和侮辱限制在最小范围甚至消除,就是自由主义的最低目标。此时,把人们整合起来的不是共同的人性或大写的理性,而是这种信念所带来的最大结果,即最大范围之内人们的幸福都有平等的机会得到实现。这是一种不同于启蒙运动之后大部分欧洲哲学家和政治学设想的社会进步之路。由于罗蒂在很多场合都强调:存在一个客观的"大写的实在"和"人的本质",相信人能够运用自己的理性抓住"大写的实在"和"人的本质"的绝对主义知识观和历史哲学一定会带来权威主义,甚至极权主义,因此,他主张用协同性取代客观性,即有着相同信念或不同信念的人(信念不同于知识)能够认识到自己现在所持的观点可能是错误的,因此乐意在与他人——同胞和陌生人——的对话中阐明、修正或放弃自己现有的信念之网,这样罗蒂与杜威这样的民主哲学家走到了一起。没有超越历史和人们对话之结果的东西作为人们知识和行为永恒的参照系,唯一的实际的交往模式,也就是能够带来更多自由和机会的政治活动,就是参与对话、实现每个人的梦想。这就是罗蒂对政治自由主义所做的哲学说明。

有趣的是,拉克劳和墨菲也接受了罗蒂式的知识论。不同于罗蒂喜欢运用隐喻来说明知识形态,拉克劳-墨菲推荐的是从后结构主义和拉康主义那里得来的"漂浮的能指"概念。语言和能指符号相比那种"实在"更加能够在社会实践中发挥作用。与罗蒂拒绝"大写的实在"和超越语境的反实在论一致的是,拉克劳和墨菲放弃了经典马克思主义的"历史必然性"和"决定论"范畴,同样认为,如果先验地认为历史发展存在某种必然的规律,那么某个阶级会被结构决定成为历史利益的特权发现者和代理人,并有权力把自己有关"真实利益"的意识灌输给他要召唤和组织的普通群众,从而走向社会主义革命。虽然拉克劳-墨菲在拒绝历史必然性范畴的同时没有走向完全偶然性的逻辑,但是,霸权争夺和连接实践本身却让社会运动出现了多元化的趋势。拉克劳和墨菲在这样思考的时候与罗蒂一样不再相信内在的本质的概念,而接受了外在的话语构成的方式。

罗蒂和拉克劳-墨菲对后现代主义思潮的接受,使得他们完全陷入了语言或话语的泥塘。"世界""经验""社会"等离开了语言和话语就变成了无法被理解和利用的东西。就像普特南所批评的,罗蒂由于接触不到"实在",而索性认为"实在"并不存在,走向了彻底的语言学实用主义。拉克劳和墨菲也一样,由于无法把握历史的规律和决定性的力量,于是走向了话语实践的游戏,让主观性的东西,譬如道德、智识,成为革命主体争夺的焦点,从而让物质利益的概念被限制,甚至被放弃,最终离开了经典马克思主义的历史唯物主义。

罗蒂并没有为他的自由民主的公民何以成为现代资产阶级社会的行为人给出充分的理由,同样的,罗蒂对自由主义目标的限制也使得政治自由主义的含义极大地萎缩,就像墨菲所批评的那样,罗蒂使政治批判、民主反思不再可能。拉克劳和墨菲也没有为他们的外在构成进行令人信服的论证,因此他们的话语竞争优势失去了根本的动力来源,从而显得无法被理解。罗蒂和拉克劳-墨菲的思想存在一个共同的问题,那就是如何真正地看待语言和实在、话语和历史。其实,这也是一个更加困难的知识问题——一个围绕历史和社会的知识问题。如何面对并解决这个问题,将关系到人类未来的诸多政治和社会问题的解决。

第六章
当代资本主义的权力与危机

可以说,当罗蒂为资本主义辩护,而拉克劳和墨菲提出他们的后马克思主义和激进民主理论的时候,资本主义已经更新换代,发展了新的形式。甚至有人用晚期资本主义[①]和后资本主义[②]这样的概念来概括当代资本主义的状况,包括政治、经济、文化以及意识形态等层面。拉克劳-墨菲为社会主义计划设计的策略敏锐地洞悉了升级后的资本主义的权力结构和政治关系,这种权力结构和政治关系通过新社会运动曲折地得到反映。因此,要真正地理解罗蒂和拉克劳-墨菲的后现代政治话语,就必须理解资本主义的新形态,以及潜伏在新版资本主义背后的权力构成。

前面已经论述,拉克劳和墨菲认定经典马克思主义是一种现代性的知识形态,其为社会革命构筑的理论前提是本质主义和还原论。具体表现在社会分裂为鲜明对抗的两个主要阶级,而对抗则构成了社会变革的动力,最终的结果是在克服资本主义现实矛盾的过程中实现透明的共产主义社会。无产阶级及其政党自动成为革命主体,后者还成为革命的先锋队,并在未来的过渡期担任领导者。简言之,在马克思那里,革命内在于资本主义,而无产阶级也是社会主义运动的主体。可是,马克思的观点遭到了很多西方马克思主义者的怀疑,甚至反对。下面这段话最能体现拉克劳-墨菲反对这一革命思想的逻辑:

---

① 美国左翼马克思主义学者弗里德立克·詹明信在《晚期资本主义的文化逻辑》中提出了晚期资本主义的概念。
② 现代管理科学之父德鲁克在1992年出版的《后资本主义社会》中率先提出了后资本主义的概念,并用它理解资本主义的当代形态。

我们的中心问题是确定指向反对不平等斗争和挑战从属关系的集体行动得以出现的话语条件。也可以说,我们的任务就是指明从属关系转变为支配关系的条件,以使从属关系构成对抗的场所。在这里,我们进入了一个通过众多术语变化建立起来的领域,这一变化领域已经通过使"从属的""压迫的"和"支配的"这些术语成为同义词被终结。十分显然,使这种同义词成为可能的是"人的天性"和被统一主体的假定:如果我们能够先验地确定主体的本质,那么,每一种否定它的从属关系就自动转变成压制关系。但是,如果我们拒绝本质主义的这个观察视角,那么,我就必须把从属从压制中分离出来,并解释使从属关系变为压制的那些精确条件。①

在拉克劳和墨菲看来,革命从来就不是社会结构先天决定的,而必须取决于历史中的人如何把握各种政治关系。从属关系是普遍存在的,但是,从属并不必然演化为对抗关系。从属走向对抗的缘由并不能在阶级内部自动形成,而需要"外在构成"。通俗地说,革命主体和革命运动都在时间中形成,而领导权争夺成为革命真正发生、社会主义运动真正展开的先决条件。这就是拉克劳和墨菲喜欢用的"话语条件"。

话语条件取代先验决定的关键在于拉克劳主张的对抗的外在构成成为可能。拉克劳说:"对抗不是资本主义生产关系本身内在固有的,而是建立在生产关系及其之外的某种东西的关系之间。(如低于一定的工资水平,工人就不能过着体面的生活,不能送他的孩子上学,不能参加某些娱乐活动等。)因此,对抗方式及其强度很大程度上依赖于社会行为主体在生产关系之外的构成方式。"②资本主义的生产关系并不让进入这个关系的行为者——资产拥有者和无产阶级——自动处在对抗的地位,相反,工人接

---

① 恩斯特·拉克劳、尚塔尔·墨菲:《领导权与社会主义的策略——走向激进民主政治》,鉴传今、尹树广译,哈尔滨:黑龙江人民出版社,2003年,第170页。
② 恩斯特·拉克劳:《我们时代革命的新反思》,孔明安、刘振怡译,哈尔滨:黑龙江人民出版社,2006年,第156页。

受雇佣是在工人接受劳动条件和工资水平的情况下进行。在双方契约达成的过程中,任何一方都理性计算了自己的成本和代价,也比较能够清楚地知道契约履行后获得的结果。一般而言,只有在充分评估得失的情况下,雇佣和被雇佣关系才能形成。因此,从某种意义上说,雇佣关系的形成使得双方都能改善状况,而不是相反。基于此,这种关系就不是对抗性的,甚至都不是矛盾的关系,而是共生的关系。使得这种关系成为对抗性的肯定不是事先构成契约的条件,也不可能是生产关系固有的,而需要借助外在的偶然因素,譬如外部市场条件的变更、技术创新的周期延长等,这些因素从外部迫使资本家试图改变雇佣条件,或者增加绝对剩余价值的剥削。在此情况下,个别工人发现自己的合法期望被牺牲了,斗争就会到来。总之,拉克劳和墨菲用外在构成的概念取代了马克思生产关系内部决定的观点。因此,理解拉克劳和墨菲的外在构成的概念势必成为理解他们的后马克思主义和激进民主的钥匙。

倘若顺着拉克劳和墨菲的逻辑,我们相信阶级权力结构不能覆盖所有的权力关系,比如性别之间的权力、人与自然之间的权力、民族国家之间的权力,那么,似乎可以赞成拉克劳和墨菲外在构成的观点,甚至于得出否定马克思历史唯物主义的大部分结论。但是,果真应该如此吗?哈贝马斯认为到目前为止同历史唯物主义唱对台戏的思潮,其调查和研究仍然是不充分的,对于历史唯物主义中的重要概念"生产方式",他说:"我认为,今天不能提出这个非此即彼的问题。对于社会发展的逻辑来说,生产方式的概念不是一把错误的钥匙,而是一把尚未充分打磨的钥匙。"[①]

如果说,马克思构造的政治斗争学说是一种同一政治,即有一种本质把形形色色的人都构成同等的阶级,譬如无产阶级和资产阶级,换句话说,财产占有的状况判明了阶级所属,阶级的本质就是生产资料的所有权,那么拉克劳和墨菲则看到了同中之异,即个体的身份并不能完全由他们对生

[①] 尤尔根·哈贝马斯:《重建历史唯物主义》,郭官义译,北京:社会科学文献出版社,2000年,第164页。

产资料的占有状况先天地决定，尽管生产资料的所有权确实扮演重要的角色，但是，这种角色并不是超越时间和历史的。简言之，拉克劳和墨菲倡导的就是差异政治，对身份构成做了历史化的处理。这种历史化处理的方法就是根据现有历史条件重新认知权力结构和对抗关系，而激进民主之所以可能，关键在于是否能够认知并承认新型的复杂的权力关系，并让这种权力关系政治化。

罗蒂认识到拉克劳和墨菲要求推进激进民主计划、欢呼差异政治。他说："作为实行如此平凡化策略的一个理由，我愿意引用拉克劳的论点：'从尼采到海德格尔的思想转变，从实用主义到维特根斯坦的思想转变已经决定性地摧毁了哲学本质主义'，并且这个转变使我们能够'以一种比马克思所主张的可能激进得多的方式来重新表述唯物主义者的立场'。我认为，成为一个比马克思还要激进得多的唯物主义者的最佳途径在于挤掉黑格尔浪漫主义中的极左政治思考。"①当罗蒂这样说时，他与拉克劳、墨菲的政治立场差异便出现了。在拉克劳和墨菲那里，所谓激进得多，就是放弃了本质主义之后追求话语政治，这种政治将会重建历史的主体，承认"主体身份的消散"，从而重构领导权的革命实践；而罗蒂则认为，极左政治得以可能的关键在于放弃政治浪漫主义，针对实质性的社会不公进行改革。用精神分析的话语说，就是承认资本主义排泄物、剩余物的合理性和必然性，然后心平气和地把这些剩余物清理掉。很明显，我们可以看出罗蒂和拉克劳-墨菲在政治立场上的差异。这种差异与他们各自对资本主义的权力关系产生了不同的看法有关。

1968年西方"五月风暴"之后，"新社会运动"逐渐展露了自己的政

---

① Richard Rorty, *Truth and Progress*, New York, Cambridge University Press, 1998, p.229. 对于反本质主义，我们可以在拉克劳的著作读到相应的论断："话语理论并不只是一种简单的理论或认识论的方法，而是意味着通过肯定存在的激进历史性，并因而肯定真理纯粹的人的特质，来致力于展现世界究竟如何：断定人类激进的历史性以及因此人类所具有的纯粹的真实自然性：人的完全的社会构建，并不是建立在任何外在的形而上学必然性的基础上（既非上帝，也非本质的形式，更非历史的必然规律）。"（参见恩斯特·拉克劳：《我们时代革命的新反思》，孔明安、刘振怡译，第159页）

治诉求和立场。这样的经验事实被拉克劳和墨菲充分注意到,并做了理论化的处理。他们从新社会运动中看到了新型的权力关系和政治关系,提出了一条不同于经典马克思主义阶级还原论的社会主义策略。而罗蒂面对持续繁荣的资本主义,基本上丧失了批判资本主义基本制度和意识形态的愿望。他多次表示自己的老左派身份①。与罗蒂不同的是,拉克劳和墨菲至少名义上倡导社会主义革命,并对民主和社会主义之间的关系做了新型的思考:"每一个激进民主计划都暗含着社会主义方向,因为它必然要终结资本主义的生产关系,这种资本主义的生产关系则是大量从属关系的基础;但是,社会主义是激进民主计划的一个组成部分,而反对来却并非如此。"②

激进民主计划与当代资本主义的状况密切相关,因此,需要分析当代资本主义社会的权力关系及其危机,并以新社会运动为现实背景,讨论对抗得以形成的外在条件,破译拉克劳-墨菲"外在构成"和"激进民主"的秘密,在此基础上深入检讨拉克劳-墨菲和罗蒂的后现代政治话语之间的异同。

第一节 当代资本主义的权力构成

我们在认知资本主义的权力构成时需要把时间和空间概念考虑进来,并注意不要预先以某种权力作为解释其他因素的自变量。做到这一点,我们就不难发现,无论是罗蒂,还是拉克劳和墨菲,都深入地把握了后现代权力的多元中心和网状结构。他们对资本主义权力构成的认知直接影响了

---

① 在一次访谈中罗蒂声明:"我看上去只是一个普通的老左翼分子,想想迈克尔·沃尔泽,他的年龄与我最接近,并且他是豪在布兰代斯的学生。我认为他对当代政治的观点与我的最为一致。……我不认为自己有十分鲜明的与众不同的观点,我只是一个最普通最平常的老左翼分子。"(参见理查德·罗蒂:《哲学、文学与政治》,黄宗英等译,上海:上海译文出版社,2009年,第253页)
② 恩斯特·拉克劳、尚塔尔·墨菲:《领导权与社会主义的策略——走向激进民主政治》,尹树广译,第200页。

政治关系在他们的政治哲学和历史哲学中的位置。当代资本主义社会一个明显的情景是，没有一个权力能够占据稳定的中心，没有中心的权力及其运作形式带来了利益分配的新格局。不平等的权力状况产生的道德影响，势必与托克维尔以来的平等普遍化潮流背道而驰，因此，变革的冲动孕育其中。我们先讨论社会权力的来源，然后分析权力的结构及其后果。

一、马克思对资本主义权力的批判

先来看马克思对资本主义权力结构的分析。可以说，在《黑格尔法哲学批判》《论犹太人问题》等文本中，马克思深刻地分析了资本主义的权力格局。其批判的武器是以经济科学的手术刀进行的，也正是这种理性的科学形式，使马克思与此前的空想社会主义区别开来。马克思以一个社会的核心建制，即生产资料所有权为基础，理解资本主义的权力关系，深刻地触及了资本主义社会权力的要害，即经济权力的有无决定政治权力的分配格局及其结果，复杂的社会系统因此被快刀斩乱麻地简化为两大对抗性的阶级，即使有些社会成员尚未位列其中，但是，其基本趋势是，他必然被纳入其中，结构化不可避免。下面两段话充分反映了马克思对19世纪资本主义权力关系的把握。在《论犹太人问题》中他先描述了人的双重生活：

> 在政治国家真正形成的地方，人不仅在思想中，在意识中，而且在现实中，在生活中，都过着双重的生活——天国的生活和尘世的生活。前一种是政治共同体中的生活，在这个共同体中，人把自己看作社会存在物；后一种是市民社会中的生活，在这个生活中，人作为私人进行活动，把他人看作工具，把自己也降为工具，并成为异己力量的玩物……人在其最直接的现实中，在市民社会中，是尘世存在物。在这里，即在人把自己并把别人看作是现实的个人的地方，人是一种不真实的现象。相反，在国家中，即在人被看作是类存在物的地方，人是想

象的主权中虚构的成员；在这里，他被剥夺了自己现实的个人生活，却充满了非现实的普遍性。①

马克思认为，在政治国家和市民社会之间存在二律背反②：

> 市民社会和政治国家的分离必然表现为政治市民即国家公民脱离市民社会，脱离自己固有的、真正的、经验的现实性。因为国家公民作为国家的理想主义者，是完全另外一种存在物，一种与他的现实性不同的、有差别的、相对立的存在物。……市民要获得政治意义和政治效能，就必须抛弃自己的等级，即抛弃私人等级，因为正是这个等级处在个体和政治国家之间。③

在马克思看来，资本主义社会的权力构架是二重的，即来自国家的政治权力和来自市民社会的经济权力。但是，政治权力通过经济权力而实际性地产生作用。马克思说："那些使一定的生产力能够得到利用的条件，是社会的一定阶级实行统治的条件，这个阶级的由其财产状况产生的社会权力，每一次都在相应的国家形式中获得实践的观念的表现，因此一切革命斗争都是针对在此以前实行统治的阶级的。"④意识形态，包括宗教的、道德的，都并不具有独立的权力形式，它们要么从属于国家，要么从属于经济权力。生活在资本主义社会的人一方面要过世俗的生活，即从事生产和交换等活动（这是最真实的实践活动），另一方面要参与政治活动，服从国家的支配。前者作为市民，后者作为公民。根据黑格尔的观点，作为公民是更加真实的，而作为市民则是虚假的、暂时的，是一种质料。因此，在黑格尔看来，国家内在于市民社会，家庭和社会的必然性是政治国家。但是，马

---

① 《马克思恩格斯全集》第 3 卷，北京：人民出版社，2002 年，第 172—173 页。
② 同上书，第 114 页。
③ 同上书，第 97 页。
④ 《马克思恩格斯文集》第 1 卷，北京：人民出版社，2009 年，第 542 页。

克思则更愿意把市民社会当成政治国家的基础,真实的市民生活才是纯粹形式之国家及其政治权力得以可能的前提。与黑格尔把参与国家的政治公民身份当作真实的身份不一样,马克思认为经济生活中的个体才是真实的,才是政治生活的秘密所在地。黑格尔为了强调国家权力,不得不违背真实的逻辑,试图从市民社会的经济生活中提取精神的力量,以此塑造政治的公民资格,相反,马克思认为政治公民只不过是一种虚构,是占据统治地位的社会成员为了实施合法的暴力而强加给个体的空洞的荣耀。马克思揭示了资产阶级国家这个虚幻的共同体:

> 从前各个人联合而成的虚假的共同体,总是相对于各个人而独立的,由于这种共同体是一个阶级反对另一个阶级的联合,因此对于被统治阶级来说,它不仅是完全虚幻的共同体,而且是新的桎梏。在真正的共同体的条件下,各个人在自己的联合中并通过这一联合获得自己的自由。①

一句话,在马克思看来,资产阶级的国家权力实质上是分裂了的市民社会之权力对抗的外部形式,即政治权力并不具有独立的形式,除非转换社会的生产方式,这种权力结构不会改变。

市民社会为什么不能在社会内部实现自己的全部需要,而要借助于国家的强制性权力?马克思认为,根本原因在于历史上生产资料的占有出现了不均衡的现象,导致市民个体之间人格上的实质的平等被打破了。一旦个体之间实质平等不得到实现,对形式平等的追求自然就是替代性的选择。占据更多生产资料的阶级把这种事实上的不平等通过法理形式确立并巩固下来,即由国家提供这种形式平等,通过立法和政治活动满足了个体的独特需要。不过,这只是一种虚幻的象征性的满足。因为在真实的市民生活中,差异、对抗、冲突仍然普遍存在。社会中不同的个体对权力的需

---

① 《马克思恩格斯文集》第1卷,第571页。

第六章 当代资本主义的权力与危机

要无法借助国家权力这个中介得到完全的实现。究其根底,只是因为国家权力往往只是统治阶级之专断性权力的合法形式。看起来,国家权力表面上以全民代表的形式出现,实际上,只是统治阶级的排他性权力。其他权力,宗教权力、道德权力、法理权力……都不过是经济权力与政治权力之间交互斗争所衍生出来的次级权力而已。

马克思的分析无疑是正确的。可以说,马克思的权力二重性模型完全可以解释资本主义兴起时期的社会生活。但是,拉克劳和墨菲认为马克思的不足在于,马克思把这种资本主义的生产方式永恒化了,设计了一种逃避了时间的资本主义经济的理解模式,并在这种经济模式之上设想社会权力结构和政治关系,从而陷入了不甚合理的还原论。罗蒂非常赞赏马克思对资本主义的批判,认为马克思对资本主义的剖析无与伦比。但是,罗蒂并不赞同马克思在批判资本主义经济基础之上得出的政治结论,即大拒绝式的无产阶级革命。与哲学上的激进立场不一样,罗蒂主张把政治限制在社会改良的范围内,福利国家似乎是罗蒂更加倾向于接受的国家形态。因此,对于资本主义经济模式带来的社会权力不平等,罗蒂主张,可以在不触动资本主义经济制度的情况下予以微调。

罗蒂没有认识到的是,当代资本主义已经更新换代,升级成功,换句话说,资本主义已经从工业资本主义1.0,经过垄断资本主义2.0,信息资本主义4.0,进化为金融资本主义3.0。不同版本互相区别的标志在于交换方式的范式转换。交换方式大致经历了商品交换-资本交换-象征交换,核心区别在于货币在其中以何种形式扮演需要和需要被满足的角色。如果我们仍然以马克思的典范来理解资本主义,那么,一些难以被还原到经济基础的社会和文化空间将变得不可思议。地方性知识、非理性的文化、情感的投射物……以不同的权力形式在社会中吸纳着拥趸,它们以与资本或近或远、或清晰或模糊的方式发挥作用,有些甚至独立出来,争夺在社会中的位置。因此,我们不难看到这样一幅有点戏剧化的场景:进入市场的文化形式却竭力追求着摆脱市场的结果。说得通俗点,那些声称金钱买不到的东西却以巧妙的方式与金钱实现了联姻。这样一幅图画的背景就是新型的社会权力的结构,这种权力结构使得国家这一古老的"神"(黑格尔语)焕发了新的青春,足以改变政治思想家的想象力。由此,马克思的阶级分裂和阶级斗争的简化政治图画已经被极大地涂改了。

拉克劳曾经在一封给自己的学生阿尔特的信中这样谈到阶级问题:

> 如果这样,那么我的主张,即不应该抛弃"阶级"和"阶级斗争"范畴,但应该使之历史化这一主张又有什么意义呢?我的观点源于这一事实:"阶级"和"阶级斗争"概念并不是马克思的简单错误(原文如此,引者注)。因为这些概念能很好地解释当时的历史和政治经验领域发生的事件。首先,在前期资本主义社会,社会与政治身份的界限与群体本身的统一性并不冲突……在此情况下,不可能因为马克思及其同时代者而真地产生主体地位的消散和重叠交叉的问题。作为各个地位集合的群体(阶级),其自身体现为斗争的行为主体。Ergo 即阶级斗争。结果,对马克思来说,"非对抗社会"和"无阶级社会"是同义词。所以,相对而言,马克思的阶级斗争观点是正确的,它与社会现实是相当吻合的,因为他那个时代的社会,很大程度上还是一个阶级社会。但是,一个世纪以后我们生活于其中的社会则越来越不是阶级社会了,因此马克思的"阶级"观的基础,即群体身份的统一性再也不存在了。我们这个时代还存在着剥削、对抗、斗争,但是斗争(包括工人斗争)却越来越不再是阶级斗争了。[①]

从这段话可以看出,拉克劳并不完全否定马克思的阶级和阶级斗争的学说,只不过设法把马克思的观点限制在具体的历史语境中。在马克思所在的时代阶级身份是非常明显的,阶级斗争也真实存在,但是,资本主义经过马克思主义者的激烈批评,以及发生了多次无产阶级革命之后,采取了主动的剧烈的调整,其他因素逐渐取代经济成为理解资本主义更好的入

[①] 恩斯特·拉克劳:《我们时代革命的新反思》,孔明安、刘振怡译,第196—197页。

口。所谓其他因素,就包括科学技术这一重要的变量。沃勒斯坦曾经相信马克思的如下论断:资本主义的平均利润率下降是必然的趋势,但是,知识的创新在技术上带来了重大变化,而技术的变化一旦渗透资本主义的生产和管理过程,利润率下降的问题似乎能够被部分地而非最终地解决。资本和技术之间的美好联姻似乎成为资本主义生产方式的续命神药,它们密切合作似乎缓解了资本积累与资产扩张之间的矛盾,熊彼特眼中的资本主义经济增长、繁荣、萧条、恢复之周期发生了明显的变化,简而言之,就是资本主义的均衡状态肯定会回复,改变的只是时间点。

马克思曾经预言的资本主义周期性的经济危机得以爆发的条件——生产资料私有制和社会大生产之间的矛盾——被科学技术的变量尽可能地减缓了。在某些人的眼里,似乎资产阶级的经济关系及其法权表达恰恰是技术创新的前提,知识产权理论和知识产权法带来的实际作用似乎间接地证明了这一点。人们逐渐发现经济力量并不是单独地影响社会的变革,法权的调整性力量及其基础——国家政治权力也参与了经济周期改变的过程。在沃勒斯坦看来,这不能最终挽救资本主义走向衰败,甚至灭亡的命运①,就像一架慢慢失去了动力缓缓停下来的列车一样。危机的变化及其得到缓解的程度,关键在于资本主义出现了新的权力构架,即从马克思所在时代的二元结构发展为多元结构,在经济权力和政治权力之外,意识形态权力以多种形式参与了权力的拼图。

二、当代资本主义的权力结构

在剖析当代资本主义社会新型的权力构成之前先定义一下"权力"。

---

① 沃勒斯坦在他的文章《结构性危机:资本家或无法再从资本主义中获利》中说:"将以积累更多资本积累作为头等要务,在我看来这是彻彻底底的非理性目标。以我对工具理性和实质理性的理解(参见韦伯的'工具理性'),其非理性并不是指它不能长期维持一个历史系统的运行(参见韦伯的'形式理性')。现代世界体系已经维持了五百多年,无止境的资本积累作为指导方针至今也相当成功。然而,正如下文将要阐述的,以此为基础的历史阶段已经接近尾声。"(伊曼努尔·沃勒斯坦、兰德尔·柯林斯等:《资本主义还有未来吗?》,徐曦白译,北京:社会科学文献出版社,2014年,第10—11页)

权力,简单地说,就是实施行为的主体使得对象形成或改变意志的能力。可以根据权力的主体即实施权力者的类型进行分类,包括生命权力和组织权力。前者是作为生物有机体具有的以身体条件为基础的权力,后者则是以任何方式构成的组织所具有的权力,包括家庭、社区、部落、宗族、公民团体或协会,以及国家。倘若从另一个角度方式,即运作方式或媒介来划分,也可以把权力划分为经济权力、社会权力、政治权力、意识形态权力等等。这四种权力可以称为权力结构的四个维度。

在本书绪论中,笔者曾经谈起过当代资本主义权力关系的变迁,大致有如下三个阶段:

(1) 生产和消费争夺着权力的支配地位。生产逐渐失去了主动地位,而消费反过来主导了生产。其中原因之一在于第(2)类权力日益发挥作用。

(2) 象征性权力,即意识形态权力日益占据更重要的地位。符号生产者、以前的魅力型领袖、现在世俗明星,不断推出精神性产品。之所以能够做到这一点,也是因为第(3)类权力的日新月异。

(3) 技术从经济、社会、意识形态以及国家权力中逐渐独立出来,技术精英成为权力最为强大的主体。

在经济生活的生产主导型时代,生产决定消费,匮乏制约了需要之满足的形式和满足的程度。市场经济以理性计算的方式塑造着生命,倘若不是直接塑造主体,也可以通过生产的产品的类型和数量达到控制生命的有机形式。消费中的生命只能被动地接受生产的奴役。它的反抗并不能影响生产,反而会让消费者处于不利的地位,甚至被淘汰出局。此时,生产的发生乃是因为匮乏的存在。因此,生产者——组织资本主义生产的资产阶级很容易占据统治性的地位,从而使得政治权力从属于资产阶级的联合。但是,在当代资本主义社会,由于技术革新被高效率地转换为生产能力,生产什么和生产多少不再受生产本身的制约,而取决于消费的需要和结构。可以说,在与生产的斗争中,消费逐渐取得了主动权。消费能力变成了消费权力。消费主体能够对生产者产生影响,从而改变生产者的意志和意

第六章 当代资本主义的权力与危机

愿。一个看起来有点诡异的全球图景似乎可以从侧面证明这一点：发达资本主义的国家堆积着大量的食品和药品，而在贫穷的非洲不发达国家却饿殍遍野，死于简单疾病的不计其数。这种怪异的景况至少表明传统的资本主义生产遇到了严重的挑战，"生产"作为资本主义的首要秘密和命门①，需要改变方式才能找到解决方案。一边是需要消费却得不到满足，一边是等待合适的消费者提供报价。消费不足以看似矛盾的方式呈现出来：那些无法消费的人，是因为手中持有的货币匮乏，而那些等待新的消费品和消费体验的人，持有的货币如同数字。一方是消费能力不足导致交易无法发生，一方是消费能力过剩而导致现有产品被抛弃。难题抛给了生产者。生产必须瞄准消费者的个性和怪癖，或者制造消费心理，以拉动消费。消费者隐秘的需要得到了奇迹般的肯定和满足，比如，超豪华跑车以及一级方程式赛车被设计和组织起来，离奇古怪的时装被层出不穷的设计出来，破洞装、乞丐服应运而生。消费者主权理论得到了越来越多的实践，人们在苹果手机不断推出新款的节奏中享受着身心体验的快感。而这些东西，在那些挣扎于饥寒交迫的消费者看来无异于置自己于死地的凶器。

伴随遵循消费权力的意志，象征性的权力得到了升级。人们的日常生活越来越离不开仪式感十足的活动。仪式意味着一种自我想象的替代性满足，它使得人超越了自己的有限性，完成了自我的创造。影视明星的个性化在影迷的模仿中普遍化。代言人代言的产品具有代言人的全部魅力，消费那些产品甚至就实现了与代言人的亲密接触。象征本身成了真实，而真实却被象征占据了位置。不仅消费品被象征化地消费，消费方式也越来越以象征化的方式进行。数字化消费已经实现了这一点。比特币和手机

---

① 恩格斯曾经在《英国工人阶级状况》1892年德文第二版的序言中指出："资本主义生产是不可能稳定不变的，它必须增长和扩大，否则必定死亡。即使现在，仅仅缩减一下英国在世界市场供应方面所占的那个最大份额，就意味着停滞、贫穷，一方面资本过剩，另一方面失业工人过剩……这正是资本主义生产易受伤害的地方，是它的阿基里斯之踵。"（参见《马克思恩格斯文集》第1卷，第377页）

支付使得财富不再以具象的形式实现转移,人们可以在透支和按揭的狂欢中实现自我的神级表演。这一切只是因为技术在资本主义生产方式中起到了至关重要的作用。

当智能化的产品,甚至人工智能出现后,技术人员发现自己不再需要屈服在朝臣和高官的膝盖之下,知识精英和技术精英俨然站在人类权力金字塔的顶端。当技术人员而不是宗教僧侣成为国王的座上宾时,时代中的权力结构完全发生了逆转,神力被技术力量取代。当政治家需要求助技术精英实施对社会的控制时,政治家的黄金时代便一去不复返了。

由此,人们听命的不再是传统中单一的权力,而是面对权力的多元结构。这种权力结构塑造着新的生命形式及其表征方式,也面对着生命形式及其审美趣味的反抗。

我们还可以从另一种权力理论的分析中进一步看清这一点。根据迈克尔·曼的观点,政治、经济、军事和意识形态构成社会权力的四个来源,与此相对应,这四类权力也编织了社会的利益格局①。经济权力是比较明显的,被马克思紧紧地抓住了,而政治权力在马克思那里被看成是与经济权力对位的次级形式。但是,在拉克劳和墨菲这里,由于马克思的"经济基础决定上层建筑"被当成一种先验决定的神话,失去了实质知识的地位,政治权力似乎成了拉克劳和墨菲理解资本主义的最佳概念。政治权力是一种不断建立并突破利益和身份边界的活动。福柯无所不在的"权力概念"②被拉克劳-墨菲接受之后,政治权力被拉克劳-墨菲空前地强调,甚至

---

① 迈克尔·曼:"争夺意识形态、经济、军事和政治权力组织的斗争,是社会发展的核心戏剧。各个社会首先是由交织在一起的意识形态、经济、军事和政治权力构筑的。这四种权力仅仅是理想型,它们都不可能以纯粹形式存在。实际的权力组织都混合着这几种权力,因为这四种权力都是社会存在所必不可少的,它们彼此之间也是相互需要的。"(参见迈克尔·曼:《社会权力的来源·导论》第二卷上,陈海宏等译,上海:上海人民出版社,2005年,第10—11页)
② 福柯说:"实际上,我指的是这样一种权力技术的发展:它指向个体,旨在以一种连续的、持久的方式统治个体。如果国家是一种权力集中化和中心化的政治形式,那么我们姑且把'牧职'(pastorship)称为合理化权力。""权力不是实体。它也不是一种可以深究其源头的神秘财产。权力是某种类型的个体关系。"(参见福柯:《什么是批判》,汪民安编,北京:北京大学出版社,2016年,第316、353页)

超越了"经济权力"在马克思思想体系中的地位。其基本的表现是对抗,而对抗,拉克劳如此强调:即使在无阶级的社会中也是存在的,因为根本不存在透明的社会。因此,拉克劳和墨菲如此强调以"对抗"为枢纽的政治关系在新型资本主义社会中的普遍性:

> 一方面是社会关系的商品化和官僚主义化,另一方面则是争取平等的斗争不断扩大所导致的自由-民主意识形态的变革。如果不处在这样的语境中,就不能理解当前社会冲突的广度。正是由于这样的原因,我们认为,对抗性斗争的增值及其导致的对从属关系的怀疑,应当被看做深化民主革命的关键因素[①]。

拉克劳-墨菲敏锐地嗅出了新版资本主义权力扩散的气息,并以此批评罗蒂公、私两分的做法,认为罗蒂把资本主义的权力关系简单化了,没有看到政治对抗并不是仅仅来自经济权力。接受了资本主义市场经济的罗蒂认为资本主义社会的权力已经没有了整体对抗的形式,而劳资矛盾、教育不平等等问题完全可以在微观领域通过诉诸对话和调整获得解决。同性恋问题、女性主义的诉求等所谓差异政治和认同政治只是表面的[②],或者说,它们只是启蒙运动以来人们争取自由民主运动的一种表现而已。因此,政治权力可以在这些地方——启蒙运动的现代性政治——集结,不要重新寻求另一种与现代性政治相提并论的政治运动。而在拉克劳和墨菲看来,资本主义权力的弥散取消了资本主义对抗的社会关系的商品化,其实,就是传统的市场之外的东西被抛入市场交换的洪流中,隐私和尊严都

---

① 恩斯特·拉克劳、尚塔尔·墨菲:《领导权与社会主义的策略——走向激进民主政治》,鉴传今、尹树广译,第182页。
② 罗蒂在回答有关差异政治的问题时说:"在我看来差异政治成长于这种观念之下:有一种叫做白人盎格鲁-萨克森男性异性恋者文化,第一,一个很丰富的文化,第二,它坚持每一个人必成为它的成员之一。我认为这是一个无法识别的描述。这个文化并不糟糕。它有足够的空间来容纳各种宗教和种族身份、组织游行这类事情。感受到要求同质化的巨大压力,这对我来说就是左翼分子的神话。"(参见理查德·罗蒂:《哲学、文学与政治》,黄宗英等译,第263—264页)

已经可以用价格来衡量。哈贝马斯则用"生活世界"被资本殖民化来表达类似的现象①。

所谓社会关系的官僚主义化就是政治权力侵入社会生活的表现,也就是经济之外的权力作为重要的形式调节、压制社会中个体的行为。根据洛克对政府权力设定的边界,倘若国家权力超出了公民应该承受的范围,那就是政治权力的滥用。可是,人们经常发现,在当今全球化的背景下,民族-国家中央政府的权力经常要帮助本国的竞争,就是说,要牺牲公民个体的利益以保护民族-国际一级组织的整体性利益。大卫·哈维把这种现象叫做权力的领土逻辑:

> 在此,我将所谓的"资本帝国主义"这一专有名词定义为"国家和帝国的政治"(帝国主义作为一种特殊的政治方案,其行为体的权力建立在拥有一定领土,能够动员其人力和自然资源来实现政治、经济和军事目标上面)和"资本积累在时空中的分子化过程"(帝国主义作为一种在拟时空中扩散的政治经济进程,支配和使用资本占据着其首要的地位)这两种要素矛盾的融合。对于前者,我想着重指出的是,国家(或某些作为政治权力集团的国家联合体)在全世界维护其利益和实现其目标的斗争中提出和采用的各种政治的、外交的和军事的战略。②

---

① 詹姆斯·弗拉松这样刻画哈贝马斯的生活世界殖民化观点:"生活世界殖民化这一观点指的是,众多最终有害的历史和社会进程的集合。首先,作为主导机制的金钱和权力从生活世界中分离出来,资本主义经济和行政系统逐渐脱离家庭、文化领域以及如大众传媒这样的属于公共领域的机构。随着工具行为之网越来越繁密,他们逐渐侵入生活世界并弱化了后者的功能。策略性地决定留给了市场或是被交到了专业控制者手中。"(参见詹姆斯·弗拉松:《哈贝马斯》,邵志军译,南京:译林出版社,2010年,第55页)

② 大卫·哈维:《新帝国主义》,初立忠、沈晓雷译,北京:社会科学文献出版社,2009年,第24页。哈维承认自己的划分来源于阿瑞吉。他说:"阿瑞吉所提出的权力的领土逻辑和权力的资本逻辑是两个完全不同的概念。"这段话来自乔瓦尼·阿瑞吉:《漫长的20世纪:金钱、权力和我们时代的起源》(G. Arrighi, *The Long Twentieth Century: Money, Power, and The Origin of Our Times*, London: Verso, 1994), pp. 33-34。

第六章　当代资本主义的权力与危机

国家在其领土范围内实施主权保护自身整体利益的行为就是权力的领土逻辑,它是政治的、军事的、外交的以及意识形态的。这种权力的领土逻辑对应权力的资本逻辑。哈维这样解释权力的资本逻辑:"对于后者(资本积累在时空中的分子化过程),我主要关注的是经济权力在连续空间中的流动,也即通过日常的生产、贸易、商业、资本流动、资金转移、劳动力迁移、技术转让、货币投机、信息流通和文化冲击等,流入和流出不同的领土实体(比如国家或地区性权力集团)的方式。"①对比哈维的"权力的领土逻辑"和"权力的资本逻辑",我们不难发现,哈维的两种权力逻辑就是:民族-国家政治权力的逻辑和市民社会经济权力的逻辑,后者通过资本积累和扩张表现出来。

与马克思主义认为政治权力从属于经济基础不同,哈维认为民族-国家权力的领土逻辑具有独立的意义,虽然它部分地服从经济权力的需要,但是,权力的领土逻辑还要覆盖民族-国家其他事务,譬如文化领域和意识形态领域的活动。在经济全球化的今天,那些追逐利益的资本既需要民族-国家的保护,同时又希望挣脱民族-国家的限制,希望在其他的民族-国家取得新的空间优势,以使得资本和利润实现更大规模地扩张。从权力的领土逻辑角度来看,政治权力既需要帮助资本实现海外扩张,同时,也承担着不让资本的外溢损害本国劳动力和产业的利益。人们甚至从政治权力和资本权力的多种关系这个角度理解当代资本主义,认为存在复数资本主义。格罗·詹纳把当代资本主义至少划分为盎格鲁-萨克森的英美模式、日本为代表的东亚模式以及德国模式②。划分的标准之一就是,国家政治权力在经济制度和运行中扮演何种角色。粗略地说,盎格鲁-萨克森模式

---

① 大卫·哈维:《新帝国主义》,初立忠、沈晓雷译,第24页。
② 詹纳认为:"日本的模式由于对内具有社会效果而引人注目:对国民的保护以及导向团结一致的动员能力。其他的模式比如德国社会伙伴的模式也提供了替代盎格鲁-萨克森经济模式的另外一种选择,但是德国模式的影响力很难与日本模式的影响力比较。不仅韩国、中国台湾和新加坡是日本模式成功的追随者,就连巨大的中国也在走向这种模式。"(格罗·詹纳:《资本主义的未来:一种经济制度的胜利还是失败》,宋玮、黄婧等译,北京:社会科学文献出版社,2004年,第6—7页)

就是强调国家尽可能地放任资本主义的经济运行,而日本政府则有专门的行政机构引导银行信贷政策、主宰剩余资本的流向,推动大规模的低成本的出口贸易战略,而德国模式则强调国家和社会的伙伴关系,国家政治权力和社会经济权力处在一种比较均衡的状态。复数资本主义让政治权力具有了新的空间,这是对马克思经济基础制约政治权力的一个僭越。

我更加倾向于把迈克尔·曼的四个权力来源"政治、经济、军事和意识形态"中的"意识形态"置换为"文化"。它是狭义的,仅仅指一种独特的生活方式,虽然有些"文化"经常依靠意识形态表现自己,但并不是所有的"文化权力"都以意识形态的方式出现。正是文化权力诉求导致差异化政治的流行,并极大地引起了理论家们的注意。譬如,以极简主义和环保主义出现的绿色和平运动在世界范围内吸引了大批有识之士,包括科学家、学者以及普通市民。以反抗不平等的性别关系和父权主义为主要价值诉求的女性主义运动,可能与经济的关系相对接近,但是,像同性恋运动,少数民族运动,相对来说,就很难与某种具体的经济支配关系联系起来。但是,这些运动蕴含了某种不同于传统阶级关系的对抗形式,并因此逐渐取得了与阶级政治一样的地位。贝斯特和科尔纳称之为身份政治。下面这段引文说明了身份政治的来源、形式及其地位:

> 身份政治表现出了后现代理论的影响,这在它对现代还原论、抽象的普遍主义和本质论的批判中是显而易见的;在它使多重政治声音具有合法性的多重视界的战略使用中也可见后现代理论的影响。比如说,福柯的系谱化政治就被明确地设计成解放被压制者的声音,激起与居支配地位的叙事的抗争——这些叙事使被压迫者成为沉默的羔羊。在身份政治中,个体首先自己定义为从属一个给定的群体,处于受压迫,因而外在于统治者、白人、男性、异性恋和资本主义文化的地位。这些身份围绕主体立场(subject position)这个关键标志获得,受一个人的性别、种族和性偏好等等所定义;通过这些身份标志,个人被从属到统治文化中。虽然阶级肯定是一种主要的身份形式,但是身

份政治典型地被界定在与阶级政治相反的地位上。①

不言而喻,少数族裔、同性恋者、绿色和平组织成员、反核战争组织斗士、妇女等都处在某种特定的经济结构和生产关系中,但是,经济关系并不限制她们的其他身份成为政治斗争的源泉,为承认而斗争并不能完全还原到阶级斗争中去,相反,在一个阶级政治难以发生的时代,为自己的身份寻求政治保护并实现权利诉求的工具更加迫切而实在。它们并不能被强行地放置在总体革命的大背景下,让自己诉求的政治和社会权利得到解决。如果说,马克思倡导的是阶级基础上的"同一政治",那么,建立在各种身份之上的政治就是差异政治。他们在诉求自己生活方式的过程中构成了一种文化表达权。我们可以在很多历史悠久的传统中看到各种各样的文化表达权,而在历史上它们一度被资本主义运动遮蔽、压制,甚至摧毁了。比如,极简主义的生活方式根本无法适应资本主义对欲求的强大刺激,在资本主义疯狂追求利润的情况下,极简主义生活方式被抛弃,田园诗般的慢节奏诗性文化被挤压。独特的文化似乎在资本主义遇到阻力的背景下找到了复兴的一线生机,它们试图抓住机会为自己赢得生存的权利。文化领域的政治权力不断地扩张自己的地盘。

拉克劳和墨菲敏锐地抓住了后现代身份政治的各种形式,并以此构建自己以霸权争夺为核心的后马克思主义激进民主策略。科尔纳和贝斯特指出了两种平行的后现代政治类型,一种以罗蒂、利奥塔、福柯为代表,一种以拉克劳和墨菲为典型。对于罗蒂的政治谋划,贝斯特和科尔纳说:

> 后现代政治的另一种形式也同样拒绝"解放""全球政治"这样的乌托邦视野,拒绝做大规模社会改革的企图,但回避了鲍德里亚式的虚无主义,赞成一种部分改革和局部策略。这是福柯、利奥塔和罗蒂

---

① 斯蒂芬·贝斯特、道格拉斯·科尔纳:《后现代转向》,陈刚译,南京:南京大学出版社,2002年,第366页。

的立场。……罗蒂仅仅温和地寻找对实在的"重描",使当人们以反讽代替标准批评时的社会交往中的语音复数化,并限制哲学在私人领域中成为一种限制性角色。因此,后现代政治的这种形式,几乎就是刷新的自由主义的改良主义。①

相比罗蒂温和的改良主义,后现代政治在拉克劳-墨菲那里具有更加激进的形式,因为它秉承了马克思主义的革命精神:

> 相反,后现代政治的第三种形式,为拉克劳和墨菲所推进。在现代和后现代之间采取一种折中的立场,用后现代对本质主义、还原论和基础主义的批评,通过一种可能性和多数逻辑,重构启蒙价值和社会主义的政治。拒绝马克思主义把激进政治归结为赋予工人阶级以特权的阶级斗争,拉克劳和墨菲信奉20世纪70年代和80年代的"新社会运动",把这种新社会运动当作能够引起激进民主的激进变化的多重源头。②

为任何一种文化寻求权利的政治不能简单地还原为基于经济为基础的政治斗争,同样地,也不能从意识形态的角度把他们理解为伪装形式。罗蒂曾经提到过文化政治,其基本内容是:以各种话语形式出现的文化表达寻求解释生活、为特定的生活方式寻求辩护的活动③。实际上,罗蒂的文化政治学只是一种话语形式上的竞争和更新的过程,而这里的文化政治则具有更加本质的现实内容,因为它们都在通过文化宣示政治权力。人们不难从世俗的经验生活观察到很多文化在当代社会不断涌现,声称拥有存在和值得尊重的政治权力。这些文化形式经常混杂了传统的非理性的因素,甚至具有前现代的特征。巫术的、艺术的、宗教的,甚至迷信的,它们在

---

① 斯蒂芬·贝斯特、道格拉斯·科尔纳:《后现代转向》,陈刚译,第363页。
② 同上。
③ 理查德·罗蒂:《文化政治学》,张国清译,北京:北京大学出版,2011年,第3页。

活着的人们头脑中占据着位置,并试图借助活人通过政治参与的方式把自己的地位争取过来,获取尽可能多的表现空间。

这就是罗尔斯所谓的多元的合理性。人们不能追问其理性的证据和理由,只能尊重并允许它们获得自己的信众。政治活动必须以它们为合理的前提,而不能以任何所谓普遍的理性瓦解其声言的权力。各种包含了意识形态要素的文化形式形成了新的对抗的格局,逐渐突破了经济权力的封锁,使得社会权力出现多元并立的格局,其中蕴含着对抗的萌芽,甚至演化为新的对抗和冲突的形式。拉克劳和墨菲很好地总结了这种多元对抗的政治:

> 这些"新的对抗"是对商品化、官僚主义和社会生活自身不断同质化的反抗形式。……在民主学说的两个主题——平等和自由——的范围内,平等占据着传统的突出地位,而自主要求日渐把核心作用赋予自由。由于这一原因,许多对抗不是通过集体斗争的方式表现自身,而是通过逐步加强个人主义而表现出来的(当然,左派仍然不愿意采取这种斗争形式,即使在今天,他们也试图把它们作为自由主义加以消除。因此危险在于,它们很可能被右派话语或特权辩护表达出来)。但是,无论如何,对抗不管通过什么样的政治倾向具体化(这建立在构造它的同等链条上),诸如此类的对抗形式,在所有情况下都是一样的。这就是说,对抗总是存在于社会建构之中。①

"商品化"似乎试图把一切社会关系送入市场,但是,文化和生活中的隐秘形式总是抵抗着这种商品化过程。同样地,以国家权力出现的官僚主义也挤压着文化的独立空间,那些有利于国家增强能力的文化形式经常在政治权力的支持下取得优势地位,虽然它面对着其他文化的抵抗和挑战。

---

① 恩斯特·拉克劳、尚塔尔·墨菲:《领导权与社会主义的策略——走向激进民主政治》,鉴传今、尹树广译,第184页。

这种情况,在国际权力格局中尤其如此。亨廷顿所谓"文明的冲突",即描述了其基本状态。差异性与同质性之间一直交织着连绵不断的战争。罗蒂曾经认为,最大的无意义来自个性的被替代、被覆盖,甚至消失。因此,留住文化个性就成为文明生命的底线。在这种背景下,由于文化形式和意识形态的多样性,且在力量上处于动态的不平衡状态,使得权力的构成也相应地呈现了无中心的弥散趋势,它们整个地改变了资本主义社会的权力构成。就像美国再也无法成为全球权力中心一样,任何一种社会权力也都无法成为资本主义权力的中枢。鲍德里亚对此有很好的判断:"但是,美国不再是世界权力的垄断中心,并不是因为它失去了权力,而是因为中心不再存在。"①同样地,资本主义社会权力的中心也不再存在了,中心辐射结构被网状结构取代了。根据拉克劳、墨菲一贯的观点,对抗的政治并非某种社会关系内在构成的,它们都或隐或显地服从外在的偶然因素,即它们是外在构成的,人们无法先验地为某种权力寻找中枢性的地位。

质言之,现代资本主义生产方式诞生以来,依靠资本推动的科学技术进步,使得社会权力的各种形态都得到了发展。这些获得了新生命力的权力,包括文化的、宗教的以及意识形态的权力,反过来逐渐取得了与经济权力平衡的地位。在马克思生活的年代,似乎一切其他权力都从属于经济权力;但在其后,资本作为最危险的权力母体,却孕育了自己的反叛者,作为经济生活变量的诸多权力形式伴随着资本的积累和扩张,在全部社会空间构成了新的格局。无中心的权力成为新的政治斗争的起点,按照拉克劳和墨菲的观点,激进民主就在新的权力对抗之中。它们纷纷寻找自己的代理人,试图在代理人的政治活动中实现自己的解放潜力。

"新社会运动"就是新一轮权力角逐的生动形式,它们蕴含着罗蒂(继承了杜威新自由主义的罗蒂)和拉克劳-墨菲式社会民主的内容,尽管前者是保守的,后者看起来是激进的。接下来,我们将深入探讨新版资本主义孕育的新的危机及其可能走向衰败的趋势。

---

① 让·鲍德里亚:《美国》,张生译,南京:南京大学出版社,2011年,第185页。

第六章 当代资本主义的权力与危机

第二节 当代资本主义世界的危机

马克思的社会-实践本体论的核心思想是:世界要成为"世界",即具有意义,必然从属于人类的生产活动,生产是人类一切有意义的活动的基本前提,因此,从意义生产出发理解人类社会的发展,才可以得到最真实的本体,从而不会在主体和客体分离的二元论中陷入思维的矛盾之中。"人化自然"的概念最精当地把马克思的本体论表达了出来。从来就没有脱离人的生产活动的孤立的自在的自然,那样的"世界"不过是一种虚无而已。世界获得意义是在人的参与中才成为可能。在马克思那里,以生产为主要形式的实践构成本体论的前提,所谓存在的东西,都是在生产过程中具有了可认知的形式,自然与人在本体论上是合一的,或者说,自然是人这个有机体的无机器官,或者说人是自然中的人。事物相互区别开来不是因为各自有自己独特的本质,而是依靠它在人类生产过程中占据了什么样的地位,具有了何种形式。生产成为理解人与人的关系的起点,成为人类意义世界的镜子,鲍德里亚名之为"生产之镜"。生产资料的占有形式就是"生产之镜"出现的首要条件[①]。马克思为我们奠定了社会-实践本体论的哲学基础。

在生产中,人类所有的意义世界被呈现出来。资本主义无疑是人类社会演化出来的有益的交往形式,它以物质生产为起点,让整个世界具有了意义。吊诡的是,资本主义生产了"意义世界",却在同时把人降到"物"的地位。这是资本主义一切矛盾的起点和最后的秘密。丹尼尔·贝尔很好地诠释了资本主义的文化矛盾:

[①] 外国马克思主义研究专家仰海峰在论述鲍德里亚的"生产之镜"(the mirror of production)时说:"与劳动作为人的潜能规定相一致的,就是通过人的劳动的对象化,在自然的人化中将人的本质呈现出来,而且外部自然成为人的内部自然的一部分。"(仰海峰:《走向后马克思:从生产之镜到符号之镜》,北京:中央编译出版社,2004年,第254页)

新教伦理曾被用来规定有限节制(尽管不是资本)的积累。但自从新教伦理跟资本主义社会分离后,剩下的就只有享乐主义了,资本主义体系因此失去了它的超验伦理。……因为很显然,自由更多地依赖于一个特定社会的历史传统,而不是资本主义制度本身;这个制度保障经济增长的能力仍然受到了新的质疑——缺乏超验的纽带,一个社会不能向性格结构、工作和文化提供一套"终极意义",这一切都让这个制度动荡不安。①

社会中的人们产生了享乐主义的强烈而持久的冲动,却失去了创造享乐之财产基础的能力。这就是资本主义文化矛盾的基本形式。

要理解资本主义的生产,就必须理解"资本"在生产方式之中的地位。"资本主义"之所以叫做资本主义,核心的一点在于,人类社会在这个阶段的生产是以大规模的资本积累和资本增值作为前提的。资本显然不是天然的,而是社会化生产的结果之一。资本作为一种活劳动的积累,对任何社会中的个人都实施了权力运作。马克思说:"因此,资本是对劳动及其产品的支配权力。资本家拥有这种权力并不是由于他的个性或人的特性,而只是由于他是资本的拥有着。他的权力就是他的资本的那种不可抗拒的购买的权力。"②至于资本如何成为一种专横的权力,马克思给出了答案。

马克思之所以被人称颂,其原因之一是,马克思是一位杰出的经济史学家,在他的著作和笔记中资本主义兴起的秘密历史得到了详细的公正的记录,而这一点是其他国民经济学家们无法或不愿意做的。马克思经常批评其他资产阶级的政治经济学家,他们从抽象的个人竞争出发为自由交往的资本主义经济做辩护,把进入资本主义生产关系的人认作平等的竞争者,而毫不考察历史上那些能够雇佣工人(或者购买劳动力商品)的"工厂主"是如何取得生产资料优势地位,又如何依靠这种优势地位得以采取野

---

① 丹尼尔·贝尔:《资本主义文化矛盾》,严蓓雯译,南京:江苏人民出版社,2007年,第19—20页。
② 《马克思恩格斯文集》第1卷,第130页。

第六章　当代资本主义的权力与危机

蛮的行径,譬如强迫交易、欺诈交易,最后获得更大的社会支配能力。一般的经济学家抛开了历史和事实,只在理论上预设自由平等的市场参与者和竞争者,而没有说明资本家的身份是如何形成的。换言之,马克思之前的国民经济学家达到了逻辑上的真,却失去了历史事实的真,他们的理论预设解决了"应当是"问题,但没有触及"如何是"问题。马克思做的这一部分工作就是解决生产资料占有关系的发生问题,其中重要的内容就是土地在现代工业生产中如何获得了不同于它在农业生产中的地位。农业生产中的土地仍然只是自然的组成部分,它与劳动者及其活动并未分离,而在工业生产中土地却与劳动于其中的工人分离了。土地成了地产,而不是单纯的劳动对象或劳动场所。此时土地的所有者在雇佣劳动的生产关系中从土地那里得到的不是地租,而是比地租更多的利润以及其他难以用数字界定的东西。资本家获得土地的过程和方式奠定了四百多年来东西方大部分文明被划分开来的基础,即整个社会按照效率生产,以追求更大的个人自由为价值目标,而没有或者非常缓慢甚至对抗这种原则的生产方式慢慢被支配,其文明渐次走向衰落。当代新马克思主义理论的代表人物之一伊曼努尔·沃勒斯坦描述了资本主义体系的这一特征:

> 我认为,要把一个历史系统定性为资本主义体系,其主导或起决定作用的特征必须是持续不断追求无止境的资本积累,即以积累更多资本为目的的资本积累。这个特征要占主导,必须有一套机制来惩罚那些追求其他价值或目的的社会成员,把这些不守规矩的成员淘汰出局,或是严重削弱他们积累可观资本的能力。现代世界体系中繁多的各种制度,无一不是为了促进无止境的资本积累,至少也是被这种促进资本积累的压力所制约。①

资本主义的世界体系其实是一种排斥和区隔人类社会中与利益增长

---

① 伊曼努尔·沃勒斯坦、兰德尔·柯林斯等:《资本主义还有未来吗?》,徐曦白译,第10页。

无关的行为和观念的封闭系统,其划分好坏、善恶的标准在于其是否有利于利润增长和资本积累,倘若某种德行或观念阻止了这一铁律,等待它的结果一定是逐渐被挤压、驱逐,甚至摧毁。这似乎成了资本主义的常态。马克思曾经在《共产党宣言》中对此进行了生动而有趣的描述:

> 资产阶级除非对生产工具,从而对生产关系,从而对全部社会关系不断进行革命,否则就不能生存下去。反之,原封不动地保持旧的生产方式,却是过去的一切工业阶级生存的首要条件。生产的不断变革,一切社会状况不停的动荡,永远的不安定和变动,这就是资产阶级时代不同于过去一切时代的地方。一切固定的僵化的关系以及与之相适应的素来被尊重的观念和见解都被消除了,一切新形成的关系等不到固定下来就陈旧了。一切等级和固定的东西都烟消云散了,一切神圣的东西都被亵渎了。人们终于不得不用冷静的眼光来看他们的生活地位、他们的相互关系。①

正是这种按照成本核算和利润增长为生存法则、运行模式的世界资本主义体系带来了文明的激烈竞争,而后来资本主义也在斗争中面目全非,面临着如下趋势、困境或矛盾,它们之间存在或松散或紧密的事实和逻辑上的联系:

1. 市场竞争要求尽可能最大幅度地降低成本。
2. 就业率合理、阶级关系稳定的情况下,技术进步是降低成本、维持较好平均利润率的最佳渠道。当代资本主义社会已经不太可能依靠绝对剩余价值的生产了,除非在地理空间上开拓新的市场,然而全球市场容量趋于饱和。因此资本积累和市场空间存在矛盾。
3. 技术更新建立在知识生产的基础上,而知识生产受限于积累、时间和资本,其中蕴含两个矛盾:(1)技术需要与知识生产存在矛盾,即知识生

---

① 《马克思恩格斯文集》第 2 卷,北京:人民出版社,2009 年,第 34—35 页。

产满足不了日新月异的技术需要;(2)知识生产需要大量的资本投入,风险投资需要参与进来,但又可难带来金融风险。知识生产与金融风险构成冲突。

4. 金融监管必然增加社会成本,抑制投资的同时导致财政开支增加,官僚主义找到了温床。金融监管与投资增长、官僚主义之间有矛盾。

5. 满足了技术创新的前提下,技术引进必然带来机器对劳动力的替代率,临时雇佣和失业率增加不可避免。

6. 为减少失业率带来的社会矛盾和冲突,用于维持现有秩序的国家组织规模需要扩大,非生产性成本增加,资本利用率面临降低的危险。

以上六点之中的因素和变量经常纠结在一起,构成资本主义危机的基础。一个明显的事实是,如果 1 为真,那么,2—6 之间就必须满足充分条件的推理规则,即 2—6 说到的矛盾必须能够得到合理的解决,但是,很显然,它们之间的关系并不是线性的,也不能够同时得到满足。因此,资本主义的矛盾蕴含的危机不可避免。它们会以各种形式表现出来,给政治领域带来麻烦,拉克劳-墨菲所谓的"新社会运动"得以具备条件并时有发生。下面,先来分析各种矛盾及其危机倾向。

首先,在激烈竞争的市场环境中,以更加低廉的价格销售商品和服务,获取最大化的利润,是资本保值并实现增值的不二法门和生命线。自由企业的资本家发现,为了克服马克思所说的使用价值和交换价值之间的矛盾,实现资本积累的目标,必须通过降低成本,增加资产收益率,而降低成本无非通过两个路径:要么以技术含量更高的机器和流程取代雇佣工人的工作,要么在空间上拓展新的原料和产品销售市场,即空间生存逻辑,在新的地理空间寻找单位产品所需劳动力成本更低的地方进行投资和销售商品。倘若需要通过第一途径来降低成本,那就需要源源不断地投资以改进技术和工艺,开发新的产品和服务手段。第二种途径则需要借助民族-国家的政治力量开疆扩土,以保障准垄断条件的产生和维系。无论是技术管理路径,还是空间开拓路径,都要服从资本主义不断获取利润、实现积累、回复资本主义均衡状态的内在约束。前者是资本的积累逻辑,后者是资本的领土逻辑。前者必须借助技术改进和应用,后者得依仗民族-国家的综合权力及其发挥作用。

在资本主义按照市场逻辑和领土逻辑进行扩张的时候,资本难免都会遭到严峻的内部挑战。就像伊曼努尔·沃勒斯坦所说的那样,资本主义体系在排斥其他因素阻止其获取资本积累的过程中,一定会遭到抵抗。构成抵抗因素的,要么是自然环境、异域文化,要么就是某种特定的政治和意识形态,这些因素都是妨碍资本积累,资本欲除之而后快的东西。这就为资本主义遭遇多重困境埋下了伏笔,也为拉克劳-墨菲的激进民主提供了对抗的政治因素。他们指出了其中一种矛盾和对抗的萌芽:"国家在更加广泛的再生产领域实行的干预也伴随着官僚主义的产生。在实践中,官僚主义已经登上舞台,随着商品化的深入,它成为不平等和社会冲突的一个重要根源。在国家干预的所有领域,社会关系的政治化成为许多新对抗的基础。"①可以说,官僚主义是资本主义矛盾在行政上的曲折反映。人们痛恨官僚主义,希望根除其弊端的时候往往并没有找到行之有效的办法,是因为它根植于现代资本主义的工具理性之中。

根据古典自由主义经济学的经济解释理念:"除非必要,国家不要干预",但是,现代资本主义的现实却经常置这个经典的信条于尴尬的境地。从20世纪30年代凯恩斯主义的流行到20世纪70年代末撒切尔夫人代表的保守主义(或者说新自由主义)卷土重来,干预和放任一直在政策天平的两边增加砝码。而一个回避不了的基本事实是,在成本不变、利润需要增加的情况下,资本家不得不选择把成本外部化的策略。所谓成本外部外,简单地说,就是资本家把本应由自己承担的成本,通过某种途径转移给社会,导致社会发展的总成本增加。比较容易看出来的成本外部化方式是:破坏生态环境和不承担受损工人的修复成本。这种成本外部化的方式在历史上曾经、现在仍然在发挥作用,但是,其运行的难度不断在增加。

---

① 恩斯特·拉克劳、尚塔尔·墨菲:《领导权与社会主义的策略——走向激进民主政治》,鉴传今、尹树广译,第181页。

第六章　当代资本主义的权力与危机

成本外部化必然带来组织内外的冲突,国家有了干预的机会,相应的制度设计随之而来。但是,克雷格·卡尔霍恩恰恰认为,成本外部化是存在缺陷的制度带来的结果:"为了发展工业和满足快速城镇化的住房要求,需要对基础设施和资源进行大量投资。这些成本大部分被外部化了,而新创造的财富又被那些有能力占有资本主义利润、从中获得劳务所得或赋税的个体所获得。也就是说,环境和社会成本并不是由企业来承担。"[①]成本外部化的途径无非两个:(1)商业组织在处理组织本身与外部组织法人或自然人的关系上,不承担破坏环境的责任,让环境恶化的后果由社会承担,即收益归自己,成本归社会。(2)在处理组织内部的关系上,削减员工以减少劳动力成本,让社会承担大规模失业的代价。这两种方法看起来过于明显,势必都会遭到道德上的谴责。于是,投资者试图以技术改进来阻止不断下滑的平均利润,因此,知识积累和技术创新的周期和瓶颈成为资本主义能否存活和繁衍的命门。倘若知识和技术处在创新周期的低谷,那么,资本主义很可能陷入危机和动荡。即使技术变革能够顺利完成,但是,由于改进了的技术的广泛应用在降低成本上具有了优势,很多劳动者,或者将会被驱离工作岗位,或者处在半就业、临时雇佣的状态,社会稳定自然就此埋下危机的种子。兰德尔·柯林斯对引进新技术增加就业和机器替代工人的事实有着如下深刻的分析:

> 新型就业机会的创造不及中产工种的自动化来得快。确实有新型就业机会出现,但速度赶不上旧工业消失的程度,也无法补偿失去的收入。这是再就业计划缺乏有效改善结构性失业的一个原因。自动化和互联网催生了新的部门:软件设计、网站建设和大量自由职业的在线信息提供和咨询业。但后者的准入门槛很低,竞争激烈,因此工资通常不高,很多时候甚至免费提供服务。虽然信息技术创造了新的活动,但创造就业的速度赶不上中产阶级工种消失的速度。意见类

[①] 伊曼努尔·沃勒斯坦、兰德尔·柯林斯等:《资本主义还有未来吗?》,徐曦白译,第149页。

博客的大量出现并未抵消新闻业雇佣岗位的消失。①

就业岗位因技术取代而流失,势必成为资本主义成本外部化的加速器,即资本主义生产方式为了降低成本,有着强烈的把成本外部化的冲动,不会让机器和技术取代工人的活动停止下来。柯林斯说得更加直接:"人类被计算机和其他机器取代的过程并没有一个内在的终点。对人类劳动的取代不仅仅是未来20年或者一百年的事,而且会延续几千年的事,除非有什么外在的因素能够改变技术取代劳动这一过程背后的动力——资本主义竞争。"②

技术进步和更新本来是用来降低资本主义的生产成本的,却带来了结构性的失业危机。为了维持平均利润率,现代资本主义在劳动力雇佣的问题上采取了新的办法,制造了新的穷人阶级。复旦大学熊易寒分析了这种新的失业群体(穷人)的产生机制:与自由资本主义时期全体资本家在一个平面上进行竞争不一样,升级后的资本主义的市场主体已经分层,譬如代工生产成为降低成本的重要经营手段。控制更大资本和技术的一级资本家把自己拥有专利技术的产品外包给代工厂进行生产,代工工厂在成本的约束下经常临时雇佣处在散漫的、寻找工作状态中的工人,按照订单雇佣匹配的工人数量,一旦订单完成,工人立马就会面临结束短期雇佣合同的命运。这些按照订单建立劳动合同关系的工人甚至得不到任何社会保障和商业保险。代工厂由于失去了对大资本的控制,沦为二级市场主体,就没有办法根据传统的雇佣模式进行商业活动,因为他们实质上也处在被资本选择的情况下,为获得代工权利而参与激烈的全球竞争。包括熊易寒在内的学者们以"弹性积累"的概念来描述新的资本主义生产方式。弹性积累包括弹性雇佣、弹性生产和弹性消费三个层次③。这种弹性积累的实

---

① 伊曼努尔・沃勒斯坦、兰德尔・柯林斯等:《资本主义还有未来吗?》,徐曦白译,第39—40页。
② 同上书,第40页。
③ 熊易寒:《新穷人的全球图景——21世纪阶级论》,《文化纵横》2015年2月4日。

质就是成本外部化,利润分级分割,其直接后果是社会系统地生产新的穷人。中产阶级的地位不再稳定,底层人的命运陷入无常。略微夸张地说,弹性积累把中产阶级变成底层,把底层推向绝境。技术更新和弹性积累的最终结果都是造成了大规模的失业或不稳定就业。分级的资本市场催生了新的阶层,导致传统的阶级结构模型瓦解,拉克劳和墨菲眼中的"阶级位置"概念找到了实质性的经验内容。

为了降低成本维系平均利润的第二个办法是技术创新,技术被无限制地引入资本主义追逐利益的活动中,甚至形成了技术资本主义[①]。但是,与技术创新联系在一起的经常是知识生产和积累的无规律性,而为了加速技术创新,风险投资不得不加入进来,因此有可能酝酿金融危机。一方面,如果技术没有得到及时更新,熊彼特所谓的"创造性毁灭"无从发生,那就意味着新的社会需求难以被连续地创造出来,消费主权无从实现。另一方面,技术创新需要前期的知识积累,而知识积累受制于基础理论,基础理论的研究往往费时费力,失败的概率不低,很难吸引常规的资本,风险投资应运而生。为了缓解投资风险,资本主义发明了很多金融工具。沃尔夫冈·施特雷克把这种做法叫做"购买时间":

> 对此,我的解释就是用金钱来为资本主义制度购买时间的国家政策,它通过使货币总量膨胀,不断增长的国家债务以及最终所谓大众忠诚,即慷慨地向每个家庭发放信贷,来保障作为消费社会的新自由主义社会的稳定,这在晚期资本主义理论看起来是不可想象的。同时,每个这样的策略都会在一段时间之后以一种新马克思主义危机理论所熟知的方式归于无效,因为它在慢慢消弭资本主义经济建立在对

[①] 美国加州大学教授路易斯·苏维兹·维拉是提出技术资本主义概念的重要人物。他认为:"技术资本主义是商业资本主义和工业资本主义之后资本主义发展的新形态。商业资本主义的特征是对劳动的剥削和从被占有的土地和商品交换中抽取剩余价值,工业资本主义依赖于以工厂生产为自己基础的批量生产以及从劳动力和原材料中抽取剩余价值。技术资本主义则把自己建立在技术与科学以及非物质的商品基础上,从知识和技术创新中抽取剩余价值。"(参见俞吾金主编:《国外马克思主义研究报告 2013》,北京:人民出版社,2013 年,第 13 页)

正当回归期待的尊重与满足的运转基础。①

譬如,金融工具和相应的经济增长的杠杆化被频繁而广泛的使用,有可能带来对实体经济的沉重打击,甚至面临金融风暴和实体经济双双受损的糟糕结局。资本主义通过金融工具续命,在施特雷克看来不啻是饮鸩止渴、苟延残喘。资本主义要长久地存在下去还得依赖其创新能力,而债务和金融工具,倘若与技术创新,甚至基础知识的增长没有关系,那就很难形成长效机制。

一般而言,人类基础知识的增长和技术创新的可能一般需要遵循本身特殊的规律,按照某种隐形的周期运行,而无关乎资本在这个领域的投入。就是说,投入多少似乎与基础理论的突破和技术创新的发生没有正相关的关系。通俗地说,投入更多的钱不一定带来井喷式的科学技术增长,以及能够转变为商业机会。当代资本主义为了解决产品和需求的问题,一般通过两个途径实现:一是增加风险投资的数量,二是对既有商品和服务采取改装的方式。前者势必要在金融领域实现,金融衍生品交易、次级债的无节制叠加,在监管若有若无或政府有意放松监管的情况下,金融风暴必然蕴含其中,甚至很快发生。迈克尔·曼在讨论2008年欧美国家的金融风暴和随之而来的大衰退时说:"这些压力随后'发现'了金融服务业的'神童'们。他们的数学公式使人们错误地认为那些看似高深却与实体经济联系越来越弱的金融工具充满信心。他们把新古典主义经济学的意识形态转化为关于风险的数学模型。人们错误地相信经济学完全是市场体系,其中主要的参数可以准确地计算和预估出来。很少有人能够预见到各种风险因素会串联在一起。"②热衷于运用数学模型为金融交易做合理化设计的投机分子和操盘手们其实在玩一种危险的游戏。他们把泡沫越吹越大,

---

① 沃尔夫冈·施特雷克:《购买时间:资本主义民主国家如何拖延危机》,常晅译,北京:社会科学文献出版社,2015年,第20页。
② 伊曼努尔·沃勒斯坦、兰德尔·柯林斯等:《资本主义还有未来吗?》,徐曦白译,第80页。

越大越薄,几近破裂的边缘,然后让各国政府和纳税人埋单。为了避免泡沫破裂,不止民间商业活动家和企业家,就连主权国家都已经卷入其中,主权债就是其表现形式之一。南欧国家,像意大利、希腊在2008年金融风暴的冲击下,或者举步维艰,或者政府已经陷入破产境地。就连美国政府有些部门都不得不采取削减政府开支的办法,以免政府部门停摆。政府不得不顺应大金融寡头的节奏,否则将陷入更加困难的境地。金融寡头们成功地把多国政府和民众诱骗上了象征交易和虚拟经济的贼船。

兰德尔·柯林斯正确地指出了金融领域的冒险机制:"引入金字塔式交易的金融市场社会建构性很高。在金字塔式交易的金融工具这个世界中,'士气'(即网络的互动过程及其情绪状态)对实体经验的比例差不多可以从 6∶1 左右(也就是借贷的规模与银行储蓄额的比例)到重度杠杆化的金融投机中的几百比一。"①打仗时,战士、士气和武器装备对于战役的胜败各占比例,过分强调士气可能就会犯了战略性错误,同样地,重度杠杆化也会叠加难以估量的风险。对于重度杠杆化带来的金融冒险的水平,卡尔霍恩分析道:"在 2008 年—2009 年金融危机之前的几年中,老牌资本主义国家的股票和债券交易超过了创造就业和真实利润的实业。在 20 世纪 70 年代,金融工具仅占所有投资额的 1/4,在金融化的浪潮下,到 2008 年这个数字已经攀升到了 75%。当时全球的金融资产总量已经达到了所有股票票额总和的 4 倍、全球国内生产总值总额的十倍。"②他进一步说明了金融化的两种互相矛盾的后果:"金融化提升资本主义的活力,它促进了对已有资本结构(例如特定的工业生产方式)的'创造性破坏',驱动了新技术、新产品、新工艺和新产地的发展。而极端的金融化则会将投资导向追求越来越短期的利润,并损害长期和更深层次的增长,同时还会造成投机泡沫。这加大了市场对资本收益低于平均水平值的企业的活力,迫使它们从依旧营利的旧产业中撤资,进而造成了生产企业员工的工资下降,使资

---

① 伊曼努尔·沃勒斯坦、兰德尔·柯林斯等:《资本主义还有未来吗?》,徐曦白译,第45页。
② 同上书,第138页。

本主义实业难以通过加薪与产品生产者分享利润。最终的结果是加剧了不平等。"①

现代资本主义对资本的依靠程度不可挽回地加重了,极化的一面是,劳动在社会新增财富的分配中所占比例(无论是初次分配,还是再次分配)越来越被削弱了。因此,不平等的故事,自托克维尔时代开始,在推进过程中遭遇了逆转。财富占有上的不平等向其他领域的不平等急速转化。赖纳·汉克在《平等的终结》中以反讽的口气指出:

> 这表明:竞争本身就是不平等的制造者,这正是它的推动力。曼彻斯特自由主义并不否定竞争会造成收入和生活水平更大的差距。重新分配是错误的答案。人们常说,甚至欧洲人的传统和他们对社会安全和社会稳定的不寻常的需求,不能指望他们接受程度更高的不平等。实际情况是这样吗?难道把很大一部分国民长久地排斥在劳动力市场之外的选择是一个更好的选择吗?对此颇多争议。但是同以往一样:关于将不平等作为机遇的讨论还根本没有开始。②

汉克指出了残酷的事实:基于道德同情心呼吁平等,而看不到不平等才能制造更多实现平等之基础的事实,恰恰会埋葬平等的故事。我们知道,人类在技术上追求创新,以增加生产率,解放劳动,其价值目的无非是实现更大程度的平等,但是,投入风险资本进行技术开发的努力,让那些在华尔街从事对冲基金等金融投机活动的人窃取了高额收入,然而,实际性的技术创新并没有如期而至。在新技术被开发出来进入市场之前,我们还得面对如何降低研究和开发的成本问题。受限于知识和技术创新自身的规律和周期,资本主义利润的实现必然通过裁撤员工这一比较简单、直接

---

① 伊曼努尔·沃勒斯坦、兰德尔·柯林斯等:《资本主义还有未来吗?》,徐曦白译,第139—140页。
② 赖纳·汉克:《平等的终结——为什么资本主义更需要竞争》,王薇译,北京:社会科学文献出版社,2005年,第16页。

的方式来实现,当然还可以用改变原有的雇佣形式,比如前文提到的弹性雇佣,来实现人工成本的缩减。新的雇佣形式更加巧妙,它分解了矛盾,不让商业组织承担更多的责任,而把责任推给在新技术和市场上已经没有集体谈判能力的流动、分散的劳动者。

为了把冲突置于可控制的范围内,资本主义解决劳动力被驱离工作岗位的另一个办法是以国家介入的方式进行的。其基本策略是实施福利国家,采取积极行动计划,由国家增加财政开支,按照转移支付的方式,让处于失业状态的工人获得基本的,甚至是体面的生活保障。这样的措施在欧洲发达国家,特别是北欧国家常常被采用。此外,政府甚至以举公债的方式扩大对公共设施和部门的投资,从而增加劳动力的再就业。但是,政府这样做时可能带来两个互相分开却又关联的问题:(1)为了维持财政开支的能力,增税似乎不可避免,这势必导致(2)为维系社会良性运转的成本增加,而单位资源的使用效率将会降低。根据货币供应学派的观点,在社会投资资本被分割和抽离的情况下,资本家的风险意识将会变大,从而恰恰抑制了风险投资的稳定供给,更多的就业岗位将不会被创造出来,在这种情况下,失业率不但没有降低,反而有增加的可能。技术使用对劳动力的替代率成为资本主义经济内生的癌变,其中蕴含着全面崩溃的因子。为了控制失业率可能带来的社会冲突,那些以保护自由为首选政治价值的保守主义者将回到减税的旧轨道上去。这样财政收入就会面临困难。一个基本的事实是,为了消除财政赤字,在政府规模不变的情况下,政府不得不以成本核算为基础,尽量把参与公共事业建设的就业人口限制在可接受的范围内,但是,从事政府公共事业管理的人员在失去激励的情况下很可能让政府支出处在低效运转的水平。为了避免这种情况的发生,监管成本势必增加。监管成本反过来又成为需要降下来的社会成本。如此反复,"按下葫芦浮起瓢",解决一个问题的同时却埋下了两个以上的问题:降低私人成本、增加投资的政策工具将使得社会成本大幅度上升,而要缩减社会成本,在投资收益预期减小的情况下,那就意味着私人投资迅速撤离将成为铁的事实。

"成本控制"似乎成了资本主义生产方式的紧箍咒,松开紧箍咒的代价必然是拉克劳-墨菲谴责的社会关系和文化急剧地被商品化吞没。为了开拓新的利润上升空间,资本家不断地制造新的需求,传统的需求满足被改写为欲求满足,但欲求经常不是真实的,而是被刺激起来的①。产品本身的使用价值可能被极大地忽略,而其交换价值却被营销策略极大地抬升。传统的商品交换逐渐被象征性交换替代,而象征性替代,一方面是让资本主义的风险和危机在另一个层次上不断酝酿,另一方面为了缓解这种象征交往带来的风险,譬如高杠杆化带来的隐患,实体经济失去了独立的运营轨道,陷入不断制造虚假欲求的漩涡中。拉克劳和墨菲指出这种全面资本化的社会生活:

> 这种资本主义生产关系的渗透,最初开始于 20 世纪初,在 40 年代之后逐步发展,把社会变成一个巨大市场。在这个市场中,新"需求"被不停地创造出来,越来越多的人类劳动产品被转变成商品。社会生活的商品化,摧毁了过去的社会关系,用商品关系取而代之,通过商品关系,资本主义的积累逻辑不断渗透到社会的每一个领域。今天个体从属于资本,不仅是劳动力的出卖者,而且通过他们所属的公司而融入大量的社会关系之中,文化、休闲、疾病、教育、性,甚至死亡,都是这些社会关系的内容。不受资本主义生产关系渗透的个人生活或集体生活是不存在的。②

技术本来是资本用来缓解自身危机的手段,现在反过来却成为加剧危

---

① 丹尼尔·贝尔对此有经典的论述:"但资本主义社会的本质特征不是需求,而是欲求。欲望是心理上而不是生理上的,且其基本性就是无所节制的。社会也不再被看做受一个共同目的统领的人的自然集合——城邦或家庭——而是独立个人的组合,这些个人都只追求自己的满足……如果消费代表了人们对地位的心里竞争,那么,可以说,资产阶级社会就是嫉妒的制度化。"(参见丹尼尔·贝尔:《资本主义文化矛盾》,严蓓雯译,南京:江苏人民出版社,2007年,第20—21页)
② 恩斯特·拉克劳、尚塔尔·墨菲:《领导权与社会主义的策略——走向激进民主政治》,鉴传今、尹树广译,第179页。

机的达摩克利斯之剑。只有以比其他竞争者更低的价格出售、提供更好的产品和服务,才是企业或商业机构赢得竞争的法宝。资本主义降低成本的永恒冲动经常遭遇社会其他权力的抵抗,而且还经常渗透并殖民其他的领域,拉克劳和墨菲指控的"官僚主义"其实是资本主义的"成本下限原则"在行政体系中的曲折反应。"新社会运动"就是在这种背景下酝酿,并以看起来互不关联的方式追求激进主张。

第七章
新社会运动的源起和激进民主

当代资本主义的权力已经开始弥散,经济、政治、军事、意识形态(迈克尔·曼)无一能够占据权力结构的中心。或许中心不再存在,权力是网状的,而不是对称型的。这样的权力结构对于当代资本主义的政治关系产生了巨大的影响,而这一点,又因为当代资本主义的危机而变得更加微妙和复杂。当代资本主义的危机,实际上就是各种权力关系产生病变的症候。因此,在理解当代资本主义政治变革时,我们必须把经济因素当作重要的自变量,即使我们不能像拉克劳-墨菲笔下的经典马克思那样,以超越时空和历史语境的方式强调经济基础的决定性作用,也不能像罗蒂那样径直承认资本主义是人类迄今为止发明出来的一种创造财富的最好的制度安排,但有一点是非常明确的,经济因素在当代政治和文化嬗变中发挥着基础性的作用,只不过,经济运行的方式显然不同于马克思所在的 19 世纪下半叶。那时资本主义处于自由竞争的阶段,稳定的资本主义体系并非在全世界范围内形成,并因此面临其他经济形式的挑战。马克思对资本主义经济危机的分析基于尚未成熟的资本主义,他对资本主义必然被社会主义革命后的社会形态替代的预言也基于此一事实。因此,当我们想要真正理解当代政治革命时,我们不能离开资本主义经济的当代状况,也不能根据马克思原有的话语框架来简单地理解经济与政治革命之间的关系,而是要充分注意到当代资本主义已经经历过的,或者还在悄然进行的调整,其中的重要调整,将会使原有的政治和经济之间的关系重新变得复杂起来。

在资本主义进行适时调整的情况下,必须引起注意的是,政治权力之间的关系与以往相比,以更加隐秘的方式与资本主义的经济权力扭结在一起。由于市场化运动的不断推进,交易的形式和范围逐渐扩展,未经市场

第七章 新社会运动的源起和激进民主

洗礼的东西越来越少。抵抗市场化似乎成了人们捍卫尊严和私人空间神圣性的艰巨使命。因此,对抗市场殖民化的运动经常通过新左派的政治抗议活动曲折地呈现出来。沃勒斯坦说:

> 新左派在哪里与潜在的社会紧张关系对接(通常是不自觉的),反体制运动就在哪里受到追捧。这种社会关系的紧张是多种因素共同作用的产物:工业衰退,人口迁徙,城镇、社会、地理的变迁,受压抑的民族记忆,甚至从前被现代主义的城市、工业、国家规划者边缘化的精英教派斗争都能激起社会关系的紧张。这些反权威的造反派基础广泛,他们更倾向于采用非暴力的斗争策略,并把诉求集中在从官僚主义的一律化中争取自主权和对不同社会地位群体的认可上,也就是现在所谓的身份政治。他们深刻地改写了革命的历史模式,同时也在马克思以经济阶级作为基础的社会斗争之外开辟了新的范畴。①

1980年波兰罢工、2011年埃及的反穆巴拉克运动,都是新时代革命运动的新形式,拉克劳和墨菲所鼓吹的"新社会运动"是对这些运动的统一称呼。实际上,拉克劳-墨菲笔下的"新社会运动"就是1968年西方国家左翼造反运动"五月风暴"之后不断弥散的结果。新社会运动的目的是走向激进民主。这样的运动经常以看起来与阶级斗争完全不同的面貌出现,人们甚至很难找到它们与资本主义生产方式之间的关联。但是,倘若仔细检视它们,那就可以发现两者之间存在千丝万缕的联系。新马克思主义者沃勒斯坦等人称之为新左派的"身份政治",大概就是资本主义调整不彻底在政治上产生的反应。然而,与阶级斗争不一样的是,新的利益格局又不能以激烈的方式重新实现平衡,因此代表新的政治斗争形态的"新社会运动"应运而生。它们在很多方面呈现出与激烈的阶级斗争不一样的面孔。

---

① 伊曼努尔·沃勒斯坦、兰德尔·柯林斯等:《资本主义还有未来吗?》,徐曦白译,北京:社会科学文献出版社,2014年,第169—170页。

我将先分析资本主义的调整,之后分析调整之后的社会运动,或者拉克劳-墨菲所谓的激进民主得以发生的空间,并就此问题论及罗蒂对相关政治问题的看法,适度地比较拉克劳、墨菲与罗蒂政治观点之间的差异。

第一节　资本主义的调整及其局限

马克思主义自 19 世纪诞生之后,国际共产主义运动经历了几番波折,现在处在守势和震荡状态。一个众所周知的事实是,社会主义虽然没有全面取代资本主义,甚至在某些地方、某些历史阶段还出现了反复,但是,马克思对资本主义的深刻批判依然有效,它使得资本主义走向了不断自我调整的道路。马克思曾经提醒人们,共产主义并不是一种理想的社会模型,而是一种不断克服资本主义社会缺陷的运动。了解这一点,我们就不会对社会主义怀疑和失望。

马克思曾经精辟地指出,资本主义生产方式由于不能彻底解决平均利润率不断下降的趋势,因此,它蕴含了自身内部无法克服的危机。马克思指出的问题其实可以转换为另外一个更加尖锐的问题,那就是资本主义生产方式无法长久地在成本外部化的条件下完成社会关系的再生产。因为有一个简单的事实是,那些被外部化的成本必然通过曲折的方式内化为资本主义生产的内部成本。比如,当企业需要降低成本,而不使用最先进的防止环境被污染的装置或流程时,初看起来,企业生产成本降低了,但是,如果在一个产权清晰的国家和社会中,这样做可能带来两个互相冲突的后果:一是这个排污的企业面临巨大的诉讼费用,甚至超过它不安装环保设施节省下来的成本;二是一旦环境被污染以后,企业中的员工可能面临疾病的威胁,而企业不可能完全免除为职工支付医疗费用的责任。这样一来,社会成本重新回到了企业内部。尽管企业可以迁移已经遭到污染的生产区域,但是,在全球一体化的背景下,转移生产场地可能只是权宜之计,该来的问题迟早会到来。马克思早就指出:"现代工业的全部历史还表明,如果不对资本加以限制,它会不顾一切和毫不留情地把整个工人阶级投入到这种极端退化的境地。"①这种恶化的状况迟早会在整个系统内蔓延开来,资产阶级并不能全身而退。何况,当把全球资本主义看成一个体系时,资本主义生产方式需要支付的总体成本并没有减少,个别的企业可能逃脱了这样的厄运,但是资本主义企业整体并不能因此而处于更好的境地。企业让成本外部化的另一种渠道是,用科技创新的成果代替劳动力成本,从而降低生产的总成本,以取得资本主义的积累,但是,被驱离工作岗位的劳动者将会成为整个社会和国家的沉重负担。为了保障下岗职工的基本生存权,增加税入、扩大财政开支,似乎就是为数不多的选择了。一样的问题出现了,个别生产企业可能因为裁员而减少了成本,增加了利润,但是资本主义作为一个生产的体系并未因此而获益。可以说,成本外部化并没有真正实现资本主义的持续繁荣。讽刺性的是,正是成本外部化导致了资本主义走向造血功能的衰竭。人们都知道,马克思曾经批评李嘉图等资产阶级政治经济学家在一种理想的状态下为资本主义辩护。亚当·斯密构想了一个永不失灵的市场,在那个市场里存在一种充分而完全的竞争,这种竞争会让生产资料被使用的效率达到最大值。在1962年罗纳德·科斯发表了《企业的性质》一文后,这种神话在理论上被刺破了,因为根本就不存在一个完全竞争的市场,而且参与市场交易的行为者也没有享受交易成本为零的美好待遇。古典自由主义为资本主义勾画的蓝图遭到了重大的挑战。其实,沃勒斯坦的论述更加清晰地说明了资本主义积累的秘密:

> 现代世界体系中有很多这样的机制。其中两个最重要的,即在这个系统的历史发展中最具决定作用的机制,我称之为"康德拉季耶夫周期"和"霸权周期"。
>
> 首先是"康德拉季耶夫周期":生产者需要准垄断来积累可观的资本。只有在准垄断的情况下,生产者才能以远远高出生产成本的价格出售产品。在存在真正竞争,生产要素可以充分自由流动的系统

---

① 《马克思恩格斯选集》第2卷,北京:人民出版社,2012年,第61页。

中,任何精明的买家都可以找到愿意以一分钱的利润甚至是低于生产成本的价格出售产品的卖家。存在真正竞争的系统是无法产生真实利润的。真实利润需要对自由市场进行限制,也就是建立起准垄断。

准垄断只有在两个条件下才能形成:①产品有创新,从而存在(或能够催生)足够多愿意购买的买家;②一个或多个强力国家愿意动用国家力量阻止(或至少是限制)其他产品进入市场。简而言之,准垄断只有在市场无法独立于国家干预的情况下才能存在。①

沃勒斯坦的观点非常明确:资本主义无法靠市场自身完成再生产,国家的力量必须参与进来,而所谓的"市场不败"只是一种神话,或者说,即使按照奥地利学派的经济学理论,资本主义具有自我纠错和恢复平衡的能力,也是以难以估量的代价和时间成本换取的。现实的要求是,陷入各种困境的人在丧失基本生存资源后,会给社会带来巨大的隐患和冲击,流血、革命也经常爆发在资本主义萧条时期,法西斯主义也可能在此时崛起,世界大战的阴影随之笼罩下来。可以说,资本主义的世界体系经过无数次调整后才得以续命。大体而言,资本主义的调整主要从两个大的方向展开:一是所有权结构的调整,二是重新定位国家的作用。我们先看看学术史上发生的围绕所有权的论争。

一、围绕所有制的论证

我们先来讨论当代资本主义社会所有权调整的具体路径。马克思曾经尖锐地指出,资本主义的基本矛盾是生产资料私有制和社会化大生产之间的矛盾。这个矛盾的核心在于资本主义的所有权结构。与资产阶级法权思想家不一样的是,马克思并不认为私有财产神圣不可侵犯,财产并不先天地被某人所有,并成为社会分化和社会压迫的根源。

---

① 伊曼努尔·沃勒斯坦、兰德尔·柯林斯等:《资本主义还有未来吗?》,徐曦白译,第11页。

第七章　新社会运动的源起和激进民主

首先需要明确的是所有制在逻辑上存在两种真实的形式,一是私有制,一是公有制(共有制)。当然,在一个社会中事实上还会存在并运行混合所有制,但那只是私有制和公有制按照某种方式和比例混合在一个社会里。划分两种形式的前提是,所有权是如何可能的？通俗地说,谁(who),为什么(why,凭借何种理由)主张对外物的所有,而他人无权干涉？马克思说:

> 从一个较高级的社会经济形态的角度来看,个别人对土地的私有权,和一个人对另一个人的私有权一样,是十分荒谬的。甚至整个社会,一个民族,以至一切同时存在的社会加在一起,都不是土地的所有者。他们只是土地的占有者,土地的利用者,并且他们必须像好家长一样,把土地改良后传给后代。①

按照马克思的意思,对于土地,人们可以谈论的只是占有者和利用者,而从来不是所有者,不管是私有还是共有。很显然,马克思与主张劳动所有的洛克是不同的。马克思向来拒绝以形而上学的方式讨论问题,因此,他并不与洛克分享一系列以宗教信条作为论证前提的东西,包括上帝造人、上帝面前人人平等。洛克的论证特别依赖下述一段话:

> 土地和一切低等动物为一切人所共有,但是每个人对他自己的人身享有一种所有权,除他以外任何人都没有这种权利。他的身体所从事的劳动和他的双手所进行的工作,我们可以说,是正当地属于他的。②

洛克间接地承认了上帝在劳动者取得所有权的活动中占据的逻辑地位。马克思显然并不承认这一点,相反,他认为所有权是非常荒谬的,这种

---

① 《马克思恩格斯全集》第25卷,北京:人民出版社,1995年,第875页。
② 洛克:《政府论》下篇,叶启芳、瞿菊农译,北京:商务印书馆,1964年,第19页。

观点建立在形而上的抽象的论证上。除开抽象的论证,围绕所有权人们最主要的争议在于土地所有权。在洛克所在的时代,大致存在两种土地所有权的论证:一是基于契约的论证,二是基于效用的论证。

基于契约的论证从两个角度展开:(1)人与神之间存在创造和受造之间的关系;(2)人与物的关系同样借助上帝作为中介建立。一般而言,土地和人都是上帝的创造物。人之为人在于上帝的创造,土地也属于上帝的创造。人对土地的占有实际上借助上帝这个不可或缺的中介。同样地,个体与个体之间的关系也通过与上帝的关系建立起来,即人与人是平等的,但只是在他们都是上帝的创造物这个意义上才成立,因此,任何人都不能把他人当作客体而不是当作主体来对待。这个逻辑前提对于所有权的构建意义重大。我们可以看到所有权的第一层论证:

(1)无人先验地拥有外物的所有权,除非:

(2)某人承认他人并得到他人的同意。

除非得到他人的同意,否则,不要说对外物拥有所有权,就是通过劳动改变外物的原始风貌,也是不能成立的。因此,劳动之发生,其先决条件是遵守人与人之间的意志表达以及沉默的非文字性的契约。根据这种逻辑,洛克的劳动产生所有权才能在第二层的意义上发生。授权劳动是劳动产权的前提,而这一点显然是先验论证。在现实的人类社会的关系中,所有权的发生是经验层次的,即主张所有权的人只有得到了与他存在互动关系的他人的同意时,他才可以劳动(实际上,这也只是一种思想抽象,劳动的产生事实上并非按照同意-契约的方式进行)。因此,我们完全有理由放弃这种形而上的契约论证。基于效用的论证更加有可能得到辩护,尽管它也存在不少缺陷。效用论证以洛克论证为典型:

> 这是可以肯定的。人们的超过需要的占有欲改变了事物的真实价值,而这种价值是以事物对人的生活的功用而定的……虽然人们基于他们的劳动,有权将他所能充分利用的自然界的东西划归自己私用,但是这不会是很多的,也不致损及别人,因为那时还剩下有同样丰

富的东西,留给肯花费同样勤劳的人们……我试问,在听其自然从未加以任何改良、栽培或耕种的美洲森林和未开垦的荒地上,一千亩土地对于贫穷困苦的居民所提供的生活所需能否像在德文郡的同样肥沃而栽培得很好的十英亩土地所出产的同样多?①

洛克由此推出他的劳动取得财产权的说法:"由此可见,虽然自然的东西是给人共有的,然而人既是自己的主人,自身和自身行动或劳动的所有者,本身就还具有财产的基本基础。当发明和技能改善了生活的种种便利条件的时候,他用来维持自己的生活或享受的大部分东西完全是他自己的,并不与他人共有。"②

其实,洛克的论证包含两个效用方面的考虑:(1)取得所有权的劳动使得土地相较于原始状态产生了新的更多的价值,它们可以满足人类的需要;(2)取得所有权的方式并没有损害他人或损害总体效用,即实现了帕累托改进。换一种方式表达,洛克的论证遵循两个原则,即不损害原则和不浪费原则。这两个原则都是以效用为基准的。所有权之得以建立,完全在于:一种制度或惯例处在让总体的利益实现增益、同时并不减损任何个体的利益的状况下,该制度或惯例是正当的。诺齐克曾经批评洛克的劳动概念是模糊的,实际上,他总体的批评没有问题,但是,联系到洛克强调劳动的增益性,那种把番茄酱倒在海里的"劳动"显然并不实现效用的增加,不管是相当于个人还是相对于他人或整体。所有的私人化,在洛克、黑格尔那里,完全可以做到。很明显,如果人们的需要能够得到满足,那么,这种活动就会得到激励,即取得所有权的活动具有预期中的激励作用。不仅具有激励作用,劳动产生的产品使得合作性的人类生活成为可能,因为原始状态并非人人愿意接受的理想状态,取得所有权的劳动活动,即生产,使得初次分配成为现实。质言之,取得所有权的劳动不但具有激励作用,而且

---

① 洛克:《政府论》下篇,叶启芳、瞿菊农译,第24—25页。
② 同上书,第29页。

具有基本的社会保障作用,两者都是群体的人类生活所必须的。激励让更多的劳动产品和社会财富产生出来,保障社会运行基本有序。

可以看出,根据这样的路径,私有制似乎可以得到有力的辩护。但是,私人所有制的激励作用和保障作用是不是在所有情况下都是积极的、正面的呢?换言之,私有制是否具有普适性?马克思恰恰对这种所有制形式提出了严厉的批评。马克思的批评在两个方面展开:(1)私有制从来不是理论设定的,而是历史中形成的,与生产力发展的状况密切关联;(2)私有制的激励作用在资本主义生产方式占据主导地位的社会中反过来伤害了它的保障性作用,这使得私有制既得不到科学辩护,也得不到道德辩护。对于(1),人们很好理解;而对于(2),争议相对来说比较多。马克思认为资本主义的生产方式一个极大的秘密是,工人的贫困恰好是资本家极度富裕甚至奢侈的条件。因此,资本主义的生产方式必然牺牲保障而不会提供保障。不仅如此,资本主义的生产方式还极大地激励了各种各样病态的需要,这种病态的需要反而让另一个群体的正常需要显得多余。马克思在其著作的很多地方形象地表明了这一点:

> 因此,工人越是通过自己的劳动占有外部世界、感性自然界,他就越是在两个方面失去生活资料:第一,感性的外部世界越来越不成为属于他的劳动的对象,不成为他的劳动的生活资料;第二,感性的外部世界越来越不给他提供直接意义的生活资料,即维持工人的肉体生存的手段。[①]

对于资本主义的经济能否自动修复被损害的劳动力,在驳斥詹姆斯·穆勒、托伦斯、西尼耳等人的观点——所有排挤工人的机器,总是同时而且必然游离出相应的资本,去如数雇佣这些被排挤的工人——时,马克思说:

[①]《马克思恩格斯全集》第3卷,北京:人民出版社,2002年,第269页。

被经济学上的乐观主义所歪曲的事实真相是：受机器排挤的工人从工场被抛到劳动市场,增加了那里已可供资本主义剥削支配的劳动力的数量……机器的这种作用,在这里被说成是对工人阶级的补偿,其实正相反,是对工人的极端可怕的鞭笞。在这里只指出一点：从一个工业部门被抛出来的工人,当然可以在另外一个工业部门找到职业……在这里起中介作用的,是正在挤入投资场所的新追加资本,而决不是过去已经执行职能的并且转化为机器的资本。并且,即使如此,他们的前途也是多么渺茫！这些因为分工而变得畸形的可怜的人,离开他们原来的劳动范围就不值钱了,只能在少数低级的,因而始终是人员充斥的和工资微薄的劳动部门去找出路。①

人们会发现资本主义根本不会让自己的利润成为社会保障的来源,相反,资本之间的相互竞争使得资本家本人也常常陷入资本不足的恐慌之中。为了摆脱不可预期的市场竞争前景,资本家唯一理性的做法是降低生产成本、压低工人的工资和待遇,然后把产品和服务销售出去。非常吊诡的事情出现了,他们付给工人的工资,只相当于工人维持自身劳动力生产和后代繁衍的费用,那么,额外的消费支出又从哪里来？商品和服务的供应商不会愿意把价格降低到工人能够购买的水平,当每个资本家都这么做时,自然就出现了生产过剩的社会总危机。可以说,资本主义生产方式的内在矛盾让自己都无法正常运行,遑论对社会产生正外部效用了。私有制的本质决定了其内部不可能解决自身产生的危机,调整不可避免。

二、资本主义调整：所有制和国家

如果以上论证没有问题,那就意味着资本主义生产方式中的私人所有制,作为一种制度安排或惯例并不是普适性的公理。既然它作为激励机制

---

① 《马克思恩格斯文集》第 5 卷,北京：人民出版社,2009 年,第 269 页。

和保障机制的提供者存在自身难以克服的困难,那就面临着两种可能,一种是内部调整,另一种就是被公有制取代。就像马克思说的,在资本主义的生产方式所有的生产力释放出来之前是不会灭亡的,所有权内部的调整恰好是其生产力得以释放的方式之一,为了延续自己,当代资本主义更多采取的是内部调整的路径。

就像在自由竞争的资本主义时代,用来投资和取得利润的初级生产资料基本上掌握在私人资本家手中,然而,让资本主义生产成为可能的劳动力商品化使得工人丧失了对于劳动和生产的兴趣,劳动者只是资本家追逐利润的物化手段,此时一切政治权利和社会权利的幻想都在雇佣工人那里消失了。因为形式权利并没有能力通过自身实现。这种所有制结构导致资本主义实现积累的目标变得缺乏广泛而持久的支持。为了改变这种状态,资本主义在20世纪开始了所有权调整,其基本目标之一是:所有权社会化。具体做法是让雇工以持有股票的形式重组整个社会的所有权结构。那些高级职业经理人甚至成为了大型股份公司的重要股东。股权结构的改变表面上改变了资本主义生产资料的所有制,使得组织中的个体得到了更大的工作激励,从而让资本主义社会的阶级构成发生了巨大的变化,从一定程度上消除了雇佣工人,哪怕是高级雇佣工人,对公司或组织的异在感和敌对情绪。这种做法符合资本主义降低成本赢得竞争的终极战略。

在所有权结构调整之后,马克思时代那种简单的阶级分裂和阶级对抗的残酷事实得到了部分缓解,"中间阶级"应运而生。所谓中间阶级,就是很难把它放在哪个具体的阶级中的"社会成员",在这里存在一个实践和理论上的灰色地带。我们可以在当代阶级问题研究专家埃里克·赖特那里读到对"中间阶级"的如下论断:

> 有一点通常并不明确,即包含"新阶级"这一类别下的不同类型的"知识分子"如何分享以剥削为基础的共同的利益,或者如何在社会生产关系中占据相同的地位。他们当中有些人在资本主义的公司中居于管理地位,直接支配着工人,甚至可能参与对投资的控制。有些人

是政府的雇员,不管怎么说都不可能对其他雇员(如教师、护士)实施控制。有些人可能是资本主义公司中的技术雇员,处于管理的阶层之外,只从事其上司给他们布置的特定工作。尽管这些不同的地位可能会因为教育和专业知识而具有某种共同的文化特征,还是难以把他们看作是在生产关系中占据相同地位、分享共同的剥削利益,从而根据阶级的一般概念所列出的标准构成的一个单独阶级。①

当然,阶级关系的新变化并不必然都是由所有权关系直接带来的,现代生产和管理的特殊需要也可能迫使资本主义社会调整其阶级关系,有时这种调整甚至是客观的历史趋势。但是,所有权的调整直接让原来的被雇佣的群体,甚至是一无所有的无产阶级具有了资产,却是一个必须予以承认的事实。尽管我们知道资本主义更深地陷入了被大资本家所控制的网络中,但是这个大资本家却失去了人格化的特征,甚至滑向了非组织的资本主义。非组织的资本主义让资本的主体分散在社会之中,但却实质上控制了整个社会的秩序。其资本积累的形式隐含在社会不得不消耗的各种机制中,人类似乎变得离不开资本主义,就像斯德哥尔摩综合征一样,遭受了资本主义或粗暴或隐秘的剥削的人们,反过来对这种机制赞赏有加,从而丧失了改变并推翻这种资本主义的愿望和能力。债务资本主义和租金资本主义就是两个用来描述这种资本主义调整的重要概念。前者在拉扎瑞托的新著《债务人的形成》中得到了很好的表述:(1)它剥夺了国家的货币主权;(2)它扩展了股票持有者对私营企业这一核心机构的控制;(3)它使生命政治的重心从社会权利转向社会债务。我国研究国外马克思主义的名家汪行福教授这样评价拉扎瑞托的债务经济概念:"总之,作者认为,债务经济让资本以更险恶和更广泛的形式介入到人们的生活之中。"②通过调整,原先的私有产权被稀释到社会各阶层中,对抗性的压力被缓解了,

---

① 埃里克·赖特:《阶级》,刘磊、吕梁山译,北京:高等教育出版社,2006年,第44—45页。
② 俞吾金主编:《国外马克思主义研究报告2013》,北京:人民出版社,2013年,第13页。

技术人员、高级管理人员似乎具有了资产占有人的表面形象。

在马克思所处的时代,工人阶级很容易找到敌人,并可以明确地采取措施针对自己的集体敌人,然而资产阶级的所有权经过调整以后,工人阶级的敌人消失了,或者说,弥散了。人们甚至在工人阶级内部找到了自己的敌人。资本主义社会的阶级状况由此发生了戏剧性的变化。人们既找不到明确而固定的阶级敌人,甚至连自己的身份都被多元覆盖或替代了。奈格里和哈特很好地描述了这种情况:

> 帝国的控制不再通过现代国家的规训模式得以实施,而是通过生态政治的控制模式进行的。这些模式以一群具有生产性的民众作为基础与目标,这些民众不可能进行编组和规范化,而必须加以统治,即便以其自治的方法。"人民"的概念不再作为监控系统的有组织的主体起作用,结果"人民"身份便被流动性、弹性和民众的永久分化所代替。①

所有权调整的目的在于化解政治压力,而在齐泽克看来,所有权调整带来了租金资本主义,租金资本主义的一个特点是:出现了"工薪资产阶级"。所谓工薪资产阶级,就是具有某种排他性技术的工人,譬如,掌握最先进的互联网技术的雇员,他们从非物质的生产劳动中,或者从知识产权的占有权及其应用——技术入股——中获得了格外的收益,使得他们的面目发生了改变。技术工人被纳入了资产阶级群体,使得阶级划分的界限更加模糊,马克思以前预设的纯粹的阶级队伍也很难在新的历史事实中找到对应的革命力量,这种状况使得资本主义缓解了来自政治斗争的危机。质言之,无产阶级消散在普通大众中之后,他们已经自觉地运用资本主义的运行方式谋取自身的利益,并依附于这种看起来能够给他更大满足的社会

---

① 麦克尔·哈特、安东尼奥·奈格里:《帝国——全球化的政治秩序》,杨建国、范一亭译,南京:江苏人民出版社,2008年,第331页。

制度。从反抗到认同,乃至于依附,甚至为之辩护,工人阶级的阶级意识自动瓦解了。反对来,这种资本主义调整带来的一系列结果,为拉克劳和墨菲倡导的霸权政治和激进民主提供了事实基础。

所有权调整使整个社会呈现全民皆为资产阶级的色彩,但隐没在全民资产阶级中的真正主宰资本积累的力量其实从未消失,而是以另外一种形式支配着资本的分布和资本的扩张。总之,产权的分化和弥散使资本主义得以更加深入而隐秘地控制了整个社会,在这样的背景中,古典的革命图式似乎很难找到代理人,也无从形成革命爆发的机制。

资本主义调整的另一个重要方面是重新定义国家的地位和作用。资本主义的所有权调整是内部调整,相对而言,资本主义国家地位的调整就是资本主义的外部调整。后一种调整通过两个渠道表现出来:其一是福利国家的概念和实践;其二是以主权国家为竞争单位的势力更加直接而广泛地加入了全球范围内的竞争。如果说福利国家的核心主旨是通过国家提供社会保障和福利开支减少资本主义生产的外部成本,最终维系资本主义的竞争力,以实现长久而稳定的资本积累的话,那么,众多采用资本主义经济制度的民族-国家对内尽量保持中立,不支持任何市场主体,但是,对其他的与自己构成竞争关系的民族-国家就再也不能采取中立的态度,相反,它会设法创造积极的条件,让本国的产品和技术的发展具有准垄断甚至垄断性的地位,从而赢得在全球范围内的激烈角逐。即使是表面上最倡导自由贸易和投资的美国也在私下里成为本国资本的可靠后盾。

我们先来看福利国家在西方的兴起。在古典自由主义被广泛接受的时代,国家的角色是消极的。无论是亚当·斯密的守夜人的"国家"观念,还是奥地利学派等人的"最小国家"概念,国家都被放在一个消极的位置[①]。持这

[①] 米瑟斯说:"国家机器的任务只有一个,这就是保护人身安全和健康;保护人身自由和私有财产;抵御任何暴力侵犯和侵略。一切超出这一职能范围的行为都是罪恶。"(参见路德维希·米瑟斯:《自由与繁荣的国度》,韩光明等译,北京:中国社会科学出版社,1994年,第90页)诺奇克说:"最低限度的国家是能够得到证明的最多功能的国家。任何更多功能的国家会侵犯人们的权利。"(参见诺奇克:《无政府、国家与乌托邦》,姚大志译,北京:中国社会科学出版社,2008年,第179页)

种主张的人对此有两个基本的理由：一是国家权力的介入，由于行政管理成本的增加，势必会降低资源使用的效率，进而损害个人的自由；二是市场具有自组织的修复能力，按照一个神奇的系统，通过自身的力量完成各种资源在整个社会中的高效分配，弥补那些在竞争中失败的人。根据这样的观点，国家只能在市场不能或不愿意进入的领域发挥作用。在19世纪60年代后，尽管俾斯麦在德国推行国家主导的社会保障政策，但是，这种做法并没有被主流的自由主义经济学们重视和采纳。只有在1929年资本主义世界爆发最为严重的经济危机后，凯恩斯主义才从经济科学上论述了国家在经济和社会发展中不可替代的作用。凯恩斯试图让人们相信，通过国家兴建公共项目和工程的做法可以拉动就业，增加财政支出帮助那些陷入困境的失业人口，进而恢复整个社会的购买力。"二战"后，福利国家理论才被很多欧洲大陆国家普遍接受。英国的贝弗里奇报告①推动了国家在社会福利领域逐渐扮演更为积极的角色。从此，逐渐增加国家财政开支，以支持名目繁多的福利计划变成了席卷资本主义世界的潮流。

众所周知，福利国家从诞生伊始就争议不断。一个最常见的批评是，它倒底是帮助了那些得到福利和救助的人，还是损害了那些人，使他们掉入能力增长停滞甚至进一步丧失的陷阱，以至于变得过度依赖国家的帮助，用福柯的话说，得到了安全，失去了自由②。高福利国家在社会上激发出新的阶级矛盾——即有创造性的人、勤劳的人事实上间接地供养了懒汉，而整个社会创造出来的财富并没有被最为有效地使用，相反，它会削弱

---

① 《贝弗里奇报告》是英国经济学家威廉·贝弗里奇爵士组织编写的，全名为《社会保险和相关服务》，可以说是影响整个世界社会保障制度发展的先驱读物，它是制度发展的经典著作，也是社会保障发展史上具有划时代意义的著作。曾影响英国、欧洲乃至整个世界的社会保障制度建设和发展进程，被业内人士视为福利国家的奠基石和现代社会保障制度建设的里程碑，为无数的经济学家和社会保障工作者所推崇、研究和学习借鉴。
② 福柯在接受罗伯特·波罗（Robert Bono）的访谈时说："不管社会保障制度具有何种积极作用，它都具有一些负面效果：某些机构日益僵化，并制造出一些依赖形势。这些负面效果是内在于这种体制之机能的：一方面，我们给予人们更大的保障，另一方面，我们提高了他们的依赖性。相反，我们应该期望我们的社会保障体制既让我们免遭危险，又让我们不致陷入那些将贬低或抑制我们的情形。"（参见福柯：《自我技术》，汪民安编译，北京：北京大学出版社，2016年，第194页）

人们努力的动机。通过税收转移到他处的资源,很可能被低效地利用了,而这些出现严重效率损失的资源本来可以以资本追加的方式投放到技术开发的领域中去。福利国家的批评者认为,福利国家的实践既没有带来公平,也没有确保自由和效率,仅仅剩下道德外衣和象征性的政治仪式而已。一个更加糟糕的结果是,福利国家鼓励了前现代的非理性的生活方式,使得后者似乎具有了为自己的存在申辩的权利。然而,这种为自己的权利寻求辩护的落后的生活方式实际上让资本主义的积累减慢下来。金融危机后,南欧和西欧国家就在为这种错误的调整付出不可挽回的代价。

考虑到正反两个方面的观点及其支持的理由,我们发现福利资本主义国家的调整方案其实并不能算成功。易言之,推行高福利的国家接下来就会蕴含深刻的政治的、经济的风险和危机。

我们再来探讨资本主义调整的第二种方案,即由民族-国家直接推动本国资本主义在全球范围内展开竞争。具体路径之一是,像美国那样的信奉新自由主义的国家也加大了国家对经济活动的干预,如沃勒斯坦所说,美国除了确保本国商业竞争者在市场上取得准垄断地位外,还直接运用政策杠杆推动美国资本主义经济在国际上取得优势地位。一个典型的案例是,20世纪80年代日本经济咄咄逼人、在美国取得突破性商业扩张之际（其中一个表现是,大量日本商品和投资潮水般地涌入美国）,美国政府直接推动了美元对日元的贬值,从而让美国相对日本的巨额贸易赤字得到缓解,整体经济的劣势得到扭转。大卫·哈维说:"简而言之,美国在制造业领域丧失了霸主地位,并开始需要政府对其加以扶持（比如1985年签署《广场协议》,美国政府同意美元对日元贬值,以使美国在制造业领域的出口更具有竞争性,随着20世纪90年代日本制造业出现停滞,美国政府又被迫实行美国对日元升值的政策）。"[①]美国还利用美元作为世界储备货币的地位迫使其他国家直接购买美国的国债,以维系美国消费主义盛行的经济生态形式。那些需要依靠美国以消灭产能过剩的国家,比如日本和中

---

① 大卫·哈维:《新帝国主义》,初立忠、沈晓雷译,北京:社会科学文献出版社,2009年,第54页。

国,他们的中央银行不得不或者乐于为美国的巨大的财政赤字融资,购买美国的国债,借此资助美国维持高位运行的消费驱动型经济,同时为自己的产品找到广阔的市场。

上述做法,在20世纪之前,对那些信奉孤立主义和自由贸易的美国人来说是不可想象的。古典自由主义信奉自由竞争、开放市场,但是,当另一种资本主义形态,比如像日本那样的依靠国家规划产业方案、引导外向型出口贸易的经济实体在全球范围节节胜利时,美国不得不调整自己的市场哲学和竞争策略。换句话说,以日本为典型的所谓"东亚雁阵模式",利用国家增强企业竞争力、降低生产成本,换来经济的高速增长,这就使得美国不再能为自己的商业组织提供准垄断的竞争地位,相应地,美国产品在世界市场上缩小了自己的份额。美国对此不得不做出重大调整,这个调整的核心是,让自由放任的市场变成受到国家约束和控制的市场。在分析美国经济高涨的原因时,詹纳的论述非常精彩生动:

> 当里根在他的讲话中持续不断地宣称不受国家干预的新自由主义信条时,在现实世界里国家却为了避免私人经济破产的威胁而不断地施与资助和挽救。新自由主义信条的一个基本的原则是任何的国家促进措施只能歪曲竞争并且成为阻止经济创新的力量。但事实上不仅由日本的例子证明,而且美国的例子也反驳了这种信条。毫不奇怪,克林顿又一次维护了里根的政策并且为了促进美国工业的发展更加坚定地继续执行这种政策。1993年至1994年美国用于研究和发展的预算达到了破纪录的760亿美元。此后美国出现的就业奇迹和经济高涨为这种干预经济政策的效果提供了证明。自克林顿以来美国公司沿着日本公司的足迹前进——日本则被自己的工业政策武器打败了。①

---

① 格罗·詹纳:《资本主义的未来——一种经济制度的胜利还是失败》,宋玮、黄婧等译,北京:社会科学文献出版社,2004年,第33—34页。

第七章　新社会运动的源起和激进民主

新自由主义的信条不过是美国实施干预经济活动的计划时向其他国家、竞争对手挥舞起来迷惑对手的幌子,其背后,美国用日本的办法打败了日本。美国的做法同样被欧洲传统资本主义强国采用,德国就是其中成功的典范。这就是当代资本主义又一次重要调整。

不过,我们很快就会发现这样的调整并不能从根本上挽救资本主义的总体危机。一个简单的理由是,美国的经济信条从信奉自由竞争、开放贸易转向国家干预市场定价、增强商业组织的竞争力,这样的做法确实在短期内取得了巨大的成功,但是,当美国祭起这样的旗帜的时候,其他国家同样可以采取这种办法,最后的结果是,大家又陷入恶性竞争的漩涡中,生产成本和交易成本都将重新变得高昂,经济问题似乎不能以经济的手段来获得解决的时候,政治斗争乃至军事冲突就变得日益紧迫。当然,美国可以利用自己的历史优势和技术优势制定全世界其他国家都要遵守的规则,但是,为了挽救在竞争中的失败地位,地区结盟就可能成为与美国抗衡的选项。欧洲一体化、欧盟的发展,就是明显的例证。因此,我们发现这样的调整其实并没有足够的空间和回旋余地。相反,它会在国内带来持久的反弹。为了让本国的产品和服务取得竞争优势,国家不得不花费巨大的资源,以保障本国商业组织持续繁荣,其结果可能是,国家用于改善社会生活的份额将会减少,国内的阶级矛盾随之也会变得重新激化起来,政治斗争再一次获得了不小的空间。

我们固然不能简单地在经济水平与政治活动之间寻找并确定简单的因果关系,否则又会重新掉入一元决定论的泥淖,但是,在其他因素,比如,意识形态或文化,并不带来社会和政治冲突的情况下,经济因素带来的失范和脱域就会变得引人瞩目。从某种意义上说,经典马克思主义的解释模式仍然具有强大的理论说服力。当代资本主义出现的政治运动及其表现形态依然打上了明显的阶级斗争印记。更加值得注意的是,实际上,福利国家和国家干预经济活动已经不是单纯的经济现象,而是不折不扣的政治行动了。

罗蒂在谈到福利资本主义国家的时候,首先承认了资本主义制度的创造财富的能力到目前为止无可替代。科恩曾经在《为什么不要社会主义》一书中提出了这样的问题：有没有可能找到一种既能鼓励并推动人们的慷慨德性，同时却不会影响资源利用率和技术创新能力的经济制度？他自己表示还没有答案①。就是因为目前没有一种能够替代资本主义经济制度的新型经济生活形式，罗蒂认为：革命已经终结，改革势在必行。而他对改革的定义是：消除资本主义机体上出现的肿块，让福利制度以更加高效的方式运行。他说："但是现在，我们左派知识分子已经无法继续成为列宁主义者了，我们不得不面对列宁主义设法让我们躲避的一些问题：我们对减轻苦难更感兴趣，还是对创造一个适合苏格拉底胃口因此适合我们自己胃口的世界更感兴趣？当我们被迫承认资产阶级民主福利国家是我们能够盼望的最好的国家的时候，隐藏于我们的遗憾背后的是什么？"②其实，背后没有什么一劳永逸解决问题的方案了，有的只是消除痛苦、减少残忍的具体行动。但是，拉克劳和墨菲并不这样认为，他们仍然坚信，由于社会对抗的永远存在，即使不再以阶级对抗的形式出现，激进民主也永远不会终结。

第二节　新社会运动和激进民主

从某种意义上说，正是资本主义的调整瓦解了传统的社会主义革命运动的基础，同样地，也因为资本主义调整的不充分（其实，也不可能充分），其他政治形式，譬如，"新社会运动"（包括同性恋运动、生态保护运动、反核试验）有机会以各种具体的方式出现。大规模的工人阶级通过暴力夺取政

---

① 柯亨说："毕竟，（几乎）每一个人身上都存在自私和慷慨。我们的问题在于虽然我们知道如何在自私的基础上使经济运转起来，但我们却不知道如何在慷慨的基础上使之运转起来。然而，即使在现实的世界中，在我们的社会中，许多方面都需要慷慨，或者更一般和更消极地说，依赖非市场的激励。"（吕增奎编：《马克思与诺齐克之间：G. A. 柯亨文选》，南京：江苏人民出版社，2007 年，第 272 页）

② 理查德·罗蒂：《后形而上学希望——新实用主义社会、政治和法律哲学》，黄勇编，张国清译，上海：上海译文出版社，2003 年，第 370 页。

权、变更私有财产的活动不见了,但是,新的权力压制关系的出现为社会斗争酝酿了更加广阔的活动空间。在拉克劳和墨菲看来,这种新社会运动已经摆脱了雅各宾派的革命范式,以一种更加"激进"的姿态雨后春笋般地涌现全球。

不过,对于以各种形式出现的所谓"差异政治"及其意义,罗蒂和拉克劳、墨菲持有不同的看法,并赋予了它们不同的理论意义和实践意义。前者并不认为差异政治可以取得启蒙运动以来的现代性政治,而后者则凸显了差异政治的范式意义,同时认为差异政治是通往激进民主的政治实践。

一、有关差异政治的论争

我们在理查德·罗蒂那里是看不到他对革命斗争的理论表达的。他非常明显地滑向了改良主义。实际上罗蒂对启蒙运动的政治叙事是非常忠诚的,北大西洋的政治构建在他那里具有批评上的豁免权。他所谓的改革左派是在接受自由民主、市场经济的框架之内的,因而只是相对于学院左派的"激进"姿态,并不等于他的左翼运动是革命的。下面这段话很好地反映了他的立场:

> 然而,在我看来,这不是一个超越这些斗争的问题,而是一个拓宽置身其中的人们的视野的问题——是一个让教出的左派学生少花些时间思考是否努力把各种研究分开的问题。我自己的直觉是他们需要花更多的时间思考,如果美国人的工资继续降低到全球工资市场的水平将会发生什么。但是,不管我的这种预感正确与否,关于美国左派如果要变得更加强大我们的学生应该想些什么的问题是纯粹务实的,是当前颇为紧迫的一个问题。①

---

① 理查德·罗蒂:《哲学、文学和政治》,黄宗英等译,上海:译文出版社,2009年,第180页。

罗蒂的意思其实就是,与其为普遍的革命寻求总体性的方案,还不如关注具体问题的解决。罗蒂并不完全反对认同政治或差异政治,只是反对在差异政治的背后寻求宏大的叙事结构。与罗蒂不一样的是,拉克劳和墨菲认为,即使没有普遍性的知识基础,仍然可以以激进的姿态而不是改良的姿态推进民主革命。然而,在罗蒂那里,读者几乎看不到任何革命的字眼,如果有也都是消极的。

罗蒂对政治现代性叙事推崇个体自由非常看重,以至于他并不认为还要为个体找到一个具有外在差异的身份,比如种族的、性倾向的、性别的。下述对话清楚地呈现了罗蒂的立场:

> 罗蒂:是的,如果我们谈论差异政治,情况是这样的。但是为什么我们在谈论差异政治呢?我只是不明白个体性的政治到底怎么了,他们只是做了些寻常的努力,要撤销这样或那样的法律,要克服这样或那样的偏见等等。
>
> 问:问题在于如果一个人打开了你所说的修辞空间,以个体为中心,差异政治外的个人如何叙述入会、退出、联系以及个体性的事情?你怎么非常有尊严地以自己喜欢的方式称自己为一个个体而不首先与群体发生瓜葛呢?
>
> 罗蒂:通过讲述人们怎样远离这个或那个群体的身份——爱默生式的故事。
>
> 问:任何情况下那个故事都是特例。所以尽管个体性是一个完美的结局,但是,叙述本身需要差异政治。
>
> 罗蒂:为何不叙述蔑视群体差别的政治,高扬个体差异?
>
> 问:空间是有的,差异政治说我们不必固定在那里。你可以是一个个体,群体身份完全可以置于其后,但是这种事情发展到后来就要唤起先前的差异。
>
> 罗蒂:为何这些差异这么重要?我们一直都知道存在爱尔兰人、

第七章　新社会运动的源起和激进民主

意大利人,越南人和男同性恋,还有难以归类的人。①

很明显,根据第四章的论述,我们知道罗蒂的现代人就是接受了自由民主社会的公民,也就是资产阶级的个体。罗蒂认为,对于目前的改革左派,这些政治身份就够了,完全不必在信奉自由、平等等政治信念之外寻求其他政治信念,其他政治信念实际上是隶属于现有政治信念的。罗蒂没有说出来的意思是,如果人们要把任何一种差异,比如种族的、性别的、性向的,单独拿出来作为一种身份,那就意味着政治冲突无休无止。因为找不到清晰的标准把那些身份识别出来,那就意味着看似激进的政治实际上模糊不清了。

可是,罗蒂的访谈者的意思是,不通过文化、种族、性别等具有识别性差异的东西,是没有办法把个体叙述出来的。个体失去了文化的依托就是空洞的个体,他无法把自己与他人联系起来,形成政治上的联盟(尽管只是暂时的、流动的联盟)。而后者对于政治运动,乃至于重大的革命来说,是不可或缺的。前面已经叙述,罗蒂的政治思想接受了偶然性的逻辑,但是,他接受的只是偶然的北大西洋派的政治图景,却对这副图景中的细节提不起理论的、实践的兴趣。一方面,罗蒂承认了"自由民主社会的公民"这种历史的北大西洋文化的政治身份;另一方面却拒不承认东亚人、同性恋者、女性主义者等其他政治身份,只是把后者当成前者蕴含的次级身份。很显然,这种论证逻辑在他的批评者看来并不连贯。倘若罗蒂执意要否认差异政治,那么,他就得接受他自己一向反对的还原主义,即把启蒙运动承诺的政治叙事当做更高一级的政治叙事,差异政治没有一级意义,只能还原到那里去,才能获得合理的理论意义。因此,可以在罗蒂的思想和立场中发现至少两种张力:(1)北大西洋文化及其政治身份作为一种地方性历史的产物,为何能够排斥其他地方的历史、文化及其产物,比如儒家文化、伊斯兰文化;(2)罗蒂对差异政治的拒绝实际上是以承认普遍性政治为前提的,

---

① 理查德·罗蒂:《哲学、文学和政治》,黄宗英等译,第 265 页。

这有违于他一向主张的历史主义和唯名论。

与罗蒂不同的是,拉克劳和墨菲却赋予差异政治崭新的理论意义和实践意义。对于罗蒂眼中的"次一级政治身份",拉克劳、墨菲另眼相看。在后者看来,文化的、种族的、性别的政治叙事也有自己的历史,只不过它们被另一种政治叙事——比如马克思的无产阶级革命学说、罗蒂的启蒙运动后现代性政治谋划——掩盖了。人们没有把它们主题化,不是因为它们不重要,而是被遮蔽的结果。一旦历史为它们提供了机会,它们就会充分展示自己的内容和各种对抗,比如,男性与女性的对抗、黑人与白人的对抗、儒家文化和基督教文化的对抗等,从而让新的政治斗争取代宏观政治。

有趣的是,我们可以在新马克思主义者大卫·哈维那里找到与罗蒂几乎一致的立场:

> 后现代主义要我们认可物化和细化,居然要我们赞美伪装和掩饰行为,赞扬种种对地域、地区和社会群体的迷恋,同时要我们否定一种能够把握其深度和广度愈益全球化、影响超越日常生活的政治-经济(货币流通、国际劳动分工、金融市场等等)发展进程的经典理论。①

哈维在后现代主义的政治中发现了其保守的含义:倘若拒绝现代型的政治谋划,而只是追求地方性生活方式得到合法承认,那就意味着普遍联系将被极大地弱化。就像马克思反对工人为了改善工作条件和提高工资而罢工,放弃了与自己厕身于其中的资本主义生产方式进行斗争一样。马克思认为资本主义的生产方式没有兑现启蒙运动的解放许诺,即自由人的联合体,事实上,它造成了社会深刻的分裂,一部分的自由以另一部分的不自由为代价,因此,马克思主张彻底地摧毁以私有制为核心装置的资本主义生产方式。罗蒂与马克思一样接受了启蒙运动在政治上许下的庄重

---

① 埃伦·梅克辛斯·伍德、约翰·贝拉米·福斯特主编:《保卫历史——马克思主义与后现代主义》,郝名玮译,北京:社会科学文献出版社,2009年,第83页。

第七章　新社会运动的源起和激进民主

诺言：自由、平等和正义，但是，他并不像马克思那样主张否定和放弃资本主义的经济制度。因此，我们在马克思和罗蒂那里看到了价值取向的一致，但是，没有看到他们在达成这些价值许诺上手段的一致。与罗蒂不同，拉克劳和墨菲认为，现代政治走向后现代政治后，社会革命还存在激进民主的空间。

在马克思那里，反对现存的所有制被当作激进革命的应有之义，而对拉克劳和墨菲而言，却只具有选择性的意义，即社会革命可以不通过废除私有制的方式进行。在马克思看来，所有制结构的彻底调整是政治最高的，也是决定性的目标，但是，对拉克劳、墨菲而言，"政治"这个空间并不存在金字塔式构造——有底端，有中层，甚至有金字塔顶。任何一种政治运动形式都与其他政治运动形式处于竞争性的地位，没有先验的逻辑判定谁主导谁。领导地位的取得都要参与霸权争夺。由此，不难发现，"对抗的不可还原"的观点使得拉克劳、墨菲坚持自己的后马克思主义政治叙事。他们这样推崇与新社会运动、差异政治紧密相连的"激进民主"：

> 在政治术语中，这意味着，正如没有什么层面被对抗的出现赋予特权一样，也没有什么激进民主程序能先验排除的作为可能性斗争领域的话语领域。司法制度、教育制度、劳动关系以及边缘人群抵抗的话语构成了社会抗议的最初不可还原的形式，并且由此贡献出了所有激进民主被建立于其中的话语复杂性和丰富性。①

反对政治上的还原主义成了拉克劳、墨菲后马克思主义政治叙事的基本立场。在对待差异政治的时候，他们并不否定其独立的价值，而是希望借助霸权的方式，让这些彼此互不相干的政治运动联系起来，形成激进民主的态势。尽管拉克劳、墨菲仍然没有放弃马克思的社会主义革命精神，

---

① 恩斯特·拉克劳、尚塔尔·墨菲：《领导权与社会主义的策略——走向激进民主政治》，鉴传今、尹树广译，哈尔滨：黑龙江人民出版社，2003年，第215—216页。

但是,他们借新社会运动来实现的激进民主却不再具有马克思社会革命的任何色彩。

二、拉克劳、墨菲的激进民主

尽管拉克劳、墨菲与罗蒂分享了几乎完全一致的知识论立场,但是,在政治问题上,他们却彻底地分道扬镳了。因此,可以说,他们为后现代政治所做的哲学说明是共同的,但是,对于后现代政治的具体内容,他们却迥然有异。

根据拉克劳、墨菲在众多著作中的论述,我们可以把拉克劳和墨菲称许的"革命"归结为以下三点:

第一,新社会运动不再以阶级为基础,因此不属于阶级斗争。人们不难发现,在参加新社会运动的成员中,他们很多人来自不同的阶级。把大家聚集在一起的不是统一的阶级利益,很多情况下,是因为他们对现政府和政权的某个领导人及其政策强烈不满。此时,他们的"革命"身份是临时性的、可以改变的。在一个非阶级斗争目的的软约束下他们开展的行动,甚至具有"快闪"的特征。为了某个特定的目的,譬如减少环境污染、减少核试验的次数、要求同性恋合法化,各行各业、各阶级、各阶层的人们偶然地耦合在一起。此时,阶级身份其实是不在场的,"隐形了的身份"对他们的运动目的并不发挥实质性的作用。参与其中的一个教授可以是同性恋者,一个公司的大股东也能是双性恋者,而一个黑人妇女完全也可以参与其中,甚至那些同情同性恋者的异性恋者也会参与进来。因此,很难在他们之中找到先在的阶级本质,身份的构成是"任务约束型"的,任务得到表达,或者目的基本达到,他们的身份很可能就随之消失。同样地,加入绿色环保组织的人也是多种多样的,把他们联系起来的唯一理由不是来自阶级,而是来自他们对生态系统遭到破坏、代际正义受到损害的担忧。那些反对在南太平洋进行核试验的人,很可能有科学家,也有渔民,连接他们的根本不是现时的共同利益,因为他们来自不同的地方,有些甚至来自与太平洋相距非常遥远的北欧国家,比如芬兰和瑞典。这样的社会运动区别于马克思无产阶级革命中的"工人阶级及其先锋队"。

由此,艾伦·伍德认为拉克劳、墨菲把马克思那里神圣的阶级概念平凡化、语境化了。他说:"作为统一的革命力量的工人阶级的形成,如果并不完全内在于资本主义生产力的发展,而是需要外在的介入,比如说,以政治教育和组织形式,那么,它必然就失去了作为革命代理人的优先性,或许甚至失去了其作为一个阶级的角色认同。"①临时身份取代了以生产资料占有关系进行划分的阶级身份,因此,这种斗争形式也就不再具有阶级政治和阶级斗争的特征。各种"新社会运动"产生于他们的临时身份,而他们的阶级属性却只是一个隐藏在临时身份之后的模糊的背景,对运动之发动和运行可能并不起到什么实质性的作用。人们甚至很难以"本质主义"的方式来定义这样的人群共同体及其活动,而只能按照维特根斯坦那样的"家族相似性"来理解这种"快闪式"的社会运动形式。在赖特的新阶级模型分析中,临时构成抗议队伍的人们,根本就不是同一阶级的成员。拉克劳和墨菲注意到了这种微妙的问题:

> "新社会运动"一词是一个不能令人满意的术语,它把一系列极端不同的斗争汇集在一起,这些斗争包括都市的、生态主义的、反权力主义的、反制度化的、女权主义的、反种族歧视的、少数民族权力的、地区性的或少数的斗争,它们的共同点就是它们与被当成"阶级"斗争的工人斗争有所区别。强调那个成问题的阶级斗争概念是毫无意义的,这一概念在生产关系的水平上混合了一系列非常不同的斗争。在这一水平上,这些斗争由于有特权的"阶级"地位非常清楚地显示出来这个理由而从"新的对抗"中被分离出来,因此,我们对于"新社会运动"的兴趣,不是它把各种斗争归属为与阶级观念相对的一个范畴,而是他在把迅速消融的社会冲突解释为越来越多的关系方面所起

---

① 转引周凡:《后马克思主义导论》,北京:中央编译出版社,2010年,第249页。

的新作用。①

埃里克·欧林·赖特对当代资本主义社会阶级的分析得出的如下论断似乎有利于拉克劳和墨菲的下述看法:"在阶级关系的这种分析中,没有任何因素能够显示后资本主义社会阶级结构的任何实质性特征,或是指出对后资本主义阶级在资本主义中的出现进行分析的方向。"②对于可以用来划分阶级的实质内容的淡化,让人们很容易取消阶级在社会变革中起到的作用。因此,阶级概念基本上被左派人士弃用了。墨菲注意并充分利用了这一变化:"今天,众多左派人士正在讨论着'公民身份'与'共同体'这两个主题。这无疑是阶级政治学的危机所造成的。同时,它表明一种意识正在增长,即需要一种新的身份认同形式并通过这种认同来组织力量为民主的激进化作斗争。我认为政治身份问题是至关重要的,并且构建'公民'身份是民主政治学的重要任务之一。"③人们似乎很难在形形色色的社会运动中找到一种"本质"把它们归为一类,流动的、多变的,甚至矛盾的东西,似乎构成了新社会运动的"主体立场"。革命之真正发生似乎越来越不依赖明确而稳定的阶级及其先锋队了,相反,任何一个身份都可能在霸权争夺中取得领导地位,并能够推动社会变革。那些历史上被寄予厚望的群体,比如葛兰西推崇的知识分子,或者列宁肯定的工人阶级中的先进分子,似乎都很难扮演常规的主体角色了。齐泽克对此有精辟的断定:"历史主义的每一种变体都依赖于最小限度的'非历史的'形式的框架来定义地平线,偶然性的包容/排他、替代、谈判、移置等等开放的、无休止的游戏在其中发生。"④很难在新社会运动中找到参加者的公分母,而且公分母经常是流动的,它很快会在另一场运动中以新的形式与其他主体元素暂时性地结

---

① 恩斯特·拉克劳、尚塔尔·墨菲:《领导权与社会主义的策略——走向激进民主政治》,鉴传今、尹树广译,第178页。
② 埃里克·欧琳·赖特:《阶级》,刘磊、吕梁山译,北京:高等教育出版社,2006年,第57页。
③ 尚塔尔·墨菲:《政治的回归》,王恒、臧佩洪译,南京:江苏人民出版社,2005年,第79页。
④ 齐泽克:《偶然性、霸权和普遍性——关于左派的当代对话》,胡大平等译,南京:江苏人民出版社,2002年,第112页。

第七章　新社会运动的源起和激进民主

合在一起。

第二，新社会运动也不是总体革命的。拉克劳和墨菲拒绝了马克思以降的总体性革命概念，这种概念经过卢卡奇一直延续到阿尔都塞①。对于"总体性"的概念，朴素的理解有两个层次：其一，"马克思革命"之发生和完成都服从历史的终极目的；其二，马克思的革命不是简单的政治或社会领域的翻转，而是整体性的完成。它不是零敲碎打的渐进式的变革，而是一次总的决算，是阶级之间的零和博弈，甚至是无阶级社会的到来。显而易见，"新社会运动"并不是阶级斗争要求的社会革命的统一性延续，并不存在内在的一致性把许多看起来不同的运动形式——譬如争取同性恋合法化运动、反对核试验运动——联系起来，并放在统一的篮子里，它们之构成一类运动完全是因为所有运动中包含对某种"社会权力"的反抗，比如同性恋运动反对异性恋的歧视，反核试验人士反对核辐射可能带来的潜在的后果。这些斗争至少表面上与资本主义社会的经济权力和生产关系没有关系。因此，我们发现，与总体性革命相反，"新社会运动"是碎片化的、局部的，在时间的维度上是暂时性的，在空间上是断裂的、隔离开来的。人们很难把反同性恋运动和反核试验运动联系起来考虑，其目标和利益诉求是大相径庭的，甚至还会相互矛盾和冲突。比如，那些反对生态环境被破坏的人，很可能发现自己与反对现代通信技术取代工人工作的运动存在利益上的不一致。工人要求保留那些旧式的设备，而工厂采取旧式设备必然带来环境污染。矛盾就产生了。因此，发生在同一地理空间上的抗议运动经常在价值观和利益诉求上互相抵牾。拉克劳很好地对此做了理论提升：

> 当今世界上的社会斗争状况将为政治乐观论提供多重根基。至

---

① "这种总体性的思想被西方马克思主义的后人们发扬广大，成为西方马克思主义的哲学原则，不断深化，成为核心问题。同时代的柯尔施也说，马克思主义是一种将社会的发展看做活的总体来理解和把握的，是一种将社会革命作为活的总体来把握和实践的理论。而葛兰西则在自己的总体革命理论中明确反对将历史的运动归结为线性决定论，而主张建立一种反对将经济作为单一的主导因素的革命学说。在这种革命观中，历史的发展是一个总体的过程。"（张一兵主编：《当代国外马克思主义哲学思潮》上卷，南京：江苏人民出版社，2012年，第55—56页）

少,它们为激进民主创造了前提条件,激进民主愈益成为建构新左派的参考点。我们面临的是社会行动者的愈益碎裂化,但这并非是怀念丧失了的"普遍阶级"的原因,而必须是进行新斗争和新选择的源泉。碎裂化带来的一个结果是:这问题成为各种不同斗争的集合点,它经常要求更多的自主性,以及伴随着这些要求所面临的政治制度。①

总体性变成了明日黄花,只存在于人们乡愁般的情绪之中;相反,碎片化已然成为新的常态,戏剧性的事实是,被压迫者似乎倾向于接受这样的安排,放弃了彻底的社会解放。墨菲总结道:"既然这些原则是向着许多竞争性的理解方式开放的,那么人们就必须认识到:一种包罗万象的政治共同体是永远也不可能实现的。将始终存在一种'外围构造',即那种恰恰作为这种共同体的存在条件的外在物。"②在拉克劳和墨菲甚至罗蒂看来,马克思主义的革命图景是一种大拒绝式的狂飙,它为革命规划了封闭的圆圈,尽管看起来给人一种向未来无限开放的幻象。这样的图景似乎在《共产党宣言》中突出地呈现了。罗蒂更愿意把马克思的革命设计看做是一种希望,而不是可靠的知识。他说:

> 我们现代人胜过古代人——无论异教徒还是基督徒——的地方在于我们能够想象一个现世的乌托邦。欧洲和北美在18世纪和19世纪经历了人类希望中心的重大转变:从永世转向未来,从如何赢得上帝恩宠转向如何为后代的幸福制定计划。这就是说,不用借助非人类的力量,也能使人类的未来不同于人类的过去。这一见解在《共产党宣言》中得到了十分壮丽的表达。③

---

① 恩斯特·拉克劳:《我们时代革命的新反思》,孔明安、刘振怡译,哈尔滨:黑龙江人民出版社,2006年,第101页。
② 尚塔尔·墨菲:《政治的回归》,王恒、臧佩洪译,第113页。
③ 理查德·罗蒂:《后形而上学希望——新实用主义社会、政治和法律哲学》,黄勇编,张国清译,第353页。

第七章 新社会运动的源起和激进民主

第三,新社会运动的目的不是社会主义,而是激进民主的过程。拉克劳和墨菲对民主和社会主义革命的关系做了重要的调整,不再认为社会革命的归宿是社会主义,而是认为社会革命没有最终的、先验的目的,而只是激进民主的过程。这一点来自他们采取了一种与马克思不一样的未来社会观。马克思认为阶级分裂是阶级斗争的前提,而阶级斗争必然走向最终的阶级本身的消亡,未来的社会是一个没有阶级分离、对抗,甚至没有阶级的社会。拉克劳和墨菲取消了以阶级作为理解社会革命的分析单元的做法,在他们那里,"公民身份"比阶级概念无疑更加真实且重要得多。如果社会主义革命是阶级之间的对决,那么,拉克劳-墨菲的激进民主显然就是各种身份之间的对抗。如果拉克劳和墨菲"退出阶级政治"的策略能够得到合理的辩护,那么,如下观点也就能够得到辩护,激进民主和社会主义革命之间的关系也将面临解构:

> 因此,显而易见的是,左派的抉择只能由不同的同等体系结构来组成,这种结构在新的基础上建立了社会划分。在面临等级社会的重建计划时,左派的抉择应当是完全把自身定位在民主革命领域,发展反压迫斗争之间的同等链。因此,左派的任务不是放弃自由民主的意识形态,相反,是在激进的和多元的民主的方向上深化和扩大民主。①

在拉克劳和墨菲看来,社会主义革命不是民主的完成,而是民主革命的一个阶段,这与他们的政治观紧密相关。他们经常宣称"社会是不可能的",就是说,无阶层分化、无阶层对抗的社会样态不会存在,就像没有摩擦力的平面一样,理论上可以存在,事实上是不可能的。在传统的马克思主义看来,民主革命只是发生在资产阶级对封建贵族的斗争过程中,这种革命的性质是政治的,而不是社会的和经济的,而社会主义革命则不同,它在

---

① 恩斯特·拉克劳、尚塔尔·墨菲:《领导权与社会主义的策略——走向激进民主政治》,鉴传今、尹树广译,第198页。

消灭阶级的最终目的上完成了经济和社会的双重革命。但在拉克劳和墨菲这里,由于阶级范畴的被限制,甚至最终被取消,社会主义革命在拉克劳和墨菲看来,其激进性就值得怀疑了。如果阶级对立和阶级斗争消失之后,仍然存在对抗,那么,民主革命就仍然没有结束。拉克劳在《社会的不可能性》中描述了阶级消失之后社会依然存在普遍对抗的事实:

> 与本质主义相反,今天我们倾向于接受社会的无限性,即任何结构体系都是有限的,总是受到难于把握的"多余意义"的包围;这样,建立在自身部分过程之上的一元的、可理解的"社会",就是不可能的。我们来考察一下这一认识的双重运动。结构主义带来的巨大进步是认识到任何社会认同的关系特征,而其局限性在于这些关系向系统的转化,向可理解的对象(即向本质的)转化。但是,如果我们坚持任何一个认同的关系特征,并且抛弃系统中这些认同的固定化,那么必然把社会认同为差异的无限游戏。①

在现实生活中,我们确实可以观察到各种身份的存在,阶级身份、性别身份、文化身份、种族身份等,他们都存在于资本主义的世界体系中,可能很难都把它们还原为经济关系,即无法用经济关系来理解其他关系,比如文化身份,甚至审美趣味基础上形成的各种群体身份。现代社会身份多元化且逐渐取得独立性的事实,让拉克劳和墨菲有充分的理由解构经典马克思主义的学说。他们认为:"因此,社会主义的要求,应当被看做民主革命的一种内在要素,只有在后来建立起来的同等逻辑基础之上,这种要求才能得到理解。"②这样看来,社会主义革命不是激进民主的方向,恰恰相反,激进民主才是社会主义革命的方向。付文忠指出了拉克劳-墨菲重构民主革命和社会主义革命关系的实质:"从这些特征中,我们可以发现在后马克

---

① 恩斯特·拉克劳:《我们时代革命的新反思》,孔明安、刘振怡译,第108—109页。
② 恩斯特·拉克劳、尚塔尔·墨菲:《领导权与社会主义的策略——走向激进民主政治》,鉴传今、尹树广译,第173页。

思主义的激进民主方案中,'民主'是关键的概念,它是把社会主义和资本主义连接起来的桥梁。通过民主之路实现社会主义,就用不着推翻资本主义制度,在资本主义的政治范围内,在资本主义经济体制中就可以走向社会主义。"①当然,拉克劳和墨菲向我们推荐的社会主义,不是传统的社会主义,而是伍德批评的"新社会主义"。

拉克劳和墨菲合著的《领导权与社会主义的策略——走向激进民主》其实很明显地告诉读者,他们的社会主义是虚假的,是保留了资本主义经济制度的社会主义,姑且叫做"新社会主义",其最终目的落在激进民主那里,即这种社会主义即使在资本主义经济制度得到保留的情况下仍然存在革命的空间,只不过这种革命不是统治阶级的政权交接,而是社会局部实现的调整。如果这样看待拉克劳和墨菲的激进民主,那么,这样的外表激进、实则保守的民主不要也罢。

但是,问题并不如此简单。如果阶级和阶级关系消失了,对抗也就消失了,那么,社会主义革命当然意味着革命的终结。然而,拉克劳和墨菲的激进民主,显然并不把理论起点建立在阶级范畴上,他们认为存在比阶级范畴更加重要的范畴,而这些范畴描述的事实永远处在差异化游戏之中。经典马克思主义者认为,经济关系是一切冲突和对抗的温床,经济关系上的变革自然就会消除一切对抗和冲突的种子。很明显,问题的焦点转向如何看待人们的经济身份与其他身份及其关系,譬如政治身份和文化身份的关系。倘若拉克劳、墨菲斩断了经济决定论的逻辑链条,那么,经济革命带来的社会解放和自由的意义就要受到致命的损害。拉克劳和墨菲的意思是,实质上,人们不可能完全生活在一个经济身份完全平等的社会当中,在一个理想的层面,如果占有关系趋向平等化,那就自然会带来社会地位的平等化,但是,经济平等的完成显然不是消灭所有制就会自动带来的,马克思的总体性革命思想,在拉克劳和墨菲看来,是过于理想化了。而一旦革

---

① 付文忠:《新社会运动与国外马克思主义思潮:后马克思主义研究》,济南:山东大学出版社,2009年,第214页。

命停留在理想层面,那就意味着这种革命的理论不但不会促进革命,反而会妨碍革命的真正发生。一个简单的事实是,当革命条件根本无法具备的时候,道德热情,或任何其他力量,都无法让革命活动真正发生。因此,拉克劳和墨菲的意思是,与其让总体性革命只是发生在头脑中,还不如让零碎的革命的星星之火逐渐燃烧起来。这样的革命虽然不是一次完成的,但是,在逻辑上,它完全可以演变为彻底的革命。在笔者看来,马克思主义的社会主义革命理论是纵向的,而拉克劳和墨菲的激进民主则是横向的。他们之所以要勾勒卢森堡-列宁-索列尔-葛兰西-阿尔都塞-后现代主义者(譬如福柯、拉康)的霸权谱系,想要说明的无非就是这一点。

可以说,当代资本主义新的权力构成是当代资本主义新的危机出现的历史和现实的原因,当代资本主义出现的新社会运动是其政治体现。资本主义面对新的权力构成而采取的调整动作,除了进一步压缩和入侵私人空间之外,公共空间的领域也随之毁败。但是,公民势必不会长期地忍受政治空间的被蚕食,因为他们的私人空间也被资本主义的逻辑腐蚀了。在这种情况下,政治活动,甚至政治斗争一定会以其他形式展现出来。罗蒂和拉克劳、墨菲对此采取不同的态度,并不是因为他们分享共同的知识立场,而在于其秉承的传统有异,前者为新实用主义,而后者则是马克思主义,尽管后者的马克思主义实际上是"后马克思主义"。

参考文献

一、外文文献

1. Allen W. Wood, *Karl Marx*, New York and London, Routledge, 2004.
2. Chantal Mouffe, *Return of the Political*, London, Verso, 1993.
3. Chantal Mouffe(ed.), *Deconstruction and Pragmatism*, London and New York, Routledge, 1996.
4. Chantal Mouffe, *On the Political*, London, Routledge, 2005.
5. Ernesto Laclau, Chantal Mouffe, *Hegemony and Socialist Strategy*, London, Verso, 2001.
6. Ernesto Laclau, *New Reflection on the Revolution of Our Time*, London, Verso, 1990.
7. Ernesto Laclau, *The Making of Political Identity*, London, Verso, 1994.
8. Ernesto Laclau, *Populism Reason*, London, Verso, 2005.
9. Stuart Sim, *Post-Marxism: An Intellectual History*, London and New York, Routledge, 2000.
10. Judith Butler, *Gender Trouble: Feminism and the Subversion of Identity*, New York and London, Routledge, 1999.
11. Philip Goldstein, *Post-Marxist Theory: An Introduction*, Albany, State of University New York Press, 2005.
12. Pauline Johnson, *Habermas: Rescuing the Public Sphere*, London and New York, Routledge, 2006.
13. Richard Rorty, *Consequences of Pragmatism*, Minneapolis, Minnesota University Press, 1982.
14. Richard Rorty, *Contingency, Irony, and Solidarity*, New York, Cambridge University Press, 1989.
15. Richard Rorty, *Objectivity, Relativism, and Truth*, New York, Cambridge University Press, 1991.
16. Richard Rorty, *Essays on Heidegger and Others*, New York, Cambridge University Press, 1991.
17. Richard Rorty, *Truth and Progress*, New York, Cambridge University Press, 1998.
18. Richard Rorty, *Philosophy and Social Hope*, New York and London, Penguin,

1999.
19. Richard Rorty, *Take Care of Freedom and Truth Will Take Care of Itself*, Stanford University Press, 2006.
20. Richard Rorty, *Philosophy as Cultural Politics*, New York, Cambridge University Press, 2007.
21. Robert Brandom(ed.), *Rorty and His Critics*, Malden, Massachusetts, Blackwell Publishers, 2000.
22. Cornel West, *The American Evasion of Philosophy: A Genealogy of Pragmatism*, Madison, Wisconsin: Wisconsin University Press, 1989.
23. Dianne Rothleder, *The Work of Friendship: Rorty, His Critics, and The Project of Solidarity*, New York, State University of New York Press, 1999.
24. Eric Gander, *The Last Conceptual Revolution: A Critiuqe of Richard Rorty's Political Philosophy*, Albany, State of University New York Press, 1999.
25. Honi Fern Haber, *Beyond Postmodern Politics: Lyotard, Rorty and Foucault*, New York and London, Routledge, 1994.
26. Konstantin Kolenda, *Rorty's Humanistic Pragmatism: Philosophy Democratized*, University of South Florida Press, 1990.
27. Markar Melkonian, *Richard Rorty's Politics: Liberalism at the End of the American Century*, Ambers, New York, Prometheus Books, 1999.
28. Michael Peters and Paulo Ghiraldelli Jr (ed.), *Richard Rorty: Education, Philosophy, and Politics*, Lanham, New York, and Oxford, Rowman & Littlefield Publishers, Inc, 2001.
29. Ronald Alexander Kuipers, *Solidarity and The Stranger: Themes in the Social Philosophy of Richard Rorty*, New York, Oxford: University Press of America, Inc. 1997.
30. Richard Bernstein, *The New Constellation: The Ethical-Political Horizons of Modernity/Post-modernity*, Cambridge, Polity, 1991.
31. David Hildbrand, *Beyond Realism and Anti-realism, John Dewey and the Neo-pragmatism*, Vanderbilt University Press, 2003.
32. Jordan Lindberg, *Analytic Philosophy: Beginning to the Present*, Mayfield Publishing Company, 2001.
33. Jozef Niznik and John Sanders, *Debating the State of Philosophy: Habermas, Rorty and Kolakowski*, Praeger Publishers, 1996.
34. John Murphy, *Pragmatism: From Peirce to Davidson*, Westview Press, 1990.
35. Joseph Pitt(ed.), *The Philosophy of Wilfrid Sellars: Queries and Extension*, London and Boston: D. Reidel Publishing Company, 1978.
36. Barry Allen, *Truth in Philosophy*, Cambridge, Massachusetts: Harvard University Press, 1993.
37. Charles Taylor, *Philosophical Arguments*, Cambridge, Massachusetts: Harvard University Press, 1995.

38. Crispin Wright, *Truth and Objectivity*, Cambridge, Massachusetts: Harvard University Press, 1992.
39. Donald Davidson, *Inquiries to Truth and Interpretation*, Oxford: Clarwendon Press, 1984.
40. David Owens, *Reason Without Freedom: The Problem of Epistemic Normativity*, London and New York: Routledge, 2000.
41. Hilary Putnam, *Ethics Without Ontology*, Cambridge, Massachusetts: Harvard University Press, 2004.
42. Hilary Putnam, *The Threefold Cord: Mind, Body, and World*, New York: Columbia University Press, 1999.
43. Hilary Putnam, *Renewing Philosophy*, Cambridge, Massachusetts: Harvard University Press, 1992.
44. Hilary Putnam, *The Many Faces of Realism*, LaSalle, Illinois: Open Court, 1987.
45. Georg Henrich von Wright, *Wittgensteinian Themes by Norman Malcolm*, Ithaca and London, Cornell University Press, 1995.
46. Jurgen Habermas, *Truth and Justification*, Oxford, Blackwell Publishing, 2003.
47. Michele Barrett, *The Politics of Truth: From Marx to Foucault*, London, Polity Press, 1991.
48. Robert Nozick, *Philosophical Explanations*, Cambridge, Massachusetts: Harvard University Press, 1981.
49. Robert Nozick, *The Nature of Rationality*, Princeton, New Jersey: Princeton University Press, 1993.
50. Robert Brandom, *Articulating Reasons*, Cambridge, Massachusetts: Harvard University Press, 2000.
51. Wilfrid Sellars, *Empiricism and the Philosophy of Mind*, Minneapolis: University of Minnesota Press, 1956.
52. Richard Shusterman, *Pragmatism and Liberalism between Dewey and Rorty*, in Political Theory, Vol. 22, No. 3 (Aug., 1994).

二、中文文献

53. 《马克思恩格斯全集》第1卷,北京：人民出版社,1995年。
54. 《马克思恩格斯全集》第3卷,北京：人民出版社,2002年。
55. 《马克思恩格斯全集》第30卷,北京：人民出版社,2002年。
56. 《马克思恩格斯文集》第1卷,北京：人民出版社,2009年。
57. 《马克思恩格斯文集》第2卷,北京：人民出版社,2009年。
58. 《马克思恩格斯文集》第3卷,北京：人民出版社,2009年。
59. 《马克思恩格斯文集》第5卷,北京：人民出版社,2009年。
60. 《马克思恩格斯文集》第8卷,北京：人民出版社,2009年。
61. 《马克思恩格斯选集》第2卷,北京：人民出版社,2012年。
62. 《马克思恩格斯选集》第3卷,北京：人民出版社,2012年。

63. 马克思:《1844年经济学哲学手稿》,北京:人民出版社,2000年。
64. 理查德·罗蒂:《哲学和自然之镜》,李幼蒸译,北京:商务印书馆,2003年。
65. 理查德·罗蒂:《偶然、反讽与团结》,徐文瑞译,北京:商务印书馆,2003年。
66. 理查德·罗蒂:《后哲学文化》,黄勇编,上海:译文出版社,2004年。
67. 理查德·罗蒂:《后形而上学希望——新实用主义社会、政治和法律哲学》,黄勇编,张国清译,上海:译文出版社,2003年。
68. 理查德·罗蒂:《真理与进步》,杨玉成译,北京:华夏出版社,2003年。
69. 理查德·罗蒂:《筑就我们的国家:20世纪美国左派思想》,黄宗英译,北京:三联书店,2006年。
70. 理查德·罗蒂:《哲学、文学和政治》,黄宗英译,上海:译文出版社,2009年。
71. 理查德·罗蒂:《哲学的场景》,王俊、陆月宏译,上海:译文出版社,2009年。
72. 理查德·罗蒂:《实用主义哲学》,林南译,上海:译文出版社,2009年。
73. 理查德·罗蒂:《文化政治学》,张国清译,北京:北京大学出版社,2011年。
74. 亚里士多德:尼各马可伦理学》,廖申白译,北京:商务印书馆,2017年。
75. 康德:《单纯理性范围内的宗教》,李秋零译,北京:商务印书馆,2012年。
76. 威廉·詹姆士:《实用主义》,陈羽纶、孙瑞禾译,北京:商务印书馆,1997年。
77. 威廉·詹姆士:《多元的宇宙》,吴棠译,北京:商务印书馆,2002年。
78. 威廉·詹姆斯:《詹姆斯文选》,万俊人、陈亚军编译,北京:社会科学文献出版社,2007年。
79. 约翰·斯图尔特·密尔:《论自由》,许宝骙译,北京:商务印书馆,2007年。
80. 约翰·杜威:《确定性的寻求:关于知行关系的研究》,傅统先译,上海:上海人民出版社,2004年。
81. 约翰·杜威:《经验与自然》,傅统先译,北京:商务印书馆,2015年。
82. 威拉德·蒯因:《从逻辑的观点看》,陈启伟、江天骥等译,北京:中国人民大学出版社,2007年。
83. 尼尔森·古德曼:《构造世界的多种方式》,姬志闯译,上海:译文出版社,2007年。
84. 尼尔森·古德曼:《艺术的语言》,彭锋译,北京:北京大学出版社,2013年。
85. 唐纳德·戴维森:《真理、意义与方法》,牟博选编,北京:商务印书馆,2008年。
86. 希拉里·普特南:《理性、真理与历史》,童世骏、李光程译,上海:译文出版社,2005年。
87. 维特根斯坦:《哲学研究》,陈嘉映译,上海:上海人民出版社,2001年。
88. 约翰·塞尔:《社会实在的构建》,李步楼译,上海:上海人民出版社,2008年。
89. 海尔曼·萨特康普编:《罗蒂和实用主义——哲学家对批评家的回应》,张国清译,北京:商务印书馆,2003年。
90. 康乃尔·韦斯特:《美国对哲学的逃避——实用主义的谱系》,董山民译,南京:南京大学出版社,2015年。
91. 保罗·博格西昂:《对知识的恐惧:反相对主义和建构主义》,刘鹏博译,南京:译林出版社,2015年。
92. 查尔斯·吉尼翁、大卫·希利编:《理查德·罗蒂》,朱新民译,上海:复旦大学出版社,2011年。

93. 涂纪亮：《美国哲学史》第三卷，北京：社会科学文献出版社，2007年。
94. 恩斯特·拉克劳、尚塔尔·墨菲：《领导权与社会主义的策略——走向激进民主政治》，鉴传今、尹树广译，哈尔滨：黑龙江人民出版社，2003年。
95. 恩斯特·拉克劳：《我们时代革命的新反思》，孔明安、刘振怡译，哈尔滨：黑龙江人民出版社，2006年。
96. 尚塔尔·墨菲：《政治的回归》，王恒、臧佩洪译，南京：江苏人民出版社，2005年。
97. 齐泽克：《偶然性、霸权和普遍性——关于左派的当代对话》，胡大平等译，南京：江苏人民出版社，2005年。
98. 安东尼奥·葛兰西：《狱中札记》，葆煦译，北京：人民出版社，1983年。
99. 马克斯·霍克海默、西奥多·阿道尔诺：《启蒙辩证法》，渠敬东、曹卫东译，上海：上海人民出版社，2003年。
100. 路易·阿尔都塞：《保卫马克思》，顾良译，北京：商务印书馆，2003年。
101. 路易·阿尔都塞：《黑格尔的幽灵》，唐正东、吴静等译，南京：南京大学出版社，2005年。
102. 乔恩·埃尔斯特：《理解马克思》，何怀远等译，北京：中国人民大学出版社，2008年。
103. 戴维·麦克莱伦：《马克思思想导论》，郑一明、陈喜贵译，北京：中国人民大学出版社，2008年。
104. 戴维·麦克莱伦：《马克思主义以前的马克思》，李兴国等译，北京：社会科学文献出版社，1992年。
105. 埃蒂安·巴利巴尔：《马克思的哲学》，王吉会译，北京：中国人民大学出版社，2007年。
106. 科恩：《卡尔·马克思的历史理论：一种辩护》，段忠桥译，北京：高等教育出版社，2008年。
107. 威廉姆·肖：《马克思的历史理论》，阮仁慧等译，重庆：重庆出版社，1989年。
108. 格尔达·帕格尔：《拉康》，李朝晖译，北京：中国人民大学出版社，2008年。
109. 艾伦·梅克森斯·伍德：《民主反对资本主义——重建历史唯物主义》，吕薇洲、刘海霞等译，重庆：重庆出版社，2007年。
110. 艾伦·梅克森斯·伍德：《新社会主义》，尚庆飞译，南京：江苏人民出版社，2005年。
111. 艾伦·梅克辛斯·伍德、约翰·贝拉米·福斯特：《保卫历史：马克思主义与后现代主义》，郝名玮译，北京：社会科学文献出版社，2009年。
112. 伯尔基：《马克思主义的起源》，伍庆、王文扬译，上海：华东师范大学出版社，2007年。
113. 古尔德：《马克思的社会本体论：马克思社会实在理论中的个性和共同体》，王虎学译，北京：北京师范大学出版社，2009年。
114. 米歇尔·福柯：《自我技术》，汪民安编，北京：北京大学出版社，2016年。
115. 戈兰瑟·伯恩：《从马克思主义到后马克思主义》，孟建华译，北京：社会科学文献出版社，2011年。
116. 斯蒂芬·霍尔姆斯：《反对自由主义》，彭俊军等译，北京：中国社会科学出版社，

2002年。
117. 莱泽克·科拉科夫斯基:《走向马克思主义的人道主义》,姜海波译,哈尔滨:黑龙江大学出版社,2013年。
118. 丹尼尔·贝尔:《资本主义文化矛盾》,严蓓雯译,南京:江苏人民出版社,2007年。
119. 让·博德里亚:《美国》,张生译,南京:南京大学出版社,2011年。
120. 安东尼·吉登斯:《历史唯物主义的当代批判》,上海:译文出版社,2010年。
121. 弗雷德里克·杰姆逊:《晚期马克思主义》,李永红译,南京:南京大学出版社,2008年。
122. 埃里克·赖特:《阶级》,刘磊、吕梁山译,北京:高等教育出版社,2006年。
123. 埃里克·赖特:《阶级分析法》,马磊、吴菲译,上海:复旦大学出版社,2011年。
124. 戴维·斯韦卡特:《反对资本主义》,李智、陈志刚译,北京:中国人民大学出版社,2008年。
125. 大卫·哈维:《新帝国主义》,初立忠、沈晓雷译,北京:社会科学文献出版社,2009年。
126. 卡弗:《政治性写作:后现代视野中的马克思形象》,张秀琴译,北京:北京师范大学出版社,2009年。
127. 汉密尔顿、杰伊、麦迪逊:《联邦党人文集》,程逢如等译,北京:商务印书馆,1980年。
128. 约翰·洛克:《政府论》,叶启芳、瞿菊农译,北京:商务印书馆,2004年。
129. 约翰·罗尔斯:《政治自由主义》,万俊人译,南京:译林出版社,2000年。
130. 约翰·罗尔斯:《正义论》,何怀宏、廖申白等译,北京:中国社会科学出版社,1988年。
131. 约翰·罗尔斯:《政治哲学史》,杨通进译,北京:中国社会科学出版社,2011年。
132. 昆廷·斯金纳:《现代政治思想的基础》,奚瑞森、亚方译,南京:译林出版社,2011年。
133. 培根:《新工具》,许宝骙译,北京:商务印书馆,2009年。
134. 罗伯特·诺奇克:《无政府、国家与乌托邦》,姚大志译,北京:中国社会科学出版社,2008年。
135. 麦克尔·哈特、安东尼奥·奈格里:《帝国——全球化的政治秩序》,杨建国、范一亭译,南京:江苏人民出版社,2008年。
136. 迈尔·曼:《社会权力的来源》第二卷上,陈海宏等译,上海:上海人民出版社,2005年。
137. 迈克尔·桑德尔:《自由主义与正义的局限》,万俊人译,南京:译林出版社,2001年。
138. 路德维希·米瑟斯:《自由与繁荣的国度》,韩光明译,北京:中国社会科学出版社,1994年。
139. 卢卡奇:《历史与阶级意识》,杜章智、任立、燕宏远等译,北京:商务印书馆,2009年。
140. 尤尔根·哈贝马斯:《合法化危机》,刘北成、曹卫东译,上海:上海人民出版社,2000年。

141. 尤尔根·哈贝马斯:《后形而上学思想》,曹卫东、付德根译,南京:译林出版社,2012年。
142. 尤尔根·哈贝马斯:《重建历史唯物主义》,郭官义译,北京:社会科学文献出版社,2000年。
143. 斯蒂芬·贝斯特、道格拉斯·凯尔纳:《后现代理论——批判性的质疑》,张志斌译,北京:社会科学文献出版社,2000年。
144. 斯蒂芬·贝斯特、道格拉斯·科尔纳:《后现代转向》,陈刚等译,南京:南京大学出版社,2002年。
145. 弗莱切等:《记忆的承诺:马克思、本雅明、德里达的历史与政治》,田明译,上海:华东师范大学出版社,2009年。
146. 伊曼努尔·沃勒斯坦等:《资本主义还有未来吗》,徐曦白译,北京:社会科学文献出版社,2014年。
147. 赖纳·汉克:《平等的终结——为什么资本主义更需要竞争》,王薇译,北京:社会科学文献出版社,2005年。
148. 萨米尔·阿明:《资本主义的危机》,彭姝祎、贾瑞坤译,北京:社会科学文献出版社,2003年。
149. 萨米尔·阿明:《全球化时代的资本主义》,丁开杰等译,北京:中国人民大学出版社,2013年。
150. 皮埃尔·罗桑瓦隆:《乌托邦资本主义——市场观念史》,杨祖功等译,北京:社会科学文献出版社,2004年。
151. 格罗·詹纳:《资本主义的未来——一种经济制度的胜利还是失败》,宋玮等译,北京:社会科学文献出版社,2004年。
152. 斯图亚特·西姆:《后马克思主义思想史》,吕增奎等译,南京:江苏人民出版社,2011年。
153. 安娜·史密斯:《拉克劳与墨菲:激进民主的想象》,付琼译,南京:江苏人民出版社,2011年。
154. 沃尔夫冈·施特雷克:《购买时间:资本主义民主国家如何拖延危机》,常晅译,北京:社会科学文献出版社,2015年。
155. 约尔·卡西奥拉:《工业文明的衰亡》,余灵灵、尚新力译,重庆:重庆出版社,2015年。
156. 弗里德里克·詹明逊:《马克思主义与形式》,李自修译,南昌:百花洲文艺出版社,1993年。
157. 山村耕造:《过剩:资本主义的系统性危机》,童晋译,北京:社会科学文献出版社,2016年。
158. 周凡主编:《后马克思主义:批判与辩护》,北京:中央编译出版社,2007年。
159. 周凡、李惠斌主编:《后马克思主义》,北京:中央编译出版社,2007年。
160. 李惠斌、李朝晖主编:《后资本主义》,北京:中央编译出版社,2007年。
161. 李惠斌、李义天编:《马克思与正义理论》,北京:中国人民大学出版社,2010年。
162. 吕增奎编:《马克思与诺齐克之间:G. A. 柯亨文选》,南京:江苏人民出版社,2007年。

163. 俞吾金:《重新理解马克思》,北京:北京师范大学出版社,2005 年。
164. 俞吾金主编:《国外马克思主义研究报告 2013》,北京:人民出版社,2013 年。
165. 俞吾金:《实践与自由》,武汉:武汉大学出版社,2010 年。
166. 陈学明:《驶向冰山的泰坦尼克号:西方左翼思想家眼中的当代资本主义》,北京:人民出版社,2008 年。
167. 徐梦秋:《规范通论》,北京:商务印书馆,2010 年。
168. 徐梦秋:《主体论》,福州:福建人民出版社,1995 年。
169. 曾枝盛主编:《后马克思主义——解构还是僭越?》,北京:北京师范大学出版社,2015 年。
170. 张一兵主编:《当代国外马克思主义思潮》上卷,南京:江苏人民出版社,2012 年。
171. 张一兵主编:《当代国外马克思主义思潮》中卷,南京:江苏人民出版社,2012 年。
172. 张一兵主编:《当代国外马克思主义思潮》下卷,南京:江苏人民出版社,2012 年。
173. 张一兵:《不可能的存在之真——拉康哲学映像》,北京:商务印书馆,2006 年。
174. 段忠桥:《重释历史唯物主义》,南京:江苏人民出版社,2009 年。
175. 陈炳辉:《后马克思主义的理论》,北京:中国社会科学出版社,2011 年。
176. 周凡:《后马克思主义导论》,北京:中央编译出版社,2010 年。
177. 孔明安等:《当代国外马克思主义新思潮研究——从西方马克思主义到后马克思主义》,北京:中央编译出版社,2012 年。
178. 付文忠:《新社会运动与国外马克思主义思潮:后马克思主义研究》,济南:山东大学出版社,2009 年。
179. 卢春雷:《后马克思主义:非暴力革命理论研究》,北京:中国社会科学出版社,2011 年。
180. 陈亚军:《实用主义:从皮尔士到普特南》,长沙:湖南教育出版社,1999 年。
181. 陈亚军:《形而上学与社会希望》,南京:江苏人民出版社,2009 年。
182. 陈亚军:《超越经验主义和理性主义:实用主义叙事的当代转换及效应》,南京:江苏人民出版社,2014 年。
183. 仰海峰:《西方马克思主义的逻辑》,北京:北京大学出版社,2010 年。
184. 仰海峰:《走向后马克思:从生产之镜到符号之镜》,北京:中央编译出版社,2004 年
185. 郑维伟:《个体自由与社会团结》,北京:中国社会科学出版社,2015 年。
186. 张立成:《杜威的心灵哲学》,北京:中国社会科学出版社,2011 年。

实用主义与美国思想文化研究

丛书主编：刘放桐　陈亚军

《杜威哲学的现代意义》

　　　　　　　　　　刘放桐　主编，复旦大学出版社，2017年1月

《匹兹堡问学录——围绕〈使之清晰〉与布兰顿的对谈》

　　　　　　　　陈亚军　访谈　周　靖　整理，复旦大学出版社，2017年1月

《实用主义的研究历程》

　　　　　　　　　　刘放桐　著，复旦大学出版社，2018年3月

《匹兹堡学派研究——塞拉斯、麦克道威尔、布兰顿》

　　　　　　　　　　孙　宁　著，复旦大学出版社，2018年8月

《真理论层面下的杜威实用主义》

　　　　　　　　　　马　荣　著，复旦大学出版社，2018年8月

《"世界"的失落与重拾——一个分析实用主义的探讨》

　　　　　　　　　　周　靖　著，复旦大学出版社，2019年7月

《后现代政治话语——新实用主义与后马克思主义》

　　　　　　　　　　董山民　著，复旦大学出版社，2019年8月

《罗伊斯的绝对实用主义》

　　　　　　　　　　杨兴凤　著，复旦大学出版社，2019年8月

……

实用主义与美国思想文化译丛

丛书主编：陈亚军

《三重绳索：心灵、身体与世界》

　　　　希拉里·普特南　著，孙宁　译，复旦大学出版社，2017年1月

《经验主义与心灵哲学》

　　　　威尔弗里德·塞拉斯　著，王玮　译，复旦大学出版社，2017年1月

《将世界纳入视野：论康德、黑格尔和塞拉斯》

　　　　约翰·麦克道威尔　著，孙宁　译，复旦大学出版社，2018年8月

《自然主义与存在论》

　　　　威尔弗里德·塞拉斯　著，王玮　译，复旦大学出版社，2019年9月

《阐明理由——推论主义导论》

　　　　罗伯特·B.布兰顿　著，陈亚军　译，复旦大学出版社，2019年9月

《推理及万物逻辑——皮尔士1898年剑桥讲坛系列演讲》

查尔斯·桑德斯·皮尔士　著，张留华　译，复旦大学出版社，2019年9月

……

复旦大学出版社　　　复旦社
天猫旗舰店　　　　　陪你阅读这个世界

图书在版编目(CIP)数据

后现代政治话语:新实用主义与后马克思主义/董山民著. —上海:复旦大学出版社,2019.8
(实用主义与美国思想文化研究/刘放桐,陈亚军主编)
ISBN 978-7-309-14327-0

Ⅰ.①后… Ⅱ.①董… Ⅲ.①实用主义-研究②西方马克思主义-研究 Ⅳ.①B087②B089.1

中国版本图书馆CIP数据核字(2019)第127597号

后现代政治话语:新实用主义与后马克思主义
董山民　著
责任编辑/陈　军

复旦大学出版社有限公司出版发行
上海市国权路579号　邮编:200433
网址:fupnet@fudanpress.com　http://www.fudanpress.com
门市零售:86-21-65642857　团体订购:86-21-65118853
外埠邮购:86-21-65109143　出版部电话:86-21-65642845
常熟市华顺印刷有限公司

开本787×960　1/16　印张21.25　字数280千
2019年8月第1版第1次印刷

ISBN 978-7-309-14327-0/B·697
定价:64.00元

如有印装质量问题,请向复旦大学出版社有限公司出版部调换。
版权所有　侵权必究